天皇と貴族の古代政治史

鷺　森　浩　幸　著

塙　書　房　刊

目次

目　次

第二部　氏族の政治的地位と構造

目次

第三部　人物と事件

天皇と貴族の古代政治史

序　課題の所在と本書の構成

本書は、おおむね八世紀から一〇世紀頃の政治状況を扱うものである。政治史の領域は古代史においても研究の豊かなところであるが、その時々の政治過程の問題、特に政変や反乱などの事件や重大な転換点が、やはりこれまでの主要な論点であったといえるだろう。政治過程とは、そのようなできごとの原因と結果の連鎖であり、それらの作り出した網目模様である。さらに、政治過程はある特定の政治制度のもとで進行するのであり、そのような政治の枠組みをめぐる議論も政治史の主要な領域である。本書の対象とする時代の政治は、いわゆる律令体制の制度的枠組みのなかで進行した。本書は当然のことであるが、政治の枠組みを意識しながら、政治過程やそこに関わる人物などを論じていくものである。

当該期に政治の主体として天皇（天皇家）と貴族層を設定することはまちがいなく正当である。天皇に関する議論は、いわゆる王権論としてさまざまに展開されてきた。また、当時の貴族を対象とする議論の蓄積も豊かである（貴族論あるいは貴族制論）。両者の関係について、王権の貴族層に対する求心力、王権と貴族層の対立的関係などが議論されてきたが、現在は、役割分担や相互依存の関係にあったと考えるのが主流であろう。

政治上のさまざまな事件が皇位継承と関係をもちつつ生じた。天武・持統天皇以後、その直系の子孫が天皇となった。これは称徳天皇までの八世紀の天皇家で、天武・持統直系の王家と称することができる。天武・持統直系のなかで、男子の系譜は草壁皇子―珂瑠皇子（文武天皇）―首親王（聖武天皇）と続き、文武即位前の持統天皇と聖武即位前の元明・元正天皇はいわゆる中継ぎの天皇であり、その役割は珂瑠・首の成長を待ち、即位の環境を整えることであった。聖武天皇には、最終的には男子の後継者がいなくなり、独身の女子阿倍内親王（孝謙・称徳天皇）が後継者となった。この称徳天皇が天武・持統直系の最後の天皇であり、政治的には天武・持統直系は滅亡したといってよい。当該期の皇位継承は明確に天武・持統直系による父子継承であった。ただ、文武・聖武には兄弟はなく、そもそも兄弟間で皇位を継承する余地はなかったが。

光仁天皇以後、皇位継承は別の動きを示すようになった。兄弟継承がクローズアップされてきた。桓武天皇が即位したとき、皇太子となったのは同母弟の早良親王であった。周知のごとく、早良親王の即位は実現しなかったが、桓武の次に天皇となった平城天皇はやはり同母弟の神野親王を皇太子とした。嵯峨天皇の治世の初め、薬子の変が起こり、平城の子孫が皇位継承から除外される事態になると、嵯峨は異母弟である大伴親王を皇太子とした。このように、一貫して兄弟継承が追求されたことはまちがいない。光仁天皇の即位後、天皇家の人的資源の枯渇、そして、皇位継承の不安定が継続したことはまちがいないと思われ、当時、天皇家では人的資源を豊かにすること、すなわち、皇位継承の候補を増加させることが大きな課題になっていたと理解すべきである。兄弟継承はそのためのほぼ唯一の手段であったと思われる。

嵯峨天皇以降の皇位継承も兄弟継承を基調とするものであったことはまちがいない。嵯峨の次の淳和天皇は嵯峨の子正良親王を皇太子とし、正良親王が即位すると（仁明天皇）、淳和の子恒貞親王を皇太子とした。これは嵯峨・淳和の子孫が交互に天皇になる構想であるが、承和の変によって恒貞が廃されるまでは維持された。これもやはり天皇家の人的資源の確保を目指したものだろう。その後、文徳―清和―陽成と父子継承が続き、危機的な状況を迎えることとなった。おそらく、兄弟継承は天皇家の人的資源の拡大の必要性に起因して生じるのであり、父子継承あるいは兄弟継承は状況によって選択されるのであり、その基準は天皇家の人的資源がいかなる状態にあるかであった。

当該期の貴族といえば、まず、律令体制以前の豪族（いわゆる大夫層）との関係が問題になる。前代の大夫層は、律令体制下では、五位を超えて四位以上に昇進しうる層（氏の集合体）として存続した。ただし、七世紀後半の律令体制の構築のなかで、氏族制度の改変が行われ、従来の氏は基本的により小さな集団へと再編成された。これが律令体制下の氏であり、小規模な親族集団と性格づけることができる。そして、七世紀後半に大きな功績を挙げた藤原朝臣・大伴宿祢・阿倍朝臣・多治比真人の四氏がその最上層の、太政官議政官を連続的に出す氏と位置づけられた。彼らの地位は、近い先祖が七世紀後半において、天皇家とともに新体制の確立に貢献したことに由来し、単なる大夫としての伝統によるのではなかった。

天平九年に伝染病の大流行が起こり、そこから一二年の藤原広嗣の乱までの混乱は政治体制に根本的な変化を生じさせた。聖武天皇の天皇としての正統性が問われ、仏教など新たな権威が求められた。また、潜在していた皇位継承上の問題が現れた。仏教への過度な傾斜は一時的な現象であったが、これ以後も、さまざまなかたちで新たな天皇の権威づけが試みられた。

貴族層のなかでは藤原氏の地位が突出するようになった。これは皇位継承とも関わるが、天皇家との血縁的な結合だけでなく、たとえば、天皇家産の管理など、特別な要素に基づく天皇と貴族の結合が政治的な編成原理そのものになったことが重要である。要するに、「近臣」たちの登場である。これ以後、基本的に平安時代末期まで同じ状況が続いたと思われる。

本書は大きく三部からなる。第一部において、全体的な概略を示すとともに、それと関わる二つの制度について考察を行う。第一章は、もともと講座に掲載された論文であり、本書の出発点となったものである。主に八世紀の政治過程を総体的に論じ、本書全体の概要を示すものである。王権は天皇家というひとつの家を存立基盤として、そこには家産や家政組織が存在し、それを紐帯とする天皇家と貴族との結合が存在したことを重視する。これは前著『日本古代の王家・寺院と所領』（塙書房　二〇〇一年）において、王家（大王家・天皇家）の家産の存在を考察したことを受けての論点であり、家産の実像などについての詳細は前著を参照されたい。

第二章は神亀五年に制定され、天平末期まで存続したと思われる内外階制に関する基礎的考察である。内外階制は実施された期間は短いと評するほかないが、貴族層の位階について、大きな変更を加えた重要な政策であり、貴族層の序列、天皇と貴族層との関係などを考えるうえで、きわめて大きな意義を持ったと思われる。

第三章は侍従の性格や時代的な推移を追究した論文である。侍従について、そもそもあまり研究がないと思われるが、八世紀の侍従の政治的意義を提示することを目的とする。なお、ここでは、八世紀中頃から、侍従が天皇家の家産管理に従事するケースが見られるようになり、家産管理を担当した内臣の下僚と位置づけることができることを指摘する。

第四章は、東大寺正倉院の北倉の出納体制を論じるものである。北倉は正倉院宝物のなかでも、聖武天皇の遺品などが収蔵される著名な倉であるが、これは天皇家の家産の一端であったと思われる。北倉の宝物類の出納はまさに天皇家の家産管理の実態を示すものであり、天皇と貴族間の結びつきを生々しく示してくれる素材である。特に第一章、第二章と密接な関連をもつ。

第二部は、八世紀から一〇世紀頃までを対象とする大伴（第一章）・阿倍（第二章）・中臣（第三章）三氏に関する個別的な検討である。当該期の門閥貴族層の中心に藤原氏が存在したことに異論はないであろう。大伴・阿倍・中臣の三氏はそれに次ぐ地位にあるといえよう。政治過程における重要性も、藤原氏のそれに劣ることはまちがいない。

藤原氏の動向に関して、すでに多くの研究がある。特に八世紀の政治史研究は、藤原氏の動向に重心を置きすぎであるとの批判は正当であるが、それでも藤原氏の存在を無視することはできない。いっぽう、それ以外の氏は、実態がそれほど明らかであるとはいえないように思われる。藤原氏が鎌足・不比等の直系の子孫のみからなる小規模な集団であるに対して、これらの三氏はもっと大きな集団であり、内部の構造を明らかにすることがまず、必要である。さらに彼らは、伝統的氏族のような名で呼ばれることも多く、平安時代にはいると、没落していったことも事実である。平安時代の状況にも留意する必要がある。この三章はこのような観点から、それぞれの氏の動向を改めて跡づけたものである。

第三部では政治過程のいくつかの局面に着目し、事件などの実態や関係した人物などを論じる。第一章は天平末期における聖武天皇およびそれに近侍した藤原八束・市原王を論じ、第二章は八束（真楯）の妻についての小論である。第三章は八世紀の政治過程における主人公のひとりといってよい道鏡を対象とする。もちろん、論点の中心になるのは道鏡事件であるが、道鏡の生涯を見渡せるように努めたものである。

第四章・第五章は平安時代の政治過程に関わり、第四章では何度も出された辞職を求める上表に着目し、平城天皇から仁明天皇までの時期における藤原緒嗣の政治的地位について論じる。第五章は仁明天皇の婚姻に着目して、仁明をめぐる皇位継承のあり方や仁明と藤原良房との関係などを論じる。

第一部第二章を除く各章は、初出以後の研究状況を取り込むように努め、補訂を加えた（ただし、第一部第一章は概括的な論文であり、補訂は主要な点にとどめた）。本書がすべてについて筆者の現在の見解である。

なお、元論文の論旨を改めた場合にはその旨を注記した。また、元論文執筆の段階で、当然参照すべき論文を見落としていたことも少なからずあった。不明を恥じるが、特には注記していない。その他、表現などの修正を加えた。第一部第一章および第三部第二章は、元論文の形式が他のものと異なるが統一をはかった。具体的な変更点はそれぞれのところに注記した。

史料のあつかいに関わり、次のような表記の統一を行った。

＊正倉院文書の出典について、『大日古』四15の形式で記す。これは『大日本古文書（編年文書）』四巻一五ページの意である。単に四15のように表記することもある。二五巻の付録は付1のように表記する。

＊『万葉集』の歌は三・三三五の形式で記す。これは巻三の三三五番の歌の意である。

＊『延喜式』の条文名は、虎尾俊哉『延喜式』（上・中　集英社　二〇〇〇年・二〇〇七年）収録の部分についてはそれに従う。

＊特に六国史について、出典表記が煩雑になる場合は省略する。元論文の方針に従い、それぞれその旨を注記する。

第一部　政治過程と制度

第一章　王家と貴族

はじめに

王家と貴族という課題は律令体制の権力構造の問題に関わる。いわゆる畿内政権論の提起を契機に、王権（政治権力としての天皇）・貴族のいずれを権力の主体とみるかをめぐって論争がくりひろげられ、そのなかで研究が蓄積されてきた。論争自体は王権・貴族の相互依存、役割分担という結論に収束したと思われるが、王権と貴族に関する認識は一気に深まった。王権の内部構造、貴族層の政治的地位、具体的な政治・政務のあり方などの面で具体的な事実が集積され、これが現段階での研究の基盤である。これらの議論は構造の静的な分析に主眼が置かれ、政治過程との連関に未解明な部分を残すように思われる。さらに王権はひとつの家としての王家（天皇家）を存立基盤とする。そこには経済的な基礎としての家産や家政組織といったものが存在し、もうひとつの貴族との結合も展開していた。現状ではこの領域に関する研究はいまだ発展途上にあると思われる。政治過程を視野に入れながら、王権および王家と貴族の研究の総括を試みる。

一　王権と貴族

八世紀前半では、王権の正統性は皇孫思想によるとされ、当該期の王権の大和王権期からの連続性や、神話・系譜よって正統性が付与された未開性が論じられることが多い[1]。不改常典は元明の即位、聖武の即位・譲位詔にみえる天智天皇の定めたとされる法で、その研究は膨大である。実体について、律令法、皇位継承に関わるなんらかの原則の二つの大きな解釈があり、後者が通説である。しかし、内実はおくとしても、天智の制定した律令法を意味したと理解すべきである[2]。その政治的意義に関して、第一に、天智が「天命開別天皇」、天命を受けた君主と位置づけられたことが重要である[3]。当時の王権は、皇孫思想ではなく、儒教的な天命思想に基づき、天命を受けた天智の後継者であることに正統性が求められた。第二に、王権の直接的な起点がはるかな神話の世界ではなく、天智天皇というリアルな人格にあった点も重要である。神話と「現在」が直結する観念からは脱却しつつあり、王権の正統性もより鮮烈に認識されるにいたっていた。国忌、陵墓の面でも、天智を起点とする傾向が強かった。

王権論において太上天皇、皇太子、知太政官事などの天皇周辺の存在が注目されてきた。太上天皇は文武天皇期の持統太上天皇が初例である。持統の行動に注目して、太上天皇をほぼ天皇と同等の権限を有した存在ととらえる見解や、両者の性格の相違を強調する見解などが存在する[4]。持統の東国行幸や文武と並び坐して天下を治めたと評された点からは、持統は天皇と同等の地位にあったと考えるのが自然である。

しかし、次の元明太上天皇以後はかなり様相が異なる。元明、元正、孝謙、聖武太上天皇の代行者である光明皇太后の四者の政治的な活動を検討してみると、太上天皇が天皇の諮問を受ける、太上天皇が天皇へ命令を出す、太上天皇が直接、特定の官人に命令を出す、に限定されたようである。太上天皇が官人に接触すること自体は禁じられていなかったが、条件がつく。それは活動の場が内裏あるいは太上天皇の御在所であることであった。太上天皇の政治的な活動は内裏、特に御在所に限定され、明らかに天皇とは異なった。太上天皇が公式令に基づく詔勅を出すことはできず、政治的な影響力は主として「みこと」、つまり言葉を発することによった。太上天皇が実際の政治過程のなかで大きな役割を果たしたとしても、統治権は天皇にあり、それを前提に天皇を補佐する地位であったにすぎない。持統の段階ではあいまいな点があるが、元明あたりから、天皇との関係が整備され、整合的、安定的な関係が形成されたとみられる。

知太政官事は八世紀前半のみにみられた特殊な官職である。太政官の首班とみるか、一議政官とみるかで見解の相違がある。[5] 鈴鹿王を除いて、知太政官事はすべて親王であり、その存在は太上天皇の存否と強い相関関係にあったと考えられる。初例である刑部親王は持統太上天皇の死去の直後に任命された。養老五年（七二一）一二月の元明の死去時の状況はやや複雑であるが、元明―知太政官事舎人親王と知五衛及授刀舎人事新田部親王、藤原不比等―中納言武智麻呂・内臣房前の機能継承の関係を想定すべきである。不比等を実質的な知太政官事とみたり、あるいは知太政官事を大臣と補完関係にあるとする見解には従えない。舎人・新田部の存命中に、元正の譲位があるが、知太政官事は終身の地位であったらしく、二人の地位に変化はなかった。

知太政官事のこの特殊性を考慮すれば、七世紀後半の王族の太政大臣の系譜上に位置づける見解が妥当である。[6] ただし、太政大臣と知太政官事の間には根本的な権限の相違が存在した。律令体制以前の太政大臣は大友・高市皇子の二人である。彼らは天智・持統天皇から統治権を委譲された可能性がある。太政大臣とは天皇から統治権を委譲された存在＝統治権の代行者であった。知太政官事が天皇から統治権を委譲された形跡はなく、統治権の代行者ではなかったために太政大臣ではなかったのである。知太政官事は天皇の統治権を前提とする補佐の地位であった。両者の関係は、あえて類推すると、後の摂政と関白の関係に同じである。知太政官事は天皇との関連において、関白の職掌に類するものではなかったであろうか。知太政官事の機能は、遅くとも舎人のときには、確実に整理・確立された。

太上天皇・知太政官事は基本的に同じ機能を持ち、いずれかが常に存在した。天皇の一族のなかで、その統治を補佐する機能は第一義的には彼らによって担われた。皇太子は八世紀を通じて必ず存在したわけではなく、政治的な機能はそれほど高くはなかった。

律令体制下において、貴族と称すべき存在は五位以上の位階をもつ者であった。五位以上集団は天皇との特殊な関係を有した。五位以上の位記には特に内印が捺され、上日が一般の上日とは別に三省申政で天皇に上申・奏聞され、種々の宴では天皇と場を同じくして共同飲食を行った。五位以上集団は天皇と人格的関係によって強く結ばれた存在であり、六位以下とは質的な差違をもっていた(7)。

貴族の地位は位階によって規定されたが、継続的に五位以上を出す氏族群、すわなち、門閥的な上流の貴族層が存在した。通説的には、三位以上を出す氏族である二〇氏程度と四・五位の氏族の一五〇～二〇〇氏の二群からなり、前者は大夫の系譜を引く伝統的な大氏族、後者は八色姓の忌寸以上の姓をもった氏族とされる。この定義には疑問がある。実際に、次に述べる内外階制以前における五位以上の姓を検討してみると、忌寸以上の範囲にはおさまらず、はるかに多様である。具体的な族姓上の基準を設定することは不可能である。しかし、その大部分は五位にとどまり、五位を越えて昇進する層の族姓は限定された。旧大夫層が位階的には四位以上に実態的に継承されたことが指摘されている。[8] 五位を越えて昇進する貴族は大夫層の系譜を引いたが、五位にとどまる層は、個人的な勤務実績や能力をもとに五位に達したものと考えられ、門閥的とはいえない。五位を越える層こそが唯一の門閥貴族で、五位は基本的に広く開かれ、族姓に関わりなく、業績・能力によって到達しえたのである。

その後、四位以上も旧大夫層のさらに限定された氏族にしか与えられなくなった。神亀五年（七二八）にいわゆる内外階制が施行された。[9] 内外階制は五位昇進時に族姓によって、内・外階の二コースのいずれかに編入する制度で、外階コースに編入された場合は、基本的に外位の最上位五位を越えることはできなかった。内外階制は族姓と位階を明示的に結合させる意義をもった。内外階制において、氏族全体でなくとも、内階コースに編成されたのは多治比・藤原・石川・橘・阿倍・大伴・中臣氏の七氏であった。[10] 橘氏を除いてすべて旧大夫層であるが、旧大夫層そのままではない。たとえば、巨勢氏や和珥氏系の諸氏が含まれていない。内外階制によって、彼らのみが五位を越えうる門閥貴族とされたのである。彼らは七世紀後半の有力な豪族、おおむね大臣の子孫であった。多治比嶋・藤原鎌足・石川（蘇我）連・阿倍御主人・大伴長徳がそれぞれの直接的な先祖であったと思われる。

律令体制下の貴族とは、旧大夫層のうち七世紀後半に顕著な功績のあった氏族を四位以上の上位にすえ、それに個人的な能力による多数の五位を加えた集団であったと把握でき、旧大夫層そのままではなかった。門閥貴族の基準は当時の王権のあり方と相即的であった。王権も天智を起点とする自己規定を基軸とし、七世紀後半における豪族の顕著な功績とは、天智や天武・持統天皇に忠実な仕奉をし功績をあげたことにほかならない。天智を創始者とする王権に対して、その創業に功績のあった者の子孫が門閥貴族を形成する構造であった。

天命思想はここでは天皇だけではなく、門閥貴族の地位にも及んでいた。これは天命思想が皇孫思想の論理構造の上に移植されたことをものがたる。降臨した天孫と奉仕した神々の関係が王権と豪族層の関係を規定したのが皇孫思想であるが、降臨した天孫を天命を受けた天智に置換すると、まさに当時の王権と門閥貴族の関係になる。天命思想が皇孫思想の論理構造のなかに移植され、王権・門閥貴族双方の正統性を裏づけていた。この段階の王家と貴族は実体においても、理念においても、もはや大和王権期のそれらと同じではない。七世紀後半以来の国制改革、すなわち、律令体制の導入の帰結がここにあった。

聖武天皇には光明皇后に加えて、藤原南・北夫人、県犬養広刀自、橘古那可智の四人の夫人がいた。五人の妻は藤原不比等とその二子、橘諸兄の近親であり、大臣の近親と言い換えることができる。このような天皇の婚姻のあり方は天智、天武天皇にもみられ、ひとつの慣行となっていた。大臣の一族にとって、天皇と婚姻関係を結ぶことはひとつの特権であるが、おそらく義務でもあったと思われる。

元明太上天皇は聖武と光明の結婚に際して、藤原不比等の仕奉を讃え、光明との結婚がそのためであることを聖武に伝えた（天平元年〈七二九〉八月二四日詔）。この発言は天皇の婚姻の背景を明確にものがたる。貴族の忠実な仕奉が天皇家との婚姻の前提なのであり、仕奉の基盤の上に婚姻が乗ったのである(11)。婚姻のおおまかな基準が大臣として仕奉することとなのであろう。天皇と最上層の貴族は君臣であると同時に、婚姻を媒介とする親族でもあった。なお、大臣の近親の光明子が皇后にまでなったのは例外である。

二　天皇家と藤原氏

藤原氏は八世紀の貴族層のなかでは卓抜した地位にあった。明らかに他の貴族と同列ではなく、特別な貴族であった。藤原氏の地位の淵源は天皇家との婚姻関係、あるいは特に律令体制に適合的な性格・能力に求められてきた。しかし、天皇への仕奉の結果、天皇家との婚姻が成立するのであって、二者択一的な議論は生産的ではない。天皇と大臣の近親の女性が婚姻関係を結ぶのは一般的な慣行であり、藤原氏の婚姻関係に注目するだけでは不充分である。天平勝宝元年（七四九）四月一日、聖武天皇は東大寺に行幸して詔を発し、父母双方から名を受け継いで国を治めてきたとして、諸王・大臣の子孫（主眼は藤原氏）に特別な恩恵を与えた。聖武は母藤原宮子の所生であるため、名を継承する点では、王族と藤原氏は同等なのであった。この親の名を継承する観念を考慮することによって、はじめて藤原氏の地位を理解するいとぐちが得られる。

親の名＝祖名の継承は先祖の王権への仕奉を規範として、貴族などに王権への忠実な仕奉をうながす観念であった[12]。天皇もやはり、祖名を継承し先祖の治世・事績を認定し、それを明示することによって、祖名を継承し後世に伝えていった。祖名は父だけでなく母からも継承し、聖武は歴代の天皇だけでなく、藤原宮子の名を伝える責任を負った。ただし、妻の名を継承することはなかった。祖名の継承は父母と子の間において行われるものであった。母と妻はこの点で決定的に異なった。

藤原氏と他の門閥貴族との相違はまさにここにあった。原則的に、天皇の子で皇位継承権を持ったのは皇后、あるいは内親王の妻の子のみで、貴族出身の妻の所生子は、皇位継承から排除された[13]。したがって、貴族出身の女性が天皇の母になることはなかった。藤原氏は鎌足が死の直前に、大織冠と大臣の位および藤原の姓を与えられたことに始まり、このとき、初めて大臣を出しうる最上層の貴族の地位を獲得した。その結果、天皇家と婚姻関係を取り結ぶことが可能になった（天武の后五百重娘）。

文武には不比等の子の夫人藤原宮子、嬪紀竈門娘・石川刀子娘の三人の妻がいたが、この婚姻関係はここまでに示した原則から乖離している。文武には内親王の皇后が存在しなかった。また、不比等は文武期ではいまだ大臣ではなく、紀氏・石川氏ともに大臣はいなかった。文武は、たとえば右大臣阿倍御主人とは婚姻関係になかった。この異例の婚姻関係は、妻とすべき皇女（内親王）がいなかったことに原因があったと考えられる。持統三年（六八九）四月、珂瑠皇子（文武）の父の皇太子草壁皇子が死去したが、このとき、珂瑠が皇女を妻とする最後の可能性が失われたと考えられる。草壁の世代以上では適当な人物がいなかったなかで、珂瑠の同世代では草壁の子のみが皇女であった。したがって、珂瑠が后とすべき皇女は、異母姉妹以外には存在しなかった。草壁の死去は、その可能性を消滅させた。

内親王の妻をもたない以上、文武の子は誰であれ、天皇として母の身分が充分ではないという問題を抱えてしまう。それへの対策が文武をめぐる婚姻関係の輪であった。文武は宮子を夫人とし、おそらく同母姉妹の吉備内親王は長屋王と結婚し、不比等の女子も長屋王と結婚した。文武をめぐって天皇家、藤原不比等・長屋王が密接な親族関係を形成した。ここから、文武の後継者は宮子の所生子で、それを藤原氏、長屋王が支えるという構想が浮かびあがってくる。藤原氏、長屋王がこの重大な責務を与えられたのは、鎌足および長屋王の父高市皇子の政治上の絶大な功績によるのであろう。最大の功臣である藤原氏と高市皇子の一族が天皇家と特別に結合し、文武およびその後継者を支える体制が構築されたのである。天皇家─藤原氏・長屋王の体制の存在を別の側面から証するのが高市、不比等の封戸である。双方とも莫大な規模であるだけでなく、高市の封は長屋王に継承され、不比等の功封は特別に永久に継承されるものとされた。これらの封戸は単に功績に対する報償ではなく、天皇家─藤原氏・長屋王の体制を支える物質的な基盤の意味をも含んでいたと考えられる。

藤原氏の特別な発展の最初の契機はここにあった。鎌足の功績を背景に宮子が一般的な貴族の範疇を越え、天皇の生母の役割を付与されたことが大きな意義をもち、それが祖名の継承という観念のなかにおかれたとき、藤原氏の特別な発展が実現したといえよう。鎌足よりも不比等の功績や政治的手腕を重視する傾向も強いが、最初の段階で考慮されたのはまちがいなく鎌足の功績であり、藤原氏にとって鎌足の存在はやはり重かった。各局面での藤原氏の行動やその影響を無視するつもりはないが、発展の基盤はこのように形成された。それが草壁の死去という偶然の事件に起因する天皇家の事情によったことも留意する必要があろうし、その意味で、草壁の死去の政治史的な意義はきわめて大きい。

持統一〇年七月に死去した太政大臣高市皇子と入れ替わるようにして、翌年には珂瑠皇子が立太子し、即位した。立太子には反対論も多くあったが、持統天皇が中心になって立太子・即位を強行した（『懐風藻』）。珂瑠は当時一五才で、成人に達していたが、政治経験を欠いていた。天武の子なども存在するなかで、即位を急いだ感が強い。実際の統治は文武と持統の共同執政であっただろう（元明天皇即位詔）。

その後、文武の母である元明天皇、その子元正天皇と二人の女帝が続いた。二人は基本的に文武の子首親王の即位までの中継ぎであった。子から母へと皇位が継承されたことは異例であるが、もともと二人の中継ぎを置くことが予定されていたと思われる。元正の即位のとき、首が成人であったことから、あえて即位が避けられたとする見解もあるが、そう考える必要はない。首にはまだ政治経験がなく、天皇としてその点の適格性を欠いていた。文武のケースが異常に早かったと理解すべきである。

二人の女帝のもとで、首の即位への準備がなされた。和銅七年（七一四）に首は元服し、同時に立太子した。しかし、この段階では政治には関与していなかった。元明譲位詔に皇太子はまだ深宮を離れていないとあるが、これは事実であろう。養老三年（七一九）の朝賀に首親王が初めて参加し、聴政を始めた。その後、五年たって神亀元年（七二四）に即位した。聖武の場合、文武と同じく中継ぎによって支えられたが、急いだところはなく、年齢、政治経験とも充分な状態で即位した。天武以来の、充分な年令の男子で政治経験も豊富な天皇であった。系譜的な問題に対応する意味もあって、即位の条件が整うまで、じっくりと待たれた。

律令体制において統治の中核となったのは天皇と太政官の議政官である。議政官の出身母体は四位以上の門閥貴族であった。律令体制以前のあり方を継承し、伝統的な有力豪族から一人ずつ議政官になるとする理解がかつて有力であったが、実証的には成立しない(14)。天皇家との姻戚関係を重視する説もあるが、前提に忠実な仕奉、上位の位階・官職への昇進があらねばならない。

八世紀初頭では、藤原・多治比・大伴・阿倍氏がおおむね連続して議政官を輩出し、また、同一氏で複数が議政官になることはなかった。これは、七世紀後半に起源をもつ当時の門閥貴族の均衡に基づいて議政官が構成されたことを意味する。しかし、藤原氏の存在が変化をもたらした。養老元年、不比等に加えて、藤原房前が非議政官の上位ではないにもかかわらず、朝政に参議した。房前の天皇家の家政への関与という特殊な職務のためにこの措置がとられたものと思われる。天平三年（七三一）には、大納言武智麻呂、参議房前に加えて、宇合、麻呂が参議となった。この段階でも一氏から複数の議政官には制約があったと考えるべきであるが、ここでは諸司の挙によるという手続きを踏んだ。貴族層の同意を得た形式で原則を変更した。この任官は本格的に同一氏の複数の議政官に道を開いた点で意義を有するが、武智麻呂以外はすべて参議であり、参議の流動性をも考慮すれば、ただちに原則の変更とはいえない部分も残る。

家産の管理など王家の家政は統治とは異なる領域である。王家の家内的な秩序が前面に出て、決裁権を持つ人物（王家の代表）が天皇の地位と合致しないばかりか、貴族も参画し、君臣関係とは別の天皇と貴族の関係も形成されていた。八世紀初頭、文武天皇のもとでは持統太上天皇が決裁権を有したであろう。その死後は文武自身であった。文武の後、元明が即位し、さらに元正が即位したが、元明がその死去まで決裁権を持った。元明の死去にあたり政治的不安定が生まれたのは、それが王家内部の権力移譲をもたらすものであったからである。

家政の実務は後宮が大きな部分を担ったと思われるが、後宮だけで完結することはなく、太政官以下の官司機構と関連せざるをえない。ここに貴族が天皇家の家政に関与する要因があった。八世紀初期には藤原不比等が家政に関与していた。後宮において大きな役割を果たした県犬養三千代の夫であり議政官でもあった。その死後、その子房前がその地位を継承した。房前の内臣の地位は王家の家政に参画する性格を表した[15]。従来、内臣は政治的な機能に着目し論じられてきたが、政治的な局面に限定されてはならない。房前は三千代の子牟漏女王の夫であり、三千代と血縁的な関係が濃厚であった。しかし、房前は太政官のなかでは参議でしかなく、中納言から右大臣まで昇進した武智麻呂と連携した。武智麻呂・房前の藤原氏内での地位や政治的関係にはさまざまな議論があるが、不比等のもっていた統治における機能、王家の家政における機能の二つの側面をそれぞれ継承したと考える。この体制は元明の死後、家政の決裁権が元正に移り、その譲位・聖武の即位に伴い、聖武に移っても変化はなかった。

天平九年に、藤原武智麻呂・房前が死去すると、その機能を継承したのは橘諸兄であった。諸兄は牟漏女王の兄で、牟漏女王も母に続いて後宮に出仕したのではないかと思われる。奉勅上宣官符の初例である天平一〇年一〇月七日太政官符[16]（『類聚三代格』一〇）は、天皇家の家政に関わり、諸兄が宣を出した。諸兄が家政に参画していたことを示唆するとともに、奉勅上宣官符がこのような特定の議政官しか扱えない政務の存在を前提として成立したことを示す。ここまでの段階では、内臣を例外とすれば、王家の家政に参画する貴族は正式には中納言以上の一議政官にすぎない。彼らは後宮の特定の人物との人格的結合のゆえに、天皇家の家政に関与したのであり、地位は充分に制度化されていなかった[17]。

聖武の即位に伴い、母の夫人藤原宮子の尊称をどのようにするかが問題となった。まず、聖武が勅して大夫人と称することを命じたが、左大臣長屋王らが再考を求め、皇太夫人と表記し、「おおみおや」と呼ぶとする詔が改めて出された。この事件は天皇・貴族の政治関係を考えるうえで注目されてきた事件である。この事件が天皇の意志が貴族によって改められた事例で、貴族の政治的影響力の強さを示すとするかつての見解はほぼ否定された。藤原氏と長屋王の対立を読みとる見解などが主流となっていて、長屋王の変の原因、あるいは伏線とされることも多い[18]。

本来、聖武の意志は「皇」の文字の入った皇太夫人にあったと考えられ、最初の勅は皇太夫人の称号を貴族の総意の形式で決定するための政治的な演出とみるべきである。それに対応して、長屋王らが訂正を求め、最終的に貴族の総意のもとに「皇太夫人」の称号が確定した。この事件になんらかの政治的な対立を想定することは困難である。聖武と貴族の最上位の長屋王によって進められた政治的手続にすぎず、天皇家―藤原氏・長屋王の体制は、この段階でも機能していた。ただし、この体制は聖武の即位により歴史的な使命を終えていた。また、聖武が貴族の総意の形式を作ろうとした点は重要である。天皇はこの種の身分に関わるような重要事項は、貴族の同意を求めなければならなかった。

以上の過程を経て、貴族である藤原宮子が皇の文字を冠することになったが、それは藤原氏が門閥貴族の列を越え、天皇家に準ずる地位にいたったことを象徴した。聖武は藤原氏に天皇の母にふさわしい地位＝天皇家に準ずる地位を与え、名を明示したのである。聖武の即位を契機として、藤原氏は新しい段階に移行した。

神亀四年、聖武と夫人藤原光明子との間に男子が誕生し、すぐに立太子したが、五年には死去し、翌天平元年に長屋王の変、光明立后と重要な政治事件が続いた。これらの事件は互いに密接な連関のもとにあった。聖武の即位は、草壁皇子の死去以来の課題が達成されたことを意味し、政治過程の分岐点である。

皇太子の任命は聖武がみずからと同じく藤原氏を外戚とする方針で、後継を指名したことを示す[19]。しかし、新生児を皇太子に任命するのは異常であった。聖武の後継者をめぐる問題が存在したと考えることは自然である。ほぼ同じ時期に県犬養広刀自所生の安積親王が誕生したが、母の広刀自は三千代の近親と考えられ、大きくは藤原氏の政治的影響力のもとにあり、光明子の所生子に対して優位に立つことはなかっただろう。安積を意識して立太子を急ぐ理由が存在したかは疑問である。その後、皇太子が死去すると事態は流動化した。安積に加えて、最近では長屋王や吉備内親王との間に生まれた膳夫王を重視する傾向が強い[20]。長屋王一族には聖武に子がない場合の緊急避難的な措置としてのみ、皇位継承の可能性が生じると思われる。しかし、藤原氏との外戚関係を重視すると、安積も充分とはいえず、相対的に膳夫王などが浮上することはありえたであろう。

このような状況のもとで長屋王の変がおき、長屋王および吉備内親王、その間の男子が滅亡した[21]。光明立后は藤原氏による安積の即位を阻止し、場合によっては光明子の即位をも考慮した行動とされてきたが[22]、基本的に形を変えた新たな皇太子の任命とみるべきであろう。つまり、皇太子は安積などではなく、将来、生まれてくるであろう聖武・光明子の男子であることを示すために、光明子を皇后にしたのである。

三　天平期後半の天皇と貴族

天平九年（七三七）夏、大宰府管内で発生した天然痘は平城京にも伝播し、主だった貴族などが次々に感染し、死亡した。藤原武智麻呂・房前・宇合・麻呂四兄弟など議政官クラスはほぼ全滅し、政治的にも大きな衝撃となった。さらに一二年には大規模な反乱である藤原広嗣の乱が起きた。この事態は聖武天皇の天皇としての適格性を直撃した。天命思想は天災や戦乱を皇帝の不徳と結合させて理解するものであり、天命が変わり不徳の皇帝となった者は滅亡するという革命思想を内包した。伝染病の流行や藤原広嗣の乱が、聖武の不徳を示す現象とされたことは容易に想像できる。聖武は天命思想に基づき君臨してきたが、その正統性を失いつつあった。

多くの死者を出したことをおいても、この事態は門閥貴族にとっても危機的な状況であった。門閥貴族のよって立つところも、先祖が七世紀後半に王権に忠実に仕奉した点にあった。天智の後継を自認する王権が正統性を失うことは、彼らの正統性の喪失にもつながった。天皇家と門閥貴族は七世紀後半に自己の起源を求め、天命思想により比較的安定した体制を作りあげてきたが、この時期に危機を迎えたといえる。

天平一〇年正月、聖武・光明の女子である阿倍内親王が立太子した。伝染病の流行のなかで、皇太子の地位をあけておくことは危険が大きかった。しかし、男子の安積親王ではなく、女子の阿倍内親王の立太子はまったく異例であり問題を残した。後に反乱を計画する橘奈良麻呂らは、この段階で皇嗣が立てられていないと考えていた。これは阿倍の立太子を承認していなかったことではない。阿倍は皇嗣ではなく中継ぎの存在にすぎないのであって、この段階でも聖武・光明の男子の誕生が待たれていた。

伝染病により藤原四子の太政官主導の体制は終結し、橘諸兄を中心として議政官が再生されたが、きわめて脆弱であり、太政官の政治能力が大きくそがれた。これに対して、天皇の政治力が前面に現れるようになり、聖武天皇の寵臣と呼ばれる人物の政治行動が活発になった。内道場に安置された玄昉や吉備真備がその代表であった。門閥貴族ではない人物が天皇に近侍する形で政治世界に登場した。ここに天皇の専制化という潮流を看取することもできるが、全体としてみると、極端に動揺した状態を緊急避難的に立て直す策の性格が強いように思われ、一時的な現象にとどまったように思われる。

王権の正統性の再構築のうえで、大きな役割を果たしたのは仏教である。聖武が、天平後半期から急速に仏教に傾斜していったことはよく知られた事実である。国分寺、東大寺など八世紀を代表する寺院はその所産であった。天平一五年正月、聖武は衆僧を金光明寺に集め詞を与えた。そのなかで、自身や人民が菩薩乗に乗り如来の座にいたることを祈願し、それが像法の中興をめざしたものであることを述べた。当該期が仏教的な時代認識で像法にあたるとの認識が示された。天平九年以来の体制の動揺が、このような像法（その末期）に不可避の現象と認識された可能性がある。つまり、一連の現象が聖武の不徳から分離され、時代に固有のものと理解されたのではなかろうか。聖武天皇に像法の中興の主体として、正統性を再び得る可能性が生まれた。

聖武が菩薩乗に言及し、大仏造立を菩薩の大願と述べたことから、自身を菩薩（利他行を行い、衆生をも救済することを発願した修行者）と位置づけたことは明白であり、その背景には皇帝菩薩思想があった。皇帝菩薩思想は皇帝が菩薩の応現で、仏陀の予言に従いこの世に出現し、治者の位にいて菩薩行を実践するという思想である。聖武は像法末期における仏教中興の主体となる菩薩として、みずからの正統性を確保しようとしたのである。具体的には、東大寺大仏に象徴される華厳教学、最勝王経の護国思想、般若系の教学、密教的な観音信仰などがこの時期の仏教の中心となった。これらの仏教政策を遂行するうえで、光明皇后の果たした役割が決定的に大きい。国分寺・東大寺の創建は光明の勧めた事業であるとされ、皇后宮職の写経所が五月一日経などを生み出し、仏典の生産・普及の中心であったことは正倉院文書からうかがわれる。

天皇家と藤原氏の結合を考えるうえで光明の仏教は重要な意味を持ったが、[23]それは藤原氏にとっての三千代の存在の重要性を再認識させるものでもある。光明皇后は、主として母三千代から仏教の教学や信仰を多く受け継いでいたからである。三千代は古くから仏教の普及していた河内国古市郡の出身と考えられ、仏教に対する造詣が深く、帰依もした人物であった。玄昉・慈訓・慶俊・道鏡といった河内国南部出身の僧が、天皇家と関わりながら活発に活動したのも無関係ではないであろう。また、光明は中国の則天武后を強く意識したことでも知られる。新訳華厳経や最勝王経の成立は則天武后のもとでの事業であった。当時の王権を支える仏教の論理は主として則天武后の時代の中国のそれに依拠したと思われる。

天平一七年、聖武が不予になった頃、橘奈良麻呂らのクーデター計画が進行していた。この計画は最終的に天平宝字元年（七五七）七月に発覚し、奈良麻呂らは処分された（橘奈良麻呂の変）。首謀者は橘奈良麻呂・大伴古麻呂で、大伴・佐伯・多治比氏からの参加者が多かった。この計画が藤原氏以外の門閥貴族を基盤としたことは明白である。奈良麻呂はもし他氏が王を立てれば、一族は滅亡してしまうので、黄文王を立て他氏に先んじたいと考えていた。古麻呂は藤原豊成・仲麻呂は勢いに乗じて権力を握っており、君を立てても人は従わないとの認識を持っていた。いずれも藤原氏と天皇の結合に対する危機感が強烈であり、それは自身の氏の滅亡の危険性に裏打ちされていた。

しかし、この認識は従来の君臣関係ではあまり現実的とはいえない。門閥貴族の地位は七世紀後半の仕奉に由来し、天皇も通常はそれを承認すべきであった。天皇との個人的な関係によって、原則的には門閥貴族の地位は左右されないはずであった。奈良麻呂や古麻呂の認識は、天皇との個人的な連関が第一義的に重要な意味をもつ段階にいたって、始めて現実味をおびる。天皇と門閥貴族がともに天命思想によって支持される段階から、仏教に支持される天皇と、その親族関係・特別な恩寵に基づく門閥貴族という関係に移行しつつあったことを示唆するであろう。二人の意識はその状況のなかでの危機感であり、彼らの特殊な感情ではなく、ある程度、広がりを持つものであった。

大伴家持は族を喩す歌（『万葉集』）のなかで、神話的な世界における祖先の功績を高らかに歌いあげ、一族に天皇への忠誠を求めた。家持の意識は古麻呂と同じ危機感から出発したが、対照的であった。家持はさらに以前の観念にまさに先祖帰りし、みずからの存立基盤を模索したのである。この歌をもって大伴氏のなかで、神話的な世界観や天皇への特別な感情が継続して生きていたとすることは安易な理解であろう。大伴氏のなかに家持と古麻呂に代表される二つの指向が併存したことは事実であり、門閥貴族の氏内部でも深刻な対立が生じていたことがわかる。しかし、家持の思いはまったく意味のないものではなかったと思われる。しばらくの後、蝦夷戦争を背景に大伴氏は軍事的な貴族としての性格を強め、戦争遂行に大きな役割を果たしたからである。家持はそのような古麻呂らとは異なる政治的潮流を感じ、この歌を作ったのではないかと考える(24)。

門閥貴族の分裂が進むなかで、彼らを基盤とする政治機構の最上部の再編は不可避であった。天平二〇年、石上乙麻呂、藤原八束、石川年足、多治比広足が参議に任命され（『公卿補任』）、翌天平勝宝元年（七四九）には乙麻呂・広足が中納言に昇進し、大伴兄麻呂・橘宿祢奈良麻呂・藤原清河が参議となった。二年間で七人が参議に任命され、一人の死去があったが、議政官の総員は一九年の六人から一二人と倍増した。この二年間に議政官数の推移の転換点があるように思われる。これ以前、短期的に増加することはあるが、おおむね中納言以上の定員七人程度で推移し、少ない場合には二人のこともあった。一方、以後は一〇人を超えることが多く、定員を超える状況が続いた。

議政官の増加は太政官における政務のあり方の変化を予感させる。太政官の事務機能を担う弁官が、単なる案件の授受だけではなく、独自に案件を処理することが広く行われていた[25]。また、八省の段階で処理される案件も多く存在したはずである。それらに支えられ、議政官は比較的少数でも政治運営が可能であったと思われる。なお、このようなあり方を各官司の相対的独立、官僚制の未熟ととらえることは適当ではない。成熟した体制のもとでも、重要性に従い上級から下級官司に決裁権が割りふられるのは当然であるからである。四位相当の大弁・八省卿は門閥貴族であり、天皇との人格的関係によって忠実な仕奉が担保されたので、彼らの独自の政務処理が可能であった。しかし、当該期には門閥貴族の分裂が進み、ここに政治上の不安定要因が存在した。少なくはない案件が弁官・八省などの決裁から議政官のそれに移され、政務の安定的な処理がはかられたのではなかろうか。議政官の増加傾向はその反映と考えられる。

議政官の構成にも変化がみられる。天平勝宝元年、藤原豊成が大納言から右大臣に、弟仲麻呂が参議から大納言に昇進し、初めて藤原氏から中納言以上の正規の議政官が二人現れることになった。これは光明皇太后の存在を抜きに理解することはできないが、その後、藤原氏が複数、議政官の上層に位置することはめずらしくはなくなった。この現象は武智麻呂および三人の弟の参議であった天平期前半とはやはり異なる。藤原氏の議政官内での地位は隔絶し、ついで仲麻呂の昇進を迎えた。

天皇と門閥貴族全体との人格的な結合が揺らいでいくなかで、議政官への政務の集中がはかられ、さらに、藤原氏の重用という形をとる議政官との親族関係の強化が進められた。それにより、政治的な安定が追求され、それはある程度、成功したようにみえる。天皇が門閥貴族全体から親族関係などにもとづく特定の貴族へと軸足を移したといえる。その意味では、この時期の変化は政治体制の構造的な改革であった。

四　孝謙（称徳）天皇と藤原仲麻呂・道鏡

聖武が出家して政治から離れた後、阿倍内親王が即位した（孝謙天皇）。それに伴い光明皇后の皇后宮職を改組して紫微中台が設置された。光明皇太后と孝謙の関係、紫微中台の機能、紫微令藤原仲麻呂の政治的地位などの問題があり、研究の蓄積も厚い。ただし、基本的に統治の領域と家政の領域を分離して検討すべきであり、従来の議論ではその点が明確ではなかったように思われる。

統治において光明皇太后の詔も意義を持った。しかし、光明の詔は御在所において直接語りかけられるか、紫微中台によって宣されるのみで、公式令による詔勅に置き換わるものではなかった。光明は統治権を委譲されたのではなく、実際の政治過程において光明が実質的な統治を主導していたとしても、孝謙を補佐する機能である。皇太后が政治上、どのような機能をもったのかは明確ではない。光明の場合、聖武太上天皇から権限の委譲を受けたと思われ（神護景雲三年〈七六九〉一〇月一日詔）、光明は太上天皇の代行と考えられる。補佐とはいえ、光明が王権の最深部に政治的地位を得たことの意味は大きく、天皇家と藤原氏の関係において決定的な画期である。

一方、家政では様相が異なる。これに関しては、天平勝宝八歳（七五六）の東大寺・法隆寺献物帳などの一次史料が現存する。これらは基本的に光明・孝謙の家政の局面での関係を示すものであることを、改めて確認しておきたい[26]。その結論をそのまま統治にまで拡大することはできない。これらの文書では両者の意志が紫微中台および侍従藤原永手によって同じ形式で施行された。その際、光明の意志は勅とはされず、孝謙の意思のみが勅とされたが、同形式で施行される点に注目し、光明の意志は孝謙天皇のそれと同等とみることができる。また、紫微中台がそれらの施行主体であることから、紫微中台の本主である光明が決裁権を保持したと考えられる。

紫微中台の職務は法制上、「居レ中奉レ勅、頒二行諸司一」とされる。献物帳などからみて、「勅」は光明・孝謙の「みこと」を意味すると理解すべきである。侍従の永手は孝謙の意思・認可を伝えたのであるが、紫微中台に対する伝達程度にとどまり、紫微中台が施行主体である点も動かない。家政の領域では紫微中台は孝謙の意思をも施行したのであり、その背景にあるのは光明の家政管理権である。

二領域の区別は、紫微中台と太政官の関係を論じる際にも留意されなければならない。紫微中台が太政官の議政官から権限を奪取し官僚機構の中枢に位置したとする、紫微中台の機能を大きく評価する見解が通説といってもよい(27)。天平勝宝八歳の東大寺への荘園施入の事例でも、紫微中台の命令が直接、京職・国郡に伝えられており、紫微中台が太政官とは独立して諸司に下命する権限を有したことがわかる。しかし、それはやはり家政における現象であり、紫微中台（坤宮官）の存続時期に奉勅の太政官符が存在することをみても、統治に属する天皇の命令を太政官が施行したことは明白である。全面的に紫微中台が太政官に置き換わったとみるのは誤りである。

また、天平勝宝元～二年の官奴婢関係の文書群のように、家政的な事項が太政官を通して施行されることもあった。ここでは、大納言藤原仲麻呂の宣によることが明記されるように、仲麻呂が大納言でもあったことが意味を持つ。なお、奉勅上宣官符の形式をとるのは、議政官のなかでは家政の領域が仲麻呂の専権事項であったからである。仲麻呂は養老律令の解釈をも専権事項としており、それも仲麻呂の宣を明記した形式で施行された。紫微中台が単独で勅を施行するケースと太政官を経由するケースがあったことになるが、おそらく実際に直接、下命することが可能かどうかの物理的な問題であろう。遠方の多数の国が対象となる場合には太政官を経由したのであろう。

天平勝宝八歳、聖武太上天皇の死去により、形式的にも天武―持統直系の断絶が確定し、中継ぎの孝謙も存在意義が消滅し、皇位は傍流の王家へ移行せざるをえなくなった。聖武は遺詔で新田部親王の子道祖王を皇太子に任命した。聖武の遺詔は単に道祖王を皇太子とすることのみではなく、事情によってはその変更もありえ、その場合、人選は孝謙に一任することが付加されていた。変更の可能な理由は、天皇の位は天の承認なくしては保てず、本人も滅亡してしまうとする考えにあった。注目すべきは天皇の決定よりも天の承認が優先することである。天皇に決定権があるが、天の承認があるかないかは自然と判明するので、その段階で変更することもありうるというのが、その論理であった。

その背景には、第一に、傍流の王家の複数の候補から選択しなければならない現実の状況があった。第二に、聖武自身が新しい仏教によって守護された天皇であったことが考慮されなければならない。聖武にとって天あるいは天地は仏教の諸神、天神地祇、天皇御霊のことであり、そのなかでも仏教が優先した（天平勝宝元年四月一日詔）。天の承認とは主として仏教の諸神による承認のことであった。このことに、聖武がみずからを「三宝乃奴」と称したことを加えれば、仏教に奴として奉仕する天皇の後継指名が、仏教の諸神の承認によって初めて正統性を得るとする論理はきわめて自然に理解できる。つまり、この後継者の指名方法は天皇自身が仏教に支持されたこととパラレルな関係にあり、新しい天皇の姿に適合的な皇位継承の方式が創設されたといえる。

天平宝字元年（七五七）、道祖王は廃され舎人親王の子大炊王が立太子し、翌年即位した（淳仁天皇）。淳仁の擁立は藤原仲麻呂の専権によったとされることが多いが、天皇家と藤原氏との連携はそれ以前からの既定路線であった。この時期、儒教的な精神が積極的に導入され、それを媒介に淳仁の系譜的な位置や藤原氏との関係が確定されていった。淳仁は聖武を先帝と表現し、基本的に八世紀前半の天皇家の直系としてふるまった。藤原氏に対して、淳仁は妻の義父仲麻呂に尚舅の称号を呈し、藤原氏の外戚としての地位により、不比等・三千代・武智麻呂・房前の顕彰を行った。天皇家と藤原氏の外戚関係は新たに儒教によって意義づけられたのである。これらのケースは祖名の継承とは異なる。妻の父を顕彰することは名の継承の観念ではありえないし、天皇家の外戚であることは従来はそれ自体として顕彰されるべきことではなかった。儒教思想が導入されることにより外戚関係がそのもの自体として表面に現れ、政治的な原理として重要視されるようになった。これは前述した天皇と議政官上層の親族関係を改めて正当化する装置であった。藤原氏の準天皇家化がさらに進展したのもその延長上にある。

光明は聖武の譲位以来、その機能を代行してきたが、淳仁即位に伴い引退したらしい。その後は法華寺阿弥陀浄土院建立に向かったのであろう。ただし、紫微中台は残り、家政に関わる決裁権は光明にあった。孝謙がかわって天皇の補佐を行った。藤原仲麻呂は実質的には紫微中台長官として家政の実権を留保しつつも、右大臣に昇進した。天平宝字四年の光明の死去前後に、さらに権力構造の変化が生じた。仲麻呂の太師（太政大臣）就任がそれである。これは孝謙の勅によったが、太上天皇が任命した特殊な事例である。孝謙の機能が藤原仲麻呂に継承されたことを意味するのではないかと思われる。つまり、太上天皇の天皇補佐の機能が藤原仲麻呂に委譲され、それが制度的には太師任命の形式をとったのではなかろうか。太政大臣とはここでは七世紀後半のそれとは性格が異なり、天皇の統治権を前提とする補佐の地位である。この仲麻呂の地位は藤原氏の発展の帰結であり、後の摂関政治につながる天皇家と藤原氏の結合の原型であったといえる。そして、「太上天皇」光明がその直接の前提であった。家政の領域では光明の死去に伴い坤宮官が廃止されたが、勅旨所（省）が設置され、孝謙が決裁権を掌握したようである。

天平宝字三年頃から天候不順となり、伝染病が流行するようになり、以後、慢性的に社会の不安定が続いた。加えて光明の死去があり、政治は流動化した。光明の死後、小治田宮や保良宮へ行幸し、保良宮へ遷都するなど、この時期の孝謙・淳仁の行動は藤原広嗣の乱後の聖武天皇の行動に類似する。六年五月、孝謙・淳仁は保良宮から平城宮にもどってきたが、保良宮において決定的な対立が生じていた。六月には孝謙が詔を発して政治的な実権を掌握した。このときの詔は自身が出家すること、しかし、国家の大事は自身が担当することの二点からなった。孝謙の政治的役割は中継ぎとして淳仁即位を実現した段階で終了したとみられる。しかし、聖武天皇から後継者の変更権を与えられており、それが即位後の淳仁に対しても有効であったともいえる。この事件は基本的に変更権の行使ととらえられる。

さらに、孝謙が出家したこともみのがせない。孝謙が仏弟子として仏教の守護を一身に、より直接的に背負い、それが政治を主導する背景であった。したがって、出家と政治的実権の掌握は表裏一体であった。この行動はおそらく仏教と世俗権力の関わりという問題を惹起させたが、最勝王経の国王は菩薩戒を受けるべきであるとする思想に依拠しのりこえた。孝謙が父聖武天皇を先例として意識したことは確実であり、孝謙は単に聖武の子であるだけではなく、聖武の構築した新しい天皇のあり方の正当な継承者であった。そして、孝謙による実質的な天皇の交代(28)が藤原仲麻呂の乱を引き起こした。孝謙は仲麻呂の一族、および反乱に加わった藤原巨勢麻呂から藤原の姓を剥奪し鎮圧を進めた。乱後には淳仁を廃し、みずからが重祚した。

天平宝字八年九月、藤原仲麻呂の乱の直後、帝の出家している世には出家している大臣もいるべきであるとの理由で道鏡を大臣禅師に任命し、後に太政大臣禅師に昇進させた。円興を法臣、基真を法参議に任命したのも同じことである。藤原氏では永手が中心になったが、もはや天皇家と藤原氏の強固な連携体制は否定されたように思われる。さらに、吉備真備・弓削浄人といった卑姓の出身者を議政官の上層に加え、道鏡の出身地河内国の豪族層をも支持勢力としようとしたらしい。道鏡の太政大臣禅師が称徳の統治を補佐するものであることはいうまでもなく、藤原仲麻呂の場合と同じである。ただし、実際にどの程度の政治的影響力を有したのかは不明である。

称徳の即位は再び後継者の問題が生じたことを意味する。称徳は頻繁に詔を出し、一貫して皇太子の地位が天の意志によって定まることを強調した。称徳は天武―持統直系の血統を重視する意識を強烈に持っていたと理解する傾向が強いが、それでは後継者は存在しえないのであって、あまりにも非現実的である。道祖王立太子の段階で、聖武は血統の断絶を前提に仏教を援用して後継者問題を解決しようとし、称徳の詔に示された論理は聖武の論理そのものであった。称徳は早い段階から天武―持統直系の原理を放棄し、仏教者、具体的には道鏡の即位を模索していたと思われる(29)。

天平神護二年（七六六）、舎利の出現とともに道鏡は法王となった。その衣食などは供御に準ずるとされ、天皇と同等の地位であった。任命の詔では舎利の出現は道鏡の勧行、教導の結果とされ、後継者に関する天の意志が道鏡にあることを含意することはまちがいなく、法王の地位はその道鏡に与えられたものであった。政治史的には法王はやはり後継者の意味を有したであろう。この延長上にいわゆる道鏡事件が起きた。現在ではこの事件を単純に道鏡が皇位をうかがった事件と理解することは困難である。上に述べた法王任命の意義などからみて、称徳が主導して道鏡を皇位につけようとした事件とみるのが適当と考える。称徳は天武―持統直系の断絶を受けて天皇の世襲制を否定し、仏教を媒介とする継承を確立することによって後継問題を解決しようとしたのである。

しかし、結局、世襲制を破壊することができず、この計画は頓挫した。この結果、称徳はみずからの後継者を確定することができないままに死去し、称徳に近侍した有力貴族の推戴に基づき、光仁天皇が誕生した。

おわりに

八世紀初頭から前半に成立した政治体制および王家と貴族の関係は、七世紀後半以来の体制改革のひとつの帰結であった。そのなかで、聖武天皇の存在を媒介に藤原氏が特別な発展を始めた。そして、天平期後半、政治体制がゆらぐなかで、王権は仏教への傾斜を強め、親族（外戚）関係を主要な紐帯として貴族と結合するようになり、藤原氏の地位が決定的に突出した。その具体的な姿を藤原仲麻呂の存在にみることができる。この仏教と外戚関係の要素は、以後の平安時代の王家・貴族の存在形態をも規定するものであったと思われる。平安時代につながる原型が形成されたのが天平期後半ということになる。この時期の政治体制の変革、王家・貴族の変質はきわめて大きな意義をもった。

その直接的な契機は伝染病の大流行であり、政治体制の変革を迫るに充分な衝撃であったと考えられる。しかし、この時期の社会的な変動もまた確かであり、大きな要因になったであろう。その接点を求めることは王家や貴族の社会的基盤を追究することと同義であろう。長屋王家木簡の出土以来、王家・貴族の家産に対する関心が高まっていて、王家や貴族の家の社会的、特に物質的な基盤を解明する研究の潮流が生まれた。政治体制上の問題だけではなく、このような領域を包摂して、はじめて王家や貴族の時期的な変遷、そして、特質は明らかになる。今後、研究を進めなければならない領域である。

註

（1）吉田孝『律令国家と古代の社会』（岩波書店　一九八三年）など。

（2）北康宏「律令法典・山陵と王権の正当化」（同『日本古代君主制成立史の研究』〈塙書房　二〇一七年〉初出二〇〇〇年）。近年の中野渡俊治「不改常典試論」（同『古代太上天皇の研究』〈思文閣出版　二〇一七年〉初出二〇一〇年）、中村順昭「不改常典と天智天皇の即位に関する試論」（吉村武彦編『日本古代の国家と王権・社会』塙書房　二〇一四年）などの整理のとおり、不改常典は、近江令あるいは律令法、皇位継承に関する法、天皇のあり方を定めたものの、おおまかに三種の見解があり、現在でも共通理解はないといえる。中村の研究や、大町健「違勅罪の成立と不改常典・和同開珎」（吉村武彦編『日本古代の国家と王権・社会』塙書房　二〇一四年）、水谷千秋「不改常典と『日本書紀』の思想」（『日本書紀研究』三〇　二〇一四年）などの近年の研究では、不改常典の内容に国家統治法（律令）と皇位継承法の双方が含まれたことを前提にその意義を考証する点で共通する。また、主に養老三年一〇月一七日詔（『続日本紀』同日条）を論じた稲垣彰「不改常典の意味するもの」（『続日本紀研究』三六三　二〇〇六年）も同様である。元明即位詔（『続日本紀』慶雲四年〈七〇七〉七月一七日条）、聖武即位詔（同神亀元年〈七二四〉二月四日条）、孝謙即位詔（同天平勝宝元年〈七四九〉七月二日条）をもとに不改常典の内容を確定することはむずかしい。養老三年詔において、天地開闢以来の「法令」が「近江之世」に悉く備わり、その後、改訂があったが、「恒法」となったとの法令整備に関する認識が示されるのは事実であり、この「恒法」は不改常典が初めて現れる元明即位詔の「不改常典」と立てられた「食国法」と同一であり、それはさらに、別のものとされることが多いが、天智が立てた「不改常典」とも同一であると思われる。不改常典は天智期に整備された法典なのであり、近江令の存否は保留するとしても、律令法であることは否定できないと考える。同一の詔のなかの、二か所の同じ語「不改常典」が同じ実体ではないとする想定には従えない。また、稲垣や水谷は古い段階の法令のうち、律令に取り込まれなかった皇位継承法を不改常典とするが、同意できない。

（3）坂上康俊「古代の法と習慣」（『岩波講座日本通史3古代2』岩波書店　一九九四年）

（4）太上天皇について、仁藤敦史「律令制成立期における太上天皇と天皇」（同『古代王権と官僚制』〈臨川書店　二〇〇〇年〉初出一九九〇年）、筧敏生「宣命の歴史的位置と日本古代王権」（同『古代王権と律令国家』〈校倉書房　二〇〇二年〉初出一九九七年）、および中野渡俊治『古代太上天皇の研究』（注2）の諸論考。

（5）近年の研究として、原朋志「八世紀における親王と議政官」（『続日本紀研究』四〇三　二〇一三年）、大友裕二「知太政官事に関する一考察」（『政治経済史学』五六五　二〇一四年）、鈴木琢郎「知太政官事の制度史的考察」（『日本史研究』六四〇　二〇一五年）。原は知太政官事は太政大臣と同格ではなく、太政官の首班ではなかったとし、鈴木は首班であったとする。また、研究史についてもこれらの論文を参照。

（6）井上光貞「古代の皇太子」（同著作集1『日本古代国家の研究』〈岩波書店　一九八五年〉初出一九六五年）

（7）大津透「天日嗣高御座の業と五位以上官人」（同『古代の天皇制』〈岩波書店　一九九九年〉初出一九九四年）、吉川真司「律令官僚制の基本構造」（同『律令官僚制の研究』〈塙書房　一九九八年〉初出一九八九年）

（8）虎尾達哉「律令官人社会における二つの秩序」（同『律令官人社会の研究』〈塙書房　二〇〇六年〉初出一九八四年）

（9）野村忠夫「内・外位制と内・外階制」（同『律令官人制の研究』吉川弘文館　一九六七年）

（10）元論文において、内階コースの氏を中臣氏を除く六氏としていたのを修正した。なお、内外階制について本書第一部第二章「内外階制と貴族」参照。中臣氏が内階コースを持ったのは、神祇伯（従四位下相当）を出す氏と位置づけられたためである。

（11）倉本一宏「律令国家の権力中枢」（同『日本古代国家成立期の政権構造』吉川弘文館　一九九七年）

（12）熊谷公男「〝祖の名〟とウヂの構造」（関晃先生古稀記念会編『律令国家の構造』吉川弘文館　一九八九年）

（13）河内祥輔『古代政治史における天皇制の論理（増訂版）』（吉川弘文館　二〇一四年　初版は一九八六年刊）

（14）長山泰孝「古代貴族の終焉」（同『古代国家と王権』〈吉川弘文館　一九九二年〉初出一九八一年）

（15）元論文執筆後、房前の内臣在任時頃から侍従の橘諸兄・佐為が家政に関与するようになり、家政に関わるシステムがおおまかに整えられたと思われることを指摘した（本書第一部第三章「奈良時代の侍従」参照）。

（16）元論文執筆後、藤原八束が天平一七・一八年頃に内臣となり、諸兄にかわり家政を担当したとの見解を提起した（本

書第三部第一章「聖武天皇と藤原八束・市原王」参照)。
(17)　鷺森浩幸「古代における王家と大土地所有」(同『日本古代の王家・寺院と所領』〈塙書房　二〇〇一年〉初出一九九八年)
(18)　近年、虎尾達哉「藤原宮子の『大夫人』称号事件について」(『史学雑誌』一二三―七　二〇一四年)が当初、聖武が示した「大夫人」の称号は宮子を皇太后と同格の地位に置くためのものであり、それが否定された背景には聖武・藤原氏と長屋王の対立があったとする、現在の通説に対して、それ以前の見解を是とする主張を示す。
(19)　河内祥輔『古代政治史における天皇制の論理(増訂版)』(注13)
(20)　近年の研究として木本好信『藤原四子』(ミネルヴァ書房　二〇一三年)など。
(21)　仁藤敦史『女帝の世紀』(角川書店　二〇〇六年)は、長屋王の変を皇位継承の問題と切り離し、高市皇子の功封を継承した長屋王を、壬申の乱の功臣(東国の豪族層や天武の皇子たち)と結びつけ、律令支配の徹底をめざした聖武・藤原氏との対立を想定した。
(22)　岸俊男「光明立后の史的意義」(同『日本古代政治史研究』〈塙書房　一九六六年〉初出一九五七年)
(23)　吉川真司「藤原氏の創始と発展」(注7書　初出一九九五年)
(24)　元論文において、この歌にみられる家持の指向が一族に対して説得力を持ちえたかどうかははなはだ疑問であるとの見解を示した。しかし、本書第二部第一章「大伴氏」の執筆時に、蝦夷戦争の問題を視野に入れる必要があることに気づき修正を加えた。それにより本文を修正した。蝦夷戦争における大伴氏の動向の詳細は、本書第二部第一章「大伴氏」を参照されたい。
(25)　大隅清陽「弁官の変質と律令太政官制」(同『律令官制と礼秩序の研究』〈吉川弘文館　二〇一一年〉初出一九九一年)
(26)　柳雄太郎「献物帳と紫微中台」(『書陵部紀要』三二　一九八〇年)
(27)　早川庄八「上卿制の成立と議政官組織」(同『日本古代官僚制の研究』岩波書店　一九八六年)
(28)　現在、木本好信「仲麻呂と孝謙上皇・淳仁天皇」(同『藤原仲麻呂政権の基礎的考察』〈高科書店　一九九三年〉初出

一九八七年）、同「孝謙太上天皇・淳仁天皇の帝権分離について」（同『奈良時代の政争と皇位継承』〈吉川弘文館　二〇一二年〉初出二〇〇五年）、中野渡俊治「孝謙太上天皇と『皇帝』尊号」（注2書　初出二〇〇二年）など、孝謙の権力奪取を否定する見解が有力であるが、やはり権力の移動はあったと考える。詳細は今後の課題としたい。

(29) 勝浦令子「称徳天皇の『仏教と王権』」（同『日本古代の僧尼と社会』〈吉川弘文館　二〇〇〇年〉初出一九九七年）

付記

元論文に対して次のような補訂を加えた。

冒頭の見出し「課題の設定」、末尾の見出し「展望と課題」を、それぞれ「はじめに」「おわりに」とした。小見出しはすべて削除した。

書き下し文の史料を原文にもどした。

注を付した。注は主に近年の研究状況に関わるものと、元論文の引用・参考文献に関わるものである。元論文の引用・参考文献リストには著書名のみ掲載したものもあったが、必要な論文名などを補い、すべて注に組み入れ、リストを削除した。

第二章　内外階制と貴族

はじめに

律令体制下において、外位は基本的に郡司や帳内・資人に与えられ、地方豪族層を主たる対象とするものであった。それに根本的な変更を加えたのが、神亀五年（七二八）に施行されたいわゆる内外階制である。当時の貴族層の身分編成において重大な意味を持つ制度であった。

内外階制の内容について野村忠夫[1]の精緻な分析があり、以後の研究に堅固な基礎を与えた。まず、それにより内外階制の概要を確認しておきたい。内外階制の法的根拠である神亀五年三月二八日太政官奏[2]は、内・外五位の処遇の差を定めたものである。その差違は給付・資蔭など多岐にわたった。

そして、「随レ名異レ秩　以レ外則別二姓高下一　以レ内則択二家門地一」との目的のもとに、それぞれ内・外五位に叙する基準が示された。野村の指摘するように「外」「内」はそれぞれ外形上、内容的という意味であり、「姓高下」と「家門地」は実質的には同じ意味で、外形上は氏または家の姓の尊卑を、内容的にはその門地を区分の基準とすることであった。具体的には「五位以上子孫　歴代相襲冠蓋相望」（門閥貴族）と「明経秀才　堪レ為二国家大儒後生袖領一」（優れた学識を持つ者）を内位とし、それ以外が外位とされた。この制度はそれ以前の内・外五位に待遇の区別を導入するだけでなく、中央官人層に対して、五位昇叙コースの差違をも創設するものであった。

中央官人層は六位以下―内五位、六位以下―外五位の二つのコース（内・外階コース）に編成された。

野村の研究は基本的に内外階制の内容や機能を明らかにすることに主眼が置かれ、いわば制度的な検討といってよい[3]。野村はこのような制度が創設された歴史的な背景や、それが官人層や彼らの形成する政治世界に与えた影響に関して、大きく論を展開することがなかったように思われる。創設の背景として郡領層の五位（外五位）への昇進に対して、中央官人層との身分差を再確認し、中央官人層内部で門閥貴族の地歩を確認する機能を持ったと指摘した。また、概説的な場において、大宝律令施行直後には能力により階層的な枠組みを越えて昇進した人物が意外に多いが、それが内外階制を契機に変化し、それぞれが枠組みのなかにおしこめられたとも述べた[4]。どの点に力点があるのかやや不明確である。

その後の研究は主として内外階制の背景やその意義をめぐるものであった。直木孝次郎[5]は内・外五位の待遇差が経済的な面にもおよぶ点から国家財政上の問題が関連しており、当時、従五位下の位階を有する者が増加傾向にあり、財政上のゆきづまりが生じていたとする。この見解に対して、野村は経済的な面だけでなく待遇の差違が広汎な範囲にわたることから、経済的な要素は主原因ではなかったとする評言を加えた。高島正人[6]は当時の政治過程を考慮し、内外階制が藤原不比等による自氏の勢力拡大策であり、藤原氏が特権的優位性の確立をはかったと指摘した。

さらに、大町健[7]が野村の外位論を批判するなかでこの制度に言及した。大町は内外階制において外五位から内五位へ昇進すること（入内）が可能であることに注目し、内外階制の特徴は内・外五位が連続した位階となった点にあり、在地首長層の中央官人化の道を開いたと評した。仁藤敦史[8]も基本的にこの見解を継承し、中央貴族の特権の後退と外位層の中央官人化を論じた。この二氏の議論はいわゆる畿内政権論をめぐる論争の一環であり、郡司など本来的な外位層の評価を主眼としたものといえる。内外階制の焦点は中央官人層の問題から郡司などへと移行していった。さらに、毛利憲一が[9]、公的「家」や令制「国」には本主ないし国司を基点とする独自の秩序があり、外位の官職はその構成体に属し、天皇との間接的な君恩・奉仕関係をもつものであったとした。大町・仁藤・毛利の研究は内外階制のひとつの側面を描き出し貴重である。しかし、視点を移し内外階制そのものに焦点を置き、その政治的な意義を解明する点からみれば、とりあげられた点は副次的な要素なのではなかろうか。

内外階制のもっとも主要な要素は、中央官人層に対して二つの五位昇叙コースを創設したことであり、中央官人層の身分的編成において重大な意味をもった。内外階制が中央官人層にとって何であったかはいまだ解明されていない。この点に着目し、中央の官人世界のなかで内外階制の施行の背景やその意義について考察する[10]。

一　内外階制以前の叙位

内外階制は「姓高下」や「家門地」を明確化することが目的として明示されており、その意義を検討するにあたり、官人層の身分秩序の領域から離れることはできない。本節では、具体的な検討の前提として、中央官人の身分（族姓）的な構造を改めて示しておきたい。

律令体制下で貴族とすべき地位は五位以上であり、それを基準に貴族的な上級官人と中下級官人に区分することが可能である。関晃[11]は五位以上を出す高い資格を伝統的に確保した氏族群を貴族層と定義し、⑴三位以上を出す伝統的な大氏族（二一氏）、⑵五位以上を出す忌寸以上の氏族（一五〇～二〇〇氏）からなるとした。これが貴族の族姓に関する通説的な見解といえよう。これによると、中央官人は三位以上、五位以上、六位以下をそれぞれ出す三つの階層から構成されたことになる。

表Ⅰは大宝令の施行以後、内外階制施行以前において、『続日本紀』で四位・五位とみえる人物を氏ごとに集計したものである。ただし、皇親および百済王・高麗王・背奈君氏は除外した。四位・五位のすべてを網羅するわけではないが、大勢をうかがうには問題はないであろう。五位昇進者を出した氏族は一四四氏にのぼる。彼らの姓に着目すると、大きな特徴はその多様性である。忌寸以上の姓はもちろん、臣・連・首・造といった姓や姓をもたなかった者もいる。また、たとえば羽林連（䱜）・王・吉田連（吉）・金・荊・高・御立連（呉肅）・買・余のような新しい渡来人も含まれる。このようなあり方から、関の指摘する(2)のごとき忌寸以上の氏族の集合を想定することは不可能である。五位に昇進することのできる特定の族姓などは存在せず、姓、すなわち族姓に関わらず、五位には昇進することが可能であったと結論せざるをえない。

しかし、四位への昇進は状況がまったく異なる。当該期間に四位を出した氏族は真人姓の五氏、および藤原朝臣・石川朝臣・高向朝臣・紀朝臣・巨勢朝臣・阿倍朝臣・高橋朝臣・粟田朝臣・小野朝臣・柿本朝臣・大伴宿祢・佐伯宿祢・石上朝臣・中臣朝臣および県犬養宿祢・忌部宿祢・太朝臣・大野朝臣・大神朝臣・笠朝臣・上毛野朝臣・賀茂朝臣・黄文連・日下部宿祢・下毛野朝臣・土師宿祢・布勢臣・文忌寸の二八氏、合計三三氏のみである。氏族数では四位昇進者を出すものは五位昇進者のそれの四分の一に満たない。五位から四位への昇進において決定的ともいうべき選別が行われたことがわかる。

虎尾達哉(12)が律令体制下では四位以上が政治的に一体化した特定の階層を形成しており、令制以前の大夫層を継承したものであるとする見解を示した。氏の指摘のとおり、ここに族姓上の区別を看取し、四位昇進者を出す氏族を門閥貴族として旧大夫層と結びつけることは同意できる。待遇の上ではやはり五位以上が貴族の位階である。

表Ⅰ　内外階制以前の４位・５位昇進者

区分		氏名	姓名	５位人数	４位人数	備考
真人姓		猪名	真人	4	1	
		息長	真人	3	1	
		当麻	真人	6	2	
		多治比	真人	10	5	
		波多	真人	2	0	
		三国	真人	1	0	
		路	真人	3	2	
		三野	真人	2	0	
門閥貴族	藤原氏	藤原	朝臣	5	4	
	石川氏	石川	朝臣	10	4	
		小治田	朝臣	4	0	
		河辺	朝臣	2	0	
		高向	朝臣	3	1	
		田口	朝臣	3	0	
		田中	朝臣	1	0	
		御炊	朝臣	1	0	
	紀氏	紀	朝臣	9	1	
		池田	朝臣	1	0	
		坂本	朝臣	1	0	
	巨勢氏	巨勢	朝臣	6	3	
	平群氏	平群	朝臣	2	0	
	阿倍氏	阿倍	朝臣	10	5	
		阿閇	朝臣	1	0	
		許曽倍	朝臣	1	0	
		高橋	朝臣	8	1	
		引田	朝臣	5	0	
		布勢	朝臣	2	0	
	和珥氏系	粟田	朝臣	4	1	
		小野	朝臣	4	1	
		大春日	朝臣	2	0	
		大宅	朝臣	4	0	
		柿本	朝臣	1	1	
	大伴氏	大伴	宿祢	10	5	
		久米	朝臣	3	0	
	佐伯氏	佐伯	宿祢	12	3	
	石上氏	石上	朝臣	3	1	
		采女	朝臣	1	0	

区分		氏名	姓名	５位人数	４位人数	備考
門閥貴族	石上氏	榎井	朝臣	1	0	
		穂積	朝臣	2	0	
	中臣氏	中臣	朝臣	5	2	
		菅生	朝臣	2	0	
		津嶋	朝臣	2	0	
	県犬養氏	県犬養	宿祢	4	1	
一般氏族		朝来	直	1	0	
		阿直	無	1	0	
		阿曇	宿祢	3	0	
		阿刀	宿祢	1	0	
		阿刀	連	1	0	
		伊吉	連	2	0	
		出雲	臣	1	0	
		板持	連	1	0	
		伊余部	連	1	0	
		忌部	宿祢	2	2	１人４位贈位
		烏	無	1	0	外５位
		宇治部	直	1	0	外５位
		台	忌寸	2	0	
		羽林	連	1	0	
		王	無	3	0	
		太	朝臣	1	1	
		大私	造	1	0	
		大蔵	忌寸	2	0	
		大津	連	1	0	
		大伴	直	3	0	外５位
		大野	朝臣	1	1	
		大生部	直	1	0	外５位
		大神	朝臣	5	2	
		置始	連	1	0	
		忍海	連	1	0	
		越智	直	1	0	
		尾張	宿祢	2	0	外５位１人
		笠	朝臣	4	1	
		柏原	村主	1	0	
		春日椋	首	1	0	
		堅部	使主	1	0	

区分	氏名	姓名	5位人数	4位人数	備考
一般氏族	香取	連	1	0	外5位
	鍛冶	造	1	0	
	上	村主	1	0	
	上毛野	朝臣	5	1	
	賀茂	朝臣	4	1	
	河内	忌寸	1	0	
	吉	無	2	0	
	黄文	連	4	1	4位贈位
	君子部	無	1	0	外5位
	金	無	1	0	
	日下部	使主	1	0	外5位
	日下部	宿祢	1	1	
	国覓	忌寸	1	0	
	倉垣	忌寸	2	0	
	車持	朝臣	1	0	
	荊	無	1	0	
	高	無	2	0	
	後部	無	1	0	
	高志	連	2	0	
	呉肅	無	1	0	
	坂合部	宿祢	4	0	
	坂上	忌寸	1	0	
	酒部	連	1	0	
	佐太	忌寸	1	0	
	佐味	朝臣	2	0	
	志我閉	連	1	0	
	下毛野	朝臣	3	1	(1)
	曽	君	1	0	外5位
	曽祢	連	1	0	
	高田	首	1	0	5位贈位
	多胡	吉士	1	0	外5位
	丹比間人	宿祢	1	0	
	田辺	史	1	0	
	民	忌寸	3	0	
	調	忌寸	1	0	
	調	連	1	0	
	角	朝臣	1	0	
一般氏族	角山	君	1	0	外5位
	津守	連	1	0	
	刀利	無	1	0	
	錦部	無	1	0	外5位
	錦部	連	2	0	
	額田	首	1	0	
	漆部	造	1	0	
	買	無	1	0	
	土師	宿祢	4	1	
	秦	忌寸	2	0	
	波多	朝臣	4	0	
	幡文	造	1	0	
	播磨	直	1	0	
	葛井	連	1	0	
	布勢	臣	1	1	
	船	連	2	0	
	史部	無	1	0	外5位
	文	忌寸	1	1	
	道	君	1	0	
	美努	連	2	0	
	壬生	直	1	0	外5位
	宮	勝	1	0	外5位
	宗形	朝臣	1	0	外5位
	村国	連	1	0	
	米多	君	1	0	
	山田	史	1	0	
	大倭	忌寸	1	0	
	山上	臣	1	0	
	余	無	2	0	
	吉野	連	1	0	
	觮	無	1	0	
	若犬養	宿祢	1	0	
	丸	連	1	0	

同じ4・5位内での贈位による昇進は注記を省略した
(1)5位1人名不明　他例と合致する可能性あり

しかし、五位を越える際の、制度的ではない選別を経て四位に昇進しうる層は限定されており、それが門閥貴族の族姓であったと理解することができよう。門閥貴族とは端的に五位を超えて昇進しうる族姓と定義できると思われる。しかし、上記の二八氏をそのまま門閥貴族と把握することはできない。特別な功績により族姓にかかわらず、四位に昇進したケースが存在するからである。この点の検討は次に行うが、表Ⅰで一般氏族に分類したものである。

関が(1)としてあげた二一氏は上記の特別な功績によらない諸氏（門閥貴族に分類）と大きく重なる。それは(1)が旧大夫層を念頭に伝統的な大氏族と性格づけられたことからも当然である。したがって、関の所説(1)も成立しえない。つまり、五位を超えて四位以上に昇進しうる層と三位以上に昇進する層の間に族姓的な区分は存在しなかった。三位以上が特に高貴な氏族であるわけではなかったのである。

以上のように、関の貴族層に関する(1)(2)の見解にはいずれにも従えない。中央官人は三階層から構成されるのではなく、五位を主要な基準として五位を超えて昇進できる上級の貴族（門閥貴族）と、五位に到達することはできるが、そこにとどまる氏族（一般氏族）の二階層から構成されたと考える。

ところで、族姓に関わりなく五位に昇進しえたことは五位の持つ特殊性として注目したい。五位は待遇としての貴族の位階の最下位であり、特別に門閥貴族でなくても、官人としての勤務の状況などにより最終的に到達しうる位階とされたのではなかろうか。別の表現をすれば、五位は有能な一般氏族出身の官人の、「あがり」の位階として機能し、門閥貴族でなくても勤務状況次第では最終的に貴族層の末席に連なることができるシステムが存在したのではなかろうか。このシステムは従来の氏族秩序を混乱させる要素を持った。しかし、一般氏族出身者の忠勤に対する報酬としてきわめて有効であったと思われる。一般氏族にも勤務状況によっては貴族の位階に

表Ⅱ　特別な功績による4位昇進

日付	人名	位階	旧位階	形態	理由
大宝1．6．2	忌部宿祢色布知	従四位上	正五位上	贈位	壬申の乱時の功績
和銅7．1．5	忌部宿祢子首	従四位下	正五位上	通常叙位	壬申の乱時の功績か(『日本書紀』天武1．7．3条)
霊亀1．1．10	太朝臣安麻呂	従四位下	正五位上	通常叙位	和銅2年の蝦夷戦争の功績『古事記』序・墓誌によると勲五等
神亀2．閏1．22	大野朝臣東人	従四位下	従五位上	特別叙位	神亀1年の征夷の功績　同時に勲4等
大宝2．1．17	大神朝臣高市麻呂	従四位上		不明	壬申の乱時の功績(『日本書紀』天武1．6．29条) 没時に贈従三位(『続日本紀』慶雲3．2．6条)
和銅2．1．9	大神朝臣安麻呂	従四位下	正五位上	通常叙位	壬申の乱の功績か　大神高市麻呂の弟(『日本三代実録』仁和3．3．1条)
和銅6．1．23	笠朝臣麻呂	従四位下	正五位上	通常叙位	美濃守としての統治の功績(『続日本紀』和銅2．9．26条)
養老1．4．26	賀茂朝臣吉備麻呂	従四位下		不明	遣唐使の功績か(『続日本紀』大宝1．1．23条)
和銅3．10．14	黄文連大伴	正四位下	正五位上	贈位	壬申の乱時の功績
大宝1．4．7	下毛野朝臣古麻呂	従四位下		不明	大宝律令選定の功績(『続日本紀』文武4．6．17条)
和銅4．2．26	土師宿祢馬手	従四位下		不明	壬申の乱時の功績か(『日本書紀』天武1．6．24条)
慶雲4．10．24	文忌寸祢麻呂	従四位下		不明	壬申の乱時の功績　この時贈正四位上

叙位の確認できない場合は4位の初見記事

昇進する道があったのである。

次に、具体的に門閥貴族の範囲を検討してみたい。まず、五位を超えた二八氏のうちの特別な功績により四位に昇進するケースに注意する必要がある。当該期に特別な功績によって四位に昇進したと思われる人物は表Ⅱのとおりである。叙位のあり方には死去に際しての贈位、功績を讃える儀礼など特別な叙位、通常の叙位の三種類がある。前二者の場合、特別な功績による叙位であったことは明白である。通常の叙位や叙位時期の判明しない場合はそうではない。しかし、やはり功績が大きな意味を持っていたと思われる。

忌部色布知・黄文大伴は壬申の乱の功績により贈位され、四位に到達した。大神朝臣高市麻呂は死去の段階で従四位上で、従三位を贈られ、文祢麻呂は従四位下で、正四位上を贈られた。いずれも壬申の乱の功績があった。ともに従四位下の昇進時期は不明であるが、四位への到達もその功績によったであろうことは想像に難くない。忌部子首・大神安麻呂・土師馬手の事例はいずれも壬申の乱における功績があるが、四位への昇進との関わりが不明なものである。やはり、それぞれの功績が重要な意味を持ったと考えられる。

太安麻呂は『古事記』序および墓誌によると、養老七年（七二三）の死去の時に勲五等であった。安麻呂が何らかの功績を有したことはまちがいないが、和銅二年（七〇九）の蝦夷戦争の時の功績によるとする黛弘道[13]の詳細な考察がある。この時、巨勢麻呂が陸奥鎮東将軍となったが、征越後蝦夷将軍（佐伯石湯）・副将軍（紀諸人）に対して、陸奥の副将軍の記事がない（『続日本紀』和銅二年三月六日条）。黛は副将軍の存在を想定し、勲五等の実例の詳細な検討から、それが安麻呂であったと推測した。この見解に従いたい。大野東人は征夷将軍らに対する叙位・叙勲に見え、その功績によったことは明白である。

笠麻呂は慶雲三年（七〇六）七月二〇日に美濃守に任命され、霊亀二年（七一六）六月二〇日には尾張守も兼ね、養老三年（七一九）七月一三日には美濃守で按察使として尾張・参河・信濃国を管した。その間、和銅二年九月二六日には政績を賞して田などを与えられ、和銅七年閏二月一日には吉蘇路を開いたことをもって封戸・田を与えられた。四位への昇進は和銅六年（七一三）正月二三日で、吉蘇路の造営（和銅六年七月七日条）の約半年前であった。このような笠麻呂の功績は国守の通常の功績を越えた特別なものと評することができ、四位への昇進はそれによる恩恵であった可能性が強いと思われる。下毛野古麻呂は文武四年（七〇〇）六月一七日に大宝律令の選定の功績により賜禄され（この時、直広参）、大宝元年四月七日には右大弁従四位下で新令を講じた。三年二月一五日、三月七日にはそれぞれ、田・封戸、田を支給された。大宝律令の選定にあたり、顕著な功績があった人物である。四位昇進にもこの功績が大きく関わったとみられる。

賀茂吉備麻呂は大宝元年（七〇一）正月二三日に遣唐使の中位（判官）に任命され、帰国後、慶雲四年五月一五日に賜物を受け、八月一六日には従七位上から従五位下へと昇進した。これを特別な功績と考えておきたいが、四位昇進にみあうのか、疑問も残る。

氏を単位としてみるとき、同一氏のなかで以上の人物のほかに四位に昇進した人物はみえない。つまり、彼らが属する氏のなかでは四位に昇進したすべてなのである。ここからこれらの氏は特別な功績なしには、四位に昇進できない族姓と結論づけることができるのではなかろうか。

上毛野小足・日下部老・布勢耳麻呂にはいずれも特別な功績はなかったようである。小足の場合、下毛野古麻呂・大野東人の存在が参考になるであろう。族姓としては上毛野氏は、下毛野氏や同族の大野氏とも同等であったと考えるのが自然であろう。いわゆる毛野系の諸氏族も門閥貴族とはいえないと理解しておきたい。老の場合、養老五年正月二三日に、老をはじめとする一六人の学者などが皇太子首親王に近侍することになったことが注目される。老が従四位下に昇進した神亀元年（七二四）二月二二日も首親王の即位の直後である。しかし、老に特に顕著な功績があったとはいえないように思われる。ここでは断定を控えておきたい。耳麻呂は阿倍氏の同族であり、布勢氏自体は門閥貴族と考えられる。しかし、耳麻呂は大宝二年正月一七日の段階で臣姓であったことがわかるので、その出身は布勢氏の本流ではなかった。阿倍氏とは区別すべきであろう。以上の三名のうち、小足・耳麻呂の二名は門閥貴族ではなく、内容はわからないが、特別な功績により四位に昇進したと推測しておきたい。老はより証拠に乏しいが、やはり同じことではなかったであろうか。

県犬養宿祢氏は当該期では門閥貴族であった可能性が強い。同氏では筑紫が神亀元年四月一八日に四位であったが、特別な功績はなかったように思われる。さらに、内外階制施行後であるが、石次がおそらく特別な功績なしに、天平一一年（七三九）正月一三日に従四位下に昇進した。一方、大侶が大宝元年正月二九日に直広壱（正四位下相当）で死去し、正広参を贈られた。大侶は壬申の乱の功臣である。また、時期は不明であるが、三千代の父東人が従四位下であった（『新撰姓氏録』左京皇別橘朝臣条）。大侶は特別な功績によって四位相当位に到達し、その後、東人・筑紫・石次と四位を出したが、筑紫や石次には特別な功績は記されていない。この二人の段階では、五位を超えることのできる門閥貴族の待遇を与えられていた可能性が強い。もちろん、その背景には大侶や県犬養三千代の大きな功績があったのであるが。

ここで、門閥貴族の範囲について改めて先行研究を振りかえっておく。佐伯有清[14]が阿倍氏系（阿倍臣・膳臣）・紀氏系（紀臣・坂本臣）・巨勢臣・葛城臣・蘇我氏系（蘇我臣・蘇我倉臣・田中臣・河辺臣・小治田臣・田口臣・高向臣・境部臣）・平群臣・春日臣・羽田臣・三輪君・大伴氏系（大伴連・佐伯連）・物部氏系（物部連・穂積臣・釆女臣）・中臣連・阿曇連・大市連・難波吉士の二七氏をそれに相当するものとして抽出した。加藤謙吉[15]はそれに物

表Ⅲ　『古事記』孝元天皇にみえる武内宿祢の後裔氏族

祖名（武内宿祢の子）	氏族
波多八代宿祢	波多臣・林臣・波美臣・星川臣・淡海臣・長谷部君
許勢小柄宿祢	許勢臣・雀部臣・軽部臣
蘇賀石河宿祢	蘇我臣・川辺臣・田中臣・高向臣・小治田臣・桜井臣・岸田臣
平群都久宿祢	平群臣・佐和良臣・馬御樴連等
木角宿祢	木臣・都奴臣・坂本臣
葛城長江曽都毘古	玉手臣・的臣・生江臣・阿芸那臣

部依網連（物部氏系）・粟田臣（春日臣と同族で、和珥氏系）を加え、蘇我倉臣・大市連・難波吉士を除外した。倉本一宏[16]は桜井臣・岸田臣（いずれも蘇我氏系）・大宅臣・小野臣（いずれも和珥氏系）・近江臣・額田部連の六氏を加えた。佐藤長門[17]は六世紀の大夫層として蘇我臣・阿倍臣・紀臣・巨勢臣・大伴連・物部連・中臣連の七氏を抽出し、七世紀においてそれらの傍流の氏族が加わったことを指摘した。以上の諸研究をみるとき、おおむね共通認識があるといえるが、いまひとつ明確ではない点も残る。

臣姓氏族では蘇我・阿倍・紀・巨勢臣氏が諸研究で共通する。蘇我臣・紀臣・巨勢臣氏はいずれも、いわゆる武内宿祢後裔氏族である。『古事記』孝元天皇には表Ⅲのような武内宿祢の後裔氏族が記載される。これらの臣系の氏は武内宿祢の系譜につながることによって、王権に対する仕奉関係を維持していたと考えられる[18]。武内宿祢は「棟梁之臣」（『日本書紀』景行五一年八月四日条）を命じられたことが象徴するように、歴史上、臣下の第一人者の性格をもった。その後裔とされる氏族はそのような地位になりうる族姓として門閥豪族層といえよう。

もちろん、同じく後裔とされる平群臣、および記載を欠くが葛城曽都毘古（襲津彦）を祖とする葛城臣氏も同様である。周知のとおり、葛城臣氏は六世紀以降没落し、それ以降はもはや門閥豪族層とはいえないであろう。佐藤は平群臣氏について六世紀の段階ですでに否定的であるが、その地位を維持していたと憶測しておきたい。また、佐伯が波多〈羽田〉臣を指摘したにもかかわらず、波多八代宿祢の後裔氏族は例外的に除外されるべきであろう。表Ⅲに示した六氏に加えて、『新撰姓氏録』には山口朝臣・道守朝臣も波多八代宿祢の後裔とみえる。しかし、これらの諸氏について根拠となる実例がほとんどない(19)。

武内宿祢系譜にみえる蘇我・紀・巨勢・平群氏の同族も、基本的に門閥豪族層の地位にあったとみるべきであろう。蘇我氏の同族である田口臣・久米臣・御炊臣(20)も、武内宿祢の系譜にはみえないが、同様にみてよいであろう。ただし、雀部・軽部〈および系譜にはないが蘇我氏の同族の境部〉といった部姓の氏族や馬御織連氏は、それぞれ門閥豪族の同族であったとしても基本的に伴造であり、やはり除外されるべきであろう。伴造で大夫層に入るのは、後述の大伴連・物部連・中臣連に限定されたと思われる。平群氏の同族佐和良臣氏は『新撰姓氏録』の段階でも臣姓である〈河内国皇別〉。朝臣姓の平群氏とは族姓が異なり、これはやはり門閥豪族層とはいえないであろう。

阿倍臣氏は武内宿祢後裔氏族ではないが、実例などから門閥豪族層に含まれたことはまちがいなく、その同族である布勢・引田・許曽部・狛・長田・久努の諸氏〈この点、後述〉も、それに準じて考えることができる。これらの実例も確実に存在する。膳臣氏は『新撰姓氏録』によると、阿倍氏の同祖氏族であった〈左京・摂津国皇別〉。実例もあり、また八色姓でも朝臣を賜与された。門閥豪族といってよい。しかし、留意しておかなければならないのが膳という氏の名である。これは伴造的な名であり、門閥豪族層には必ずしもふさわしいとはいえない。この点はさらに考えてみたい。

いわゆる和珥氏系の氏族にも多くの実例が存在する。小野・粟田・大宅・柿本臣氏の事例がみられる。この氏族群について岸俊男(21)の基礎的な研究がある。中核となる春日臣氏だけでなく、岸が血縁分枝であるとする大宅臣氏・柿本臣氏・櫟井臣氏は門閥豪族に含めるべきであろう。また、岸は小野・粟田臣氏の位置づけについて明確な解答を提示していないが、この二氏にも実例があり、門閥豪族としてまちがいはない。

一方、連姓氏族では大伴連・物部連・中臣連の三氏を門閥豪族の範囲として問題ないであろう。先学の研究でもこの点で大きな相違はない。彼らの複姓氏族のうち有力な者や、同族とみえる佐伯連氏（大伴連氏）、榎井連・穂積臣・采女臣氏（物部連氏）、津嶋臣・菅生臣氏（中臣連氏）[22]も同様に理解してよいであろう。

以上、ここまでの考察により、筆者はさしあたり以下の氏族を、門閥豪族と位置づけるのが妥当と考える。九系統、合計で三八氏になる。

A阿倍氏系：阿倍臣・布勢臣・引田臣・許曽部臣・狛臣・長田臣・久努臣・膳臣
B紀氏系：紀臣・都奴臣・坂本臣
C巨勢氏系：巨勢臣
D蘇我氏系：蘇我臣およびその有力な複姓氏族・川辺臣・田中臣・高向臣・小治田臣・桜井臣・岸田臣・田口臣・久米臣・御炊臣
E平群氏系：平群臣
F和珥氏系：粟田臣・春日臣・大宅臣・小野臣・柿本臣・櫟井臣
G大伴氏系：大伴連・佐伯連
H物部氏系：物部連およびその有力な複姓氏族・榎井連・穂積臣・采女臣
I中臣氏系：中臣連・津嶋臣・菅生臣

さらに、八世紀の門閥貴族としてJ県犬養宿祢氏を加えて、合計三九氏を想定しておきたい。

二　内外階制と五位の処遇

内外階制の意義を中央の貴族層に即して具体的に考察していく。直木孝次郎の指摘する経済的な要素はやはり主たる原因とはいえないと考える。また、高島正人の所説は政治過程における藤原不比等の存在に引きつけすぎており従えない。しかし、直木が従五位下にある者の増加を指摘したことは考察の糸口として看過できない。直木は和銅六年（七一三）から神亀四年（七二七）までの、定例の叙位を対象にその傾向を考察した。改めて、総体的に五位昇叙者のあり方を検討してみる必要があろう。

再び表Ⅰを参照いただきたい。皇親・真人姓氏族を除く内五位の総数二六九名のうち、門閥貴族・一般氏族に区分してみると、五位では、門閥貴族が一三五名（全体の五〇・二％）、一般氏族が一三四名（四九・八％）となる。数的には門閥貴族がごくわずかに一般氏族を上回る。一方、四位では、総数四九名のうち、門閥貴族三四名（六九・四％）、一般氏族一五名（三〇・六％）となり、門閥貴族が一般氏族の二倍以上になる。なお、上の数値の意味するところは、同じ期間に門閥貴族一三五名・三四名および一般氏族一三四名・一五名が、それぞれ五位・四位になったということであり、五位一三五名、一三四名のうち、三四名・一五名が四位に昇進したのではない。

内外階制が五位について「姓高下」「家門地」を問題にするものであるとすると、主要な関心は五位の人数ではない。むしろ、門閥貴族・一般氏族が五位に混在し、両者が数的に拮抗した状況にあろう。つまり、貴族の位階とされる五位の、その半数近くが族姓の上で門閥貴族ではなかったのである。前述したように、五位があらゆる族姓に開かれ、官人としての勤務状況により最終的に到達しうる位階であった以上、それは当然の帰結であった。

一方、門閥貴族も五位は通過するし、実際には五位を超えることのできない氏も多数存在した。もう一度、表Ｉ参照いただきたい。当該期に五位を出した門閥貴族三五氏のうち、四位を出さなかった氏は二〇氏にのぼり、人数を比較しても五位一三五人に対して、四位三四人にすぎない。門閥貴族が五位を越えて昇進しうる族姓であったとしても、実際には五位にとどまった者が多数であったと推定される。五位は門閥貴族の多くがとどまる位階でもあった。結局、多くの門閥貴族は五位を上限とすることになり、位階の点でもなんら一般氏族と変わるところがなかったのである。以上の結果、五位が数的に極端に増加し、門閥貴族と一般氏族がほぼ半数ずつを占める状況が生まれたのである。

そして、この状況のもとで「姓高下」や「家門地」を明確化する必要が生じ、内外階制が創設されたのである。これこそが、内外階制が創設されなければならなかった歴史的背景である。つまり、一般氏族の五位への進出、および多数の門閥貴族の五位での滞留、この二点により五位において門閥貴族と一般氏族が混在するにいたり、同じ位階のなかで族姓の差違を明確化する必要が生じていたのである。

はじめに述べたように、神亀五年三月二八日太政官奏は内外五位の待遇の区別を設けるものであった。そのこと自体は内五位における門閥貴族・一般氏族の混在の問題に対する回答とはならない。同じく内五位にある者には、族姓にかかわらず、同じ待遇が与えられるものだったからである。しかし、従来の地方豪族を中心とする層に加えて、一般氏族をも外位に組み込むことによって、所期の目的が達成されることになった。つまり、その操作を行うことにより、内外五位の待遇差が門閥貴族・一般氏族の差と対応し、族姓の差異が待遇差として明確になったのである。実際に内外階制は中央官人層をも外位に包摂するものであった。その結果、まず、門閥貴族・

一般氏族の五位における待遇の区別が実現した。

そして、さらにその後の昇進の可能性に関しても、両者は厳密に区別されることになった。もともと外位は五位までしか設定されていなかった。内五位からより上位へと昇進することが制度的に可能であるのに対して、外五位は内階に移行しないかぎり、すなわち、入内しないかぎり五位にとどまらざるをえなかった。この区別は内外階制によって新たに設けられたのではなく、本来的な位階制に内包されたものであった。内外階制はそれを中央官人層の族姓的な構造と対応させることによって、それぞれの昇進の可能性を明示的に規定したのである。つまり、内・外階コースそれぞれが、五位を越えて昇進しうる族姓と五位にとどまるそれに対応し、外階コースでは制度上、五位を超えて昇進する道が設定されていないのである。したがって、内外階制はすでに存在する外位制度を援用して、五位を超える際の選別を制度化したものといえる。

これ以前、五位から四位への実際の昇進状況をみれば、そこで明確に選別が行われていたことがわかる。しかし、その根拠となる制度的な枠組みは存在しなかったと思われる。いうまでもないことであるが、制度上、門閥貴族のみを四位に昇進させるシステムは存在せず、この選別は非制度的、慣例的に行われたと考えられる。官人の位階昇進において蔭位制が大きな意義を有したが、直接的に四位への昇進まで規定したとは考えにくい。問題はやはり五位以上の叙位方式であろう。四・五位には結階法がなく、三位以上は考第・結階とも勅裁で決定された。五位以上の叙位は機械的に昇進が決定される六位以下とは原理的に異なった。八木充[23]はそれを非律令的領域と称し、天皇と五位以上の官人との人格的な支配・従属関係の反映とした。

おそらく、このような状況のもとで四位昇進の段階で族姓が考慮され、先のような選別が行われたのであろう。内外階制の施行により、族姓による選別は一段階前の五位昇進の時に、法に則って明示的に行われるようになった。四位昇進へつながる内五位と、五位にとどまる外五位の形で、区分のための明確な標識が付与されるにいたった。ただし、いずれの氏を二コースのいずれに編成するかは、前述のように、神亀五年（七二八）太政官奏に抽象的な原則が示されただけであいまいな状態であった。

内外五位は明確な標識であったが、入内することも可能であった。ここで入内の実態を簡単にみておきたい。野村忠夫は外階コースを氏族別にさらに精緻に三類型に分類した。次のとおりである。

Aコース：外従五位下から入内するケース

Bコース：外従五位下からの昇進が確認できないケース

Cコース：外従五位下から外従五位上を経るケース（その後、入内あるいは昇進未確認）

神亀五年三月以後、内・外階コースの区分が変化する天平一八年四月（詳細は後述）より前を内外階制の実施時期とし、この期間に入内した人物を列挙したのが表Ⅳである。注目すべきはこのなかでCコースをとったのは坂上犬養ただ一人で、圧倒的多数がAコースをとった点である。同じく外階コースをとるにしても、A・C二コースでは、野村の指摘するように昇進の状況が異なった。原則として、Aコースは準門閥的なコース、Cコースは一般的なコースといえよう。入内することは五位を越えて昇進するための基本的な条件であり、Cコースでは、昇進は基本的に外五位にとどまったはずである。

Aコースのなかで外従五位下への叙位から入内するまでの期間に着目すると、一年以下から三年弱の短期間のケースが存在する。これらは内階コースとほとんど変わりがなかったといえる。一方、数年かかったケースもある。彼らが実際に五位を越えることができたかどうか疑問である。結局は五位にとどまるべきものとみることができよう。神亀五年五月二一日に初めて中央官人に外五位が叙されたとき、特に詔が出され、「今授二外五位一人

表Ⅳ　内外階制施行期における入内者

人名	外従五位下叙位	入内前位階	入内	入内時位階	外位の期間（年／月）
阿倍朝臣虫麻呂	天平９．９．28	外従五位下	天平９．12．27	従五位下	０／３
紀朝臣飯麻呂	天平１．３．４	外従五位下	天平１．８．５	従五位下	０／５
阿倍朝臣帯麻呂	神亀５．５．21	外従五位下	天平１．３．４	従五位下	０／10
巨勢朝臣宿奈麻呂	神亀５．５．21	外従五位下	天平１．３．４	従五位下	０／10
坂本朝臣宇頭麻佐	神亀５．５．21	外従五位下	天平１．３．４	従五位下	０／10
中臣朝臣名代	神亀５．５．21	外従五位下	天平１．３．４	従五位下	０／10
下道朝臣真備	天平８．１．21	外従五位下	天平９．２．14	従五位下	１／１
佐伯宿祢浄麻呂	天平８．１．21	外従五位下	天平９．２．14	従五位下	１／１
高橋朝臣首名	神亀５．５．21	外従五位下	天平１．８．５	従五位下	１／３
佐伯宿祢常人	天平９．９．28	外従五位下	天平11．１．13	従五位下	１／４
大伴宿祢古慈斐	天平９．９．28	外従五位下	天平11．１．13	従五位下	１／４
紀朝臣小楫	天平15．５．５	外従五位下	天平17．１．７	従五位下	１／８
巨勢朝臣奈氐麻呂	天平１．３．４	外従五位下	天平３．１．27	従五位下	１／10
三国真人広庭	天平６．１．17	外従五位下	天平８．１．21	従五位下	２／０
当麻真人鏡麻呂	天平６．１．17	外従五位下	天平８．１．21	従五位下	２／０
息長真人名代	天平３．１．27	外従五位下	天平５．３．14	従五位下	２／２
当麻真人広人	天平３．１．27	外従五位下	天平５．３．14	従五位下	２／２
平群朝臣広成	天平９．９．28	外従五位下	天平11．12．21	正五位上	２／３
津嶋朝臣家道	神亀５．５．21	外従五位下	天平３．１．27	従五位下	２／８
坂上忌寸犬養	天平８．１．28	外従五位上	天平11．３．23	従五位下	３／２
民忌寸大楫	天平９．９．28	外従五位下	天平12．11．21	従五位下	３／２
大神朝臣乙麻呂	天平１．３．４	外従五位下	天平５．３．14	従五位上	４／０
紀朝臣広名	天平12．11．21	外従五位下	天平17．１．７	従五位下	４／２
中臣熊凝朝臣五百嶋	天平９．９．28	外従五位下	天平14．４．20	従五位下	４／７
倭武助	天平11．１．13	外従五位下	天平15．11．13	従五位下	４／10
田辺史難波	天平11．４．17	外従五位下	天平16．11．21	従五位下	５／７
県犬養宿祢大国	天平９．９．28	外従五位下	天平15．５．５	従五位下	５／８
小治田朝臣広千	天平５．３．14	外従五位下	天平11．１．13	従五位下	５／10
上毛野朝臣今具麻呂	天平７．４．23	外従五位下	天平14．１．７	従五位下	６／９
大宅朝臣君子	天平９．９．28	外従五位下	天平16．11．21	従五位下	７／２
下毛野朝臣帯足	神亀５．５．21	外従五位下	天平８．１．21	従五位下	７／８
葛井連広成	天平３．１．27	外従五位下	天平15．７．３	従五位下	12／６
阿倍朝臣豊継	不明	外従五位下	天平９．２．14	従五位下	不明
巨勢朝臣堺麻呂	不明	外従五位下	天平14．１．７	従五位下	不明

等　不レ可レ滞二此階一　随二其供奉一　将レ叙二内位一　宜二悉茲努力莫一レ怠」と功績によって入内することが強調された。入内したのは有力な氏族の出身者などに限られており、内・外階コースの壁は決して低くはなかったのである。

内外階制は中央官人層に対して、族姓的な要素をもとに待遇およびその後の昇進における区別を明示的に設定するものであり、族姓的な要素を位階制のなかに組み込む役割を果たしたといえよう[24]。なお、これを位階制の後退あるいは変質ととらえるのは正当ではなかろう。本来的に当時の位階制は族姓的な要素を背景にもち、それを前提としていたと考えられる。族姓的な要素が制度的に組み込まれたことは制度的な整備といえても、変質とはいいがたい。以上のように、内外階制は五位以上の位階における族姓的な区分の法制化ともいうべき意義を有する制度であった。

三　五位昇進の実態（一）——大伴・阿倍・中臣氏

前節で述べた内外階制の意義からすると、旧大夫層の系譜を引く門閥貴族が内階コースに、一般氏族が外階コースに対応したはずである。しかし、実際には外階コースに編入された門閥貴族が存在した。内外階制では、それ以前の門閥貴族がストレートに内階コースに移行したわけではない。ここに内外階制のさらにもうひとつの大きな政治的意義が存在した。神亀五年（七二八）三月二八日太政官奏では内階コースの条件として、「五位以上子孫　歴代相襲冠蓋相望」「明経秀才　堪レ為二国家大儒後生袖領一」をあげるが、抽象的な表現にとどまっており、ここから具体的な基準を看取することは不可能である。ある氏族、特に門閥貴族が内外階のいずれのコースに相

表Ⅴ　巨勢氏の動向

人名	5位	叙5位時期	入内時期	最終位階	時期
巨勢朝臣宿奈麻呂	外従五位下	神亀5．5．21	天平1．3．4	従五位上	天平5．3．14
巨勢朝臣奈氐麻呂	外従五位下	天平1．3．4	天平3．1．27	従二位	勝宝5．3．30
巨勢朝臣又兄	外従五位下	天平3．1．27			
巨勢朝臣首名	外従五位下	天平8．1．21			
巨勢朝臣浄成	従五位下	天平9．9．28		従五位上	神護2．5．23
巨勢斐多朝臣嶋村	外従五位下	天平9．9．28	天平18．5．7	従五位下	天平18．9．20
巨勢朝臣堺麻呂	外従五位下	不明	天平14．1．7	従三位	宝字5．4．9

当するのかをこの文言を基準に判定することはむずかしい。どの氏族が内外階コースのいずれをとるかは制度の運用の問題である。

この点についても、野村忠夫の精緻な検討がある。それによると、諸氏族は次のように分類される。

A本来的な内階コース（すべての構成員が内階コースをとる）

多治比真人・藤原朝臣・石川朝臣・橘宿祢氏(25)

B内・外階コースが併存

阿倍朝臣・巨勢朝臣・大伴宿祢氏

C本来的な外階コース（すべての構成員が外階コースをとる）

その他の氏族

野村は巨勢朝臣氏をBに分類したが、この点には疑問がある（表Ⅴ）。巨勢氏では、浄成が天平九年（七三七）九月二八日に従六位下から従五位下に昇進しており（『続日本紀』同日条）、彼が内階コースであったことになる。これが唯一の内階コースの人物である。しかし、高島正人(26)の指摘するように、当該記事には混乱がみられ誤りの可能性がある。従五位下叙位者が旧位階で正六位上・従六位下（巨勢浄成）・従六位上の順に並んでいる。また、浄成は神護景雲二年（七六八）二月一八日までその存在が確認できるが、位階は従五位上であり、内階コースの昇進状況としてはやや不自然である。

巨勢氏では奈氏麻呂・堺麻呂の昇進が顕著であり、それぞれ従二位・従三位にまで到達した。彼らは外階コースであった。奈氏麻呂は入内までに一年一〇か月とすぐに内階コースに移行し、堺麻呂も確認することはできないが、同様に短期間で入内したと推測して問題はないであろう。これに対して、浄成が内階コースに編入されたと想定するのはやはり不自然である。浄成は内階コースではなく、したがって、巨勢氏はCコースに編成されたとみるほうが穏当であるように思われる。巨勢朝臣氏をBコースに属するものとはしない。

前述した門閥貴族と比較してみると、内階コースをとる氏族は決定的に少ない。内外階制は単純に従来の門閥貴族をそのまま内階コースに編入したのではなく、そのごく一部分を選択して内階コースに編入したのである。内外階制は門閥貴族の再編成であった。前節で述べた族姓的区分の法制化が族姓に関わる制度的な整備であったのに対して、これは族姓的な要素そのものの再編成である。この問題を考察することは、それぞれ内外階コースに編成された基準は何かを問うことである。内外階制の施行状況をみてみると、内階コースの氏族の構成員がすべて内階コースを進んだわけではなく、同一氏族のなかでも待遇の差違が存在した場合がある。氏族内で二コースが併存するBの諸氏がそれであるが、コース編成の基準を解明するのに最適のグループである。

野村忠夫はBコースの氏について、内外階の差は氏族内の中核グループ内での宗家・支家の別、ないし父祖の官人的な地位と関連があると推定した。また、西野悠紀子[27]は各氏族内の大臣を出した系統を内階コースに編成したと指摘した。以下、具体的に検討していく。

大伴宿祢氏について[28]。内外階制の適用状況は表Ⅵのとおりである。大伴氏の内外階制の適用について西野悠紀子の研究が詳細である。西野は内階コースの人物はすべて長徳の系統であり、大臣の系統を特に内階コースとして区別したと指摘した。

表Ⅵ　内外階２コースにわたる氏の５位昇進

氏名	内階コース		外階コース	
	人名	日付	人名	日付
大伴氏	兄麻呂	天平３．１．27	首麻呂	神亀５．５．21
	駿河麻呂	天平15．５．５	御助	天平３．１．27
	古麻呂	天平17．１．７	小室	天平５．３．14
	家持	天平17．１．７	麻呂	天平６．１．17
			老人	天平６．１．17
			古慈斐	天平９．９．28
			百世	天平10．閏７．７
			三中	天平12．１．13
			犬養	天平12．１．13
			名負	天平17．１．７
阿倍氏	継麻呂	天平７．４．23	帯麻呂	神亀５．５．21
	佐美麻呂	天平９．９．28	車借	天平８．１．21
	吾人	天平９．９．28	豊継	天平９．２．14
	嶋麻呂	天平12．１．13	虫麻呂	天平９．９．28
	子嶋	天平13．閏３．５		
中臣氏	清麻呂	天平15．５．５	名代	神亀５．５．21

日付は五位昇叙あるいは五位としての初見の日付　すべて『続日本紀』による

周知のごとく内階コースの家持は安麻呂の孫、旅人の子である。「大伴坂上郎女歌一首」（『万葉集』四・六四九）左注によると、駿河麻呂は「高市大卿」（御行）の孫である。父が誰であるかは不明である。さらに左注には大伴坂上郎女と「姑姪之族」であったことも記される。駿河麻呂は坂上郎女の女坂上二嬢を妻とし、二人は姑と女婿の関係にあった。それが姑—姪関係の内容であった。兄麻呂・古麻呂の系譜は明確ではない。古麻呂も大伴旅人の「姪」であった（「大宰大監大伴宿祢百代等贈駅使歌二首」『万葉集』四・五六六・五六七　左注）。この記載に基づいて、古麻呂を旅人の兄弟の子とみるのが一般的であるが、坂上郎女と駿河麻呂の場合と同様に女婿であったとする可能性もある。ひとまず旅人の女婿であったと理解しておきたい。一方、外階コースの古慈斐は吹負の孫、祖父（邑治）麻呂の子であった（『続日本紀』宝亀八年（七七七〉八月一九日条）。古慈斐以外の外階コースの人物の系譜は不明である。

大伴氏では大化五年（六四九）四月二〇日に長徳が右大臣となった。その後、壬申の乱での功績により勢力を拡大した。氏上の地位は御行（大宝元年〈七〇一〉死去）・安麻呂（和銅七年〈七一四〉死去）・旅人（天平三年死去）・道足（天平七年処罰。ただし赦免）・牛養（天平勝宝元年〈七四九〉死去）・兄麻呂（天平宝字元年〈七五七〉失脚か）と継承された。御行・安麻呂は長徳の子で、御行は死去時、大納言であった。安麻呂も正三位大納言で死去した。旅人は安麻呂の子で、従二位大納言で死去した。道足は馬来田の子で（『続日本紀』延暦元年〈七八二〉二月三日条）、天平七年には正四位下右大弁であった。牛養は吹負の子で、死去時には正三位中納言であった。兄麻呂の系譜については後述するが、正三位参議まで昇進した。この時期まで大伴氏の氏上は議政官に昇進するのが通例であった。

家持は直系でたどると、長徳・安麻呂・旅人と議政官を経験した人物の子孫で、御行もおじに当たった。駿河麻呂・古麻呂の場合は少し状況が異なる。駿河麻呂は祖父（御行）は議政官であったが、父は不明である。御行の子で議政官になった人物はいない。したがって、駿河麻呂は少なくとも議政官の子ではなかった。しかし、坂上郎女の女坂上二嬢を妻としたことは重要である。坂上郎女は旅人の兄弟である宿奈麻呂の妻であったが、『万葉集』によると、神亀五年、大宰帥旅人の正妻大伴郎女が死去した（三・四三八）後、大宰府に赴いた（六・九六三・九六四）。彼女が政治的にあるいは一族のなかで旅人の妻の役割を果たしたのであろう。駿河麻呂は妻をとおして旅人の一族ともつながり、また、家持とも妻どうしが姉妹である関係にあった。

古麻呂は前述のように旅人の女婿の可能性がある。そして、上述の大伴百代らの歌の左注によると、天平二年、旅人が大宰府で病気になった時には弟の稲公と胡（古）麻呂に遺言すべく申請し、実際に二人は大宰府に行った。

ただし、この時は旅人が死去することはなかった。駿河麻呂・古麻呂が妻をとおして旅人周辺の女性につながったことを考慮すると、この二人はやはり旅人の一族と位置づけることが可能なように思われる。特に古麻呂は旅人が自身の遺言を託すべき人物の一人であった。そして、彼らが内階コースをとったことはこのような旅人との婚姻によるつながり、それは同時に長徳以来の系譜に連なったことに起因したと思われる。

ただし、女系でつながる人物を一族に組み込むことが一般的であったかどうかはさらに検討してみたい。この場合、固有の事情が存在したとも考えられる。家持は実質的に旅人の唯一の男子であった。当然、旅人の後継者たる立場にあったが、それ以外に跡を継ぐ人物がいなかったのは問題であっただろう。そのなかで、駿河麻呂・古麻呂が旅人の一族として扱われたともみられ、一族の弱体化を防ぐための措置であった可能性も残る。

兄麻呂について確実なところは不明である。ただし、旅人と深くつながることはなかったように思われる。天平二年に、旅人の遺言を聞くために集まったのは稲公・古麻呂、そして、おそらく家持であった。家持は旅人とともに大宰府に下っていた。これが旅人死去後のこの一族のあり方を示すと思われる。旅人には宿奈麻呂・田主の兄弟がいたが、おそらくもう死去しており、稲公が存命の唯一の兄弟であった。稲公を中心として旅人の子（それに準ずる者も含む）の家持・古麻呂、おそらく駿河麻呂などからなるのがその実体であったであろう。稲公は左注によると、当時、右兵庫助（正六位相当）で、天平一三年一二月二三日には従五位下であった。

一方、兄麻呂は天平三年正月二七日に従五位下となった。その後の位階の昇進の上では兄麻呂が稲公に先行した。兄麻呂が旅人の一族と目される人物であれば、彼こそが旅人死去後の中心となるはずで、遺言の場にいて当然ではなかろうか。兄麻呂は旅人とつながらないと考えられる。さらに、駿河麻呂の事例のように、近親間の婚姻をとおして御行の一族は旅人のそれと融合していったのではないかと思われる。この点に留意すると、兄麻呂は御行・安麻呂の子孫ではなかったのではないかと思われる。西野悠紀子は内階コースが長徳の子孫に限定されるとして、兄麻呂も長徳の子孫と推定したが、そこにつながる人物ではないように思われる。消去法で馬来田あるいは吹負の子孫の可能性が残る(29)。

外階コースの古慈悲の祖父吹負は壬申の乱の功臣で、贈大錦中であった。父祖父麻呂は霊亀二年（七一六）正月五日に従五位下に叙され、天平三年正月二七日には従四位下まで到達した。しかし、議政官にはなっていない。祖父麻呂の兄弟の牛養は天平一一年四月二一日に参議となり議政官となったが、古慈斐の五位昇進より後である。

以上のように、大伴氏の場合、内階コースの駿河麻呂・古麻呂・家持は直接には旅人の一族であり、それは長徳や安麻呂（そして御行）という議政官を輩出した系統である。外階コースの古慈悲の場合、壬申の乱の功臣吹負の系統であるが、父祖父麻呂は議政官ではなかった。吹負の功績が問題であるが、古慈悲の場合、近い時期に議政官を出していなかった系譜である。また、憶測になるが、内階コースの兄麻呂は旅人の一族ではなかったと思われる。

次に阿倍朝臣氏について(30)。内外階制の適用状況は表Ⅵのとおりである。彼らのうち、系譜の明らかな者は内階コースの嶋麻呂と外階コースの帯麻呂の二名だけである。わずか二名であるが、両者の差異は重要である。嶋麻呂は広庭の子であった（『公卿補任』天平宝字四年条）。広庭は従二位右大臣の御主人の子で、本人も最終的には従三位中納言まで昇進した。

一方、帯麻呂は船守の子であった。『日本後紀』大同三年（八〇八）六月一三日条には阿倍弟当の卒伝がある。それによると、弟当は「正五位上勲五等船守」の孫、「美作守従五位上意比麻呂」の男である。『続日本紀』天平七年九月二八日条には「美作守従五位下阿倍朝臣帯麻呂」らが四人を故殺した事件が記載されており、意比麻呂がこの帯麻呂であることはまちがいない。ただし、この時には位階は従五位下が正しいと思われる。『日本後紀』の記載は極位を記したか、単なる誤りかのいずれかであろう。『続日本紀』では帯麻呂についてこれ以上の記載はなく、処罰されたのであろう。従五位上への昇進は史料上、確認できない。帯麻呂の父船守は和銅四年四月七日に従五位上として初見するが、位階は正五位上にとどまった（養老七年〈七二三〉正月一〇日終見）。位階は弟当の卒伝とも合致する。勲五等について所見はない。

ここで船守の系譜を推定してみる。阿倍氏は八色姓の施行の際に朝臣姓を賜与された。すでに指摘のあるように、布勢・引田・許曽部・狛・長田・久努氏も同時に朝臣賜姓を受けたと考えられる。このうち、阿倍御主人は持統八年（六九四）正月二日に氏上に任命された。その後、大宝元年三月二一日に従二位右大臣となった。御主人の死後、慶雲元年（七〇四）一一月一四日には引田宿奈麻呂が阿倍朝臣を賜姓された。この時、宿奈麻呂は従四位下であった。宿奈麻呂が御主人に代わって氏上になったのである。氏上に任命されることと阿倍朝臣を賜姓されることはリンクしていた。当時、阿倍朝臣を名のるのはこの二人の氏上の近親のみであったと推定することができる。

さて、阿倍宿奈麻呂は正三位大納言まで昇進し、養老四年正月二七日に死去した。次の氏上はおそらく広庭であろう。広庭は御主人の子で、最終的に従三位中納言となり、天平四年二月二二日に死去した。広庭の表記は一貫して阿倍朝臣広庭であり、この点でゆれはない。それは御主人の一族が阿倍朝臣を名のっていたことを端的に示す。船守の初見の段階で、単姓の阿倍氏を名のっていたのは御主人と宿奈麻呂の近親のみであった。単姓の阿倍を名のり五位に到達した船守は、御主人・宿奈麻呂いずれかの近親であったと推定される。帯麻呂は最上級の貴族である御主人または宿奈麻呂の一族であったが、父船守は五位を超えなかった。

広庭までの阿倍氏も大伴氏と同様に氏上が継続して議政官に任命された。嶋麻呂は御主人・広庭と連続して議政官を輩出した系譜に属した。一方、帯麻呂は議政官である御主人あるいは宿奈麻呂の子孫であったと思われるが、父船守は議政官ではなかった。

なお、外階コースの引田虫麻呂もみえる（天平三年正月二七日に外従五位下に昇叙）。この人物は阿倍を名のらない点から、宿奈麻呂（および爾閇）の直系などではなく傍流の引田氏の出身と考えられ、外従五位下から外従五位上と入内することなく外階コースで昇進しており、もう一ランク下である。

中臣朝臣氏について。(31) 内外階制の適用状況は表Ⅵのとおりである（中臣氏の複姓の人物は除く）。清麻呂は国子の系統で、意美麻呂の子であった（『続日本紀』延暦七年七月二八日条）。意美麻呂は『公卿補任』・「中臣氏系図」（『群書類従』六二）によると、国子の孫、国足の子であった。「中臣氏系図」には意美麻呂の子として東人・安比等・広見・長人・豊人・豊足・清麻呂が見える。一方、名代は御食子の系統で嶋麻呂の子であった。嶋麻呂は御食子の孫で、その子は人足・名代・形見であった（「中臣氏系図」）。

『公卿補任』によると、意美麻呂は和銅元年に中納言・神祇伯に就任した。位階は正四位下であった。この時に氏上であったことはまちがいない。四年閏六月二二日に死去した。当時、人足が従五位上で、その後、従四位下まで昇進した（養老元年一〇月一二日）。霊亀二年二月一〇日に神祇大副とみえ、さらに『懐風藻』によると、従四位下左中弁・神祇伯であった。続いて東人が神祇伯に就任した可能性があり、天平四年九月五日に広見が神祇伯に就任したのが東人からの交代を意味すると思われる。以上のように、当該期に中臣氏で議政官になったのは意美麻呂のみで、他は神祇伯に就任する者が多かった。神祇伯に任命されることと氏上になることの間には強い相関関係があった。清麻呂は父意美麻呂および東人・広見（両者ともおそらく兄）が神祇伯になっていた。名代は、人足（おそらく兄）は神祇伯であるが、父嶋麻呂はおそらくそうではなかった。諸系統のなかで、継続して神祇伯になったのは意美麻呂・東人・広見の父子だけであり、それに連なる清麻呂は内位を適用されたとみることができる。一方、名代の場合はその条件を満たしていなかったのである。

大伴・阿倍氏のケースから看取できる内階コース編入の基準は、少なくとも二代にわたって議政官を出した一族に属するか否かであった。大伴氏では、長徳の子孫は御行・安麻呂を経て旅人の一族に収束し、その構成員は内階コースであった。しかし、吹負の孫で四位であるが、議政官ではなかった父を持つ古慈斐は外階コースに編成された。阿倍氏では、御主人・宿奈麻呂の一族であっても一括して内階コースに編入されたのではなく、御主人の子で議政官になった広庭の一族のみが内階コースをとった。それからはずれると、外階コースとなったのである。中臣氏の場合、当該期には議政官になることはまれで、神祇伯を多く輩出した。これは氏の特性に由来するが、神祇伯が議政官に準ずる高い官職であることはいうまでもない。父意美麻呂をはじめ兄弟の東人・広見と神祇伯を連続して輩出した系統の清麻呂は内階コースであったが、それからはずれる名代は外階コースに編成されたのである。

ただし、このような基準が厳密に後の昇進を規定したか、問題も残る。大伴古慈悲は一年四か月後に、阿倍帯麻呂は一〇か月後には入内して内階コースとなった。入内までの期間は非常に短かった。また、阿倍虫麻呂は藤原宮子の病気平癒の際に入内したが、外従五位下叙位から三か月後である。彼らは外階コースといえども、内階コースに近いところに位置する評価であった。彼らの場合、形式的にいったん外階コースに編入されたにすぎないのが実態であろう。このケースは内階コースと実質上、等しかったというべきであろう。

四　五位昇進の実態（二）——多治比・藤原・石川・橘氏

さて、内外階制においてすべての五位昇進者が内階コースに編入されたのが、多治比真人氏・藤原朝臣氏・石川朝臣氏・橘宿祢氏の四氏であった。次に、この四氏について先の基準の当否を確認する。

多治比氏では内外階制施行期に八人が五位となった（表Ⅶ）。これのうち、家主が嶋の孫、池守の子であること以外に各人の系譜はわからない。多治比氏は宣化天皇の子上殖葉皇子の後裔とされる皇親系の氏であった[32]。持統四年（六九〇）七月五日に右大臣となった嶋の存在が契機となり、政治的に重要な氏となっていった。嶋の後、池守が従二位大納言まで昇進し（天平二年〈七三〇〉死去）、県守が正三位中納言（天平九年死去）、広成が従三位中納言（天平一一年死去）となった。この順に氏上を継承していったと思われ、すべて議政官となった。池守・県守・広成の三名はいずれも嶋の子と推定される。家主は議政官となった父子の一族であり、内階コースであったことに矛盾はない。残る七名がすべて嶋の子で、議政官となった池守・県守・広成の一族であるとする確証はないが、その可能性はあろう。

藤原氏では内外階制施行期に一〇人が五位に到達した（表Ⅶ）。藤原氏は、周知のとおり鎌足が大織冠・大臣位を与えられ、賜姓されたのにはじまり、文武二年（六九八）八月一九日には不比等の一族のみが藤原朝臣を名のることになった。不比等は養老四年（七二〇）八月三日に正二位右大臣で死去し、その後、正一位太政大臣を贈られた。不比等の子では、武智麻呂が正一位左大臣、房前が正三位参議・内臣、宇合が正三位参議、麻呂が従三位参議まで昇進し、天平九年にすべて死去した。

神亀五年（七二八）段階の藤原氏は、不比等が死去しその子の時代であるが、武智麻呂は正三位中納言、房前も正三位で、朝政に参議し内臣であった。宇合は従三位、麻呂は正四位上で、天平三年にはともに参議となった（麻呂もこの時従三位）。内外階制施行期に五位に昇進してきたのは九名で、すべて四兄弟の子供たちであった。すなわち武智麻呂の子は仲麻呂・乙麻呂・巨勢麻呂、房前の子は鳥養・永手・八束・清河、宇合の子は広嗣・宿奈麻呂であった。彼らはすべて不比等の孫で、父は議政官であった。宇合・麻呂の参議は正規の議政官ではないが、特に考慮する必要はないであろう。

石川氏では内外階制施行期に六人が五位となった（表Ⅶ）。年足は蘇我連の曽孫で石足の子であった（『続日本紀』天平宝字六年（七六二）九月三〇日条）。石足はその伝によると、連の子の安麻呂の子であった（天平元年八月九日条）。それ以外の人物の系譜は不明である。

石川氏は天智三年（六六四）五月に大臣在任中に死去した蘇我連の一族であった。連の子宮麻呂が和銅元年（七〇八）三月一三日に従四位下右大弁となり、六年一二月六日に従三位で死去した。この段階で難波麻呂と石足が正五位上であった。七年正月五日には二人同時に従四位下になったが、養老元年正月四日には難波麻呂が従四位上となった。さらに三年

表Ⅶ　内階コース単独の氏の５位昇進

氏名	人名	日付
多治比氏	多夫勢	天平１．８．５
	伯	天平７．４．23
	国人	天平８．１．21
	家主	天平９．２．14
	牛養	天平９．９．28
	土作	天平12．１．13
	木人	天平12．11．21
	犢養	天平13．閏３．５
藤原氏	鳥養	天平１．８．５
	仲麻呂	天平６．１．17
	乙麻呂	天平９．９．28
	永手	天平９．９．28
	広嗣	天平９．９．28
	巨勢麻呂	天平12．１．13
	八束	天平12．１．13
	清河	天平12．11．21
	宿奈麻呂	天平18．４．22
石川氏	加美	天平３．１．27
	乙麻呂	天平６．１．17
	年足	天平７．４．23
	東人	天平８．１．21
	牛養	天平９．９．28
	名人	天平17．１．７

正月一三日には難波麻呂は正四位下、石足は従四位上となった。宮麻呂の次の氏上は難波麻呂であったとみられる。難波麻呂の系譜は不明であり、和銅七年一〇月一三日に常陸守の任命されたこと以外の官歴も不明である。その後、石足が養老四年一〇月九日には左大弁、七年正月一〇日には正四位下となり、最終的には天平元年二月一一日に権参議（正四位上・左大弁）まで昇進した。同年八月九日に死去した。君子は神亀三年正月二一日に従四位下に昇進した。続いて氏上は枚夫・夫子と継承されていった可能性が強い。位階はそれぞれ正五位下・正五位上にとどまったと思われる。

年足は権参議の石足を父に持ったが、祖父安麻呂は高位には達しなかったようである。石足伝には「少納言小花下安麻呂」とみえる。早川庄八はこの記述について、安麻呂は天智の側近に侍する、後の少納言に擬せられるような官職についていたと推測した(33)。しかし、年足の曽祖父連は大臣に、叔父宮麻呂は右大弁となった。父の官職を加えて、年足が内階コースに編入されても大きく基準から逸脱するとはいえないと思われる。それ以外の五名はその系譜関係がよくわからない。彼らの場合、基準から逸脱する可能性が否定できない。石川氏は政治的には藤原・多治比氏よりはるかに弱体であったからである。

前述のように、石川氏で内外階制施行期までに議政官になったのは連と石足のみであり、多くは大弁まで昇進しうるかどうかのレベルであった。多くの人物が議政官となった藤原・多治比・大伴氏などと比較して、一ランク下の貴族であったとするのが穏当な評価であろう。この石川氏で、六名もの人物が内階コースの基準を満たしたとは考えにくいところであろう。

ここで、角田文衛(34)の指摘する、文武天皇の嬪石川刀子娘をめぐる問題が注目される。角田によると、『新撰姓氏録』（右京皇別）にみえる高円朝臣氏は「出レ自二正六位上高円朝臣広世一也元就二母氏一為二石川朝臣一」という出自を持ったが、高円広世および広成（『続日本紀』天平宝字四年二月一一日条）は実は文武天皇と石川刀子娘と間の子であったという。そして、和銅六年一一月五日に石川刀子娘・紀竈門娘の二嬪の号が剥奪されたのは、この文武の二人の子から皇位継承の権利を奪うためであったと推定した。この聖武天皇の異母兄弟の存在こそが、石川氏が内階コースに編成された大きな要因ではなかったかと思われる。二人の子は皇親ではないにしても、聖武と血縁関係を持つことは事実であり、その意味で石川氏は聖武の兄弟の属する氏であったことになる。文武に限らず、石川（蘇我）氏は七世後半以後においても天皇家との深い婚姻関係を維持したが、特に文武・聖武との関係がやはり重要であろう。

橘氏では、諸兄の子奈良麻呂が天平一二年五月一〇日に无位から従五位下へ昇進した。この時、聖武天皇は諸兄の相楽別業に行幸し、宴を行い叙位を行った。これは通例の叙位ではなく、臨時の叙位であったことは明らかである。奈良麻呂が无位から従五位下へ昇進したのも異例である。したがって、内外階制の基準と照合してもあまり意味がないように思われる。橘氏は県犬養三千代が橘宿祢を賜姓され、その子諸兄（葛城王）らがそれを継承して成立した氏である。三千代は光明皇后の母で後宮において大きな役割を果たした。当時、諸兄は従二位右大臣である。故三千代および諸兄の地位に基づき、さらにもとは皇親であったことから、橘氏は門閥貴族に列せられ、奈良麻呂も内階コースが適用されたのである。

以上のように、Aコース四氏の五位昇進の状況を検討しても、先に析出した内階コース編入の基準とほぼ適合的であるといえるのではなかろうか。ただし、石川氏および橘氏には問題が残る。ここで問題とされたのは位階・官職といった政治的な地位に関わる事項ではなく、天皇との特殊な血縁関係である。

これら四氏は共通して規模が比較的小さく、あまり拡大していなかった。多治比氏は嶋の子および孫の世代のみからなり、藤原氏も不比等の子および孫のみであった。蘇我氏は大化改新以降、有力者の滅亡が相次ぎ、石川氏はおそらく連の子孫のみがその実体であったと思われる。橘氏にいたっては諸兄と佐為の一族のみであった。そして、この点においてBコースの阿倍・大伴・中臣氏と異なる。これがA・Bの二コースが出現した理由ではないかと思われる。つまり、小規模なすべて人物が内階コースの資格をもつ氏と、大規模で内外階二コースの人物が混在する氏の相違である。したがって、Aコースの四氏が特別に優遇されたのではなく、すべて同一の基準に基づいて昇進のコースが適用されたと考えるのが適当であろう。

神亀五年三月二八日太政官奏の「歴代相襲冠蓋相望」の文言は抽象的ではあるが、高い地位とその継承の二条件を設定したことは看取できる。高い地位とはまず太政官議政官であることが該当すると思われるが、中臣氏の場合は神祇伯が相当し、議政官に準ずるとみなしてよいであろう。また、石川氏の大弁も同様に理解することができようか。そのような人物を連続して輩出する一族が継承の条件を満たしたことになる。これは、必ずしも正嫡による父子継承であるわけではなかったように思われる。父と兄の官歴に基づいて内階コースに編成されたと思われる事例も存在する（中臣清麻呂の事例）。また、大伴旅人の場合、女婿なども正嫡家持と同等の待遇であった。正嫡以外の人物であっても内階コースに編成されえたと考えるのが自然であろう。

五　内外階制の意義とその崩壊

神亀五年（七二八）を基準に複数の高い地位にあった人物を求めていけば、七世紀後半頃の状況にさかのぼらざるをえない。A・Bの諸氏を一覧して、橘宿祢氏を除いて、彼らが共通して七世紀後半、大化改新から持統天皇期までに大臣を出したことがわかる。

再確認すると、多治比氏では嶋（持統四年〈六九〇〉七月五日、右大臣任命）、藤原氏では鎌足（天智八年〈六六九〉一〇月一五日、大臣位賜与）、石川氏では連（天智三年五月、大臣在任）、大伴氏では長徳（大化五年〈六四九〉四月二〇日、右大臣任命）である。阿倍氏では（内）麻呂（大化元年六月一四日、左大臣任命）である。麻呂と八世紀の阿倍氏の系譜関係は不明であるが、阿倍を名のることは祖として内麻呂をいただき、その後裔となることであった。

これら以外の七世紀後半の大臣は四人いる。大化元年六月一四日任の右大臣蘇我倉山田石川麻呂、大化五年四月二〇日に右大臣となった巨勢徳陀（太）、天智一〇年正月五日に左・右大臣となった蘇我赤兄・中臣金である。石川麻呂、赤兄・金は滅亡した。巨勢氏は前述したように内階コースには編入されなかったと考えるのが自然である。しかし、八世紀初頭には麻呂・祖父といった中納言に昇進した人物もおり、問題が残る。巨勢氏を保留して、多治比・藤原・石川・大伴・阿倍の五氏は七世紀後半に大臣を出し、大きな政治的功績を挙げた氏族とほぼ等しいと把握しておきたい(35)。中臣氏の場合は微妙である。金は滅亡したので、それをストレートに政治的功績とするのは問題であろう。藤原氏の母体となった氏族であることや神祇の領域を担当し、八世紀でも、神祇官（特に神祇伯）との結びつきが強かったことに重点を置いて理解すべきであろう。

ここで注目されるのは慶雲元年（七〇四）正月七日に右大臣、和銅元年（七〇八）三月一三日に左大臣となった石上麻呂である。麻呂が太政官最上席の左大臣まで昇進したにもかかわらず、また、旧大夫層の系譜を引く氏であるにもかかわらず、石上氏は内階コースとはなっていない。これは当然、基準に従って編成した結果であるが、結果として七世紀後半に大臣を出していなければ、内階コースの基準を満たしえなかったことを示す。大納言まで昇進した麻呂を出した紀朝臣氏や、八世紀初頭に中納言を出した高向朝臣、粟田朝臣、小野朝臣氏も同様であ

ろう。(36)

このような内外階制の実施状況をみてみると、その具体的な基準の背景に存在したものが明らかになってくる。内外階制を施行することは、結果として七世紀後半の状況を起点として門閥貴族層を再編成することであった。つまり、旧来の門閥貴族層のなかで七世紀後半に大臣を出し、以後、連続的に議政官などを出した一族を新しい門閥貴族とすることであった。

当時の体制にとって、七世紀後半の時代は特殊な意義をもっていたと考えられる。七世紀後半の政治的な激動のなかで、新たな政治体制（律令体制）が確立されていった。客観的な事実レベルでの究明は大きな課題であるが、少なくとも内外階制の施行の時点および当時の天皇や貴族の視点からみたとき、七世紀後半こそが直接の起点となる、いわば創業の時代であった。七世紀後半の大臣とは当時の体制の構築に直接に関与し、大きな政治的役割を果たした人物なのであった。その意味で特別な意義をもつ人物であったと思われる。

内階コースの諸氏と内外階制以前の門閥貴族を比較すると、この再編成が旧大夫層を門閥貴族とした体制から、律令体制の成立を起点としその段階で大きな功績があり、かつ、継続して政治的に有力な氏を門閥貴族とする体制への改変であったことは明瞭である。したがって、その背景に律令体制の構築という政治的変動があったこともまたまちがいない。律令体制下の位階制が族姓的な要素を背景に持ったことは事実である。しかし、内外階制はそれに改変を加えており、もはやそれ以前と同じではない。旧大夫層はそのままの形で、内外階制以降も温存されたのではない。両者の差異は充分に認識されるべきである。

長山泰孝(37)は八世紀の上層貴族を多治比・阿倍・大伴・石上・藤原の五氏とし、その特権的な地位は大宝令制による新制の太政官の構成者となった人物の存在によって裏づけられ、王権の意志、あるいは王権との個人的なつながりが大きな意味を持ったとした。筆者とは上層貴族の範囲が若干異なるが、大きな視点の相違はない。

長山の見解は、旧大夫層と律令体制下の門閥貴族の断絶面を強調する見解でその点では首肯できる。しかし、律令体制下の王権と門閥貴族の関係を王権の意志や個人的な結合を軸にとらえる点には従えない。両者の関係を規定したのは、七世紀後半の律令体制の構築という歴史的な事実なのであって、新しい門閥貴族はそこでの功績によりその地位にあるのであった。したがって、反乱などによって処罰されない限り、王権の、時には恣意的な意図によって影響されるものではなかったと思われる。門閥貴族の地位や範囲は政治体制の一環として確立したと考える。

門閥貴族が天皇家との婚姻関係を有したのは事実であるが、天皇家の婚姻のあり方に留意しなければならない。天平元年（七二九）八月二四日詔（『続日本紀』同日条　光明立后詔）によると、聖武天皇（首親王）と光明の結婚に際して、元明太上天皇は藤原不比等の功績を讃え、光明との結婚がその結果であることを強調した。倉本一宏の指摘するとおり、官人としての功績が天皇家との婚姻の前提であり、政治的な功績が婚姻関係および子孫の重用へと転化するのであった。この点を考慮すれば、天皇家の婚姻そのものが必ずしも恣意的とはいえず、臣下に対する功績の顕彰の延長上に存在した。したがって、門閥貴族を生み出す基盤と同じものの上に位置したと考えるべきである。この段階では、婚姻関係がそのもの自体として自立して政治的な原理となったわけではない。

以上のように、内外階制は新しく確立した律令体制に適合的な形で門閥貴族を再編成する、きわめて重大な意義をもつ政策であった。律令体制の施行直後は大和王権期の門閥豪族（旧大夫層）が温存されていたが、ここにいたってそれが清算され、七世紀後半の律令体制の構築期における功績を前提とする新たな門閥貴族が創出されたのである。そして、彼らは王権の恣意によるのではなく、王権とともに律令体制の構築に尽力した者の後裔として存在し、その意味では王権に全面的に依存していたわけではなかった。王権とともに立っていたと表現するほうがふさわしい。

内外階制が従来の門閥貴族層の大多数に、一時的であっても外位にあることを強制したことには留意が必要である。彼らの反発は当然、予想される。しかし、律令体制の成立を受けて新しい政治体制を確立することは充分な正当性を持つことであった。また、五位における族姓と位階の不整合は制度的に整理されるべきものであり、ここにも内外階制のごとき政策が遂行されるべき必然性があった。したがって、内外階制が従来の門閥貴族層の存在を無視した無謀な政策であったとは決していえない。貴族層の反発を抱えながらも正当な政策であった。

内外階制の内容のうち、門閥貴族の再編成の要素は比較的短期間のうちに崩壊したといえる。最後にこの点について政治過程のなかに位置づけることを試みておきたい。なお、以下、内外階制の崩壊などと称する場合、この側面が崩壊したことのみを含意している。

この点に関する野村忠夫の所説を要約して紹介すると、次のようになる。⑴天平一五年五月五日の叙位（『続日本紀』同日条）を端緒として、内・外階コースの区分が変化しはじめた。⑵天平一八年四〜五月にその区分が決定的に変化した。⑶内容は真人・朝臣姓の氏および一部の有力な宿祢姓の氏を内階コース、それ以外を外階コースとするものであった。⑷このあり方が以後定着し、八〜一〇世紀をとおして変更されることはなかった。以上である。

⑴の叙位は、皇太子阿倍内親王がみずから五節舞を舞った節会にともなうものである。県犬養大国が外従五位下から入内し、正六位上の大伴駿河麻呂・中臣清麻呂・佐伯毛人が従五位下に叙された。佐伯氏は外階コースの氏である。⑵に関して、天平一八年には四月に二五名、五月に七名が一挙に入内し、従来の外階コースの氏で六

位から従五位下に昇進する者も多く見られる（同年四月二三日条・五月七日条）。また、(3)の内・外階コースの区分は内階コース＝旧大夫層、外階コース＝それ以外と把握することができる[39]。

それでは、当該期に内外階制が崩壊した背景には、いかなる政治状況が存在したであろうか。前節で述べたように、この政策自体は律令体制に適合的な門閥貴族の創出の点において正当性をもった。したがって、内外階制自体が自己崩壊していったわけではないと思われる。貴族層の反発が直接的にこの制度の崩壊をもたらしたわけではないと思われる。

林陸朗[40]は、天平一八年が藤原仲麻呂の権力拡大の時期にあたることから仲麻呂の関与を指摘した。また、高島正人[41]は天平一五年の叙位と当時の議政官の関連を指摘した。前節で述べたように、この制度は律令体制そのものと不可分のものといえ、議政官クラスの特定の貴族と結びつけて理解・評価するのには根本的に従えない。当時の体制的な危機こそが、問題とされなければならない。

当該期の政治的状況をみるとき、天平九年の伝染病の大流行を契機として聖武の出家・譲位にいたる政治的・社会的混乱がやはり注目される。周知の事項であるが概略を記しておく。同年夏からの天然痘の大流行は藤原氏の四兄弟をはじめとする貴族の死をもたらし、さらに大きく広がった。そのなかで、聖武に近い吉備真備や玄昉が政治的な影響力をもつにいたり、それを直接的な原因として、一二年に藤原広嗣の乱が勃発した。そして、乱の鎮圧と前後して聖武は平城京を離れ、以後五年に及ぶ彷徨ともいうべき、遷都のくりかえしを行うことになった。宮都が移り変わるなかで、一七年九月には聖武自身が難波宮において不予となり、平城宮の鈴印を難波宮に運ばせるなどした。そして、天平勝宝元年（七四九）には聖武は出家し、皇位を阿倍内親王に譲った。

このような混乱のなかで、特に伝染病の大流行や反乱の勃発を要因として、聖武の統治に対する疑問が生じたであろうことは疑いない。つまり、聖武の天皇としての正当性そのものが問題とされるにいたったである。その間、天平一〇年には阿倍内親王が立太子した。その地位の不安定なことは女性の皇太子であることとともに、聖武の決定した後継者であることに起因したであろう。聖武の仏教への急激な傾斜もこのような文脈で考えると理解しやすい。

聖武の危機は門閥貴族、つまり聖武の先祖（天智・天武）とともに律令体制を構築した豪族の後裔の危機につながった。当時の門閥貴族の正統性は基本的に王権の正統性と相互に依存し、根底では双方とも律令体制の安定に支えられていた。門閥貴族の存在が正統と認められたのは、王権が安定し王権とみずからの祖が構築した体制が安定していたからである。体制的な危機のもとでは、彼らが門閥貴族であること自体が正統性を失わざるをえない。

この点は、(1)(2)の叙位の意義からも傍証されるであろう。(1)は前述のように皇太子の阿倍内親王がクローズ・アップされたときのものである。この日の宴は、阿倍内親王が五節舞を舞う、聖武天皇が元正太上天皇に対してその意義を示す、それに対して元正が意義を確認し叙位をすべきことを伝える、聖武が叙位を行う、のプロセスをとった。

注目すべきは、ここで天武天皇が五節舞を作ったことが表明されたことである。これは五節舞の由来を述べたものであるが、単にそれにとどまるのではない。元正は天武の五節舞を作った意図（「天下人尓君臣祖子乃理乎教賜比趣賜布等尓」とみえる）を忘失しない証として叙位を行うことを求め、聖武がそれに基づいて君臣祖子の理を忘れず王権に奉仕することを求めて叙位が行われた。ここで直接に問題となったのは阿倍内親王に関わる君臣の理の動揺であったが、それは同時に王権の問題でもあった。聖武は君臣の理を改めて強調しつつ、正統性を失った従来の序列を放棄しようとしたのではなかろうか。元正から聖武への叙位の依頼は、聖武に叙位のきっかけを与えるための政治的演出であろう。ついで、天平一八年には明確な形で内外階制の清算が行われた。

以上、内外階制による新しい門閥貴族の創出は、天平九年の伝染病の大流行以後、体制的な危機のなかで崩壊せざるをえなかったことを示した。なお、改めて確認しておくが、これは内外階制の二側面のうち貴族層の序列化の問題のみである。天平一八年以降、旧大夫層が内階コース、一般氏族が外階コースという形で両者の区別が定着し、内・外五位の待遇における区別も維持された。伝統的な門閥貴族と一般氏族の区別は維持されたのであるが、政治世界の上部では天皇との特別な結合に基づく藤原氏の卓越した地位が確立されつつあり、以前とは別の論理が貴族層の編成原理となりつつあった。

おわりに

五節にわたって内外階制の背景にあるものに関して考察してきた。その結果を簡単に要約すると、以下のようになる。

(1)内外階制は次の二つの理由によって創設され、二つの側面を持つ政策と考えられる。ⅰ一般氏族の最終的な位階ともされた五位に多くの一般氏族が進出し、五位において門閥貴族と一般氏族を区別する必要が生じた。そのために、内位＝門閥貴族層、外位＝一般氏族とされ、内・外位の待遇の区別も導入された。それにともなって、五位を越えることが可能であるかどうかという、位階上の門閥貴族・一般氏族の差違が制度化された。ⅱ律令体制の成立に対応して、新しい貴族層の序列を創出する必要があった。その結果、律令体制の確立した七世紀後半を起点として、継続的に高官を出した藤原・多治比・石川・大伴・阿倍の五氏などを内階コースに編成し、それ以外を外階コースに編入する序列が内外階制を基軸に創出された。

(2)上のⅱは、律令体制の確立を前提として門閥貴族を再編成する、きわめて重大な意義をもつ要素であった。律令体制の施行直後の旧大夫層からなる門閥貴族は、七世紀後半以後の功績を基準とする新たなそれにとってかわられた。

(3)しかし、天平九年における伝染病の大流行以後の政治的混乱のなかで、聖武の天皇としての正当性が揺らいでいき、体制的な危機が進行した。そのためにⅱの側面は崩壊していった。

(4)ⅰの側面は以後も維持されていったが、王権と上層貴族の間では藤原氏の天皇との特別な結合に基づく勢力拡大が進み、別の論理が貴族層の編成原理となりつつあった。

以上である。

内外階制は当時の貴族層の存在形態にきわめて大きな影響を与えた政策であった。門閥貴族層は内外階制によって律令体制に適合的な形に再編成されたのであり、これは地位あるいは待遇の意味ではなく、構成の面における律令体制下における門閥貴族の成立であった。政策の目的・影響からみたとき、内外階制の意義はまずこの点が重視されるべきである。

そして、このような門閥貴族の成立は王権の確立とも連動したと思われる。北康宏[42]の指摘するように、いわゆる不改常典は天智の制定した律令法を意味すると考えられる。天智が「天命開別天皇」(天命を受けた君主)と位置づけられ、当時の王権が儒教的な天命思想に基づき、天命を受けた天智の後継者であるとみずからを位置づけていたことを示す。これは王権そのものが大和王権の段階から律令体制を前提とするそれへと移行したことを象徴的に示すものである。不改常典は史料上、慶雲四年（七〇七）七月一七日の元明天皇の即位詔に初めてみえ、桓武天皇以後を除けば、神亀元年（七二四）二月四日の聖武天皇の即位詔、天平勝宝元年（七四九）七月二日の聖武の譲位詔（いずれも『続日本紀』同日条）と続いた。聖武の即位詔では引用された形で霊亀元年（七一五）の元正天皇の即位時における元明の詔のなかにみえ、譲位詔ではやはり引用された形で聖武即位時における元正の詔のなかにみえる。

不改常典が、詔のなかに現れる期間と内外階制の施行期間はほぼ重なるとみて問題はないであろう。王権の正統性は不改常典において示され、門閥貴族の地位は制度的に内外階制によって維持された。そして、不改常典・内外階制に共通する要素は、その正統性の根拠が七世紀後半の律令体制の確立という歴史的な事象に求められたことである。もちろん、不改常典と内外階制に制度的な連関があるわけではないが、両者あいまって律令体制における王権・門閥貴族の地位を保証したといえよう。以上、内外階制を中央官人に焦点を置いて意義づけることを試みた。

註

（1）野村忠夫「内・外位制と内・外階制」（同『律令官人制の研究』吉川弘文館　一九六七年）。以下、特に注記しない限り、氏の見解はこの論文による。

（2）『類聚三代格』五。『続日本紀』にも「勅定㆓外五位位禄蔭階等科㆒」と簡単な事実記載がある。

（3）野村は女性の叙位にも検討を加えたが、近年、伊集院葉子がそれに関してさらに詳細な議論を展開した（同「女官の

五位昇叙と氏」同『日本古代女官の研究』〈吉川弘文館　二〇一六年〉初出二〇一〇年）。
（4）野村忠夫「豪族から貴族へ」（同『奈良朝の政治と藤原氏』〈吉川弘文館　一九九五年〉初出一九八五年）
（5）直木孝次郎「長屋王の変について」（同『奈良時代史の諸問題』〈塙書房　一九六八年〉初出一九五六年）
（6）高島正人「聖武朝における内外階制の成立と変質」（同『奈良時代の藤原氏と朝政』〈吉川弘文館　一九九九年〉初出一九八〇年）。以下、特に注記しない限り、内外階制に関わる氏の見解はこの論文による。
（7）大町健「律令制的外位制の特質と展開」（同『日本古代の国家と在地首長制』〈校倉書房　一九八六年〉初出一九八三年）
（8）仁藤敦史「外位制度について」（同『古代王権と官僚制』〈臨川書店　二〇〇〇年〉初出一九九〇年）
（9）毛利憲一「外位制の再検討」（『立命館史学』二三　二〇〇二年）
（10）全体をとおして、特に叙位・任官に関して典拠を示さずに日付のみをあげて掲出するものは『日本書紀』『続日本紀』による。
（11）関晃「律令貴族論」（同著作集4『日本古代の国家と社会』〈吉川弘文館　一九九七年〉初出一九七六年）
（12）虎尾達哉「参議制の成立」（同『日本古代の参議制』〈吉川弘文館　一九九八年〉初出一九八二年）。この見解は、大小徳（冠位一二階）→大錦（大化三年の冠位制）…→四位（大宝令制）、という冠位制の推移を想定したうえで組み立てられる。この見解は、黛弘道の見解（同「冠位十二階考」同『律令国家成立史の研究』〈吉川弘文館　一九八二年〉初出一九五九年）を継承したものである。
（13）黛弘道「太安万侶の墓誌と『続日本紀』」（同『物部・蘇我氏と古代王権』〈吉川弘文館　一九九五年〉初出一九九一年）
（14）佐伯有清「貴族文化の発生」（同『日本の古代国家と東アジア』〈雄山閣　一九八六年〉初出一九七五年）
（15）加藤謙吉「大夫制と大夫選任氏族」（同『大和政権と古代氏族』〈吉川弘文館　一九九一年〉初出一九八六年）
（16）倉本一宏「氏族合議制の成立と展開」（同『日本古代国家成立期の政権構造』〈吉川弘文館　一九九七年〉初出一九九

一年）

(17) 佐藤長門「倭王権における合議制の史的展開」（同『日本古代王権の構造と展開』〈吉川弘文館　二〇〇九年〉初出一九九六年）

(18) 吉村武彦「仕奉と氏・職位」（同『日本古代の社会と国家』〈岩波書店　一九九六年〉初出一九八六年）

(19) これ以後の記述において、実例として取りあげるのは大夫と思われる記載のあるものと、大夫層に相当する冠位を持つものである。波多氏とその同族の場合、小徳近江脚身臣飯蓋（『日本書紀』推古三一年〈六二三〉是歳条）、小錦中（贈大紫）星川臣麻呂（天武九年〈六八〇〉五月二七日条）のみであり、星川麻呂は壬申の乱の功臣であった。なお、これらの氏族が武内宿祢の後裔とされた背景は今後考えていきたい。

(20)『新撰姓氏録』によると、田口朝臣は石川朝臣と同祖（左京皇別）、久米朝臣は蘇我稲目の後裔（右京皇別）、御炊朝臣は蘇我馬子（背）の後裔（右京皇別）と見える。

(21) 岸俊男「ワニ氏に関する基礎的考察」（同『日本古代政治史研究』〈塙書房　一九六六年〉初出一九六〇年）

(22)『新撰姓氏録』によると、菅生朝臣・津嶋朝臣は大中臣朝臣同祖で、天児屋根命の後裔と見える（河内国神別天神、摂津国神別天神）。

(23) 八木充「律令官人制論」（『岩波講座日本通史4古代3』岩波書店　一九九四年）

(24) 野村忠夫が的確に指摘するとおり、中央官人層内部で門閥貴族の地位を確認する機能を持ったのである。内外階制の意義はまずこの点に求められなければならないと考える。

(25) 野村はこれら四氏に百済王氏を加えて五氏を指摘する。百済王氏は以下の考察では除外する。

(26) 高島正人「奈良時代の巨勢朝臣氏」（同『奈良時代諸氏族の研究』吉川弘文館　一九八三年）

(27) 西野悠紀子「八世紀官僚貴族の氏」（岸俊男教授退官記念会編『日本政治社会史研究　中』塙書房　一九八四年）。以下、西野の見解はすべてこの論文による。

(28) 大伴氏について詳細は本書第二部第一章「大伴氏」参照。

(29) 馬来田の子では道足が正四位下右大弁まで昇進した。憶測にわたるが、兄麻呂が内階コースであることを考慮すれば、馬来田の子孫なのではなかろうか。
(30) 阿倍氏について本書第二部第二章「阿倍氏」参照。
(31) 中臣氏について本書第二部第三章「中臣氏」参照。
(32) 多治比氏について倉本一宏「真人姓氏族に関する一考察」(『続日本紀研究』二三二　一九八四年)、高島正人「奈良時代の多治比真人氏」(注26書)を参照。
(33) 早川庄八「律令太政官制の成立」(同『日本古代官僚制の研究』〈岩波書店　一九八六年〉初出一九七二年)
(34) 角田文衛「首皇子の立太子」(同著作集3『律令国家の展開』〈法蔵館　一九八五年〉初出一九六五年)。なお、角田の見解に対して、野村忠夫『律令政治の諸様相』(塙書房　一九六八年)、大山誠一『長屋王家木簡と奈良朝政治史』(吉川弘文館　一九九三年)は肯定的であるが、河内祥輔『古代政治史における天皇制の論理(増訂版)』(吉川弘文館　二〇一四年　初版は一九八六年刊)は否定的である。
(35) 大臣以外の議政官の場合、各段階の議政官の構成が不明確である点、それをうかがう実例がない点から不明である。おそらく大臣の地位が重要であると思われる。
(36) 紀麻呂(大宝元年三月二一日大納言就任)、高向麻呂、粟田真人(慶雲二年四月二二日中納言就任)、小野毛野(和銅元年三月一三日中納言就任)。
(37) 長山泰孝「古代貴族の終焉」(同『古代国家と王権』〈吉川弘文館　一九九二年〉初出一九八一年)
(38) 倉本一宏「律令国家の権力中枢」(注16書)
(39) 変化の時期について異論もある。林陸朗「藤原仲麻呂政権と官人社会」(同『上代政治社会の研究』〈吉川弘文館　一九六九年〉初出一九五九年)は、天平一一年正月一三日の後宮に対する叙位(中臣殖栗連豊日・紀朝臣意美奈・釆女朝臣首名・同若・岡連君子が従五位下に叙された。『続日本紀』同日条)に着目し、この頃からまず、後宮において弛緩し始め、それが一般官人に拡大されたとする。これについて、野村はこの事例は「別勅特叙」(神亀五年三月二八日太政官奏)

に相当するもので、基準の変化ではないとの再批判を加えた。高島正人も同様に、天平一一年正月の後宮の叙位が天平一五年五月の叙位につながったとする。この点について現在、筆者は明確な見解をもてないでいる。ただし、本格的に天平一五年五月五日・天平一八年四、五月の叙位において決定的に崩壊するのは事実である。

(40) 林陸朗「藤原仲麻呂政権と官人社会」(注39)

(41) 中臣清麻呂・佐伯毛人、および同時に外従五位下から入内した県犬養大国を問題とする。

(42) 北康宏「律令法典・山陵と王権の正当化」(同『日本古代君主制成立史の研究』〈塙書房　二〇一七年〉初出二〇〇〇年)

第三章　奈良時代の侍従

はじめに

侍従はその性格がまさに名が示すとおり、天皇に近侍する臣と比較的明瞭であることや、相当位が従五位とそれほど高くはないこともあってか、その研究の蓄積は厚くはない。侍従の職掌は職員令に「常侍・規諌・拾遺補闕」と規定される。成瀬高明[1]は、侍従は朝夕近侍して（「常侍」）、身の回りにつき落ち度のないように注意し（「規諌」「拾遺補闕」）、時に勅使として出向したが、政治的に重要な意味を持つものではなく、天皇の儀容・権威を高め、その優越性を誇示することに貢献するところ大であったと評した。春名宏昭[2]も「常侍」は大納言や中務卿と同じく天皇に近侍する意で、「規諌」「拾遺補闕」も実質的な意義は小さく、侍従は律令官制内で確固たる意義を持たなかったと結論した。

侍従の政務への関わりについて、公式令2勅旨式に規定される「受レ勅人」の役割が議論されてきた。勅旨式に勅旨の起草の段階で「右　受レ勅人　宣二送中務省一　中務覆奏」と規定され、『令集解』の釈説・穴説は「受レ勅人」は侍従であるとの解釈を示す。天平勝宝八歳（七五六）の東大寺献物帳などにみえる侍従藤原永手の署名が、侍従の受勅人の機能と関連するとするのが有力な見解である[3]。しかし、この見解は誤りである。当該文書群に紫微令藤原仲麻呂などとともに見える永手の署名は、献物の命の施行のためのものである。春名が詳細に論じたように、勅旨式の「受レ勅」とは中務省の覆奏の前段階での行為であり、勅旨の起草・作成に関わった。さらに吉川敏子[4]は「受レ勅人」が侍従であることも明法家が注釈するのみであるとする。

侍従の政治的地位は低いとするのが標準的な理解といえよう。しかし、奈良時代をとおして、侍従の職にある人物を詳細に検討してみると、また、別の側面がみえてくるように思われる。比較的高位で、なおかつ、政治的な影響力も強い人物が侍従であった事例は少なくはなく、そういった人物が侍従であったことの意味はさらに検討されるべきではないかと思われる。なお、侍従の補任について、成瀬高明・望月一樹が事例を集成し、より長期にわたる笠井純一の集成がある[5]。また、少納言も侍従の定員内であるが、少納言は明確な職掌を持ち侍従とは異なるところが大きいと思われるので、考察から除外する。

一　八世紀前半の侍従

八世紀前半において、もっともまとまった形で侍従の人物が判明するのは『藤氏家伝』武智麻呂伝である。ここに、まず、藤原武智麻呂自身が和銅元年（七〇八）に図書頭兼侍従となり、「朝二侍内裏一祇二候綸言一」という状況であったことが記される。また、「風流侍従」として六人部王・長田王・門部王・狭井王・桜井王・石川朝臣君子・阿倍朝臣安麻呂・置始工など十余人がいたことが記される。「風流侍従」とされた人物について、望月一樹は、人数的におかしな点があること、『日本後紀』延暦一八年（七九九）二月二一日条の和気清麻呂伝に「諸侍従臣」の語が見られ、侍従の語が官職の侍従とは異なる意味で使用されたこともあることから、侍従の実例から除外する。しかし、定員の問題について、彼らが同時に侍従であったと考える必要はない。成瀬高明は彼らの在任期間を養老末期から神亀頃と推定したが、ある程度、幅を持たせて考えても問題はない。侍従の語が近侍する者全体を意味する例は、ほかに平安時代の儀式書などにもみえ、侍従がすなわち官職としての侍従を意味するものではないことは事実である。ただし、これは「風流侍従」が官職としての侍従ではなかったことを積極的に示すわけではない。

ここに、『続日本紀』において侍従に任命されたことの確認できる石川君子がみえることはやはり看過できない（養老五年〈七二一〉六月二六日条）。また、狭井王（佐為王　後の橘宿祢佐為）についても侍従であったことが確認できる（後述）。さらに、『政事要略』二四・年中行事九月（奉幣伊勢太神宮）に注目すべき記事がある。それは、「官曹事類云」として記述される養老五年九月の伊勢太神宮への奉幣および井上女王（後に内親王）の斎王任命の記事である。奉幣の後、井上女王を斎王に任命し、北池辺の新造宮に移った。その儀は右大臣従二位長屋王が「参議以上及侍従并孫王等」を率いて前に従い、内侍・女孺・乳母・小女子、中臣・忌部などが続くものであったが、正五位下葛城王・従五位上佐為王が前輿長、従五位上桜井王・従五位下大井王が後輿長であった。この四人の王は「侍従并孫王」に相当すると思われるが、佐為王・桜井王の二名は「風流侍従」であった。両者が侍従であった可能性は充分にあると思われる。葛城王（後の橘宿祢諸兄）は後に侍従に在職したことが確認できるが（後述）、この段階で侍従であったかどうかは不明である。大井王について詳細は不明である。以上の検討結果をみるとき、「風流侍従」たちがある時期に侍従であったことは承認されるべきであると思われる。さらに、三島王（『尊卑分脈』）、藤原麻呂（『公卿補任』天平三年〈七三一〉条）も侍従であったことが確認できる。

これらの事例の年代を概観しておく。藤原武智麻呂の就任は和銅元年で、この時、従五位下であった。「風流侍従」たちのなかで、任命時期の確認できるのは石川君子のみで、養老五年である。成瀬の指摘を継承して、彼らの在任時期は養老末期から神亀頃ととらえておく。三島王・藤原麻呂の在任時期は不明である。三島王は養老七年正月に无位から従四位下となっており、任命がこれ以後であったことはまちがいない。藤原麻呂は『公卿補任』の尻付に「宇合同日（八月日　筆者注）任。兵部卿如レ元。歴二左京大夫・侍従一」とあり、天平三年の参議任命より前であったことはまちがいない。『藤氏家伝』藤原武智麻呂伝に「風流侍従」と並んで「参議高卿」として名が見えるので、「風流侍従」たちよりやや早い時期であったと推測できる。

以上の人物の系譜などに着目すると、[6]皇親や門閥貴族の子弟が中心であったことがわかる。なお、置始工は『万葉集』（一六・三八一九、三八二〇）の左注によると、もとの名は小鯛王であったらしい。いずれも政治に精通した人物たちではない。そして、「風流侍従」と称されたように、彼らの多くは文化的な素養をもつ人物であった。

簡単に示しておく。長田王の、筑紫に派遣された時の歌が『万葉集』にみえる（三・二四五、二四六）。歌の配列からすると、和銅以前のものとされる。さらに、天平六年（七三四）二月一日の歌垣において、栗栖王・門部王・野中王とともに頭となり、歌を唱和した（『続日本紀』同日条）。歌垣に「五品已上有二風流一者」が参加したことが記されており、長田王や門部王は「有二風流者一」に相当するであろう。門部王（後に大原真人門部）について、さらに『万葉集』に歌がみえる（三・三一〇など）。

佐為王が関わった歌も『万葉集』にある。「桉作村主益人歌一首」（六・一〇〇四）は内匠大属の桉作益人が長官佐為王と饗宴を設けた時の歌である。「恋二夫君一歌一首」（一六・三八五七）は近習の婢が夫君をいとおしみ作った歌で、佐為王はそれを聞き侍宿を免じたとされる。佐為王自身の歌ではないが、文化的な要素を読み取ることができるだろう。

桜井王（後に大原真人桜井）もやはり『万葉集』に歌を残す（八・一六一四）。前述の置始工（小鯛王）の歌の左注によると、この歌は工が宴の日に琴を執り、必ず先に吟詠する歌であった。石川君子も『万葉集』に歌を残す（三・二四七、一一・二七四二）。「石川大夫和歌一首」（巻三・二四七）は前出の長田王の歌に和したものであるが、石川宮麻呂もしくは吉美侯（君子）のいずれの歌か不明である旨の左注があり、君子の歌であった可能性がある。

以上のように、ほぼ神亀期までの侍従は文化的な素養を持ち、それをもって天皇に近侍する存在であった。天皇の文化的な側面を強調し、それにより天皇を荘厳し、権威を高める機能を持ったといえる。皇親や門閥貴族の子弟が、おそらくその出自のゆえに選抜されたのも、天皇の権威を高めるうえで効果的であると考えられたからであろう。すでに、先学の指摘のあるところであるが、以上のように結論しておきたい。

二　侍従と天皇家産

先に述べた侍従の性格は、その後もそのまま推移するわけではなかったと思われる。注目すべきは橘諸兄・佐為の兄弟である。この二人は、周知のごとく栗隈王の孫、美努王の子で、母は県犬養橘三千代である。『公卿補任』天平八年（七三六）条の橘諸兄の尻付に「十一月十七日従三位行左大弁兼侍従左右馬内匠催造監葛城王・従四位上佐為王等上表　請二賜橘宿祢之姓一云々。戴二先帝之厚命一　流二橘氏之殊名一。詔依レ表賜之。改二名諸兄一」との記載がある。橘賜姓の記事である。『続日本紀』にも同じ事項の記載があるが、上表は天平八年一一月一一日、橘宿祢を賜姓されたのが一七日である。『公卿補任』の文章は省略されており、『続日本紀』に上表および詔の全文が掲載され、内容は同じである。『続日本紀』所収の上表は「従三位葛城王・従四位上佐為王等上表曰」となっており、この部分は『公卿補任』より簡略である。『公卿補任』の諸兄の官職に関わる記述の信頼性はいかがであろうか。天平元年九月二八日に左大弁に任命され、左右馬監は和銅四年（七一一）一二月二日、催造監は天平二年九月二七日の任命で、さらに天平三年八月一一日に参議に任命された（いずれも『続日本紀』同日条）。侍従・内匠監についてはほかに史料はない。『公卿補任』の記述は基本的に信頼性があると判断して問題はないであろう。おそらく、上表文そのものの記載を反映しているのであろう。侍従・内匠監もやはり事実とみてよいと思われる(7)。

橘佐為について、『公卿補任』延暦九年（七九〇）条の藤原雄友尻付に記載が見える。「母正四位上侍従中宮大夫兼右衛門督橘朝臣佐為四女。尚蔵三位麻通我朝臣」とあり、雄友の母は佐為の四女麻通我であった。笠井純一によると、佐為は天平九年八月一日に正四位下・中宮大夫兼右兵衛率で死去したので（『続日本紀』同日条）、上記のような地位にあった時期はない。しかし、実態とはかけ離れた、まったく信頼性を欠く記事とは思えない。位階と右衛門督の官職を修正して、佐為の極位極官とみることは可能なのではなかろうか。さらに、前述した桜作益人の歌に注目したい。左注から、この段階で佐為王が内匠頭であったことがわかる。この歌は、配列順から天平六年三月以降八年六月以前の作と考えられる。佐為が養老・神亀頃に侍従であったとすると、侍従と内匠頭を兼任した可能性がある。

諸兄・佐為兄弟はもと皇親であり、佐為は「風流侍従」と称された人物であった。したがって、前節で述べた、文化的な素養で天皇に近侍する側面がないわけではない。注目すべきは兼官の状況である。諸兄は参議・左大弁でありすでに議政官である。政治の中枢に位置する上級貴族といってよい。さらに左右馬監・内匠監・催造監を兼任した。左右馬監（馬寮監）について別に考察を加えたことがあり(8)、それは国飼馬や勅旨牧からの貢上馬である櫪飼馬を管理し（『延喜式』）、供御の馬や家産の馬を管理する機能を持つ天皇家の家産に関わる官職で、このような性格は馬寮監設置の段階までさかのぼることを指摘した。諸兄は馬寮監設置時にその任につき、天平八年一一月まで継続したと思われる。

内匠監は内匠寮の監督にあたる官職と考えられる。内匠寮は神亀五年（七二八）に設置された、天皇周辺の種々の財を製作するための官司であった(9)。天平六年三月～八年六月頃の内匠頭は佐為であった。諸兄の位階は佐為より上位にあり、監が頭より上位の官職であったことが推測される。あえて監が設置された理由は定かではないが、監が最上位にあって内匠寮を監督する官職であったことはまちがいないだろう。監諸兄・頭佐為と、兄弟が内匠寮の上層部を占めたのである。彼らはおそらく内匠寮の設置と同時に監・頭に任命されたのであろう。

侍従のなかに、このような天皇家の家産管理を担当する人物が登場したことは注目される。それは侍従の性格の変化をものがたると思われるからである。侍従は文化的な素養で天皇に近侍するだけではなく、天皇に近侍しながらその家産管理を担うようになったのである。もちろん、すべての侍従が家産管理にあたったわけではなく、文化的な素養のゆえに侍従となった者もいたと思われるが。また、佐為の場合、侍従任命が先行し後に内匠頭に就任したのであり、侍従に新たな性格が付加されたと表現すべきである。

さて、このような侍従の変質と律令体制下における内臣の出現がほぼ同じ時期であることは重要である。養老五年（七二一）一〇月に、藤原房前が詔によって内臣に任命された。律令体制下において内臣が設置されたのはこの時が初めてである。筆者は内臣が家産管理を含めて天皇家に密接に関係する官職であることを述べたことがある(10)。房前の場合も、父不比等の天皇家産管理に関わる地位を引き継いでおり、その官職上の表現が内臣であった。この二つの事象は天皇家産の管理体制の整備という性格が共通し、あわせて一つの動向であることはまちがいない。

内臣房前と侍従諸兄・佐為がどのような関係にあったのかは不明である。房前は養老元年一〇月に参議朝政を命じられ（従四位下）、養老五年正月に従三位となったが、同時に諸兄は正五位下、佐為は従五位上となった。房前は神亀元年二月に正三位となり、天平九年の死去の段階でも正三位であった。諸兄が従三位に到達したのが天平四年正月、正三位になったのが天平一〇年正月のことである。佐為は結局、正四位下で死去した。位階の上で房前が常に上位にあり、両者の間に緩やかな指揮関係が存在したと推測しておきたい。房前の統括的な管理のもとに、諸兄・佐為が個別の家産官司を担当した形態が浮かび上がると思われる。

房前の内臣としての地位を支えたのは、おそらく不比等の妻県犬養橘三千代であった。三千代は長期間にわたって後宮を取りしきった人物である。彼女が美努王との間にもうけた女子が牟漏女王で房前の妻であった。そして、同じく三千代と美努王との間の男子が諸兄・佐為兄弟であった。この兄弟が天皇家産の管理に関与するようになった理由もおそらくこの点にあったと思われる。これもすでに述べたことであるが、房前が内臣に任命されたことの意味のひとつは、天皇家産の管理にあたる地位が制度的に確立したことにあった。諸兄・佐為の場合も同じであり、天皇家産を管理する立場が侍従の官職を得たのである。

この時期にこうした制度的整備が行われた理由を、明確に提示することはむずかしい。房前が内臣に任命されたのは、直接的には父不比等の死去を受けての措置であった。ここで、内匠寮の設置が中衛府の成立と同時であることから、それには天皇制を強化する目的があったとする中西康裕の指摘が重要である[11]。この指摘はその後の内匠寮の研究でも引き継がれた。内匠寮と中衛府の成立に内臣や侍従の問題を重ねてみると、この時期に家産管理をはじめ広く天皇家の家政に関わる制度的整備が行われたことは事実であり、侍従の変質はその一環であったととらえることができる。さらに、神亀五年に内外階制が実施され、貴族層の再編ともいうべき大きな変動があり、天平元年に全面的な班給のみなおしを意図した班田が行われるなど、当該期は一般的な行政においても改革的な傾向が強い。このような全体的な政治動向とも決して無関係ではないであろう。

その後、佐伯浄麻呂について天平一七年三月二一日に「従四位下左衛士府督兼山背守侍従」と見える（『大日古』二―五82　丹裏文書）。侍従と左衛士督の兼任は興味深い。これ以外には、藤原魚名が天平二〇年二月一日に侍従に任命されたことがわかる程度で（『公卿補任』神護景雲二年〈七六八〉条）、この時期の侍従の動向は不明である。

天平勝宝元年（七四九）、聖武天皇が譲位し、孝謙天皇が即位した。しかし、孝謙に実権はなく、実質上、天皇家の長となったのは光明皇太后であった。これにともない皇后宮職は紫微中台に拡大された。光明のもとで天皇家産の管理にあたったのは紫微中台であった。

天平二〇年に侍従となった藤原魚名は、天平勝宝元年一一月二四日に石川年足とともに八幡大神を迎える使となったが、この時も侍従である（『続日本紀』同日条）。魚名は宝亀末期に内臣（忠臣）・内大臣と昇進したので、長期の侍従在任の可能性もあるが確証はないので、ここでは保留しておく。

天平勝宝元年閏五月一日に、従四位上橘奈良麻呂と従五位上阿倍島麻呂が侍従に任命された（『続日本紀』同日条）。奈良麻呂は七月二日に参議に任命されたので（『続日本紀』同日条）、参議と侍従の兼任の事例とみていいだろう。正確な侍従の離任時期は不明であるが、長くとも橘奈良麻呂の変までである。阿倍島麻呂は広庭の子で、天平勝宝二年二月二六日太政官符（『大日古』二―五2）に従五位上で右中弁兼侍従とみえる。この人物もいつ侍従を離任したか不明である。天平宝字五年（七六一）三月一〇日に死去したが、ここでは参議とされるのみである（『続日本紀』同日条）。

天平勝宝元年八月一〇日に藤原縄麻呂[12]が侍従に任命された。縄麻呂は藤原豊成の子である。天平宝字元年六月一六日に兵部少輔となったが、翌日に兼侍従となった（いずれも『続日本紀』同日条）。おそらく、いったんは兵部少輔に遷任したものの、侍従との兼任になったのであろう。なお、前述した佐伯浄麻呂は勝宝二年一一月に死去した。

魚名・奈良麻呂・島麻呂・縄麻呂はいずれも門閥貴族の子弟といってよかろう。奈良麻呂を除くと従五位程度で、当時において政治的に有力な人物とはいえない。天皇家産の管理との関わりも確認することはできない。

天平勝宝八歳以後の、東大寺・法隆寺献物帳に侍従の姿を見ることができる。これらの文書は、周知のごとく聖武太上天皇の遺品などを東大寺・法隆寺に施入した際のもので、要するに、天皇家産の施入の事例である。六月一二日勅（葛木寺東所の東大寺への施入『大日古』四118）・六月二一日東大寺献物帳（国家珍宝帳　四121）・六月二一日東大寺献物帳（種々薬帳　四171）・七月八日法隆寺献物帳（四176）に大納言・紫微令の藤原仲麻呂以下の紫微中台の署名があり、それと並んで「従三位行中務卿兼左京大夫侍従藤原朝臣『永手』」とある。七月二六日東大寺献物帳（屏風花氈帳　四177）に、紫微中台の官人として「従四位下守右大弁兼紫微少弼春宮大夫行侍従勲十二等巨勢朝臣『堺麻呂』」とある。天平宝字二年一〇月一日東大寺献物帳（藤原公真跡屏風帳　四337）の署名は、太保の藤原仲麻呂と「参議従三位行武部卿兼坤宮大弼侍従下総守巨勢朝臣『関麿』」である。巨勢堺麻呂と関麻呂は同一人物で、天平宝字元年七月九日まで少弼とみえ、その後、二年八月二五日までに大弼に昇進した（いずれも『続日本紀』同日条）。なお、堺麻呂は天平宝字五年に死去した（『公卿補任』）。

前述したように、これらの人物の署名は勅（あるいは御製）の施行に関わるもので、天皇家産の処分に侍従が関与したのは自然に理解できる。橘諸兄・佐為の役割と同じことである。巨勢堺麻呂は同時に紫微中台の官人でもあったが、藤原永手はそうではない。堺麻呂のこのような地位は天皇家産が光明皇太后の権限のもとにあり、紫微中台が管理を担当したことを示す。すなわち、紫微中台は制度上、侍従の一部を取り込むことにより、家産管理の機能を吸収したのである。また、侍従ではないが、馬寮監の賀茂角足も紫微大忠であることも同じことである。[13] 永手の署名について、永手と孝謙天皇の密接な結びつきが想起されるべきである。これは孝謙の意志を示すための署名である。ただし、永手や堺麻呂に家産官司の兼官などはない。特に兼官がなくとも天皇の命により、侍従は家産管理にあたることが認められていったのではないかと思われるが、この点はさらに追究していきたい。

天平宝字元年五月、藤原仲麻呂は紫微内相に昇進した。紫微内相は位階・禄賜・職分・雑物を大臣に準ずる、大臣クラスの官職であった。内相であることからみて内大臣に相当すると思われる。つまり、仲麻呂は紫微令の時期、あえて比定すると内臣に相当する地位にあったといえるのではなかろうか。したがって、紫微中台による家産管理はそれ以前の内臣・侍従が担当した形式を内包し、それらを光明皇太后のもとに組織したものと評することができよう。

天平宝字期に、侍従に任命されたと思われる人物に藤原御楯（『大日古』四284）と石上宅嗣（『続日本紀』宝字七年正月九日条）がいる。御楯の任命および離任時期はともに不明で、天平宝字八年六月に死去した。「大弁」との兼任であったことがわかる。石上宅嗣は任命・離任の時期とも不明であるが、木本好信[14]は侍従への任命を天平宝字六年三月の遣唐副使の罷免以降のことと推定した。その後、宅嗣は天平宝字八年正月に藤原仲麻呂暗殺計画に関与し大宰少弐に左降された。なお、『公卿補任』[15]天平神護二年条の石上宅嗣尻付に天平宝字元年に紫微少弼になったことが記されるが、蔵中進・木本好信が指摘するように、これは事実とは考えられない。宅嗣が天皇家の家産管理に関与した形跡はみあたらない。宅嗣の本領は、やはりすぐれた文人である点に存在したのであろう。

以上のように、おそらく養老・神亀期頃から、侍従のなかに天皇家産を管理する役割を果たす人物が現れた。これは橘諸兄・佐為を初例としたとみてよいと思われ、侍従の変質ととらえることができる。孝謙天皇にかわって光明皇太后が政治的な実権を掌握した天平勝宝期では紫微中台が家産管理を担当したが、一部の侍従が紫微中台の官職と兼任し、内臣および侍従による家産管理を内包する形式に移行した。したがって、侍従が家産管理にあたる体制はここでも変形されながらも維持されたといえる。

三　称徳・光仁天皇と侍従

前節で述べた侍従在任の人物のなかで、明確に称徳期でも侍従であったのは藤原縄麻呂である。縄麻呂は宝亀一〇年（七七九）一二月一三日に死去したが、この時、従三位・中納言兼勅旨卿侍従であった（『続日本紀』同日条）。おそらく縄麻呂は天平勝宝元年（七四九）から宝亀一〇年まで三〇年もの間、侍従であったのだろう。藤原仲麻呂の乱後に参議、宝亀二年三月一三日に中納言に昇進し、天平神護二年（七六六）三月一二日から神護景雲二年（七六八）二月一八日まで民部卿・勅旨大輔・侍従とみえる。宝亀一〇年九月四日に中納言・勅旨卿・侍従で中衛大将を兼ねた（いずれも『続日本紀』同日条）。勅旨大輔に任命された時期、および卿に昇進した時期はわからない。ただ、勅旨省の上級官職にあった期間も短くとも一三年に達する。この期間においても縄麻呂は侍従であり、長期にわたって侍従が天皇家産の管理を担当した事例であるといえる。

藤原魚名・永手・石上宅嗣が当該期に侍従であったかどうかは不明である。魚名は神護景雲二年二月に参議となり、永手は藤原仲麻呂の乱後に大納言、天平神護二年正月に右大臣へと昇進した。左降処分を受けた石上宅嗣は藤原仲麻呂の乱で復権し、中衛中将、左大弁を歴任し、天平神護二年正月に参議に昇進した。

　称徳期に新たに侍従に任命された人物ももちろん存在した。そのなかで注目すべきは藤原百川（雄田麻呂）と藤原是公（黒麻呂）である。百川は『続日本紀』では神護景雲元年二月二八日条に左中弁・侍従・内匠頭・武蔵介（右兵衛督を兼任）、翌年二月一八日条に左中弁・内匠頭・右兵衛督（武蔵守を兼任）、一一月一三日条に左中弁・内匠頭・武蔵守（中務大輔を兼任）、神護景雲三年三月一〇日条に左中弁（内豎大輔を兼任）、一〇月一九日条に左中弁・右兵衛督・内匠頭（河内守を兼任）、宝亀元年八月二一日条に左中弁・内豎大輔・内匠頭・右兵衛督（越前守を兼任）とみえる。神護景雲二年二月の段階で侍従は確認できなくなるが、『公卿補任』宝亀二年条の尻付では神護景雲二年の武蔵守任命時に「本官如レ元」、三年の河内守任命時に「左中弁・右兵衛督・内匠頭・余官如レ元」とある。簡単な注記にすぎないが、継続して侍従であった可能性も残る。

　藤原是公について、『公卿補任』宝亀五年条の尻付に「春宮大夫・侍従・左衛士督・式部大輔等如レ元」、「（天平神護）三年五月癸酉為二内豎大輔一。左衛士督・下総守等如レ元。神護景雲二年十一月癸未兼二侍従・内蔵頭一。十二月癸丑兼二下総守一。宝亀五年正月七日正四位下。三月甲辰兼二春宮大夫一。式部大輔・侍従如レ元」とあり、少なくとも神護景雲二年に侍従・内蔵頭となり、宝亀五年の参議任命以後も侍従のままであったことがわかる。侍従・内蔵頭任命は『続日本紀』にもみえる（神護景雲二年一一月一三日条）。内蔵頭の在任は『続日本紀』神護景雲二年一二月一三日条でも確認できるが、宝亀二年九月一六日に阿倍息道が内蔵頭に任命されたことから、この時まで是公が内蔵頭であったと推定できる。宝亀八年一〇月一三日条にも是公が侍従であったことがみえる（いずれも『続日本紀』同日条）。

　以上、この時期に藤原縄麻呂（従四位下）―勅旨省、藤原百川（正五位下）―内匠寮（加えて内豎省か）、藤原是公（従四位下）―内蔵寮と、侍従と天皇家産に関わる官職との兼任の事例がみられる。この事実は天平期前半頃に始まった侍従による家産管理が、継続してこの時期まで到達したことを如実に示すものである。そして、その点と深く関わりながら、侍従の出自・出身にも明確な変化を看取することが可能である。風流侍従たちに典型的なように皇親を中心とする高貴性あるいは天皇との親族関係を重視した構成から、政治にも熟練し能力も高いと思われる人物を中心とする構成へと変化したと理解できる。それは精確な天皇家産の管理が求められたからであり、藤原氏が増加するのもこの潮流のゆえであろう。このことは、侍従の政治的な地位が上昇したことを意味し、同時に天皇家産の管理を軸として、多くは重なりながらも太政官議政官とは異なる天皇の近臣集団が形成されたことを意味するであろう。

このほかに、奈貴王（『続日本紀』神護景雲元年二月二八日条　在任）、阿倍息道（同年三月二〇日条　在任）、藤原家依（神護景雲二年二月一八日条　任命）、船井王（同年閏六月三日条　任命）の事例がある。なお、阿倍息道は神護景雲三年五月の県犬養姉女らの厭魅事件によって処罰された可能性があると思われ、この時に侍従を解任されたと推測される。宝亀二年九月に内蔵頭に任命されたときに侍従であったとは考えにくい。家依について、『続日本紀』天応元年（七八一）五月二五日条および七月一〇日条に侍従在任がみえ、延暦四年（七八五）六月二〇日の死去の段階でも参議・兵部卿・侍従・下総守であった。神護景雲二年以来、継続して侍従であったと考えておきたい。この間の主な官歴は式部少輔と式部大輔である。天応元年八月一八日および延暦三年三月二九日に家依が勅使として東大寺正倉院に派遣され、財物の出納に従事したことは注目される（『大日古』四202・204　正倉院北倉出納文書）。これは家依が天皇家産の管理に関与したことを明確に示す事例である。[16]　家依を除く三人に直接に天皇家産の管理とつながるような要素を看取することはできない。

宝亀元年八月、称徳天皇が後継者の決定に至らないまま死去した。それをうけて、有力貴族が白壁王の擁立を決定し白壁王が即位した（光仁天皇）。この時の事情は『続日本紀』宝亀元年八月四日条にやや詳しくみえる。それによると、「左大臣従一位藤原朝臣永手・右大臣従二位吉備朝臣真備・参議兵部卿従三位藤原朝臣宿奈麻呂・参議民部卿従三位藤原朝臣縄麻呂・参議式部卿従三位石上朝臣宅嗣・近衛大将従三位藤原朝臣蔵下麻呂等」が白壁王を皇太子に立て、永手が称徳天皇の遺宣を述べた。遺宣は、事は急を要するので諸王のなかで年長であり先帝の代に功があった白壁王を太子と定めた、諸臣の奏のままにせよとの内容であった。

白壁王の擁立に関わったこれらの人物に関していくつかの議論がある。まず、彼ら以外にこの決定に参加した人物がいたかどうかである。このような重大な決定を行った協議の参加者を『続日本紀』が曖昧なままに記述するとは考えにくいのではなかろうか。ほかの参加者はなかったとするのが穏当なところであろう。『日本紀略』の「百川伝」によると、藤原百川もこの一連の動きに深く関与したことになる。百川の関与がもっとも大きな問題である。河内祥輔・滝浪貞子[17]はこの点について否定的である。「百川伝」の前半部分は荒唐無稽なゴシップであって、全体をとおして信頼性に欠けると思われるところもあるとはいえ、通説どおり後継天皇の候補について紛糾し、そのなかで百川がなんらかの影響力を持ったことは事実ではなかったかと考える。木本好信[18]の指摘するように、この会議は中断をはさんで長時間にわたり、その間に少しの出入りがあったのかもしれない。

それでは、なぜこれらの人物の協議によって新天皇擁立が可能だったのであろうか。彼らはどのような理由で、その資格を有したのであろうか。この点について納得できる説明はいまだにないように思われる。藤原永手・吉備真備は一貫して称徳天皇に近侍してきた人物で左右大臣である。三人の参議がみえるが、これは当時の大納言以下の議政官のすべてではなく参議のすべてでもない。そこで、ここに藤原縄麻呂がみえることに注目したい。

前述のように、縄麻呂は長期にわたって侍従であった人物で、おそらくこの時、勅旨大輔でもあった。石上宅嗣も侍従を経験した人物である。ただし、この時、侍従であったかどうかは不明である。

藤原良継（宿奈麻呂）はどうであろうか。些末な考察になるが試案を示したい。藤原良継は仲麻呂暗殺計画の首謀者であり処分を受けたが、藤原仲麻呂の乱後に復権した。神護景雲二年一一月一三日に従三位・兵部卿で造法華寺長官を兼任し、宝亀元年七月二一日に参議に任命された（いずれも『続日本紀』同日条）。

ところで、神護景雲元年八月二九日、若江王・秦智麻呂が写一切経次官に任命さた（『続日本紀』同日条）。これは奉写一切経司の成立を示すもので、これ以前に存在した奉写御執経所が発展して奉写一切経司となったのである。奉写御執経所は内裏系統の写経所であり、その名のとおり、称徳天皇の手に執る経などの書写を職務とする天皇家に密接に結合する写経所であった。奉写一切経司も、当然このような性格を継承したと思われる。正倉院文書中の奉写一切経司関連の文書を見ても長官の存在を示す史料がなく、長官は任命されなかったと思われる(19)。

造東大寺司牒（日付欠『大日古』一二―181）には宝亀四年八月二七日宣が引用されており、この頃のものである。ここでは、奉勅した「内臣宣」を「左大弁正四位下佐伯宿祢」が伝宣して二部の一切経を薬師寺に奉請したことが記される。内臣は『続日本紀』宝亀二年三月一三日条に任命記事のある藤原良継で、左大弁の佐伯宿祢は佐伯今毛人である。この事例から内裏―藤原良継（内臣）―佐伯今毛人―奉写一切経司の命令系統を看取することができる。奉写一切経司が内裏系統の官司であることから、内臣がそれを統轄するのは不自然ではない。また、奉写一切経司の長官が任命されなかったことも重要である。良継が内臣の地位にあって実質的に奉写一切経司の長官であったことは承認されるであろう。

筆者は別に奉写御執経所が法華寺に存在したことを論じたことがある(20)。この点を考慮すると、良継が造法華寺長官であったことは興味深い。造法華寺司は当然、法華寺の造営を担当した官司であるが、同時に良継は法華寺内に存在した奉写一切経司の実質的な長官でもあったのではなかろうか。時系列で整理すると、良継は神護景雲元年八月の奉写一切経司の成立とともに実質的な長官になり、翌二年一一月に造法華寺長官を兼任し、その後、宝亀元年七月に参議、翌二年三月に内臣となったのである。良継もやはり神護景雲元年頃から家産管理の一端を担ったことが確認できる。

藤原蔵下麻呂がこの会議に参加したのは近衛大将であったからであろう。そして、藤原百川についても、やはり侍従で家産管理を担当した可能性があることはすでに述べた。以上のように、藤原良継・藤原縄麻呂・石上宅嗣・藤原蔵下麻呂および藤原百川は、侍従で天皇家産の管理を担い、あるいは文人的な素養をもって、近衛府の武官として、天皇のもっとも近くに侍する存在であったと思われる。白壁王の擁立を決定した人物とは、大臣と天皇に近侍する有力貴族（大臣も近侍するが）であったと把握することができる。彼らがこの重大な事項を決定する資格を持ったのはまさにこの点にあり、それは、彼らが称徳天皇の遺宣を知ることのできる地位にあると認められたからにほかならない。白壁王の擁立が称徳の遺宣の形式で決定されたことを想起する必要がある。この局面で、形式上もっとも重要なことは称徳の意志がどこにあるかであり、それを正当に知ることのできる人物のみが決定に関与する資格を有したのである。そして、それは上に記した有力貴族たちであった。なお、たとえば藤原是公やあるいは藤原家依も同じ資格を有したと思われる。特に藤原是公がこれに関与しなかった理由はよくわからない。

称徳の最期は群臣で謁見する者はなく、典蔵吉備由利が臥内に出入りし奏すべきことを伝えるのみであった（『続日本紀』宝亀元年八月一七日条）。藤原永手以下が白壁王の擁立を奏し、称徳が許可したとするのも事実ではなかったかもしれない。実質的に彼らが後継者を決定した主体であることにまちがいはない。ただ、形式的には大臣や近侍する有力貴族の手によって、称徳の意志によることが明示される必要があったのである。なお、付言しておくと、宣命のすりかえのようなことを是認するつもりはない。後継の決定がないまま称徳は死去し、永手らがその遺志は何かをめぐって議論した結果、白壁王の擁立に収束し、遺宣として示したのが実態であったと考える。(21)

四　侍従の無実化

称徳天皇の最期にあたり、協議に参加した人物こそが光仁天皇擁立の功臣であった。彼らのうち、藤原永手は宝亀二年（七七一）二月に死去し、吉備真備もこの年に致仕した。その後、藤原良継は内臣、藤原縄麻呂は中納言に昇進し、藤原百川は大宰帥に任命されたが、右大弁・内豎大輔などは兼任のままであった（『続日本紀』宝亀二年三月一三日条）。縄麻呂は侍従および勅旨大輔（卿）を兼任した状況にかわりはなく、百川は参議となった（『続日本紀』宝亀二年一一月二三日条）。藤原是公は内蔵頭を離れたが侍従のままで、宝亀五年五月五日に藤原蔵下麻呂とともに参議に任命された（『続日本紀』同日条）。(22)藤原良継を中心に称徳天皇のもとで家産管理を担当した人物が、ほぼそのまま光仁期にも移行したことがわかる。即位時に六二才の、さほど政治経験が豊かともいえない光仁が擁立の功臣を近侍させたまま、政治を主導することは可能であっただろうか。やはり、政治の主体は良継を中心とする近臣たちであったと考えるのが穏当であろう。内臣・侍従が家産管理の枠を越えて、政治全体について実質的な決定権を持ち、光仁はほぼ形式的に君臨するにすぎなかったのではなかろうか。

『続日本紀』の藤原良継伝（宝亀八年九月一八日条）に「宝亀二年　自二中納言一拝二内臣一　賜二職封一千戸一。専レ政得レ志　升降自由。八年任二内大臣一」、同じく藤原百川伝（宝亀一〇年七月九日条）に「宝亀九年　至二従三位中衛大将兼式部卿一。所レ歴之職　為二勤恪一　天皇甚信任之　委以二腹心一。内外機務　莫レ不二関知一」、藤原縄麻呂伝（宝亀一〇年一二月一三日条）に「宝亀初拝二中納言一　尋兼二皇太子傅・勅旨卿一。式部卿百川薨後。相継用レ事　未レ幾而薨」と、いずれも大きな政治力を有したことが記される。これらは単にその能力を称賛する文飾なのではなく、たとえば「専レ政得レ志　升降自由」「内外機務　莫レ不二関知一」などの文言は、政治を全面的に主導したことの反映ではなかろうか。

さて、上に掲出したごとく、良継は宝亀八年、百川・縄麻呂は一〇年に死去した。それによって、大きな変動が起きた。まず、藤原魚名が宝亀九年三月三日に内臣（後、忠臣と改称）、翌一〇年正月一日に内大臣となった（いずれも『続日本紀』同日条）。そして、藤原雄依・石川弥奈支麻呂・藤原浜成・藤原鷹取が新たに侍従に任命されたと思われる。雄依は宝亀九年二月一八日に侍従に任命された（『続日本紀』同日条）。内豎少輔を歴任し、宝亀二年閏三月一日に内厩頭であった（『続日本紀』同日条）。天応元年七月一〇日に紀船守が内厩頭に任命された（『続日本紀』同日条）ので、ここまで雄依が内厩頭であったと思われる。ただ、雄依の侍従の離任時期が不明で、長期にわたって侍従と重なるわけではないようである。石川弥奈支麻呂は宝亀一〇年九月四日に侍従在任が確認できる（『続日本紀』同日条）。同年正月に従五位下に昇進しており、任命はこれ以降であろう。藤原浜成も『続日本紀』天応元年六月一六日条に「帥参議従三位兼侍従」とみえる。藤原鷹取は魚名の子で、延暦元年（七八二）五月一七日に侍従在任が確認できる（『続日本紀』同日条）。浜成は宝亀三年四月に参議となった。侍従任命もさかのぼる可能性があるが、この二人をいちおう、ここに分類しておく。

天応元年四月、山部親王が即位した（桓武天皇）。桓武は内大臣や侍従が政治を主導する体制の存続を承認しなかった。壮年で長期にわたって皇太子として政治の舞台をみてきた人物であれば、それは当然のことであっただろう。天応元年六月一六日、藤原浜成は「所レ歴之職　善政無レ聞」との理由で大宰員外帥に降格され、政務から排除された。さらに、翌延暦元年閏正月一八日、氷上川継事件と関わって参議・侍従を解任された。川継の妻が浜成の女子であったからである。同年六月一四日、やはり「坐レ事」との理由で藤原魚名が左大臣を解任され、侍従であった子鷹取も石見介に左遷された（いずれも『続日本紀』同日条）。いっぽう、桓武の皇太子時代に春宮大夫であった藤原是公は天応元年九月三日に中納言、延暦元年六月二一日に大納言に昇進した（『続日本紀』同日条）。強引な手法で藤原魚名らが排除され、光仁の近臣たちの半数が消滅した。光仁期の近臣（内臣・侍従）による政治主導はこれによりほぼ清算されたといえるだろう[23]。

　これ以後、平安中期までの間、内臣（内大臣）の事例はなくなる。同時に造宮・勅旨省と造法華寺・鋳銭司が廃止され（『続日本紀』延暦元年四月一一日条）、奉写一切経司もほぼ宝亀期いっぱいで活動を停止した。家産機構自体も縮小された。このようにして、内臣・侍従が家産関係の官司の長官などを兼任し家産を管理する体制や、それから派生して彼らが政治全体を主導することはなくなった。天平期頃に始まった侍従のあり方は、ここで大きく転換したことになる。

　これ以後の状況を概観しておきたい（いずれも『続日本紀』あるいは逸文を含む『日本後紀』）。まず、皇親の侍従が比較的多くみられる。五百枝王（市原王の子　母能登内親王　天応元年一〇月四日任命）、大庭王（延暦一〇年正月二八日任命）、広庭王（延暦一六年二月一五日任命）、中臣王（延暦一八年六月一六日在任）、葛野王（延暦二三年四月八日在任）である。これは延暦一五年一二月九日詔（『日本後紀』同日条）に示されたような皇親の苦境への対策の意味を持ったのではないかと思われる。五百枝王を除き政治的に昇進したわけではなく、大庭王が内匠頭に任命されたことが注目される程度である（『日本後紀』延暦二三年二月一八日条）。

有力貴族のなかでは、藤原百川の子緒嗣が注目される。延暦一〇年四月一九日に侍従に任命され（『続日本紀』同日条）、中衛少将、内厩頭、内蔵頭を兼任したらしい（『続日本後紀』承和一〇年〈八四三〉七月二三日条　藤原緒嗣伝）。中衛府や家産機構の官職を兼任し家産管理を担ったようである。しかし、緒嗣以外にこのような人物は確認できず、緒嗣の弟継業のような「好レ射　兼善二琴歌一」と評される人物もいた（『続日本後紀』承和九年七月五日条）。

このようななかで、無視することのできない政治的な意義を有したのが、大同二年（八〇七）八月における侍従の任命である。この時、侍従に任命されたのは藤原内麻呂（右大臣・左近衛大将）、坂上田村麻呂（中納言・右近衛大将）、巨勢野足（左兵衛督）、秋篠安人（左衛士督）、藤原緒嗣（右衛士督）と、太政官議政官の上位二人と衛府の長官であった。すでに侍従・右兵衛督であった三諸（文室）綿麻呂と少納言・衛門督藤原綱継を含めて、すべての衛府の長官が少納言を含む侍従であったことになる。これについて望月一樹の研究が詳細である。望月はこのような侍従のあり方について、当時の衛府の再編、平城天皇の性格、太政官との関係の緊密化といった論点を提起する。春名宏昭[24]も衛府の再編や太政官との意思疎通に論及する。

このような侍従のあり方は、平城天皇が意図したかどうかは不明であるが、平城上皇と嵯峨天皇の対立から薬子の変にいたる時期の動向に大きな影響を与えた。その最大のものは蔵人頭の任命であろう。弘仁元年（八一〇）三月に藤原冬嗣・巨勢野足が蔵人頭に任命された。冬嗣・野足ともに侍従であった。なぜ彼らを改めて蔵人頭に任命する必要があったのであろうか。それは、嵯峨天皇にとって、衛府の長官を兼任する侍従たちが明確に自らの支配下にあることに確信が持てず、なんらかの形で彼らを取り込むことが必要であったからであろう。事態が進行すれば、彼らの帰趨が決定的な意味を持つことは明白であった。望月も、蔵人所が大同期の侍従のあり方を前提に成立したことを指摘するが、蔵人頭の任命はこのような平城による衛府の支配への対抗措置であった。なお、九月六日、平城が平城京遷都を命じ、坂上田村麻呂と藤原冬嗣などを造宮使に任命したのも（『日本後紀』同日条）同じ意味だろう。

平城の遷都命令をきっかけに争乱となり、結局、嵯峨天皇がこの対立に勝利した。これ以後、おそらく侍従はその実質を失い、天皇家産の管理や家政は蔵人所が担当することになっていった。制度上、侍従による家産管理に特に大きな問題があったとは思えないが、嵯峨の先例が踏襲されたのである。

おわりに

本章の結論を示すと、以下のようである。

(1)奈良時代の初期に侍従は主に文化的な素養をもって天皇に近侍し、天皇を荘厳し、権威を高める地位であった。しかし、天平期頃から家産的な官職を兼任する侍従が登場し、内臣とともに天皇家産の管理を担うようになった。

(2)このような天皇家産の管理体制はその後も継続した。紫微中台（坤宮官）の存続期間でも、紫微中台が内臣・侍従を内包する形で天皇家産が管理された。

(3)称徳天皇のもとで天皇家産の管理を担当した有力貴族たちは光仁天皇の擁立に大きな功績があり、また、光仁が老齢であることもあって、即位後は彼らが家産管理を越えて政治全体について主導権を掌握した。⑷桓武天皇は前代の政治体制の打破を試み、藤原魚名・浜成といった光仁期の近臣を排除した。これにより、侍従は実質的に政治的な意義を失った。

残された課題は多い。侍従が天皇家産を管理した実態が全体として明らかではないし、家産官司との兼任がみえる侍従とそれ以外の侍従が異なるのかどうか、本章の観点から次侍従はどのように位置づけられるのかなども、現在のところ明確な解答を示すことはできない。延暦期における天皇家産の管理のあり方、侍従と蔵人との関係も今後の課題である。以上のような点について、さらに考察を深めていきたい。

註

(1) 成瀬高明「侍従・次侍従考」(『椙山女学園大学研究論集』一五　一九八四年)。以下、成瀬の見解はすべてこれによる。

(2) 春名宏昭「内侍考」(同『律令国家官制の研究』吉川弘文館　一九九七年)

(3) 柳雄太郎「献物帳についての基礎的考察」(同『律令制と正倉院の研究』〈吉川弘文館　二〇一五年〉初出一九七九年)、後藤四郎「東大寺献物帳について」(『日本歴史』四三五　一九八四年)、早川庄八「上卿制の成立と議政官組織」(同『日本古代官僚制の研究』岩波書店　一九八六年)、望月一樹「平城朝における侍従任命について」(『駒沢史学』三六　一九八七年)。以下、望月の見解はすべてこれによる。

(4) 吉川敏子「紫微中台の『居中奉勅』についての考察」(同『律令貴族成立史の研究』〈塙書房　二〇〇六年〉初出二〇〇〇年)

(5) 笠井純一「侍従補任稿」(『金沢大学教養部論集　人文科学篇』三三—二　一九九六年)。以下、笠井の見解はこれによる。

（6）この点について、村山出「『風流侍従』覚書」（『帯広大谷短期大学紀要』一五　一九七八年）が詳細である。
（7）内匠寮の任官状況について芳之内圭「奈良時代の内匠寮」（同『日本古代の内裏運営機構』〈塙書房　二〇一三年〉初出二〇〇五年）に詳しいが、内匠監に関する言及はない。
（8）鷺森浩幸「奈良時代の牧と馬の貢上」（『奈良学研究』一五　二〇一三年）
（9）内匠寮について中西康裕「内匠寮考」（『ヒストリア』九八　一九八三年）、仁藤敦史「内匠寮の成立とその性格」（同『古代王権と官僚制』〈臨川書店　二〇〇〇年〉初出一九八五年）、芳之内圭「奈良時代の内匠寮」（注7）、十川陽一「内匠寮について」（同『日本古代の国家と造営事業』〈吉川弘文館　二〇一三年〉初出二〇〇八年）
（10）本書第一部第一章「王家と貴族」
（11）中西康裕「内匠寮考」（注9）
（12）縄麻呂について林陸朗「奈良朝政局における藤原縄麻呂の立場」（『史聚』四八　二〇一五年）。
（13）この点について鷺森浩幸「奈良時代の牧と馬の貢上」（注8）で論じたので、参照されたい。
（14）木本好信「石上宅嗣と藤原良継・百川兄弟」（同『律令貴族と政争』〈塙書房　二〇〇一年〉初出一九九八年）
（15）蔵中進「文人之首（その二）石上宅嗣の生涯と文学」（『日本文学』二一—一　一九七二年）、木本好信「石上宅嗣と藤原良継・百川兄弟」（注14）
（16）正倉院北倉について本書第一部第四章「正倉院北倉の出納体制」参照。
（17）河内祥輔『古代政治史における天皇制の論理（増訂版）』（吉川弘文館　二〇一四年　初版は一九八六年刊）、滝浪貞子「藤原永手と藤原百川」（同『日本古代宮廷社会の研究』思文閣出版　一九九一年）。なお、木本好信「称徳女帝の『遺宣』」（同『奈良時代の政争と皇位継承』〈吉川弘文館　二〇一二年〉初出二〇〇七年）に、滝浪の見解に対する詳細な批判がある。
（18）木本好信「藤原不比等・広嗣・良継と石上氏」（同『奈良時代の藤原氏と諸氏族』〈おうふう　二〇〇四年〉初出二〇〇三年）

(19) 近藤毅大「八世紀における『所』と令外官司」(『史学雑誌』一〇六—三　一九九七年)
(20) 本書第三部第三章「道鏡の生涯」。なお、元論文ではここに第三部第三章に関わる注記を付していたが、本書編集にあたり、そちらに移動させた。
(21) 本章の範囲外であるが、推古天皇の死後、その後継をめぐって大臣蘇我蝦夷を中心に二つの推古の遺言が持ち出され紛糾した事例はこの局面と類似する。
(22) 白壁王(光仁天皇)の子山部王が宝亀元年八月二八日に侍従に任命された。大学頭からの遷任である。これは称徳の死去と光仁の即位の間の時期であり、光仁の即位後も山部が侍従を継続したかどうかは不明である。
(23) 魚名の左降について中川収「左大臣藤原魚名の左降事件」(『国学院雑誌』八〇—一一　一九七九年)、亀田隆之「藤原魚名左降事件」(同『奈良時代の政治と制度』〈吉川弘文館　二〇〇一年〉初出一九八九年)、西本昌弘『桓武天皇』(山川出版社　二〇一三年)、木本好信「藤原魚名」(同『藤原北家・京家官人の考察』〈岩田書院　二〇一五年〉初出二〇一三・二〇一四・二〇一三年)、同『藤原種継』(ミネルヴァ書房　二〇一五年)。
(24) 春名宏昭『平城天皇』(吉川弘文館　二〇〇九年)

第四章　正倉院北倉の出納体制

はじめに

東大寺正倉院は北倉・中倉・南倉の三倉からなり、北倉には聖武天皇の遺品などが収蔵される。これらの品は天平勝宝八歳（七五六）以後、光明皇后および孝謙天皇が東大寺の盧舎那仏（大仏）に奉献したものであり、そのリストである、いわゆる東大寺献物帳が現存する。また、その出給は勅に基づき行われ、詳細な記録が残されたことも著名な事実である。

出納の記録についてすでに先学の研究が存在する。福山敏男はそれらを整理して帳簿の復原を行い[1]、柳雄太郎[2]が原本調査の結果に基づき、さらに整理・復原をすすめ、それらが現在の考察の基礎となった。それによると、出納の記録には主要なものとして、出納のたびに当事者が内容を書き継いでいった双倉北雑物出用帳（天平勝宝八歳～延暦三年〈七八四〉）・双倉雑物下帳（延暦一三年以降）および出給命令文書を貼り継いだ双倉北継文などがあり、ほかにも容器別の出納帳などが存在した。

従来、たとえば、天平宝字八年（七六四）の藤原仲麻呂の乱の時、大量の武器が出給されたことなど、個別に論及される場合もあったが、これらを出納体制の問題として全般的に論じたのは柳雄太郎や古尾谷知浩[3]であった。柳は、天応元年（七八一）までは御製もしくは宣・宣旨により、延暦一三年以降は太政官符もしくは太政官牒によって出納された、延暦一三年以後は実際には官符と官牒の両者が発給された、北倉は奈良時代には供奉の範疇にあったが平安時代になると一般諸官司の手続きに準ずるようになった、天応二年二月まで造東大寺司の官人が必ず署名したが八年の廃止後は必ず監物が加わるようになり、太政官―中務省―監物が北倉の管理に関与するようになったことなどを指摘した。古尾谷の見解は基本的に柳のそれの延長上にあると思われるが、称徳期では紫微中台・坤宮官が出納の中心にあったが、宝亀以降は太政官の関与が強まった、より具体的には弁官が立ち会ったり天皇と使者の間に議政官の一人が介在し奉勅上宣に近い形をとることがあった、勅旨省の官人も立ち会うことから供奉に準ずる側面と一般官司に準ずる側面の二重の性格を持った、平安京遷都後は近侍者系統の立ち会いは少なくなり一般官司と同様の管理体制となったが、それは天皇と宝物の関係が薄くなり物理的距離も遠くなったためであったことなどを指摘した。さらに、出納における紫微中台の機能に着目して検討を加えた近藤毅大の研究もある(4)。なお、柳・古尾谷論文に出納の事例をまとめた詳細な表が存在するが、それらをもとに改めて作成した一覧が表Ⅰである。

本章は、正倉院北倉の出納体制を再検討し、先行研究によりつつ、変化のあり方やその意味を再度考察するものである。

一　出納体制の確立

表Ⅰ(1)～(3)の事例が初期のもので、これらは共通した出納方式を示す。

(2)について実際の出納命令文書が残存する。天平勝宝九歳（天平宝字元年　七五七）正月一八日奉請文である

（『大日古』一三207）。

沙金弐阡壱拾陸両有東大寺

右　造寺司所レ請如件

天平勝宝九歳正月十八日

巨万朝臣「福信」

「宜」

「以二同月廿一日一　依レ数下

長官佐伯宿祢「今毛人」　判官紀朝臣「池主」

竪子巨万朝臣「福信」　葛木連「戸主」　」

文書中に「造寺司所レ請」とあるので、供給先は造東大寺司でまちがいない。双倉北雑物出用帳によると、出給された沙金は大仏に塗るためのものであり、この点とも合致する。しかし、これは造東大寺司の発給した文書ではない。巨万（高麗）福信が作成したものである。福信は当時、紫微少弼であることから、この文書自体は紫微中台で作成されたものと考えられる。「宜」の筆者が光明皇太后であることもこの点からまちがいないだろう。この文書はおそらく福信自身が光明のもとへもたらし、許可を得たのであろう。光明のごく近辺で機能した、いわば紫微中台の内部文書である。古尾谷知浩は光明の許可の後、高麗福信が自署したとするが、おそらく逆であろう。福信の自署のない文書が光明のもとに送られたとするのは不自然である。光明の許可の後、高麗福信・葛木戸主が使者となって東大寺へ赴いたこともまちがいない。戸主は当時、紫微少忠であった。使者二名と造東大寺司が出納にあたりその旨の追記が行われ、文書自体が正倉院に保管されたのである。出用帳に自署があるのは

勅　　使	造寺司	僧綱	寺家	典拠
豎子葛木戸主	1	0	0	出用帳
豎子巨万（福信） 葛木戸主	1	0	0	出用帳・継文
豎子葛木戸主	1	0	0	出用帳・延暦6年帳
（検財使） 礼部大輔市原王 坤宮大忠葛木戸主 鎮国次将田中多太麻呂 坤宮大疏池原禾守 大内記日置蓑麻呂	1	1	1	出用帳・継文・延暦6年帳
坤宮大忠葛木戸主	1	0	1	出用帳・延暦6年帳
坤宮大忠葛木戸主 少疏池原禾守 内史助日置蓑麻呂	1	0	1	継文
坤宮大忠葛木戸主 少疏池原禾守 内史助日置蓑麻呂	1	0	1	継文
越前介高丘枚麻呂	1	1	1	出用帳・延暦6年帳
内匠頭高麗福信 左虎賁衛督藤原太満侶	1	1	1	出用帳
大外記兼内蔵助高丘枚麻呂 右虎賁衛佐高麗広山	1	1	1	出用帳・継文・延暦6年帳
大外記高丘（枚麻呂） 左虎賁衛佐高麗広山	1	1	1	出用帳
法師安寛	1	0	1	出用帳・延暦6年帳
大律師（安寛） 右衛士督百済足人	1	1	1	出用帳
民部卿兼勅旨大輔藤原縄麻呂 中衛中将兼甲斐守坂上苅田麻呂 中務少輔石川真守	1	1	1	出用帳
左大弁兼造西大寺司長官佐伯今毛人 右衛士佐紀家守	1	0	1	出用帳
右衛士督藤原小黒麻呂 刑部少輔紀難波麻呂				延暦6年帳
右衛士督兼常陸守藤原小黒麻呂 右少弁紀古佐美	1	0	1	出用帳
右衛士督兼常陸守藤原小黒麻呂	1	0	1	出用帳・継文
右衛士督兼常陸守藤原小黒麻呂	1	0	1	出用帳
（検校使） 藤原家依 健部人上	1	0	1	出用帳・延暦6年帳

表Ⅰ　東大寺正倉院北倉の出納・曝涼

番号	日　　付	品　　目	種類	命　　令
(1)	天平勝宝 8 . 10. 3	人参	出給	御製
(2)	天平勝宝 9 . 1 . 18	沙金	出給	御製
(3)	天平宝字 2 . 12. 16	冶葛	出給	飯高命婦宣
(4)	天平宝字 3 . 3 . 25	桂心	出給	御製
(5)	天平宝字 3 . 4 . 29	花氈	出給	
(6)	天平宝字 3 . 12. 26	剣・太刀	出給	
(7)	天平宝字 3 . 12. 26	厨子など	出給	
(8)	天平宝字 5 . 3 . 29	薬品類（内容略）	出給	越前介高丘枚麻呂宣
(9)	天平宝字 6 . 12. 14	屏風	出給	因八麻命婦宣
(10)	天平宝字 8 . 7 . 27	桂心	出給	賀陽釆女宣
(11)	天平宝字 8 . 7 . 27	屏風	返納	
(12)	天平宝字 8 . 9 . 11	武器類（内容略）	出給	安寛法師宣
(13)	天平宝字 8 . 10. 13	検定文	出給	
(14)	神護景雲 4 . 5 . 9	屏風	出給	
(15)	宝亀 3 . 8 . 28	屏風	返納	
(16)	宝亀 7 . 9 . 21	太刀	勘定	
(17)	宝亀 9 . 5 . 18	琵琶	出給	
(18)	宝亀10. 12. 6	冶葛	出給	中納言藤原卿（縄麻呂）宣
(19)	宝亀10. 12. 6	琵琶	返納	
(20)	天応 1 . 8 . 12	書（内容略）	出給	

藤原家依 健部人上	1	0	1	出用帳・延暦６年帳
藤原鷹取 健部人上	1	0	1	出用帳
藤原家依		0		出用帳
衛門督石上家成 治部大輔紀作良 内薬侍医難波伊賀麻呂	1	0	1	延暦６年帳
宮内卿兼行因幡守石上家成 官奴正大春日浄足 内薬侍医兼佑広海男成 中監物紀福足	0	0	1	延暦12年帳・弘仁２年帳
石上家成		0		延暦12年帳・弘仁２年帳
石上家成		0		弘仁２年帳
宮内卿石上家成 中監物穂積道長 侍医吉水唐	0	0	1	雑物下帳・弘仁２年帳
左京大夫藤原大継 小（少）監持（物）紀大足	0	0	1	雑物下帳・弘仁２年帳
治部大輔和今鹿麻呂 少監物賀茂赤兄	0	0	1	雑物下帳・弘仁２年帳
治部大輔和今鹿麻呂 少監物賀茂赤兄	0	0	1	雑物下帳
治部大輔和今鹿麻呂 少監物紀大足	0	0	1	雑物下帳・弘仁２年帳
左京大夫兼左兵衛督下野守巨勢野足 少監物紀大足	0	0	1	雑物下帳・弘仁２年帳
図書助藤原浄本 中監物高階石河 右中弁藤原伊勢人	0	0	1	弘仁２年帳
侍従藤原浄本 中監物益鹿王	0	0	1	散帳
大監物安倍兄麻呂 侍従藤原浄本 内蔵助三嶋助成	0	0	1	雑物下帳・出入帳・散帳
侍従藤原浄本 藤原高貞 少監物橘継麻呂	0	0	1	雑物下帳
中務大輔直世王 侍従藤原浄本 中監物百済永豊	0	0	1	雑物下帳
中務大輔直世王 少監物橘継麻呂	0	0	1	雑物下帳

⑵1	天応１．８．18	書（内容略） 薬品（内容略）	返納 出給	左大臣（藤原魚名）宣
⑵2	天応２．２．22	書（内容略）	返納	
⑵3	延暦３．３．29	書（内容略）	返納	
⑵4	延暦６．６．26	香薬・雑物（内容略）	曝涼	官符
⑵5	延暦12．６．11	香薬（内容略）	曝涼	官符
⑵6	延暦13．４．27	麝香・薬品（内容略）	出給	官牒
⑵7	延暦13．９．13	薬品類（内容略）	出給	官符
⑵8	延暦18．11．11	薬品類（内容略）	出給	官符
⑵9	延暦21．11．21	薬品類（内容略）	出給	官符
⑶0	延暦22．１．23	薬品類（内容略）	出給	
⑶1	延暦22．１．23	銅鉢	出給	
⑶2	延暦24．11．15	蔄蜜 薬品類（内容略）	出給	
⑶3	大同１．９．７	白犀角	出給	官符
⑶4	弘仁２．９．25	資財・官物（内容略）	検	官符
⑶5	弘仁４．２．９	犀角	出給	官符
⑶6	弘仁５．６．17	麝香・切犀角・犀角杯・犀角	出給	官牒
⑶7	弘仁５．７．29	麝香 薬品類（内容略）	返納 出給	官牒
⑶8	弘仁５．９．17	屏風	出給	官符
⑶9	弘仁５．10．19	琴・箸	出給	官符

大膳大夫三嶋助成 少監物紀不破万侶	0	0	1	雑物下帳
散位藤原真夏 右近衛少将和気真綱 少監物大春日春野	0	0	1	雑物下帳
左近衛中将佐伯長継 少監物柿本安□	0	0	1	雑物下帳
右近衛少将坂上浄野 中監物安倍磯□（根か）	0	0	1	雑物下帳
右近衛少将坂上浄野 中監石川河魚	0	0	1	雑物下帳
右近衛中将橘武弘 少監物賀茂本枝	0	0	1	雑物下帳
藤原浄本 中監（物脱か）（欠）	0	0	1	雑物下帳

出典は以下の通り略す　出用帳―双倉北雑物出用帳、継文―双倉北継文、延暦６年帳―延暦６年６月26日東大寺使解、延暦12年帳―延暦12年６月11日東大寺使解、弘仁２年帳―弘仁２年９月25日東大寺使解、雑物下帳―双倉雑物下帳、出入帳―双倉雑物出入帳、散帳―御物納目散帳

戸主のみで、実際に出給を行ったのは戸主のようである。

出用帳によると、(1)では戸主と造東大寺司（長官佐伯今毛人と主典葛井〈根道〉）が出納に関与した。ただし、根道・今毛人の署名はない。(3)では飯高命婦（笠目）の宣により、出給された。出用帳によると、担当者は造東大寺司次官高麗大山・判官上毛野君（真人）と豎子葛木戸主であるが、自署があるのは大山と戸主であり、実際にはこの二人が出給したと思われる。おそらく飯高命婦が勅を受け、それを戸主が伝宣したのであろう。戸主は当時、坤宮大忠であったと考えられる。

　これらの三例に共通することは、豎子と表記される紫微中台（坤宮官）の官人と造東大寺司によって出納が執行された点であり、光明の命を奉じた紫微中台と、おそらく実際に正倉院を管理した造東大寺司が出納にあたる、簡便な方式であったといえる。当時、紫微中台は実質的な天皇家の代表であった光明皇太后のもとで、天皇家の家産管理を担当した。したがって、紫微中台の官人が使となって正倉院の出納に関与するのは当然のことであった。紫微中台の官人が直接に光明の命を受けるケースと命婦が仲介するケースがあった。

(40)	弘仁８．５．27	琴・箸	返納	
(41)	弘仁11．10．３	書（内容略）・鞋	出給	
(42)	弘仁13．３．26	鏡・香など	出給	官牒
(43)	弘仁13．５．６	薬品類（内容略）	出給	官符
(44)	弘仁14．２．19	楽器（内容略）・薫炉	出給	右大臣（藤原冬嗣）宣
(45)	弘仁14．４．14	楽器（内容略）・薫炉	返納	官牒
(46)	天長３．９．１	薬品類（内容略）	出給	官牒

造寺司・僧綱・寺家の項の１－署名のあるもの、０－署名のないもの、の意

なお、ここで豎子にふれておく。奈良時代の豎子に関する研究では、山本信吉のそれがもっとも詳細である(5)。山本は福信や戸主を官職としての豎子（内豎）とみて、本官ではなく豎子と称されることについて、勅の性格が皇太后の公の属官たる紫微中台を経るに及ばないものの場合、本官を称するより豎子身分をとるほうがより実情に即した表記であったと述べる。しかし、これは光明に対して近侍する紫微中台の官人がその関係を示すために使用した、ある種の謙譲の称ではなかろうか。たとえば、天平宝字元年七月、橘奈良麻呂の変の直前に、光明皇太后は右大臣藤原豊成以下の群臣に対して詔を出した（『続日本紀』同年月二日条）。そのなかで、光明は群臣らに「豎子卿等」と呼びかけた。山本はこの事例も官職としての豎子として考察を加える。しかし、これは子供らという程度の意味で、光明が群臣らとの関係を親子関係になぞらえて表現しただけで、群臣らが官職としての豎子なのではない。たとえば、右大臣の藤原豊成が豎子であったとは考えにくい。この事例からみて、逆に群臣らが光明に対して豎子と自称しても不自然ではない。(1)～(3)もこのような意味における豎子なのではなかろうか。特に先の奉請文の

ような、直接に光明のもとへ進める文書の場合、このような表記が使用されることは大いにあろうと考える。つまり、ここに見える「豎子」の表現は光明と紫微中台の官人の関係性を示す一般的な意味なのであって、官職としての豎子ではないと考える。

また、山本は淡海三船や高麗福信のような貴姓の豎子（内豎）がおり、彼らは天皇などの側近にあって政治上の補佐や勅の宣伝・施行にあたり、下級の者は雑務に駆使されたとする。淡海三船は天平勝宝八歳五月一〇日に豎子であったことが確認できる（『続日本紀』同日条）。この時の位階は不明であるものの、五位に到達したのは天平宝字五年（七六一）正月二日のことである（『続日本紀』同日条）。福信は当初、内豎として出身したようである。その後、初任の右衛士大志を経て、聖武の恩幸を受けて紫微少弼に至った（『続日本紀』延暦八年〈七八九〉一〇月一七日条）。先の奉請文に関する私見が認められるとするならば、福信が内豎であったのは初任以前のみであった可能性がある。三船・福信とも決して高位の官人ではなく、高位の豎子（内豎）は史料上、確認することはできないのではなかろうか。芳之内圭は山本の見解を継承し、奈良時代に高位の豎子が存在したが平安時代には消滅したと指摘した[6]。しかし、奈良時代における高位の豎子の存在は事実ではなく、豎子の身分は奈良・平安時代を通じて同じであったと思われる。

さて、(4)では派遣された使が「検財使」と記され、メンバーは礼部大輔市原王・坤宮大忠葛木戸主・鎮国次将田中多太麻呂・坤宮大疏（少疏の誤りか）[7]池原粟守・大内記日置蓑麻呂であった。坤宮官の葛木戸主や池原粟守が見える点は、この使が先の紫微中台（坤宮官）の使と同種のものであることを示す。天平宝字三年三月一九日施薬院請物文（一四279）がこの事例に関連する。署名のある葛木戸主が施薬院の申請を受けて作成したもので、これも坤宮官の内部文書である。それに対して光明による「宜」の文字が加えられた。これは(2)と同じ形式の文書である。葛木戸主は検財使の一員で実際に出給に従事したことがわかるが、ここでは豎子とは記載されていない。検財使はおそらく治葛の出給のためだけに派遣されたのではなかった。「検財使」であることから、財物を検ずることがその主な職務であったと考えられる。正倉院北倉の財物は、天平勝宝八歳六月から天平宝字二年一〇月の間の天皇家による五度の献物によって形成された。検財使はおそらく献物の終了にあたり財物を検定するために派遣されたのであろう。[8] そして、それにともなって出納方式がより厳格な形式へと改められた。出用帳には僧綱・東大寺三綱の署名も見られる。これ以後、基本的に使・造東大寺司・僧綱・寺家が立ち会い出納する形式となったのである。また、これ以後、衛府の上級官人が使に加わることも原則となったようである。その意味で、正倉院の出納体制が確立したのはこの時であると結論することができよう。

二　坤宮官廃止以後の出納

正倉院北倉の出納体制が確立する以前から、光明皇太后の命を奉じ、実際の出給を主導したのは紫微中台（坤宮官）であった。(5)〜(7)も同様である。天平宝字四年（七六〇）六月、光明皇太后が死去し、坤宮官は消滅した。これ以後の出納体制はどのようであっただろうか。使・造東大寺司・僧綱・寺家が執行することには変わりはない。問題は遣使された人物である。まず、称徳期までの事例を個別に検討したい。

(8)について。高丘枚麻呂は越前介[9]で、天平宝字五年正月一六日に任命されたことが確認できる（『続日本紀』同日条）。それ以前は、坤宮大疏、大外記[10]であった。越前介任命は坤宮官の廃止にともなう処理と考えられる。出納の宣者となった後、越前国に赴任したと思われ、越前国の班田司とみえる（天平神護二年〈七六六〉九月一九日越

前国足羽郡司解　五543）。その後、天平宝字八年正月二一日に内蔵助在任で大外記を兼任した（『続日本紀』同日条）。大外記兼内蔵助は⑽⑾にも見える。⑽の段階で枚麻呂は知施薬院事であったことが確認できる（後述）。⑻の場合も出給されたのは大量の薬品であり、その一部は「為レ施二諸病者一」とされたことを考慮すると、やはりこの時も枚麻呂は知施薬院事で、この薬品の出給は施薬院の職務によったのではなかろうか。枚麻呂の知施薬院事在任が史料上で確認できるのは⑽の段階であるが、それ以前にさかのぼる可能性を考えておきたい。近藤毅大も坤宮官存続の時期から、枚麻呂が施薬院の事務を担当したことを推定し、岩本健寿[11]もその行動を施薬院と関連するものと推定する。なお、平安時代では施薬院別当は大外記から任命された。ただし、越前介任命にともない大外記や知事から離任したはずで、越前介離任および帰京にともない知事に再任されたとみなければならないだろう。

⑼について。使者は内匠頭高麗福信と左虎賁衛督藤原太満侶（田麻呂）である。紫微少弼以後の福信の経歴はあまりよくわからないが、この段階で内匠頭であったことは事実である。

⑽⑾について。天平宝字八年七月二五日施薬院解（一六504）が出給を命じる文書そのもので、出給までの手続きがきわめて詳細に判明する。すでに先学の言及があり、筆者も先に検討を加えたことがある[12]。まず、施薬院がこの文書を作成した。これはこの文書が施薬院解であることから明白である。早川庄八[13]の指摘するとおり、知事である枚麻呂自身がみずからこの文書を持参して内裏に赴き、蚊屋（賀陽）采女をとおして勅を得て、蚊屋采女宣の形式で勅の旨を書き留めた。そして、枚麻呂は高麗広山とともに東大寺に向かい、造東大寺司・僧綱・三綱とともに出納した。また、同時に屏風の返納も行った。これが⑾である。

⑿⒀について。⑿は藤原仲麻呂の乱にともなうきわめて特殊な事例である。大量の武器類が安寛の宣により内裏に献上された。岸俊男の指摘するように[14]、孝謙太上天皇が安寛を使者として非常の措置として武器類を内裏に

献上させたと考えられる。造東大寺司・僧綱・三綱の出納体制がとられたが、大僧都良弁の署名はない。安寛はこの時、東大寺上座であったと思われる。⒀はその後の処理である。献上された兵器の「比校」のために検定文が内裏に進められた。使は安寛と右衛士督の百済足人であり、安寛が使となったのは出給の当事者であったからであろう。

⒁について。使は民部卿兼勅旨大輔藤原縄麻呂・中衛中将兼甲斐守坂上苅田麻呂・中務少輔石川真守の三人であった。ここではまず、縄麻呂に注目すべきである。縄麻呂は勅旨大輔で王家の家産に関わる官職にあった。また、同時に参議、侍従でもあった。参議は『公卿補任』天平宝字八年条によると、同年九月一一日の任命である。侍従は『続日本紀』によると、天平宝字元年六月一七日の任命で、その後、宝亀一〇年（七七九）一二月一三日の死去まで侍従であった。使に議政官の充てられた最初の事例である。

別稿において、[15]当該期に施薬院・内匠寮といった家産機構がそれぞれ直接に後宮とつながり、出納を行ったことを指摘した。さらに、古尾谷知浩も、高丘枚麻呂や高麗福信が内蔵助・内匠頭として天皇の命を直接承ることのできる立場にあったとする。枚麻呂の場合、出給された品目からみて、知施薬院事であったことが重視されるべきである。このような変化は、たとえば、⑵と⑽において、⑵がおそらく紫微中台において作成された、少弼高麗福信の署名がある文書によって執行されたのに対して、⑽が施薬院解によって行われたことに明白である。近藤毅大は、この変化を紫微中台管下の施薬院が光明皇太后へ申請する場合と施薬院が孝謙太上天皇へ申請する場合との相違であり、後者はより丁寧な方式であったとする。この見解に基本的に賛成であるが、申請先の変化よりも坤宮官の廃絶にともない、家産管理の中枢機関が消滅したことが大きな意味を持ったと考える。

岩本健寿は、⑻において甘草・大黄・人心・桂心が「病者施〻薬料」として「双倉中間」へ移されたことについて、光明没後の出給手続きの煩雑化にともなう処置とし、「御製」による出給が消え、⑽のような形式へ変化したのもそれに関わると理解する。さらに、光明没後、施薬院の組織整備が行われ、知施薬院事や知施薬院事僧はその所産であったとする。しかし、⑶のように命婦が許可を伝えることは以前からあった。両者を比較して、特に煩雑化したとはいえないように思われる。これ以前、家産の管理を担った紫微中台（坤宮官）が消滅し、家産に関わる各機関が王家と直接つながったのである。出給においても、検財使の派遣以後のルールに則っており、特に光明没後に変化した形跡はないようである。手続きの煩雑化を想定する岩本の見解には同意できない。

三　宝亀・延暦初期の出納

宝亀期の事例を個別に検討することから始める。

⒂の使は左大弁兼造西大寺司長官の佐伯今毛人と右衛士佐の紀家守である。今毛人は神護景雲元年（七六七）二月二八日に造西大寺司長官に任命され、八月二九日に左大弁を兼任した（いずれも『続日本紀』同日条）。この時、⒁で出給された屏風が返納されたが、この屏風は様として「寺司」に置かれたものであった。佐伯今毛人らは造東大寺司に存在した屏風を正倉院にもどしたのである。佐伯今毛人にとって造東大寺司はきわめてゆかりの深い官司で、この段階でも何らかの関わりを有したと考えられる。「東大寺権別当実忠二十九ケ条」（『東大寺要録』所引）の「奉造建大仏殿副柱事」によると、大仏殿の副柱の造建について、「造寺司左大弁佐伯宿祢」らは困難を理由に辞したが、「親王禅師」（早良親王）や「僧正和尚」（良弁）が実忠にそれを命じ、実忠は宝亀二年（七七一）に柱を作り備え造立した。「造寺司左大弁佐伯宿祢」が今毛人であることはまちがいない。角田文衛[16]は、こ

の時に長官であったと推測するが確証はない。宝亀四年八月二七日造東大寺司牒案（二二181）にも留意すべきである。山下有美によると、[17]この文書は始二部一切経を薬師寺に奉請したもので、始二部一切経は内裏系統の奉写一切経司で着手された物を東大寺写経所が引き継いだ事業であった。薬師寺への奉請は勅により、内臣（藤原良継）宣─左大弁佐伯宿祢（今毛人）宣の順に造東大寺司へ伝達された。内臣の藤原良継が奉写一切経司を管轄したと考えられるが、それは内臣が家産管理と関わる地位であったためである。[18]それをさらに宣したのが佐伯今毛人であるとすると、今毛人も家産に関わった可能性があるだろう。

さらに藤原良継と佐伯今毛人は、これ以前、ともに藤原仲麻呂暗殺を計画するなど、政治的にも関わりが深かった。佐伯今毛人は天皇に近侍しつつ、天皇家の家産や東大寺造営に関係したのではないかと考える。この事例には、左大弁の職掌には収まりきらない部分が残るのであり、やはり近侍的な性格をもつ佐伯今毛人がその資格において勅使に任命されたと考えるべきではないかと推測する。

⒃〜⒆について。これらの事例では右衛士督の藤原小黒麻呂が連続して使となった。小黒麻呂は武官であり、これ以前からの使に武官を起用する原則からみると特に問題はないと思われる。ただ、紀難波麻呂・紀古佐美ともに位階は小黒麻呂より低く、主たる使が武官の小黒麻呂であることは異例である。⒅の関連文書が宝亀一〇年一二月六日親王禅師治葛請文（二三625）である。

治葛肆両収東大寺正蔵

右　親王禅師所レ請

宝亀十年十二月六日

中納言藤原朝臣「縄麻呂」奉

早川庄八はこの文書について、日付までは親王禅師（早良親王）が治葛を請うた申請文書で、使者の小黒麻呂が記した奉書であり、中納言藤原縄麻呂が勅を奉り自署を加え、小黒麻呂が文書を持参して出向いたとの解釈を示した。しかし、縄麻呂の自署以外は一筆のようであり、おそらく早良の命を中納言の縄麻呂が奉じ、文書化したものであろう。実際の筆者は縄麻呂の周辺の人物であろうか。これに基づき、出用帳では縄麻呂の宣による出給と記された。縄麻呂は前述したように勅旨大輔の官歴を持つが、この時には勅旨卿に昇進し侍従でもあった。『続日本紀』宝亀一〇年九月四日条には中納言・勅旨卿・中衛大将・侍従とみえる。⒅は縄麻呂死去の直前で一二月一三日に死去した（『続日本紀』同日条）。⒁の段階から、参議から中納言、勅旨大輔から勅旨卿への昇進はあったが、天皇に近侍し家産管理を担当したことに変化はなかったと思われる。

⒇～㉓について。天応元年（七八一）四月、光仁天皇は譲位し、桓武天皇が新しい天皇となった。これらはそれ以後の事例である。使となったのは藤原家依・健部人上・藤原鷹取である。㉓は後欠と思われ、ほかに使となった人物がいる可能性は残る。当時、藤原家依は参議・兵部卿・侍従であった（延暦六年〈七八七〉六月二六日東大寺使解　二五付11）。神護景雲二年に侍従に任命され、その後、延暦四年四月の死去まで侍従であった可能性がある。宝亀八年に参議に任命された。前述の縄麻呂のような家産機構との兼官はみられないが高位に到達した侍従であり、少なくとも光仁天皇の有力な近臣であったことはまちがいない。藤原永手の子であることもそれを強く示唆するであろう。健部人上は宝亀九年一一月一九日に勅旨員外少輔で、天応元年一〇月四日に勅旨少輔に昇進した（『続日本紀』同日条）。⒇㉑が員外少輔、㉒㉓が正員の少輔の時期にあたる。藤原鷹取は魚名の子である。天応元年五月七日に造宮卿に任命され（越前守在任）、七月一〇日に左兵衛督を兼任した。そして、延暦元年五月一七日に中宮大夫に任命されたが、「侍従越前守如﹅故」とある（『続日本紀』同日条）。㉒の時期にも侍従であった

可能性が強いであろう。

天応元年八月一六日造東大寺司請薬文（二五付1）は(21)に関連する文書である。

　造東大寺司
　合請薬漆種
　　桂心壱拾斤小　　人参壱拾斤小
　　芒消参斤小　　呵梨勒参伯枚
　　檳榔子伍拾枚　　畢撥根壱拾両小
　　紫雪壱拾両小
　　　天応元年八月十六日
　「左大臣宣
　　　　参議藤原朝臣」「家依□（奉か）」

早川庄八はこの文書について、造東大寺司が検校使（藤原家依・健部人上）に対して薬物の出給を要請して提出した文書で、検校使は議政官組織に問い、議政官は左大臣藤原魚名の宣をもって許可し（おそらく奉勅）、家依が奉り、その旨を文書の後に書き記したとする。しかし、この文書は造東大寺司から始まるが、造東大寺司の申請文書ではない。それは造東大寺司の官人の署名がないことから明らかである。おそらく天皇の周辺で作成された文書であろう。奥には藤原家依が左大臣宣を奉じた旨の追記がある。出用帳ではそれが左大臣宣による出給と記載される。

早川の指摘するように、これが単なる左大臣の宣ではなく奉勅であることはまちがいない。藤原魚名は藤原良継の次の内臣で、宝亀九年三月三日に内臣、宝亀一〇年正月一日に内大臣に任命され、天応元年六月二七日に左大臣に昇進した（いずれも『続日本紀』同日条）。また、それ以前に侍従の経験もあった（天平二〇年二月一日任『公卿補任』神護景雲二年条）。魚名はこの段階で内臣あるいは内大臣ではないが、直前まで家産管理や家政を中心的に担った経験を持つ人物であったといえる。特に藤原縄麻呂が死去した後は、藤原魚名が名実ともに家産管理の中心であっただろう。

前述のように、早川は、(21)が検校使から太政官議政官に伝達されたとし、古尾谷知浩は、称徳天皇までとは異なり光仁天皇以降になると参議・弁官が使となり、勅が中納言・大臣を経て使に宣されることから、太政官の関与が強まったする。しかし、このような評価には従えない。当該期に大臣・中納言の宣や参議・弁官の使がめだつことは事実である。しかし、ここまで述べてきたように、彼らは別の側面からみると、内臣（内大臣）の経験者や勅旨省の上級官人、侍従などであった。いうまでもなく、彼らは天皇に近侍し家産管理を担う立場であった。別稿[19]において、天平期頃から天皇に近侍する内臣および侍従が緩やかに結合しながら家産管理を分担したことを述べた。正倉院北倉の財物出納の状況も、このようなあり方を示すと理解することができる。この文書に即していえば、魚名はもと内臣・内大臣、家依は侍従であった点に注目しなければならないのである。

さらに、前掲の親王禅師治葛請文・造東大寺司請薬文をみても太政官の発給文書とはいえず、この時期より後の太政官符（あるいは牒）による出納とはかなり距離があると思われる。上級者の命を書き記した宣旨や文書の奥に宣を記した文書そのものが正倉院にもたらされ、出納の後、正倉院に保管された点は、たとえば、奥に蚊屋采女の宣を書き記した天平宝字八年の施薬院解と同じタイプの文書である。前節で考察した神護景雲期までのあり方と比較して、当該期でもそれと共通する性格が強いと考えられ、出納体制の変質を想定することは困難で、北倉財物の誕生（つまり、光明・孝謙による施入）の時期からこの時期まで、出納体制は基本的に同じであったと結論したい。

四　出納体制の変質

延暦三年（七八四）三月二九日付けの㉓で出用帳の記載は終わり、延暦一八年一一月一一日から始まる双倉雑物下帳が作成された。それによると、これ以後の出納はすべて太政官符あるいは牒によって執行された。最初に述べたように、柳雄太郎や古尾谷知浩はこの点に着目し、平安京遷都頃の画期を指摘した。

㉘が双倉雑物下帳の冒頭の記載で、弘仁二年（八一一）九月二五日東大寺使解（二五付71）には「延暦十三年四月廿七日官符」によって薬品類が内裏に進められた記載がある。㉖である。これ以前に財物の出納ではないが、官符が発給され使が派遣された事例がある。それが㉔㉕である。前者では「依二太政官今月十三日符一称」、後者では「被二大政官今月一日符一称」として、具体的な官符の内容が引用される。これらを出給の事例と区別する積極的な理由はない。したがって、太政官符による管理の方式に切り替えられたのは㉓と㉔の間、すなわち、延暦三年三月二九日から六年六月二六日の間である。些細な相違であるが注目したい。それは延暦初期の家産管理をめぐる別の変動に着目するからである。

別稿[20]において、光仁・桓武期の家産管理について次のような点を指摘した。ここでは結論だけを示すので詳細は別稿を参照いただきたい。前述のように、光仁天皇のもとで比較的高位で侍従と家産機構の上級官職を兼ねる人物がおり、彼らと内臣の藤原良継が天皇に近侍し、家産管理を含めて広く家政を担ったと考えられる。彼らは同時に光仁擁立の功臣と重なり、光仁が高齢であることも関わって、彼らが広く政治全体を主導しただろう。しかし、光仁末期には、藤原良継、百川、縄麻呂ら中心的な有力者が相次いで死去した。こうしたなか新たに即位した桓武天皇はこの体制の打破を目指し、天応元年、翌延暦元年に、内臣（内大臣）から左大臣に昇進した藤原魚名や侍従の藤原浜成・鷹取を失脚させた。こうして光仁期の政治体制は崩壊し桓武期の政治体制が開始された。以上である。

桓武の初期に大きな政治的変動があったのであるが、意図したことではなかったにせよ、家産管理にも大きな変動をもたらした。魚名以降に内臣あるいは内大臣の任命はなく、また、延暦期に高位の侍従も存在しなかった。さらに、勅旨省が廃止され（『続日本紀』延暦元年四月一一日条）、奉写一切経司の活動期間も宝亀末期までであった。家産管理をめぐる体制そのものが縮小されていった。また、家産官司とはいえないが、延暦八年三月に造東大寺司も廃止された（『続日本紀』同年月一六日条）。

正倉院の出納体制の変化はこのような家産管理をめぐる大きな変動と連動し、その一環をなすと考えられる。古尾谷が詳細に検討したように、これ以後の出納体制は一般保管官司のそれと同じであり、出納の実行は勅によりながら施行は太政官の職務となったのである。引き続き勅封であることには変わりなく、天皇家の所有権が放棄されたわけではないが、家産分野の縮小にともない実際の管理を太政官に移行させたといえるだろう。延暦初期に天皇家の家産管理そのものが大きく変化し、正倉院北倉の出納体制も変化したのであり、平安京遷都とは直接的な連関はなかったと考える。

なお、古尾谷は前述のように、光仁・桓武と宝物の結びつきを論じた。筆者は光仁期における出納体制の変化を認めないが、桓武期に大きな変化が生じたことは事実である。この二人の天皇が天武・持統直系の天皇家に対して、政治的にどのような立場にあったかは現在でもさまざまに議論がある。光仁について、皇后が聖武天皇の子井上内親王であることから、聖武の一族につながった天皇であったとするのが通説のように思われる。いっぽう、桓武のいわゆる新王朝意識を認めるならば、桓武初期における正倉院の出納体制の変化は、この観点からもより明快に説明できるのではなかろうか。

おわりに

以上、正倉院北倉の出納体制について考察を行った。出納体制の推移を要約すると、次のようなことになる。

⑴初期の段階では、光明の命を奉じた紫微中台と実際に正倉院を管理した造東大寺司が出納にあたる、簡便な方式であった。

⑵献物の終了後、天平宝字三年（七五九）三月には検財使が派遣され、それにともなって出納方式がより厳格な形式へと改められた。使・造東大寺司・僧綱・寺家が立ち会い出納する形式である。使が坤宮官の官人を中心としたことはこれ以前と同じである。

⑶光明皇太后が死去し坤宮官が廃止された後は、天皇家産の管理における中枢機関が存在せず、各機関が直接、王家とつながり出納が行われた。しかし、実際の出納体制はこれ以前と大きく変化するところはなかった。

⑷宝亀期においても同様であり、太政官議政官や弁官が使となることもあったが、彼らは天皇に近侍し家産管理を担う立場にあり、この場合、使の太政官の機能に収まらない部分に注目すべきである。

(5)延暦初期に家産管理における大きな変動があり、その一環として正倉院北倉の出納体制も変化した。出納命令が太政官符(牒)の形式で発給され、勅によりながら、出納の実行は太政官の職務となった。

結論の概略はおおむね、柳雄太郎・古尾谷知浩の見解と変わらないが、延暦初期に明確な画期を求め、当該期の家産管理全体の動向との連動性を改めて強調しておきたい。その処置によって正倉院北倉は家産としての性格を相当に失ったのであるが、当時の天皇家産の管理がどのように行われたのかは、現在のところ明確な見解を持つに至っていない。この点は今後の課題としたい。また、使となった人物の性格づけも充分に展開できていないことも自覚している。この点も今後の課題としたい。

註

(1) 福山敏男「東大寺の諸倉と正倉院宝庫」(同『日本建築史研究』〈墨水書房　一九六八年〉初出一九五二年)

(2) 柳雄太郎「正倉院北倉の出納関係文書」(同『律令制と正倉院の研究』〈吉川弘文館　二〇一五年〉初出一九七四年)。以下、柳の見解は特にことわらない限り本論文による。

(3) 古尾谷知浩「東大寺正倉院勅封蔵の出納体制」(同『律令国家と天皇家産機構』〈塙書房　二〇〇六年〉初出一九九七年)。以下、古尾谷の見解はすべてこの論文による。

(4) 近藤毅大「紫微中台と光明皇太后の『勅』」(『ヒストリア』一五五　一九九七年)。以下、近藤の見解はすべてこの論文による。

(5) 山本信吉「内豎省の研究」(同『摂関政治史論考』〈吉川弘文館　二〇〇三年〉初出一九五九年)

(6) 芳之内圭「平安時代の内豎所の機構」(同『日本古代の内裏運営機構』塙書房　二〇一三年)

(7) 紫微少疏から坤宮少疏となり、天平宝字五年(七六一)三月でも坤宮少疏であった(同年月二〇日奉写一切経所解案一五39など)。

(8) 延暦六年(七八七)六月二六日東大寺使解(延暦六年帳　二五付11)には「検珍財帳」の存在が記される。柳雄太郎「東大寺献物帳と検珍財帳」(注2書　初出一九七三年)は献物帳の付箋と検珍財帳の作成が関連し、天平宝字四・五年頃に坤宮官の廃止を受けて献物の全面的な検定が行われ、検珍財帳が作成されたと推測する。柳の指摘するとおり、大刀の付箋は天平宝字八年九月一一日の出給以前に貼付されたことは確実であり、検定の下限はここである。しかし、花氈と念珠に関する献物帳の不備が付箋によって訂正されておらず、花氈・念珠が天平宝字三年四月、一二月に出給された(表Ⅰ⑸・⑺)ことから、付箋の貼付をこれ以後とするのには疑問が残る。単なる訂正漏れの可能性などもあるのではなかろうか。「検珍財帳」の名称がどの程度、本来の帳名を反映するのかもわからないが、当該の検財使が検珍財帳を作成したのではなかろうか。憶測にすぎないが、一案として提示しておきたい。

(9) なお、延暦六年帳には、甘草・大黄・人参を「左大臣宣」により造寺司に充てたとの記載がある。柳雄太郎「東大寺献物帳と検珍財帳」(注8)の指摘するように、これは(21)と混乱していて誤りである。

(10) 天平宝字四年三月二〇日造東寺司解案(一四288)、天平宝字四年七月一四日東寺写経所解案(一四373)など。

(11) 岩本健寿「奈良時代施薬院の変遷」(『早稲田大学大学院文学研究科紀要』五四―四　二〇〇九年)。以下、岩本の見解はすべて本論文による。

(12) 鷺森浩幸「八世紀の王家の家産」(同『日本古代の王家・寺院と所領』〈塙書房　二〇〇一年〉初出一九九六年)

(13) 早川庄八『宣旨試論』(岩波書店　一九九〇年)。以下、早川の見解はすべて本書による。

(14) 岸俊男「良弁伝の一齣」(同『日本古代文物の研究』〈塙書房　一九八八年〉初出一九七九年)

(15) 鷺森浩幸「八世紀の王家の家産」(注12)

(16) 角田文衞『佐伯今毛人』(吉川弘文館　一九六三年)

(17) 山下有美「写経機構の変遷」(同『正倉院文書と写経所の研究』〈吉川弘文館　一九九九年〉初出一九九四・九五年)

(18) 宝亀四年二月一六日太政官符(二一273　九条家本『延喜式』裏文書)は、宝亀三年一一月一一日の田租免除に関わる勅を引用し、内臣藤原良継宣により寺神封は正税で補填することを命じる。これはきわめて一般的な政策であり、特に内臣の職務を示すわけではない。

(19)　本書第一部第三章「奈良時代の侍従」

(20)　本書第一部第三章「奈良時代の侍従」

第二部　氏族の政治的地位と構造

第一章　大伴氏

はじめに

大伴氏は連（宿祢）姓の有力氏族として著名な存在である。大和王権の時代から平安時代中期頃まで、常に政治の中心にあったといっても過言ではないだろう。特に、奈良時代の政治事件に関わって、その名が現れないことがないほどの存在である。律令体制の導入が進展した七世紀後半において、壬申の乱での大伴氏の功績はきわめて大きく、その後、律令体制下でも、大伴氏は引き続き門閥貴族として存続した。

七世紀後半から九世紀初頭頃までを対象として、大伴氏に関わるさまざまな問題を改めて考察し、当該期間の政治的地位や各人物の動向を解明してみたい。政治世界における大伴氏の足跡をできる限り詳細に追うための基礎的な事実の確定が中心的な作業となる(1)。

当該期の大伴氏の評価には、ひとつの強烈な観念あるいはイメージがついてまわる。それはさまざまな語で形容されるが、大和王権時代の軍事部門を代表する氏であることに由来する伝統性や守旧性である。この評価が新興で、かつ開明的な藤原氏と対比的に認識され、常に藤原氏の対極に位置づけられてきたといっても過言ではない。このような研究上の傾向を研究の展開にそって跡づけることはなかなかに困難であるが、ほとんどゆるぎのない枠組みを与えていることは事実であろう。しかし、この枠組みははたして正当なのであろうか。大伴氏は一貫して伝統的であり、守旧的であり、それが常にそれぞれの人物の行動に対して、強力な規制力を有したのであろうか。この点の検証を常に意識していきたい。

一　大伴本宗家の成立

壬申の乱に実際に参加し、活動の様相がうかがえるのは大伴友国・馬来田・吹負・安麻呂である。友国は大海人皇子の東国行きに従った舎人のひとりで、馬来田・吹負は周知のごとく大和で大海人皇子に呼応して挙兵し、大海人の軍事行動の重要な一環を担い、大きな功績を挙げた（『日本書紀』天武元年〈六七二〉六月二六日条など）。安麻呂は吹負のもとにあり、戦況を不破宮に伝達する使となった（『日本書紀』同年月二九日条）[2]。馬来田・吹負は兄弟であった。『続日本紀』天平勝宝元年（七四九）閏五月二九日条の大伴牛養伝によると、牛養は咋子の孫、小吹負（吹負）の子であり、この兄弟は咋子の子であったことがわかる。『続日本紀』和銅七年（七一四）五月一日条の大伴安麻呂伝によると、彼は大伴長徳の第六子で、長徳は咋子の子であった。友国の系譜は不明である。

馬来田は天武一二年六月三日、吹負も同年の八月五日に死去した。乱における功績によって、それぞれ大紫・大錦中の贈位を受けた（『日本書紀』同日条）。友国は持統六年（六九二）四月頃に死去したらしく直大弐の贈位を受け、賻物を与えられた（『日本書紀』同年月二日条）。

天武期に冠位が確認できるのは、贈位の馬来田・吹負兄弟に加えて三名存在する。以下のとおりである。

大伴御行：小錦上（『日本書紀』天武四年三月一六日条）

大伴国麻呂：小錦上（『日本書紀』天武四年七月七日条）

大伴杜屋：大錦上（『日本書紀』天武八年六月二六日条　この時、死去）

贈位を除いて杜屋が最上位であり、その死去までは彼が氏内の最上位の地位にあったのであろう。その後、御行の昇進が顕著である。持統五年（六九一）正月一三日に直大壱、八年正月二日に正広肆と見え、持統一〇年一〇月二二日には正広肆・大納言であった（いずれも『日本書紀』同日条）。文武四年（七〇〇）八月二二日に正広参に昇進し、大宝元年正月一五日に正広参・大納言で死去し、正広貳・右大臣を贈られた（『続日本紀』同日条）。伝に大伴長徳の子とみえる。この段階で、御行が大伴氏の最上位の人物であったことは疑う余地はないと思われる。『日本書紀』持統八年正月二日条は御行の氏上への任命に関わる記事である。「以㆓正広肆㆒授㆔直大壹布勢朝臣御主人与㆓大伴宿祢御行㆒　増㆑封人二百戸。通㆑前五百戸。並為㆓氏上㆒」とあり、布勢御主人とともに叙位・増封を受け、氏上に任命されたことがわかる。

筆者は別稿[3]において、当該条の布勢御主人について次のような点を指摘した。御主人の名の表記はこれ以前は布勢御主人であるが、以後、阿倍御主人となり、明確に区別された、御主人の次の氏上である引田宿奈麻呂も阿倍を賜姓されたことからみて、氏上の地位と「阿倍朝臣」の氏名がリンクしたと思われる、宿奈麻呂は氏上就任後、近親に対する阿倍朝臣の賜姓を申請しており、これは氏上就任にもとづく氏の範囲の確定であり、御主人の場合も同様のことが行われた可能性がある、以上の新たに確定された御主人・宿奈麻呂の一族が以後の阿倍朝臣氏であり、阿倍氏の本宗家に相当する集団であった。

御行について、以上のような点を検討する史料は存在しないが、阿倍御主人の事例から類推することは許されるであろう。すなわち、この御行の氏上任命により、改めて御行を軸にして親族の範囲の確定が行われ、それが大伴氏のなかの特別な一族として析出され、氏上を輩出する最上位の特権的集団（本宗家）と位置づけられたと

表Ⅰ　大宝―延暦期における大伴氏の議政官

人名	初任の議政官		最高位	離任あるいは死去
	官名	任命あるいは在任		
御行	大納言		大納言	大宝１．１．15
安麻呂	中納言	大宝１．３．21	大納言	和銅７．５．１
旅人	中納言	養老２．３．10	大納言	天平３．７．25
道足	参議	天平３．８．11	参議	天平７．９．28
牛養	参議	天平11．４．21	中納言	勝宝１．閏５．29
兄麻呂	参議	勝宝１．７．２	参議	宝字１．７か
駿河麻呂	参議	宝亀６．９．27	参議	宝亀７．７．７
伯麻呂	参議	宝亀９．１．９	参議	延暦１．閏１か
家持	参議	宝亀11．２．９	中納言	延暦４．８．28
潔足	参議	延暦９．２．27	参議	延暦11．10．２

考えることは可能なのではなかろうか。ただ、阿倍氏の場合と明白に異なるのは新しい氏名を与えられてはいないことである。阿倍氏の場合、布勢朝臣・引田朝臣から阿倍朝臣への氏名の更新をともなっていたが、御行の場合、本宗家もそれ以外と同じく大伴宿祢氏であり、氏名の面で区別されることはなかったのである。

大伴氏における本宗家の成立について、このように考えてみたが、その具体的な範囲は不明である。しかし、御行の後、議政官の地位が弟安麻呂、安麻呂の子旅人と引き継がれていったことから、御行の直系の子孫だけではなく、安麻呂の一族をも含むものであったと考えておきたい。それは御行と安麻呂が兄弟であったことからも不自然ではないだろう。壬申の乱の功臣である馬来田・吹負の一族は大きな功績にもかかわらず、おそらくは本宗家に含まれなかったであろう。大化五年（六四九）に右大臣となった大伴長徳（『日本書紀』同年四月二〇日条）およびその子御行・安麻呂の一族が本宗家と位置づけられたとみられる。

すでに阿部武彦・西野悠紀子(4)が詳細に論じたように、八世紀おいて大伴氏はほぼ連続的に議政官を出した。その状況をまとめると表Ⅰのようになる。長山泰孝(5)の指摘するように、この現象は氏族制的な伝統に基づくものではなく、このような諸氏は再編成されたものである。大伴氏の場合、当初、議政官を出した本宗家とは御行の氏上任命を機に新たに成立した集団で、従来の大伴氏のなかから新たに析出された特権的集団であった。御行の氏上任命とは、まさにこのような再編成を意味したのである。

大宝元年（七〇一）に御行が大納言在任のまま死去した後、同年三月二一日に安麻呂の中納言在任が確認できる。この時、安麻呂は直大壱であったが、従三位へ移行した。しかし、この日、同じく中納言であった石上麻呂・藤原不比等・紀麻呂が大納言に任命されたのに対して安麻呂の大納言昇進は確認できず、そのまま中納言は廃止されたので、安麻呂は議政官の地位を失ったことになる。(6)この時期に、安麻呂のほかに従五位下以上と思われる人物として手拍（『続日本紀』慶雲二年〈七〇五〉五月九日条　正五位下）、男人（『続日本紀』大宝三年六月五日条　従五位下）、旅人（『続日本紀』和銅三年正月一日条　正五位上）が確認できる。位階の上で安麻呂が最上位にあったことはまちがいない。

その後、安麻呂は大宝二年五月二一日に参議朝政を命じられ（従三位）、慶雲二年八月一一日に大納言に進み、(7)和銅七年五月一日に死去した（正三位・大納言兼大将軍　贈従二位　いずれも『続日本紀』同日条）。いったん議政官ではなくなったが、参議朝政までの間隔は一年程度である。安麻呂死去の段階で、最上位にあったのは安麻呂の子旅人であり、和銅四年四月七日に正五位上から従四位下へ昇進した。次いで、男人が正五位上（和銅六年四月二三日に従五位上から正五位上へ昇進）、道足が正五位下（和銅五年正月一九日に従五位上から正五位下へ昇進）であった。さらに宿奈麻呂が従五位上（和銅五年正月一九日に従五位下から従五位上へ昇進）、牛養が従五位上（和銅七年三月二八日に従五位下から従五位上へ昇進）、山守が従五位下（和銅七年正月五日に従六位上から従五位下へ昇進）と続いた（いずれも『続日本紀』同日条）。旅人は養老二年（七一八）三月一〇日に中納言となった（『続日本紀』同日条）。安麻呂の死去から三年弱の間隔があく。その後、大納言に昇進したが、『公卿補任』によると、それは天平二年（七三〇）

一〇月一日のことであった。天平三年七月二五日に従二位・大納言で死去した（『続日本紀』同日条）。伝に長徳の孫、安麻呂の第一子とある。

以上、旅人までの議政官三名は互いに近い親族であり、彼らが本宗家に属する人物であると考えてまちがいはない。持統期に成立した大伴氏の本宗家が、当該期において、順調に議政官の地位を継承していったと評することができよう。これが本宗家の成立にこめられた政治構想であったといってよいと思われる。

二　八世紀前半の議政官

阿部武彦(8)は前述の連続する議政官を論じるなかで、大伴氏で高官となったものは咋子の子孫に固定していたが、長徳・馬来田・吹負の子孫では比較的複雑なコースをたどったとの評価を示す。そして、この点が蔭位制から導かれる父子の連続的な高官への到達とは異なることから、大伴氏は古い族的慣習に支配されていたと論じた。西野悠紀子(9)も氏長的地位は長徳・馬来田・吹負の子孫の間を異動したとし、当初は氏内の系統が分化したが天平期以後は固定されていったとする。

このような見解は、前節で示した大伴氏における本宗家の存在を想定する私見とは異なる。阿部・西野の見解は、ともに御行から兄麻呂までを一つの期間ととらえ特質を抽出する手法をとったが、それでは充分ではないと考える。ここで改めて論じてみたい。

旅人の死去の段階で、もっとも上位の位階をもつのは道足であった。天平元年（七二九）三月四日に従四位下から正四位下へ昇進した。これ以前、同年二月一一日に多治比県守・石川石足とともに「権に」参議となった。

これはおそらく長屋王の変にともなう特別な措置で、当時、議政官であった旅人が帥として大宰府に赴任し、平城京にいなかったことが関係したであろう。変が収束した後はこの地位は消滅したと思われる。同年九月二八日に右大弁となり、旅人の死去から一か月も経ない、天平三年八月一一日に参議となった（いずれも『続日本紀』同日条）。『続日本紀』延暦元年（七八二）二月三日条の大伴伯麻呂伝によると、伯麻呂の系譜について「祖馬来田贈内大紫。父道足平城朝参議正四位下」とみえ、道足は馬来田の子であることが確認できる。[10]

道足に次ぐのが祖父麻呂である。天平三年正月二七日に正五位上から従四位下へ昇進した（『続日本紀』同日条）。ただし、これが祖父麻呂の史料上の終見で、これ以後の動向は明らかでない。『続日本紀』宝亀八年（七七七）八月一九日条の大伴古慈斐伝に、古慈斐は「飛鳥朝常道頭贈大錦中小吹負之孫　平城朝越前按察使従四位下祖父麻呂之子也」とあり、祖父麻呂は吹負の子である。牛養は和銅七年（七一四）三月二八日に従五位下から従五位上へ、さらに天平九年九月二八日に正五位下から正五位上へ昇進したことが確認できるので、この段階では従五位上または正五位下であったことになる。首は天平元年八月五日に従五位下から従五位上へ昇進した。これが史料上の終見である。兄麻呂は天平三年正月二七日に正六位上から従五位下へ昇進した（いずれも『続日本紀』同日条）。

最上位であった道足が順当に旅人に引き続いて議政官になったのであるが、旅人の弟宿奈麻呂の存在に注意をはらうべきであろう。『万葉集』二・一二九は大津皇子宮に侍した石川女郎が宿奈麻呂に贈った歌であるが、題詞に「宿奈麿宿祢者大納言兼大将軍卿之第三子也」との注記が付される。「大納言兼大将軍卿」とは安麻呂のことで問題はない。『続日本紀』でも死去時に「大納言兼大将軍正三位大伴宿祢安麻呂」とある。『万葉集』四・五三二、五三三は宿奈麻呂の歌であるが、ここにも「佐保大納言卿之第三子也」との注記がある。佐保大納言は安麻呂である。『万葉集』では田主が第二子とされており（二・一二六題詞）、旅人・田主・宿奈麻呂の順であったことが判明する。宿奈麻呂も大伴本宗家に属する人物であった。

宿奈麻呂の官人としての経歴を道足と比較してみる。従五位下への昇進は道足が慶雲元年（七〇四）正月七日で、宿奈麻呂は和銅元年正月一一日であった。その後、道足は和銅元年三月一三日に従五位上で讃岐守に任命された。五年正月一九日に正五位下へ昇進し、弾正尹を経て、養老四年（七二〇）一〇月九日に正五位上で民部大輔に任命され、従四位下に昇進したのが養老七年正月一〇日である。宿奈麻呂は和銅五年正月一九日に従五位上、左衛士督に任命された後、養老元年正月四日に正五位下へ昇進した。備後守を経て、神亀元年（七二四）二月二二日に従四位下に到達した（いずれも『続日本紀』同日条）。位階の上でわずかに道足が先行するが、ほぼ同時期に昇進したといえる。官職でも極端に異なるとは思えない。

しかし、従四位下叙位が宿奈麻呂の史料上の終見で、そのしばらく後に死去したのではないかと思われる。『万葉集』から宿奈麻呂の妻のひとりは大伴坂上郎女であったことが確認できる。坂上郎女は大宰帥の旅人に従って大宰府に居住したことがわかる（『万葉集』六・九六三題詞）。これは神亀五年に旅人の妻大伴郎女が死去した（『万葉集』八・一四七二左注）ためである。同じ頃、宿奈麻呂が死去したとすると、坂上郎女の行為も不自然ではないと思われる。また、『万葉集』四・七五九左注に「右大弁大伴宿奈麻呂卿」とみえ、宿奈麻呂が右大弁であったことが確認できる。ただし、『続日本紀』にそれを示すものはない。養老五年五月一二日に右大弁笠麻呂が出家を申請して許可された（『続日本紀』同日条）。その後任が宿奈麻呂ではなかったかと思われるが、天平元年九月二八日にほかならぬ大伴道足が右大弁に任命された。この時、少なくとも宿奈麻呂が右大弁を離任したことが想定できる。さらに、長屋王の変の時、道足が権に参議に任命されたのも宿奈麻呂の不在を暗示するかもしれない。

道足と宿奈麻呂の政治的地位はほぼ同等といえるであろう。したがって、宿奈麻呂が存命であれば、旅人の次に議政官となる可能性は存在したと思われる。道足が旅人にかわり議政官となった背景に、宿奈麻呂の死去という偶然の要素も大きな影響を与えたと考えられる。

天平七年九月二八日条が『続日本紀』における道足の終見である。この時も右大弁で、道足以下の弁官の六名が太政官への訴訟を受理しなかったことによって罪に問われたが、承伏したので詔により免罪された。その後の動向は不明である。この事件により致仕などしたのではないかと思われる。そのまま参議にとどまったとは考えにくい(12)。

当時、道足以外で最上位にあったのは牛養であった。前述のように、従五位上あるいは正五位下であり、兄麻呂が従五位下であった。首が従五位上あるいはそれ以上であった可能性があるが、史料上は確認できない。さらに、稲君が天平一三年一二月二三日に従五位下で因幡守に任命されたので（『続日本紀』同日条）、この段階でも従五位下であった可能性がある。これ以前に衛門大尉・兵庫助を歴任したことが『万葉集』から確認できる(13)。

最上位の人物でも四位に届かない状態であるが、牛養が急速に昇進し参議となった。天平九年九月二八日に正五位上に昇進した後、翌一〇年正月一三日に従四位下となり摂津大夫を経て、一一年四月二一日に参議となった（いずれも『続日本紀』同日条）。伝染病の大流行により深刻な議政官の弱体化が進行した時期であるが、牛養の昇進はめざましい。一五年五月五日に従四位上、一七年正月七日に従三位、天平勝宝元年（七四九）四月一日に正三位と昇進し、中納言に任命された（いずれも『続日本紀』同日条）。この間に、兵部卿・山陽西海両道鎮撫使に任命されたことが見える。道足が天平七年に参議を辞したとすると、牛養の参議任命まで四年程度の間隔があいたことになる。牛養は天平勝宝元年閏五月二九日に死去した（『続日本紀』同日条）。伝に「大徳咋子連孫　贈大錦中小吹負之男」とあり吹負の子であった。

牛養の死去の段階で最上位にあったのは兄麻呂である。兄麻呂は天平二〇年二月一九日に従四位下から正四位下に、天平勝宝元年一一月二九日に正四位下から正四位上に昇進したので、この時は正四位下であった。古慈斐が天平一九年正月二〇日に正五位下から従四位下に、天平勝宝元年一一月二九日に従四位下から従四位上へ昇進したので、この時は従四位下であった。稲公は天平勝宝元年四月一日に従五位上から正五位下に昇進した。さらに、正五位上へ昇進したのは天平宝字元年（七五七）五月二一日のことである。家持が天平勝宝元年四月一日に従五位下から従五位上に昇進した（いずれも『続日本紀』同日条）。さらに、従五位下であったのが駿河麻呂（天平一五年五月五日）・古麻呂（天平一七年正月七日）・犬養・麻呂（天平一八年四月二二日）・御依（天平二〇年二月一九日）である（いずれも『続日本紀』同日条　かっこ内は叙位の日付）。百世・三中がそれぞれ正五位下・従五位下であった可能性があるが、それぞれ天平一九年正月二〇日と同年三月一〇日が史料上の終見で、当該期の動向は不明である。

兄麻呂は天平勝宝元年七月二日、孝謙即位とともに参議に任命された。八月一〇日に兼紫微大弼となった（いずれも『続日本紀』同日条）。『続日本紀』『公卿補任』に兄麻呂の系譜に関わる記事はなく、系譜は不明とせざるをえない。長徳の子とする史料もあるが、高島正人(14)の指摘するように時期的にみて事実に反する。高島は内外階制において内階コースである点から兄麻呂・古麻呂は兄弟であり御行の子とし、西野悠紀子(15)も内階コースであることからおそらく御行ないし安麻呂の孫であろうとする。確証がないので系譜は不明としておく。

兄麻呂は後述するように、天平宝字元年の橘奈良麻呂の変によって失脚したと考えるが、その後、比較的長期にわたって大伴氏の議政官は出現しない。連続的な議政官の輩出の現象が消えてしまったのである。

ここまでの状況を一覧して、やはり旅人までとそれ以後で区分してとらえるべきであると考える。御行・安麻呂・旅人の三名が大伴本宗家であったのに対して、道足・牛養・兄麻呂はそれとは異なる。兄麻呂の系譜が不明であり問題が残るが、前二者は明らかに本宗家に属する人物ではなかった。くりかえしになるが、道足は馬来田の子、牛養は吹負の子であった。本宗家の存在を想定する以上、この変化はみのがすことはできない。それではなぜ、このような変化が生じたのであろうか。北山茂夫[16]が道足の参議就任について端的に指摘するように、その理由は本宗家に適材がいなかったこと、藤原氏と姻戚関係にあったことである。本宗家の人的な弱体化がもちろん否定できない意味をもつが、この点は次節で詳述する。ここでは藤原氏との結びつきについて考察する。

道足・牛養・兄麻呂の三名の共通点は藤原氏と密接な結びつきを有する点である。天平宝字元年七月二日、橘奈良麻呂の変にあたり、光明皇太后は右大臣橘諸兄以下の群臣を召し入れ詔を出して忠誠を求めたが、その詔のなかに「又大伴宿祢等波吾族尓母在」との文言がある。光明は大伴氏を「吾族」と認識して呼びかけたのである。

これについて、藤原氏と大伴氏のいくつかの婚姻関係をもとに解釈するのが通説である[17]。まず、鎌足の母は大伴氏であった。藤原氏の始祖との関係は重要であるが時代はさかのぼる。『続日本紀』宝亀八年八月一九日条の大伴古慈斐伝によると、古慈斐の妻は藤原不比等の女子で光明子の姉妹であった[18]。『万葉集』一九・四二一六左注に「右　大伴宿祢家持弔下聟南右大臣家藤原二郎之喪二慈母一患上也」とあり、家持の聟が「南右大臣家藤原二郎」であったことがわかる。この「藤原二郎」について藤原豊成の二男の継縄、藤原仲麻呂の子久須麻呂のいずれかで議論があるが、継縄と考えるのが近年の見解である[19]。これに従いたい。『尊卑分脈』によると、藤原仲麻呂の妻の一人は大伴犬養の女子であり、その所生子が刷雄（薩雄）であった[20]。『公卿補任』宝亀一〇年条の藤原小黒麻呂の尻付に「贈太政大臣房前之孫。従五位下鳥養二男。母正四位下伴宿祢道足女」とみえる。鳥養の妻は大伴道足の女子であった。鳥養は天平元年八月五日に従五位下に叙されたことが見えるのみで、若くして死去したとされるが具体的な死去の時期は不明である。

道足の女子が鳥養と結婚した時期も不明であるが、鳥養が従五位下に到達した頃にすでに結婚していたと考えるのが自然であろう。道足の参議任命の段階で、すでに藤原氏との関係が成立していたことになろう。牛養にとっては古慈斐の存在が重要であろう。牛養は古慈斐の父祖父麻呂の兄弟である。位階などでは祖父麻呂が先行して昇進したことが確認できるので牛養は弟であろう。祖父麻呂は天平三年正月二七日に従四位下となったのが史料上の終見（『続日本紀』同日条）で、牛養が参議になった天平一一年四月に存命であったかどうかはわからない。兄麻呂はそもそも系譜が不明であり、婚姻関係などによる藤原氏との結びつきの有無も不明である。ただ、紫微大弼であったことは、より直接的に光明皇太后や藤原仲麻呂との関連をものがたる。

このように、道足・牛養・兄麻呂は大伴氏のなかでも特に藤原氏と密接な結びつきを持つ人物であったといえる。これは偶然の結果なのではなかろう。すなわち、大伴氏の議政官は本宗家から藤原氏との関連の深い人物へと移行したのである。藤原氏は特に光明立后以後、天皇家との強い結合を示すようになった。したがって、藤原氏との結合はさらに天皇家との特殊な結合を意味する。前述の光明皇太后の呼びかけはその象徴である。

筆者(21)は別に、八世紀の王権と貴族について次のような見通しを示した。八世紀前半の王権は天智天皇を天命を受けた創始者とし、七世紀後半の律令体制の形成期に功績のあった豪族の子孫が門閥貴族となっていたが、天平九年の伝染病の大流行以降、王権は急速に仏教に傾斜してゆき仏教の持つ護国思想を王権を支える論理とするにいたり、王権と門閥貴族全体との人格的な結合が揺らぎ、親族関係などにもとづき藤原氏が突出するようになった。このような門閥貴族の変質は大伴氏の場合にもあてはまると思われる。七世紀後半に功績のあった豪族の子孫とは御行・安麻呂の子孫である大伴本宗家であり、当初は彼らが議政官を輩出した。しかし、旅人の死去後は(天平九年の伝染病以前であるが)婚姻関係などで藤原氏・天皇家と結合した人物が議政官となった。これは天皇との特殊な関係が議政官への登用の重要な要素となったことを示すであろう。

大伴氏は守旧的な性格から藤原氏とは対立的にとらえられてきた。しかし、このような藤原氏とのくりかえされた婚姻は政治的意味を持たなかったのであろうか。当該期では藤原氏との婚姻関係、さらにそれを媒介とする天皇家との結びつきが大伴氏の政治的地位に大きな影響を与えたことこそ注目されるべきである。同じく連続的に議政官を出した阿倍氏は、中納言の阿倍広庭が天平四年に死去した後、継続して議政官が出ることはなかった。これに対して、大伴氏の議政官がひきつづき存在した大きな理由は、以上のような藤原氏との連携、天皇家との特殊な関係が存在したからではないだろうか。

三　旅人死去後の本宗家

前節で大伴氏の議政官の変質ついて論じた。その理由のひとつとして、旅人の死去後における本宗家の人的な弱体化をあげた。ここで詳細に論じる。

旅人の兄弟には前述したように田主・宿奈麻呂がおり、また稲公も「庶弟」とされる。稲公は大伴坂上郎女と同母の兄弟で母は石川内命婦と考えられる。(22) 旅人の男子は大伴家持・書持の二人であった。(23) 田主・宿奈麻呂・稲公の男子は不明である。田主は『万葉集』にのみ見え、官人として出身しなかったようである。宿奈麻呂はおそらく旅人に先立って死去した。書持も出身しなかったと思われる。『万葉集』一七・三九五七〜三九五九は、

「哀二傷長逝之弟一歌」と称される家持による書持の死去をいたむ長歌および反歌である。左注に「右九月廿五日越中守大伴宿祢家持遥聞二弟喪一感傷作之也」とあり、書持は天平一八年（七四六）に死去したことがわかる。旅人が死去した段階で稲公は従五位下であったかどうかであり、家持が従五位下に到達したのは一〇年以上も後である。やはり、宿奈麻呂・旅人の連続する死去が大きな損失となったと思われる。旅人の後、本宗家から議政官が出なかったのは基本的にこのような人的弱体化の結果である。

このような状況のもとで、大伴坂上郎女の存在が注目される。旅人と坂上郎女の関係をどのようにとらえるかは問題であるが、少なくとも夫妻に近いものがあったとみることは可能であろう。坂上郎女は旅人の妻大伴郎女が死去した後、大宰府に行き家持の養育などにあたり、また、帰京後は旅人の佐保宅に居住し、旅人の死後は一族の財産管理などを担当した[24]。宿奈麻呂と坂上郎女の間の女子が坂上大嬢と坂上二嬢である。大嬢は家持の妻となり、この二人の間の相聞歌が存在する[25]。いっぽう、二嬢は駿河麻呂の妻となった。『万葉集』三・四〇七は「大伴宿祢駿河麻呂娉二同坂上家之二嬢一歌一首」の題詞をもつ歌である。

さて、『万葉集』では坂上郎女と家持の親族関係は姑―姪と表記される。次のとおりである。

(1)六・九七九題詞「大伴坂上郎女与下姪家持従二佐保一還中帰西宅上歌一首」

(2)八・一六一九題詞「大伴家持至二姑坂上郎女竹田庄一作歌一首」（左注によると天平一一年八月作）

(3)一七・三九二七題詞「大伴宿祢家持以二閏七月一被レ任二越中国守一　即以二七月一赴二任所一　於レ時　姑大伴氏坂上郎女贈二家持一歌二首」

(4)一八・四〇八〇題詞「姑大伴氏坂上郎女来二贈越中守大伴宿祢家持一歌二首」

さらに、駿河麻呂も坂上郎女と姑―姪と表記される。『万葉集』四・六四九左注に「右坂上郎女者佐保大納言

卿之女也　駿河麻呂此高市大卿之孫也　両卿兄弟之家　女孫姑姪之族　是以題㆑歌送答相㆓問起居㆒」とある。「佐保大納言」は安麻呂を、「高市大卿」は御行をさす。駿河麻呂が御行の孫であったことがわかるが、ここに父の名はみえない。

主に籍帳を素材として親族名称の姑や姪が研究されてきた。布村一夫[26]は姑について、御野国戸籍では姓の記載のない場合は父の姉妹、ある場合は伯叔父の妻あるいは妻の母であり、下総国戸籍の場合も同様に異姓のそれは妻の母であるとの見解を提示した。さらに、坂上郎女と家持の事例にも言及し、この場合は父の姉妹としての姑と妻の母としての姑が一致すると指摘した。その後、姑を妻の母とする見解は原島礼二や南部曻[27]によって批判され、姓を記載するものはすべて死去した伯叔父の妻であるとの見解が示された。明石一紀[28]もそれを継承し、その後、布村も姑を妻の母とする論点を撤回したようである。現在では、姑は父の姉妹あるいは伯叔父の妻であるとするのが通説である。

甥・姪について、布村は御野国戸籍では姓の記載のないものは兄弟の男子・女子、記載のあるものは姉妹の男子・女子、下総国・豊前国戸籍では従子が兄弟の男子、甥が姉妹の男子、姪が姉妹の女子で、山背国計帳では姪・姪女が兄弟の男子・女子に相当すると指摘し、家持が坂上郎女の姪であるとされたのと一致するとも述べた。南部は基本的に布村の見解を継承し、下総国戸籍では姪のみが使用されるが、山背国愛宕郡計帳のように兄弟姉妹の男子と女子が区別された可能性があり、姪が姉妹の女子、娣が兄弟の女子であるとした。明石一紀がこれらの見解を批判し、西海道・下総国戸籍では令の規定や和訓から兄弟の女子が姪、姉妹の女子が娣であったとした。姪についていまだに共通認識に達していないと思われるが、次のような内容を持ったことになるだろう。すなわち、兄弟姉妹の女子（御野国戸籍）、兄弟の女子あるいは姉妹の女子（下総国戸籍など）、兄弟の男子（山背国計帳女子は姪女）である。旅人は明らかに男子なので前二者は該当しない。残るのは兄弟の男子の意味である。布村も旅人をその事例としてとりあげる。[29]

籍帳を離れれば、明石の指摘するように配偶者の母を姑と表記することがあった。[30]姪も同じである。たとえば、『続日本紀』宝亀八年（七七七）九月一八日条の藤原良継伝に「于時押勝之男三人並任二参議一。良継位在二子姪之下一。益懐二忿怨一」とあるが、「子姪」とは押勝の子らおよび女婿の御楯のことを意味する可能性がある。姑―姪を妻の母―女子の夫の関係と理解する余地が残る。[31]

前述のように、坂上郎女からみて家持と駿河麻呂が姪であった。家持のケースは伯叔父の妻と兄弟の男子の関係でも理解できるが、駿河麻呂のケースはどうであろうか。前述のように、坂上郎女は安麻呂の子であり、駿河麻呂は御行の孫であった。坂上郎女からみると、駿河麻呂はいとこの男子であった。この関係は上の理解ではうまく説明できないことになる。明石は坂上郎女と駿河麻呂の父が兄弟姉妹であり、駿河麻呂は御行の女子の子であったと推測する。しかし、この見解は確証がなく、上のような姑・姪の理解に基づく想定にすぎない。仮にそうであったとすると、上記の歌の左注ではもっと単純に、明確に彼らの関係が示されるのではなかろうか。坂上郎女の姪とされる家持・駿河麻呂に共通するのは坂上郎女の女子と結婚したことであり、それが姑―姪の関係、すなわち妻の母と女婿であったと理解すべきである。さらに、坂上郎女が旅人の擬制的であろうが妻の地位にあったとすると、旅人と駿河麻呂の関係も家持との関係に近づくことが注目される。

旅人の姪とされる人物がもう一人いる。大伴古麻呂である。[32]『万葉集』四・五六六、五六七は「大宰大監大伴宿祢百代等贈二駅使一歌二首」の題詞をもつ歌であるが、左注に「以前天平二年庚午夏六月　帥大伴卿忽生二瘡脚一疾二苦枕席一　因レ此馳レ駅上奏　望二請庶弟稲公・姪胡麿一　欲レ語二遺言一者　勅二右兵庫助大伴宿祢稲公・治部少丞大伴宿祢胡麿両人一　給レ駅発遣　令レ省二卿病一（略）」とある。これによると、旅人（帥大伴卿）は天平二年六月に病気となり、遺言を伝えるために「庶弟稲公」と「姪胡麿」の派遣を上奏し、二人が勅使として旅人のもとへ派遣されたことがわかる。古麻呂の系譜や妻は不明であるが[33]旅人の姪とされることに着目すれば、古麻呂もやはり旅人の女婿であったととらえることができよう。

大伴家持の妹の「留女之女郎」が『万葉集』にみえる（一九・四一八四左注、四一九八左注）。この人物については、尾山篤二郎・森田悌[34]による藤原継縄（南右大臣家藤原二郎）の妻となった人物と考える説もあるが、ここでは保留しておきたい。ただ、森田が指摘するように、歌をめぐる状況を家持が越中守に任命された時、この人物が結婚のため越中へくだることができなかったと解釈することが可能である。したがって、古麻呂の妻としてはふさわしくない。天平二年にすでに旅人の姪であったとすると、天平末期の結婚は考えにくいからである。

以上のように、旅人の男子として、もちろん実子の家持がいたが、それに加えて駿河麻呂や古麻呂も女系をとおして、ほぼ同等の位置にあったとみることができるのではなかろうか。彼らの周辺でしばしば見られた近親婚の結果であるが、そこに政治的な意志を看取することは可能であろう。旅人以後の本宗家の弱体化を予見し、その対策としてこのような結合が進められたのではなかろうか。貴族層の近親婚について、西野悠紀子[35]が氏内部の緊密な関係を常に保つ役割、さらに、具体的な政治情勢のなかで氏の結合を強化する役割を指摘した。この事例は旅人および宿奈麻呂の死去という危機のなかで、本宗家の人的資源を強化することを強く意識した現象といえるであろう。なお、この三人が内外階制においていずれも内階コースであったことはこのことと無関係ではなかろう[36]。

駿河麻呂は御行の孫であり、そもそも本宗家に属した人物であるが、旅人・家持との関係がより強化されたといえるだろう。旅人が死去した段階で、本宗家の主要な構成員は稲公・家持に駿河麻呂・古麻呂を加えて考えるべきである。家持・駿河麻呂・古麻呂はまだ従五位下に到達しておらず、彼らが政治世界においてなんらかの存在意義を持つのはもっと後のことであった。

四　橘奈良麻呂の変と藤原良継事件

藤原氏との連携をもとに、上位の門閥貴族たる地位を維持していた大伴氏に深刻な打撃を与えたのが橘奈良麻呂の変であり、藤原良継事件の影響も看過できないものがあったと思われる。本節ではそれについて論じたい。

奈良麻呂の変に先だって、天平勝宝八歳（七五六）五月一〇日に大伴古慈斐が「誹二謗朝廷一」のために淡海三船とともに左右衛士府に禁じられた。この時、古慈斐は従四位上で出雲守であった（『続日本紀』同日条）。『続日本紀』宝亀八年（七七七）八月一九日条によると、その後、藤原仲麻呂の誹謗によって土佐守に左降された。

『続日本紀』に橘奈良麻呂の変の関係者として名前の見える人物は、大伴古麻呂・池主・兄人・古慈斐・駿河麻呂である。古麻呂・池主・兄人は天平宝字元年（七五七）六月の謀議に参加したことが確認でき（同年七月四日条）、古麻呂・古慈斐・駿河麻呂は天平宝字改元の詔において賊臣とされた（同年八月一八日条）。古麻呂は天平勝宝二年九月二四日に従五位下で遣唐副使に任命され入唐し（従四位上）、六年正月に帰着した。その後、四月五日に左大弁となり、七日に正四位下に昇進した。天平宝字元年六月一六日に陸奥鎮守将軍および陸奥按察使を兼任した（いずれも『続日本紀』同日条）。赴任途中の美濃国で病気と称して不破関を塞ぐ予定であったが、捕らえられ拷問を受け、杖下に死去した。池主・兄人の計画への関わりや実際の動向は不明である。池主は天平勝宝八歳一一月に式部少丞であったことがわかるが（『万葉集』二〇・四四七五、四四七六題詞）、変の段階でも同様であったただろうか。古慈斐は左降処分に加えて任国土佐国に配流となった（『続日本紀』天平宝字元年七月四日条）。駿河麻呂は天平一八年（七四六）九月一四日に従五位下で越前守に任命されて以後の動向が明らかでない。越前守は翌一九年一一月四日に茨田王が任命されたので、この時に交替したのであろう。

この時、氏上であった大伴兄麻呂、そして家持も何らかの処罰を受けた可能性が強い。家持については行論の都合で後述することとし、兄麻呂についてこの点を確認しておく。兄麻呂の史料上の終見は天平勝宝三年正月二五日で、この時、正四位上から従三位に昇進した（『続日本紀』同日条）。紫微中台の成立時に大弼は兄麻呂と石川年足の二人であった。その後、巨勢堺麻呂が天平宝字元年七月八日まで少弼とみえ、その後、二六日までに大弼に昇進した[37]。石川年足は天平宝字元年八月四日に多治比広足に代わって中納言に任命された（『続日本紀』同日条）。この時に大弼を離任した可能性がある。それは同時に巨勢堺麻呂・紀飯麻呂も参議に任命され、後に飯麻呂も大弼とみえるからである（『続日本紀』天平宝字二年八月二五日条）。堺麻呂・飯麻呂の両者とも八月四日に大弼であった可能性があるのではなかろうか。これを前提に考えると、兄麻呂は橘奈良麻呂の変の際に大弼を離任したと考えざるをえない。つまり、変にともなって紫微大弼は二人とも入れかわったのではなかろうか。石川年足は中納言就任がその離任の理由であるが、兄麻呂はおそらく何らかの処分を受け失脚したのであろう。

参議もこれにより解任されたであろう。『公卿補任』天平勝宝八歳条に、兄麻呂について「或本　天平宝字二年謀反」との簡単な注記があり、天平宝字二年条にも「月日謀反」とあり、翌年からは参議としての記載自体が消える。「天平宝字二年」の「謀反」事件は存在しないが、元年の誤りと考えれば、橘奈良麻呂の変による失脚を想定することが可能であろう。ただし、兄麻呂がこの変にどのような形で関与したか、あるいは関与自体があったのか、まったくわからない。西野悠紀子(38)は兄麻呂は反乱の中心的なメンバーであった古麻呂の近い親族として処罰された可能性もあると述べたが、おそらくそれが実態に近かっただろうと考える。

さらに何らかの処分を受けた可能性があるのは不破麻呂と御笠である。不破麻呂は天平宝字元年五月二〇日に従五位下に昇進した後、同年六月一六日に衛門佐に任命されたが、次に見えるのは神護景雲三年（七六九）八月一九日である。御笠は天平宝字元年六月一六日に大判事に任命されたのが史料上の終見である（いずれも『続日本紀』同日条）。

いっぽう、処罰された形跡がなく、逆に昇進したと思われる人物も存在した。まず、岸俊男・木本好信(39)によって仲麻呂に近い人物とされた稲公である。稲公は天平宝字元年八月四日に正五位上から従四位下へ昇進した。二年二月二七日に、根に瑞字のある藤の出現を奏上したのもその政治的地位をものがたるであろうが（当時、大和守）、これが稲公の史料上の終見である（いずれも『続日本紀』同日条）。犬養も処罰された形跡はなく、変後も右衛士督・左中弁を歴任し（正五位下）、宝字三年六月一六日に従四位下へ昇進しさらに右大弁となった。その女子は藤原仲麻呂の妻であった。さらに、麻呂が天平勝宝六年正月七日に従五位下から一挙に従四位下へ昇進した。異例の昇進であるがその理由はよくわからない(40)。

犬養は天平宝字六年一〇月九日に、麻呂は同三年一二月七日に死去した。稲公も同二年二月二七日を最後に動向が不明になる。この間、家持は天平勝宝元年以来、従五位上のままで、御依が天平宝字三年六月一六日に従五位下から従五位上へ昇進した。伯麻呂（天平勝宝二年八月五日）、東人（天平宝字二年八月一日）、益立（天平宝字五年正月一六日）、田麻呂（天平宝字六年正月四日）、小薩（天平宝字七年正月九日）、潔足（天平宝字八年正月七日）が従五位下であった。かっこ内は叙位または初見の日付である。また、不破麻呂・御笠は橘奈良麻呂の変での処分の可能性を考慮して除外した。犬養の死後は、最上位でも家持・御依の従五位上にすぎなかった。兄麻呂が橘奈良麻呂の変において紫微大弼、そして、参議も離任したことは大きな意味を持った。それは連続してきた大伴氏の議政官がとぎれたことにほかならないからである。次の議政官は宝亀六年九月二七日に参議に任命された駿河麻呂である。この間に一八年の期間があく。それはここまでのあり方とは明らかに異なる。

藤原良継事件とは藤原良継を中心として、大伴家持・石上宅嗣・佐伯今毛人が関わった、藤原仲麻呂の暗殺をめざした謀略である。中川収[41]の指摘するように、天平宝字七年四月上旬頃に起こったと考えられる。家持は四月一四日の任官において信部大輔を解任され、翌八年正月二一日に薩摩守に任命された。これは左降人事であった[42]。

ここで家持の置かれた境遇について論じておきたい。藤原良継や石上宅嗣・佐伯今毛人は、当然であるが藤原仲麻呂の乱の直後に復権した。良継は天平宝字八年九月一二日に従五位上から従四位下に昇進し、一〇月三日にさらに正四位上に昇進し大宰帥に任命された。宅嗣も一〇月三日に従五位上から正五位上に昇進し常陸守に任命され、天平神護元年（七六五）正月七日に従四位下に昇進した。今毛人は天平神護元年三月一〇日にすでに大宰大弐であった（いずれも『続日本紀』同日条）。

家持の境遇はやや複雑である。天平神護元年二月五日に大宰少弐紀広純が薩摩守に左遷されたことが確認できるので、家持は薩摩守を離任したであろう。三月一〇日に釆女浄庭が大宰少弐であった。その後、神護景雲元年八月二九日に淡海三船と家持が大宰少弐に任命された。この時、家持は依然として従五位上であった（いずれも『続日本紀』同日条）。乱後、神護景雲元年八月までの官職を確認することができず、また、位階の昇進はなかった。宝亀元年六月一六日に民部少輔、同年九月一六日に左中弁兼中務大輔となり、政治世界の中枢に復帰したといえ、一〇月一日、光仁天皇の即位にあたり正五位下に昇進し、翌二年一一月二五日に従四位下となった（いずれも

『続日本紀』同日条)。このように、家持は単純に藤原仲麻呂の乱後に復権したとはいいがたい。むしろ、本格的な復権は光仁即位まで遅れたとみるべきである。良継などとは異なった。

ここで宝亀元年六月から一一月にかけて「前後逆党」、すなわち橘奈良麻呂の変と藤原仲麻呂の乱の関係者の免罪が進められたことが想起されるべきであろう。この一連の処理のなかで、家持の本格的な復権が実現したと理解できる。したがって、家持はやはり橘奈良麻呂の変で処分されたと考えるべきである。変後、兵部少輔から右中弁となった家持が天平宝字二年六月一六日に因幡守となったのもこの処分の一環かもしれない(『続日本紀』同日条)[43]。少なくとも、変後、長期にわたって位階の昇進はなかった。家持は橘奈良麻呂の変により処分され、その上、藤原良継事件で左降処分を受けたのであった。橘奈良麻呂の変での処分が仲麻呂暗殺計画への参加の大きな要因となった可能性もあるが、詳細は不明である。

なお、藤原仲麻呂の乱はきわめて重大な政治的変動であったが、大伴氏との関わりは薄い。大伴小薩が仲麻呂に従い殺害され(『続日本紀』天平宝字八年九月二九日条)、田麻呂がおそらく処罰されたと考えられる。『続日本紀』天平宝字七年七月一四日条に田麻呂が従五位下で参河守に任命されたことが見えるが、宝亀二年一一月二四日条に従五位下への復位が見える。仲麻呂ともっとも近いと思われる犬養はすでに死去していた。いっぽう、乱の論功行賞にあずかったのは形見・浄麻呂(『続日本紀』天平宝字八年一〇月七日条)、御依・伯麻呂・呰麻呂(『続日本紀』天平神護元年正月七日条)であった。このなかで最上位は御依の正五位上であった。

五　蝦夷戦争と大伴氏

橘奈良麻呂の変以後、大きく地位を低下させた大伴氏であったが、ほかのところで順風を受けた。それは蝦夷戦争である。天平宝字元年（七五七）に大伴古麻呂が陸奥鎮守将軍・陸奥按察使、陸奥守佐伯全成が鎮守副将軍、藤原朝獦が陸奥守に任命された。さらに、三年に陸奥国桃生城・出羽国雄勝城が造営され、翌四年に朝獦などに対する叙位が行われた。この頃から東北地方における領土拡大が活発化した。

このなかで注目されるのは大伴益立である。益立は天平宝字四年正月四日に従六位上・鎮守軍監の地位にあり、「不㆑辞㆓艱苦㆒自有㆓再征之労㆒」とされ、三階を進められ従五位下となった。翌五年正月一六日に陸奥鎮守副将軍に任命され、六年四月一日に陸奥介を兼任した。おそらく、これらの功績により、神護景雲元年（七六七）正月一九日に正五位下に昇進し、一〇月一五日に伊治城造営の功績により正五位上に昇進した（いずれも『続日本紀』同日条）。益立は蝦夷戦争に従事し急速に昇進していった。当該期の大伴氏のなかで例外的に大きな政治的功績のみえる人物である。

橘奈良麻呂の変の関係者の免罪によって、宝亀初期に大伴古慈斐・駿河麻呂が政治世界に復帰した。宝亀元年（七七〇）五月九日に従五位上の駿河麻呂が出雲守に任命された。この時にすでに免罪されていたことになる。家持も位階は変わらないものの、民部少輔・左中弁兼中務大輔と進んだ。光仁即位にともなって、家持だけではなく駿河麻呂も従五位上から正五位下へと昇進し、さらに同月二六日に正五位上へ進んだ。大伴古慈斐は一一月二五日に従四位上へ復位され、一二月二八日に大和守に任命された。さらに免罪の可能性のある人物が神護景雲三年八月一九日に弾正弼に任命された不破麻呂である（いずれも『続日本紀』同日条）。

宝亀二年一一月に光仁天皇の大嘗祭が行われ、大伴氏のなかでも多くの人物が叙位されたので、ここを基準にしてそれぞれの位階を整理しておく。古慈斐が最上位で復位後にさらに叙位を受け正四位下であった（大和守）。

伯麻呂が従四位上、御依・家持・駿河麻呂が従四位下、益立が正五位上、潔足が正五位下であった。そして、不破麻呂が従五位上、東人・形見・浄麻呂・田麻呂が従五位下と続いた[44]。古慈斐はその後、宝亀六年正月一五日に従三位にまで昇進したが、おそらく高齢のために重要な官職につくことはなかった。

宝亀期に注目すべき活動を示したのが、まず駿河麻呂と益立であり、いずれも蝦夷戦争においてである。駿河麻呂は宝亀三年九月二九日に陸奥按察使に任命され、四年七月二一日に陸奥国鎮守将軍（兼陸奥按察使・陸奥守）に任命された。駿河麻呂は五年七月二三日に勅を受けて軍事活動を開始した。その後、光仁天皇の叱責を受けるなどしたが、六年一一月一五日に論功行賞が行われ正四位上勲三等となった。これ以前、同年九月二七日に参議に任命された。兄麻呂以来の大伴氏の議政官である。七年七月七日に参議・陸奥按察使・鎮守将軍に在任のまま死去した。

次いで、伊治呰麻呂の乱の対応策として宝亀一一年三月二八日に征東使などが任命された。益立は紀古佐美とともに征東副使に任命され翌二九日に陸奥守を兼任し、四月四日に正五位上から従四位下へ昇進した。征東大使の藤原継縄は陸奥に下向しなかったので、実際に軍事活動を指揮したのは益立であった。益立は六月二八日に勅を受け、現状報告を求められたが、この時「陸奥持節副将軍」であった。なお、伊治呰麻呂の乱時に陸奥介であった大伴真綱も三月二九日に陸奥鎮守副将軍に任命された（いずれも『続日本紀』同日条）。駿河麻呂と益立は蝦夷戦争に中心的な地位で従事し、その功績によって昇進したと考えることができる。彼らの後、家持や弟麻呂が同様に蝦夷戦争に従事した。総体として天平宝字期から延暦期前半までの蝦夷戦争において、大伴氏の果たした役割はきわめて大きいと評することができる[45]。

蝦夷戦争と大伴氏のきわめて深い連関は、大和王権時代の、軍事部門を担当した大伴氏の伝統的性格が顧慮された結果である。当該期、それがかなり強く主張され、貴族社会に共有されていたと思われる。そのひとつの事例が家持の「喩レ族歌一首」である（『万葉集』二〇・四四六五）。この著名な歌は家持が神話的な世界における自身の祖先の功績を高らかに歌いあげ、一族に天皇への忠誠を求めたものであり、当時の大伴氏の没落という危機感が背景にあった。単に遠い先祖に自らの存立基盤を求めた歌のようにも思えるが、家持が蝦夷戦争に従事することで、軍事的な貴族としての大伴氏の存在意義を主張し、地位の維持が可能になると考えていたとすると、当時の状況下でまったく現実性を持たない主張とはいえない。実際にその後、それは実現した。家持はひとつの現実的な見通しを持ち、それを歌に託して示したとも考えられる。その意味では、天皇の擁立に関与することによって地位の維持をはかろうとした古麻呂らとは異なる、もうひとつの現実的な構想を示したのであり、決して、単なる空想的な先祖返りではなかったといえよう。周囲の人物は結局は家持に同意しなかったのであるが[46]。

さらに、橘奈良麻呂の変においても、大伴および佐伯氏の伝統がしばしば語られた。光明皇太后は詔のなかで「又大伴佐伯宿祢等波自遠天皇御世内乃兵止為而仕奉来」と述べ（『続日本紀』天平宝字元年七月二日条）、奈良麻呂は天平一七年（七四五）に佐伯全成に対して、「大伴佐伯之族随二於此挙一、前将レ無レ敵」と述べた（天平宝字元年七月四日条）。奈良麻呂らの計画では、「陸奥将軍」の大伴古麻呂が赴任する際に、不破関で病気と称して官許を得て関を塞ぐことが重要な要素であった。古麻呂の蝦夷戦争への従事を利用した行動であった。家持の「喩レ族歌」も含めて、大伴氏の軍事的役割が異様に注目された状況が浮かび上がる。蝦夷対策の強化、そして大伴氏の軍事的役割の増大が、まず大きな背景として存在し、それがさまざまな謀略と関わったのが橘奈良麻呂の変前後の状況であるとみることができる。改めて、蝦夷戦争において、なぜ大伴氏の軍事的役割が注目されなければならなかったのかはさらに考えてみたい。少なくとも蝦夷戦争が神話的な理念あるいは論理と密接に結合させられ、進められたことはいえるであろう。

　駿河麻呂の次に議政官となったのが大伴伯麻呂（道足の子）である。宝亀期では右中弁、春宮亮（兼任）、宮内卿、越前守（兼任）を歴任し、宝亀九年正月九日に正四位下で参議に任命された（『続日本紀』同日条）。駿河麻呂の死から二年四か月後である。延暦元年（七八二）二月三日に従三位・参議・中宮大夫・衛門督で死去した。「宴飲談話　頗有二風操一。天宗高紹天皇寵幸之」とあり、光仁天皇が寵幸したことがわかる（『続日本紀』同日条）[47]。次の議政官が大伴家持である。前述のように家持は宝亀初期に復権した。左中弁、中務大輔（兼任）、式部員外大輔（兼任）、相模守、左京大夫、上総守（兼任）、衛門督、伊勢守を経て、宝亀一一年二月九日に正四位下で参議とみえる（『続日本紀』同日条）。伯麻呂が死去するまで短期間であるが、伯麻呂・家持が同時に参議であった。家持の場合、やはり藤原良継との結びつきが大きな意味を持ったであろう。改めて述べると、家持は良継に従って藤原仲麻呂の暗殺計画を進め処分された経験をもつ。光仁天皇と良継の関係は密接であり、家持は良継につながる人物として参議となるほど重用されたのであろう。

　宝亀期では駿河麻呂・伯麻呂・家持と参議が連続して出現し、決して没落途上にあるとはいえない状況になった。駿河麻呂は蝦夷戦争の功績が大きく、伯麻呂・家持には光仁天皇との特殊な結合が看取できる。家持と駿河麻呂は本宗家に属した人物であるが、この段階でそれが意味を持っていたとは思えない。この時期も道足の参議就任以降の時期の延長上に理解されるべきである。つまり、彼らの昇進は天皇家あるいは藤原氏との特殊な関係によって実現したのである。そのなかにおいて、蝦夷戦争は当該期（および弘仁期頃まで）に固有の要因として軽視することはできないであろう。大伴氏は改めて軍事的な貴族としての側面を強く持ち始めていた。

六　大伴家持と藤原種継の暗殺

天応元年（七八一）四月三日、光仁天皇が譲位し桓武天皇が即位した。翌日に早良親王が立太子し、一四日に春宮坊の任官が行われ、中納言の藤原田麻呂が東宮傅、大伴家持が春宮大夫、紀白麻呂が春宮亮となった。即位の儀礼は一五日に行われ、この時の叙位で大伴伯麻呂・家持が正四位下から正四位上へ昇進した。二人とも参議であった。五月七日の任官で家持は左大弁（春宮大夫兼任）、伯麻呂は宮内卿に衛門督を兼任した。五月一七日に中宮職が設置され、伯麻呂が中宮大夫を兼ね、弟麻呂が従五位下で亮となった。五月二五日の任官に潔足（正五位上　美濃守）、不破麻呂（正五位下　大蔵大輔）、弟麻呂（従五位下　兼左衛士佐）、継人（従五位下　近江介）がみえる。益立は九月二六日に軍事活動を実施しなかったことを理由として従四位下の位階を剥奪され、正五位上にもどされた（いずれも『続日本紀』同日条）。人足・清麻呂・真綱・中主もおそらく従五位下であっただろう[48]。

延暦元年（七八二）閏正月一四日、氷上川継事件が起きた。これにより、家持が坂上苅田麻呂・伊勢老人・大原美気・藤原継彦とともに解任あるいは京外追放の処罰を受けた（『続日本紀』同年月一九日条）。しかし、家持は五月一七日にすでに参議で春宮大夫にも復任された。この事件の処罰は全体としてきわめて軽微である。

『公卿補任』によると、伯麻呂も処罰された可能性がある。延暦元年条に伯麻呂について「閏正月十三日坐㆑事解㆑官。二月三日丙辰卒」との記述がある。「閏正月十三日」の日付は『続日本紀』のそれとくいちがうが、この事件をさすことはまちがいないだろう。さらに、天応元年条に「或本云」として「（天応　筆者注）二年正月坐㆑事除㆓官位㆒。延暦二年正月有㆓免罪㆒。更任㆓三木㆒。春宮大夫。左大弁。」、「弁官補任云」として「天応元年閏正月坐レ事者」、「又云」として「天応二年正月坐レ事除二官位一」とある。「或本」の記載にはいくつかの錯誤がある。「延暦二年正月有二免罪一」は、伯麻呂が延暦元年（七八二）二月三日に死去したことが確認できるので（『続日本紀』同日条）事実に反する。「春宮大夫」「左大弁」は家持の官職であり、家持の経歴が混入したとみられる。なお、「弁官補任」が「天応元年閏正月」とするのは単なる誤記であろう。このようにいくつかの史料に処罰されたことが見え、これは事実で伯麻呂も氷上川継事件で解任された可能性があるのではないか。ただし、『続日本紀』の処罰者にその名はない。事実であれば当然記載されたはずであり、この点の疑問は残る。伯麻呂の処罰も事実とみておきたい。

家持や伯麻呂が氷上川継・不破内親王とどのような関係にあったのかは不明である[49]。この事件は桓武天皇への明確な反逆であり家持を首謀者とする見解もあるが[50]、通説のとおり処罰のあり方からみて、重大な事件とは考えにくい。

延暦元年六月一七日に家持は陸奥按察使・鎮守将軍を兼任することになり（『続日本紀』同日条）、三年二月に持節征東将軍となった[51]。延暦二年一一月一二日に弟麻呂が常陸介で征東副将軍を兼任した。これは、めだった戦果を挙げることのできなかった宝亀一一年（七八〇）からの蝦夷戦争を継ぐものであった。延暦二年五月一五日に益立が兵部大輔に任命されたのもこれと連動するかもしれない（『続日本紀』同日条）。ここにも蝦夷戦争と大伴氏の深い連関をみることができる。しかし、この計画は結局、実施されなかった。家持は延暦二年七月一九日に中納言に昇進し、四年八月二八日に死去した（従三位　中納言・春宮大夫『続日本紀』同日条）。

家持の死去から二〇日程度たった時、藤原種継暗殺事件が起きた。この事件についてさまざまな議論があり、実態を把握することはむずかしい。大伴氏で処罰された人物は以下のとおりである。

家持（従三位・中納言・春宮大夫）：除名
継人（従五位下・左少弁）：斬
真麻呂（従五位下・主税頭）：斬
竹良（位階不明・右衛門大尉）：斬
永主（従五位下・右京亮）：隠岐配流[52]

夫子（位階不明・大和大掾）も加担した者のなかに見えるが、処罰の状況は不明である。『日本三代実録』貞観八年（八六六）九月二二日条（伴善男伝）によると、継人の子国道も佐渡国へ配流されたらしい。なお、ここでは継人について「繋二死獄中一」と見える。

この事件の焦点は皇位継承と長岡京遷都である。ここでは事件そのものの詳細な分析は行わず、大伴氏に関わる限りで論じたい。『日本紀略』延暦四年九月二八日の詔に「（大伴家持らが　筆者注）式部卿藤原朝臣乎殺之朝廷傾奉　早良王乎為レ君止謀気利」とある（『日本紀略』同日条）。これによると、この事件は桓武天皇を廃して早良親王を擁立することを目的としたことになる。しかし、早く北山茂夫が指摘するように、これには疑問がある。北山は詔のままに理解すると、継人らは藤原種継を傷つけた後、謀反への行動を思いとどまらざるをえなかったことになることや、彼らの結集した兵力が貧弱であったことを問題とし、種継暗殺という単純な性質のものであったと結論する。このような、早良親王の擁立ではなく種継の暗殺そのものが目的であったとするのが現在の通説と考えられる[53]。

種継暗殺と桓武の廃位は、桓武がいかに種継を重用したにしても直接つながらず、両者の間により強力な行動（おそらく軍事行動）が必要である。詔の認識あるいは論理には飛躍がある。大伴継人・佐伯高成の自白に「故中納言大伴家持相謀曰　宜二唱大伴佐伯両氏一　以除二種継一。因啓二皇太子一　遂行二其事一」とある。詔は彼らの自白に基づき内容を把握したのであろうが、継人らの自白自体がなんらかの歪曲を受けていたのであろう。基本的に北山の見解に従うべきであると考える。実際に軍事行動が行われることはなかったが、継人らの構想では「大伴佐伯両氏」がその主体であった。ここでも大伴氏が軍事と関わらせて論じられたことは興味深い。さらに、家持の関与についても肯定、否定、さまざまな見解がある[54]。これも継人らの自白によると、家持も含めて謀議がなされ、早良親王に啓して実行したことになるが、その信頼性はさらに検証されるべきである。

この事件において早良親王の擁立は計画されていなかったが、種継を暗殺した背景に早良をめぐる問題が存在したことは事実である。それは早良の皇太子としての地位が決して安定していたのではないことに起因した。村尾次郎[55]や林陸朗は、早良と種継は不和であり大夫家持を中心として春宮坊は反種継派の拠点のごとき様相を呈していたとした。木本好信はさらに、種継が安殿親王の立太子を画策したことが早良に不安をいだかせたとした[56]。早良親王の地位が桓武の子の存在によって安定しえなかったことは事実であろう。皇后藤原乙牟漏の所生子の安殿親王だけではなく、藤原吉子の所生の伊予親王も誕生していた[57]。まだ成年には達していなかったが、吉子の父は右大臣藤原是公であった。

早良と種継の不和は『水鏡』によるが、それが歴史的な事実であるかどうかはやはり疑問が残る。春宮大夫の家持が早良と政治的立場を同じくすることは当然であるが、家持を反種継派の中心と評する背景に大伴氏の伝統的性格、すなわち、反藤原氏であることがよこたわる。この点は必ずしも具体的な根拠をともなって論じられてきたわけではない。この前提を取りはらってみると、家持はむしろ、種継をはじめ藤原氏に近い人物なのではないかとの推測に行きつく。前述したように、家持は政治的に藤原良継につながる人物であった。したがって、良継やその弟百川の功績を継ぎ、藤原乙牟漏や所生子を後見する地位にある種継とも密接に結びついていたであろう。種継にとっても、そのような人物が早良親王の周辺にいることは好ましいことであっただろう。ここに、特に彼らが対立する要因は見いだしがたいと思われる。さらに、当時、大納言であった藤原継縄は家持の女婿であった。藤原吉子の父是公は豊成の弟乙麻呂の子で、継縄は豊成の第二子である。家持は吉子の周辺ともつながりを有した可能性がある。家持は官職は中納言でしかないが、このように早良親王をはじめ桓武の子やその周辺とつながる数少ない有力貴族であったのである。早良親王にとって家持の存在は自己の地位の安定のために、きわめて重要な要素であったにちがいない。

家持のこの事件への関与の有無は判断しにくいところであるが、主体的に関与しなかったとする見解が穏当ではないかと考える。早良親王の地位は極端に不安定であったのではないとみられる。家持を媒介として早良親王と桓武の子たちの間に、それなりの安定がもたらされていたとさえ考えられる。むしろ、その死後、事態はより深刻になったのではなかろうか。北山茂夫が継人らが家持の訃報に接し、それに触発されて暗殺の行動へと突入したとするのが妥当な解釈であると考え、それに従いたい。ただし、北山の解釈では、なぜ家持の死去がこの動きをもたらしたかについて論じられていない。家持に、慎重派であり古い伴造意識から抜け出していないとの評があり、慎重な態度の家持がいなくなったために、継人らが暗殺に向かったと理解したように解釈できる。この点について、前述の家持の特殊な地位が関わると思われる。

長岡京遷都の問題はまず、早良親王に関して説かれる。山田英雄[58]は、早良はもと東大寺にあり造東大寺司の官人が立太子後の春宮坊の官人になったことから、東大寺と深い結合を有し、遷都を阻止しようとしたとの見解を示した。現在ではこの見解に対する批判もあり、さらにこの点そのものの検討が必要である[59]。通説では大伴氏も遷都に反対する側に置かれるのであるが、その根拠はやはり大伴氏の伝統的性格（平城京に都を置いた天武系天皇家への忠誠）である。村尾次郎は大伴氏は平城の朝廷に忠誠を誓った氏であり、遷都派（山背派）と対立し、家持を持節征東将軍として陸奥国に追いやり留守の間に長岡京遷都が公表されたとし、林陸朗もこの見解を継承した。しかし、大伴氏、たとえば家持が長岡京遷都に対してどのような立場をとったかはよくわからないのではなかろうか。大伴氏の性格をもとにした推測にすぎないのではなかろうか。この論点はいまだ論証された見解とはいいがたく、不明とせざるをえないのではないか。

以上のように、藤原種継暗殺事件における大伴家持について、特に強く大伴氏の伝統的性格を前提とする推論が現れている。これが、少なからず事実をゆがめてしまったことは否定できないのではなかろうか。

藤原種継暗殺事件で多くの人物が処罰されたが、もちろん、無関係の人物もいた。まず、潔足[60]は事件の段階で従四位下で近衛中将であったが、その後、大蔵卿・衛門督を歴任し、延暦九年二月二七日に参議に任命された（従四位上『続日本紀』同日条）。『公卿補任』によると一一年に死去した。その系譜も不明である。同じく『公卿補任』延暦九年条に「兄麿之子」とみえるが、天平宝字二年正月五日に山陰道問民苦使に任命されており（『続日本紀』同日条）、橘奈良麻呂の変で処分を受けた兄麻呂の子とは考えにくい。

弟麻呂は事件の時に従五位上であったが、その後、昇進し、延暦一〇年正月七日に従四位下となり、七月一三日に征夷大使に任命された（『続日本紀』同日条）。一一年閏一一月二八日に辞見して陸奥に向かったようであるが、いったん帰京し、一三年正月一日にふたたび出発した（この時、征夷大将軍）。延暦一四年正月二九日に帰還して朝見し、二月七日に詔により爵級を加えられた（いずれも『日本紀略』同日条）。おそらく従三位に昇進したのであろう。『公卿補任』にこの年の従三位昇進が見える。大同元年（八〇六）二月二〇日に致仕し（『日本後紀』同日条）、四年五月二八日に死去した（『日本紀略』同日条）。弟麻呂が蝦夷戦争の功績により昇進したことは明白である。さらに、弘仁二年（八一一）の文室綿麻呂を征夷将軍とする軍事行動においても、出羽守大伴今人が征夷副将軍に任命された（『日本後紀』同年四月一七日条）。

益立や不破麻呂のこの時期の動向はまったく不明である。ほかに従五位の人物がいくらか見られる程度である。大同元年三月一七日に桓武天皇の遺勅により、藤原種継暗殺事件の関係者の復位が行われた。家持は従三位、継人は正五位上、真麻呂・永主も従五位下へ復された（『日本後紀』同日条）。

おわりに

以上の考察を要約すると次のようになる。

(1)持統八年（六九四）正月二日の大伴御行の氏上への任命は大伴氏の本宗家を定めたもので、これが以後、氏内で氏上（議政官）を輩出する最上位の特権的集団と位置づけられたと考えられる。それは御行を中心として、弟の大伴安麻呂の一族をも含むものであった。

(2)八世紀初頭では本宗家から連続して議政官が誕生したが、大伴旅人の死後、大伴道足・牛養・兄麻呂と必ずしも本宗家でなくとも、特に天皇や藤原氏と密接に結合した人物が議政官となった。その理由は、まず、本宗家が人的に弱体化したことであるが、全体として天皇との特殊な関係が議政官への登用の大きな要素となったことがあった。

(3)大伴旅人・宿奈麻呂の死去後、弱体化した本宗家は婚姻関係を利用して再構築がはかられ、旅人の実子家持をはじめ大伴古麻呂・駿河麻呂がその中心となった。しかし、橘奈良麻呂の変および藤原良継事件によって本宗家は大きな打撃を受けた。

(4)その後、大伴氏は蝦夷戦争の進展にともない、その政治的地位を回復した。大伴駿河麻呂は蝦夷戦争の功績により議政官に進み、その後、伯麻呂・家持も議政官に進んだ。この時期は、蝦夷戦争を背景として大伴・佐伯氏の伝統に基づく軍事的性格が強く意識された。

(5)大伴家持は延暦初期の政治において皇太子早良親王だけでなく、藤原種継・藤原乙牟漏、藤原是公・藤原吉子ともつながる、特に皇位継承に関わって重要な位置にあった。その死後、早良の地位が不安定になり種継暗殺事件が起きた。

政治的に大伴氏が藤原氏の対極に位置し、藤原氏に敵対していたとする解釈はやはり問題があると思われる。藤原氏との婚姻関係は決して薄いとはいえず、それは他の氏と同様に政治的に大きな意味を持ったはずである。たとえば、旅人の死去後の状況は大伴氏の藤原氏との密接な連携を想起させるし、延暦初期の大伴家持の場合も同様であったと思われる。従来の研究では、この側面は存在は認識されながらも切り捨てられてきたように思われる。改めて検討されるべきであると考える。

また、大伴の伝統的な性格とされてきた軍事的性格についても、さらに付加すべき点がある。大伴氏の軍事的性格が強く意識されたのは、律令体制の確立以後では天平宝字期から延暦初期頃までの蝦夷戦争が重大な政治的課題となっていた時期においてであることに注目すべきである。大伴家持の「喩レ族歌」はもちろん、橘奈良麻呂の変においても、大伴および佐伯氏の伝統がしばしば語られた。ここでは、対立する両陣営から大伴氏や佐伯氏の武力が注目され、橘奈良麻呂らは大伴古麻呂の陸奥国赴任を軍事的に利用することを計画していた。藤原種継暗殺事件でも実体はともなわなかったようであるが、大伴・佐伯氏の武力が考慮されていた。

このように、大伴氏の軍事的性格が強く意識され、それが政治過程におけるひとつの要素とまでなったのはこの時期が中心である。大伴氏の内部で、それが常に意識された可能性はあると思われるが、貴族層全体、あるいは天皇家をも含めて拡大し、大きな意義を持ったのは蝦夷戦争の遂行期に限定されるのではなかろうか。大伴氏の軍事的性格についても、ある程度、限定的にとらえることが必要なのではなかろうか。そして、このことは大伴氏の武力の内容をも暗示する。それは大伴氏の誰かが蝦夷戦争において高位の官職につき、その地位を利用して武力を行使することである。決して、大伴氏が独自の強力な武力を有したわけではなく、もちろん、大和王権時代からの武力が温存されたわけでもない。

藤原種継暗殺事件が終着点となった。その後にも、大伴国道・伴善男などの人物がみえるので、さらに考察を加える必要がある。その点では明確に完結したものにはなっていない。国道・善男の父子はやはりここまで述べてきた人物たちとは異なるようにみえる。彼らの姿は文人のそれであり、その段階の貴族のあり方と相即的であり、そのなかで検討を加える必要があると考える。

註

（1）当該期の大伴氏を対象とした研究として高島正人「奈良時代の大伴宿祢氏」（同『奈良時代諸氏族の研究』〈吉川弘文館　一九八三年〉）がある。大伴氏を概観した近年の研究として荒木敏夫『敗者の日本史4日本古代の勝者と敗者』（吉川弘文館　二〇一四年）がある。

（2）『日本書紀』天武元年六月二四日条に「猟者之首」として大伴朴本大国がみえる。これは複姓氏族であり除外する。

（3）本書第二部第二章「阿倍氏」

（4）阿部武彦「古代族長継承の問題について」（同『日本古代の氏族と祭祀』〈吉川弘文館　一九八四年〉初出一九五四年）、西野悠紀子「八世紀官僚貴族の氏」（岸俊男教授退官記念会編『日本政治社会史研究　中』〈塙書房　一九八四年〉）

（5）長山泰孝「古代貴族の終焉」（同『古代国家と王権』〈吉川弘文館　一九九二年〉初出一九八一年）。なお、この点の詳細は本書第二部第二章「阿倍氏」を参照されたい。

（6）『公卿補任』大宝元年条・大伴安麻呂尻付には「三月十九日任之。授㆓従三位㆒。廿一日停㆓中納言㆒為㆓散位㆒」とある。

（7）『続日本紀』和銅元年三月一三日条にも大納言任命（正三位）の記事がある。これは元明天皇即位の際の任官であり、この時に改めて広範な任官が行われたのである。

（8）阿部武彦「古代族長継承の問題について」（注4）

（9）西野悠紀子「八世紀官僚貴族の氏」（注4）

（10）虎尾達哉「『参議』号成立考」（同『日本古代の参議制』〈吉川弘文館　一九九八年〉初出一九九五年）

（11）なお、『公卿補任』天平元年条の道足の尻付に安麻呂の一男とみえるが、これはおそらく誤りであろう。『公卿補任』宝亀九年条の大伴伯麻呂の尻付では伯麻呂は馬来田の孫、道足の子と、『続日本紀』と同じ内容である。

（12）『新日本古典文学大系』補注も罪は赦されたものの、参議は辞したとみられるとする。

（13）四・五六七左注、八・一五四九題詞、八・一五五三題詞

（14）高島正人「奈良時代の大伴宿祢氏」（注1）

（15）西野悠紀子「八世紀官僚貴族の氏」（注4）

（16）北山茂夫『大伴家持』（平凡社　一九七一年）。以下、北山の見解はすべて本書による。

（17）たとえば『新日本古典文学大系』補注

（18）角田文衛「不比等の娘たち」（同著作集5『平安人物志　上』〈法蔵館　一九八四年〉初出一九六四年）は藤原殿刀自と推定する。

(19) 木本好信「藤原二郎について」(同『大伴旅人・家持とその時代』〈桜楓社　一九九三年〉初出一九八六年)、森田悌「大伴家持の妹」(『続日本紀研究』二五九　一九八八年)
(20) 仲麻呂の妻子について薗田香融「恵美家子女伝考」(同『日本古代の貴族と地方豪族』〈塙書房　一九九二年〉初出一九六六年)を参照。
(21) 本書第一部第一章「王家と貴族」
(22) 木本好信「大原今城と家持・稲君」(注19書　初出一九八八年)
(23) 大伴家持に関する近年のまとまった専論として鐘江宏之『大伴家持』(山川出版社　二〇一五年)がある。
(24) 概略的に梅村恵子『家族の古代史』(吉川弘文館　二〇〇七年)参照。梅村は旅人と坂上郎女の関係について、異母の兄弟姉妹間の結婚は必ずしも歓迎される形ではなかったとする。さらに、吉川敏子『氏と家の古代史』(塙書房　二〇一三年)が当該期の大伴氏の婚姻の状況を詳細に検討した。なお、以下、吉川の見解は本書による。
(25)『万葉集』八・一四四八、四・五八一〜五八四など。
(26) 布村一夫「『正倉院籍帳』における親族名称」(同『正倉院籍帳の研究』〈刀水書房　一九九四年〉初出一九五七年)
(27) 原島礼二「寄口の史的意義」(同『日本古代社会の基礎構造』〈未来社　一九六八年〉初出一九六六年)、南部昇「親族呼称の考察」(同『日本古代戸籍の研究』〈吉川弘文館　一九九二年〉初出一九七三年)
(28) 明石一紀「日本古代の親族名称」(同『日本古代の親族構造』〈吉川弘文館　一九九〇年〉初出一九八五年)
(29) なお、布村一夫は『万葉集』四・六三九から坂上郎女と家持の関係を姑・姪とするが、これは駿河麻呂の誤りである。
(30)『続日本紀』和銅七年一一月四日条
(31) 女婿を表す語に「聟」がある。明石一紀「日本古代の親族名称」(注28)に詳細な検討がみえる。明石の指摘するように、聟は多くは男(舅)と相応的であり姑・姪の関係と対照的である。聟は男からみて女子の夫、姪は女からみて女子の夫をさすことが一般的なのではなかろうか。ただし、旅人と古麻呂の事例は舅と女婿の関係である。
(32) 鐘江宏之「大伴古麻呂と藤原仲麻呂」(『学習院大学文学部研究年報』五一　二〇〇四年)、上村正裕「大伴古麻呂と奈

良時代政治史の展開」（『古代文化』六七―二　二〇一五年）が古麻呂の政治的地位や橘奈良麻呂の変との関わりを詳細に検討する。鐘江は古麻呂を旅人の兄弟田主あるいは宿奈麻呂の子とし、上村もやはり安麻呂・宿奈麻呂系とする。上村正裕「大伴氏系図復元に関する一試論」（『東洋大学大学院紀要（文学研究科）』五二　二〇一六年）もある。

(33)「伴氏系図」（『続群書類従』一八二）では古麻呂は家持の子とされる。これは明らかに誤りで、古麻呂と家持は同時に従五位下に昇叙した。

(34) 尾山篤二郎『大伴家持の研究』（大八洲出版　一九四八年）、森田悌「大伴家持の妹」（注19）

(35) 西野悠紀子「律令体制下の氏族と近親婚」（女性史総合研究会編『日本女性史1原始・古代』〈東京大学出版会　一九八二年〉）

(36) 本書第一部第二章「内外階制と貴族」

(37) 天平宝字元年七月八日法隆寺献物帳（『大日古』四176）および七月二六日東大寺献物帳（花氈屏風帳　『大日古』四177）

(38) 西野悠紀子「八世紀官僚貴族の氏」（注4）

(39) 岸俊男「天平政界と家持」（同『宮都と木簡』〈吉川弘文館　一九七七年〉初出一九七六年）、木本好信「大原今城と家持・稲君」（注22）

(40)『続日本紀』同日条によると、多治家主とともに御前に召されて四位当色を与えられ、四位の列に加えられた後、授位された。『新日本古典文学大系』補注は老齢のためとする。

(41) 中川収「藤原良継の変」（同『奈良朝政治史の研究』〈高科書店　一九九一年〉初出一九六〇年）

(42) 伯麻呂もこの事件に関わった可能性がある。天平宝字八年正月七日の任官で伊豆守に任命され、天平神護元年正月七日に藤原仲麻呂の乱の功により叙位された。いずれも『続日本紀』同日条。

(43) 北山茂夫も必ずしも左降とはいえないにしても、家持の失意は深かったと述べる。

(44) 呰麻呂・人成は史料的な終見の後であり、生存の可能性は低いと考え除外した。

(45) 宝亀一一年三月二八日任命の征東大使藤原継縄が大伴家持の女婿であったこと、同年九月二三日任命の持節征東大使藤原小黒麻呂が大伴伯麻呂の女婿であったことも注目される。特に小黒麻呂の場合、父を早くに亡くしており、伯麻呂との関係が彼の経歴に重要な意味を持ったのではなかろうか。

(46) 初出段階では、ここで、本書第一部第一章「王家と貴族」におけるこの歌への論及に対する修正を行った。本書収録にあたり、修正後の見解を記述する形に改めた。また、第一部第一章の記述も改めた。

(47) 吉川敏子が、伯麻呂が藤原永手と歩調を合わせて昇進したこと、永手の死去の時に喪事を監護したことから、永手と良好な関係にあったとする。永手は光仁天皇擁立の中心であり、光仁が伯麻呂を重用したことにつながるであろう。

(48) いずれも『続日本紀』。人足（宝亀九年二月四日条）、清麻呂（宝亀一〇年一一月二八日条）、真綱（宝亀一一年三月二九日条）、中主（延暦元年閏正月一七日条）。

(49) 目崎徳衛「三形王について」（同『平安文化史論』桜楓社　一九八三年）、木本好信「氷上川継事件と藤原浜成」（同『奈良時代の政争と皇位継承』〈吉川弘文館　二〇一二年〉初出二〇〇六年）は、『万葉集』（二〇・四四八三、四四八八、四四九〇など）の分析から、家持と事件に加担した三方王との親交を処罰の理由とする。

(50) 井上満郎『桓武天皇』（ミネルヴァ書房　二〇〇六年）

(51) 『続日本紀』同年同月己丑条。ただし、この月に己丑はない。

(52) 家持は『続日本紀』延暦四年八月二八日条の大伴家持伝、継人以下は『日本紀略』延暦四年九月二四日条による。

(53) 林陸朗『長岡京の謎』（新人物往来社　一九七二年　以下、林の見解はすべて本書による）、栄原永遠男「藤原種継暗殺事件後の任官人事」（中山修一先生古稀記念事業会編『長岡京古文化論叢』〈同朋舎出版　一九八六年〉）、木本好信「藤原種継暗殺と早良廃太子の政治的背景」（同『藤原式家官人の考察』〈高科書店　一九九八年〉初出一九九七年）、同「大伴家持と平城京の政界」（同『万葉時代の人びとと政争』〈おうふう　二〇〇八年〉初出二〇〇七年）、同「藤原種継の暗殺事件と早良廃太子」（注49書　初出二〇一一年）、同『藤原種継』（ミネルヴァ書房　二〇一五年）、関根淳「皇太子監国と藤原種継暗殺事件」（『ヒストリア』二四〇　二〇一三年）など。最近では井上満郎『桓武天皇』（注50）が早良擁立を事実とする。

(54) 詳細な研究史整理は木本好信「藤原種継暗殺と早良廃太子の政治的背景」(注53)を参照。
(55) 村尾次郎『桓武天皇』(吉川弘文館　一九六三年)。以下、村尾の見解はすべて本書による。
(56) 木本好信「藤原種継暗殺と早良廃太子の政治的背景」(注53)など。西本昌弘「藤原種継暗殺事件の再検討」(『歴史科学』一六五　二〇〇一年)、米田雄介『藤原摂関家の誕生』(吉川弘文館　二〇〇二年)、春名宏昭『平城天皇』(吉川弘文館　二〇〇九年)も早良自身の問題に言及し、最近では、関根淳「皇太子監国と藤原種継暗殺事件」(注53)が、早良親王が藤原種継と対立し皇位継承問題を背景として種継暗殺を認可したとし、柴田博子「早良親王」(吉川真司編『古代の人物4平安の新京』清文堂出版　二〇一五年)も長岡京造営や皇位継承などを要因とする早良と種継の不和を主張する。
(57) 山本幸男「桓武天皇と二十二人のキサキたち」(中西智海先生還暦記念論文集『仏教と人間』永田文昌堂　一九九四年)によると、伊予親王の生年は宝亀九～一一年である。
(58) 山田英雄「早良親王と東大寺」(『南都仏教』一二　一九六二年)
(59) 西本昌弘「藤原種継暗殺事件の再検討」(注56)、関根淳「皇太子監国と藤原種継暗殺事件」(注53)
(60) 吉川敏子の指摘するように、その女子はこの事件で処罰された藤原雄依の妻であったと思われる。

第二章　阿倍氏

はじめに

阿倍氏は古代における臣姓の有力氏族のひとつとして著名な存在である。その地位が確立する時期について、いまだ定かでないところもあるが、遅くとも七世紀には確実に有力豪族のひとつであった。七世紀後半に律令体制が導入され国家体制が改まった後も、阿倍氏は引き続き門閥貴族として存在したことはまちがいない。ここではこの時期から九世紀初頭頃までを対象として、官職および政治過程における阿倍氏の姿を改めて考察し、貴族としての政治的地位や氏の構造を解明する。

その意味において、当該期における阿倍氏の基礎的事実を確定していく作業が中心となる。(1)これまで政治過程の個々の局面で阿倍氏の人物に言及されることはあったが、総体としてとらえた研究は少ないように思われる。(2)

筆者は、かつて八世紀の王権と貴族について次のような指摘をしたことがある。(3)八世紀前半の王権は天智天皇を天命を受けた創始者と位置づけ、その創業に功績のあった豪族の子孫が門閥貴族を形成する構造になっていた。それは七世紀後半以来の国制改革（律令体制の導入）の帰結であった。しかし、天平九年（七三七）の伝染病の大流行以降、王権は急速に仏教に傾斜してゆき仏教の持つ護国思想を王権を支える論理とするにいたった。これにともなって王権と門閥貴族全体との人格的な結合が揺らぎ、親族関係などに基づき特定の貴族（藤原氏）が突出するようになった。これは政治体制の構造的な改革であった。

このように、伝染病の大流行をはさんで、門閥貴族たることの政治的根拠が王権の創始者に仕奉した者の子孫であることから、現王権と親族関係のような特別な紐帯を有する者であることへと変化したとの見通しを示した。阿倍氏という門閥貴族を素材としてこの見通を詳細に論じてみたい。

具体的な考察を展開する前に、阿倍氏の複姓についてここで確認しておく。すでに指摘のあるように、当該期の阿倍氏はいくつかの複姓氏族に分裂していた。加藤謙吉[4]によると、中央官人として活動し実際に血縁的親族関係にあったと思われる氏族として、内・許曽倍（巨曽倍）・引田・久努・布勢（普勢）・狛・他田（長田）氏（冒頭の阿倍は省略）があげられ（A群）、小殿氏もそれに近い可能性があるという。いっぽう、八世紀後半には主に東北地方の氏族が阿倍氏の複姓を与えられたが（B群）[5]、ここでは彼らは無関係である。

加藤は小殿氏についてA群の可能性を論じ、阿倍朝臣賜姓が遅く本宗家との結びつきは堅固ではなく、実際の血縁的な結びつきはなかったと推定した。『続日本紀』天平神護二年（七六六）三月三日条に、伊予国人秦毘登浄足らに阿倍小殿朝臣を賜姓したことがみえる。彼らは、難波長柄朝廷の時代に伊予国に派遣された阿倍小殿小鎌が当地の秦首氏の女性を娶り生まれた子の後裔であり、ここまで母の姓によっていたという。これは孝徳期に阿倍小殿氏が存在したことを示す。さらに浄足らのみが阿倍小殿氏なのでもない。孝徳期に都に居住し伊予国に派遣された人物の存在が示される。また、小鎌はその子孫が朝臣の姓を与えられたことからしても、上記A群の諸氏と変わるところはない。したがって、小殿氏もA群の氏族であるとみて問題はないのではなかろうか。以上のように、本来的な阿倍氏は当該期には少なくとも八氏の複姓氏族からなっていたと考えられる。複姓氏族の形成の時期は、これらの氏族が史料上にみえる七世紀初頭頃を大きくはさかのぼることはないであろう。

一　門閥貴族としての阿倍氏の誕生

七世紀後半は律令体制の導入にともなって氏の再編が行われた時期である。それについてさまざまに議論が展開されてきたが、いまだに共通認識に達していない部分も残る。まず、このような氏の再編期における阿倍氏についで考察を試みたい。

当該期では、いわゆる大化新政府において左大臣に任命された阿倍内麻呂（倉梯麻呂）が著名である。この人物について関晃[6]の研究があり、広く受け入れられている。それによると、阿倍内麻呂は複姓の阿倍内氏であり、推古期に活躍する阿倍内鳥の子で、舒明擁立に関わって史料に見える阿倍麻呂と同一人であった。ここでも関の見解を前提に議論を進めたい。

加藤謙吉[7]は阿倍内臣（鳥および麻呂）に共通する特徴として阿倍（単姓）と複姓の併用の事実をあげた。すなわち、鳥および麻呂は阿倍と単姓で表記されるケースと阿倍内と複姓で表記されるケースがあった。これに対して、ほかの複姓氏族の場合、単姓では下半部の氏名で表記されたこと、布勢御主人が氏上に任命されて阿倍（単姓）を名のり、引田宿奈麻呂が阿倍（単姓）を賜姓されたことから、これらの氏族は鳥・麻呂が本宗家であるのに対して傍系の氏族であったと結論した。

史料上の表記に注目すると、確かに鳥・麻呂と御主人・宿奈麻呂の間にはこのような相違が存在することに気づく。加藤の見解はこの相違を氏内部における地位の相違と考えたものである。しかし、すでに竹本晃[8]が指摘するとおり、この評価には問題があるように思われる。竹本は阿倍引田比羅（邏）夫の氏名の表記に注目し、比羅

表Ⅰ　『日本書紀』にみえる阿倍比羅夫の表記

番号	日付	表記	内容
1	斉明4.4条	阿陪臣（闕名）	北方遠征
2	斉明4是歳条	阿倍引田臣比羅夫	北方遠征
3	斉明5.3是月条	阿倍臣（闕名）	北方遠征
4	斉明6.3条	阿倍臣（闕名）	北方遠征
5	斉明6.5是月条	阿倍引田臣（闕名）	北方遠征
6	天智即位前紀	阿倍引田比邏夫臣	百済救援
7	天智2.3条	阿倍引田臣比邏夫	百済救援

夫が阿倍比羅夫と称されたことがあり、阿倍内臣を本宗家とする加藤の見解と矛盾するとし、阿倍（単姓）と複姓の表記を氏上を識別する表記とみた。

もう一度、事実を確認しておく。比羅夫は『日本書紀』において斉明四年（六五八）から天智二年（六六三）までの間にその名が見える（表Ⅰ）。表記は阿倍（陪）臣（闕名）、阿倍引田臣比羅（邏）夫、阿倍引田臣（闕名）の三種類がある（「闕名」は分注）。このうち、東北遠征に関わる1～5について、すでに系統の異なる原資料が用いられたことが指摘される。ここでは詳細は述べないが、実録的な政府記録と阿倍氏の家記の二系統の原資料が存在するとした坂本太郎の見解(9)を基本的に継承し、修正を加えた熊谷公男の見解に従いたい(10)。

熊谷によると、1および3～5は阿倍氏の家記に基づき、2が実録的な記事である。家記にもとづく記事はすべて「闕名」と注記される。そのなかに「阿倍臣」と「阿倍引田臣」の二種の表記が見えることが注目される。これは比羅夫が阿倍引田臣比羅夫とも、単に阿倍臣比羅夫とも呼ばれたことを示唆すると思われる。家記は、熊谷によって、阿倍氏の征討を誇大にみせようとする意図をもつものの、説話的な部分においてもおおむね事実に基づくと評されており、二種の表記（呼称）が阿倍氏の家記においてのみならず、実際に行われた可能性は強い。

やはり、比羅夫の事例は加藤の見解が成立しえないことを示すと思う。竹本の指摘のほかに、比羅夫の子の宿奈麻呂が引田から阿倍（単姓）へと賜姓された点も問題であろう。加藤の見解によると、宿奈麻呂は傍系的な氏族であった。これはやはり矛盾である。比羅夫と宿奈麻呂の間では、さしあたり阿倍布勢御主人が政治的に高い地位を占めた。御主人の登場以後は比羅夫の一族は傍系となったともいいうる。しかし、比羅夫の功績を考慮すれば、その一族はやはり有力であったことはまちがいなく、子らも高い地位を維持したとみるほうが自然なのではなかろうか。表記の相違を氏内の地位の相違とみる加藤の見解はやはり成立しえないように思われる。

さて、加藤だけではなく、竹本も麻呂・比羅夫と御主人・宿奈麻呂を一括して考察した。この点は妥当であろうか。麻呂・比羅夫は阿倍（単姓）でも複姓でも表記される。いっぽう、御主人や宿奈麻呂は賜姓されてはじめて阿倍（単姓）を名のり、それ以後、複姓で表記されることはない。ここに時期による差異を想定すべきなのではなかろうか。この間にはいわゆる氏族政策が実行され氏の再編成が行われた。これを考慮に入れる必要があるのではなかろうか。

当該期の氏族政策とはいわゆる甲子宣に始まり、天武期の諸政策に続いたものである。これに関する研究の蓄積は膨大である。平野邦雄(11)の研究がもっとも詳細で、現在でも依拠すべきものと思われる。まず、甲子宣は冠位、氏上・家部・民部の二系列の改革であるとして、それに続く氏上の任命や氏の範囲の確定について詳細な考察を展開した。ここで注目されるのは、位階を氏上の決定や氏の範囲の確定と結びつけたことである。天武九年（六八〇）・一〇年の賜姓の検討を行い、個人に対して賜姓が行われ、それは氏上またはそれに準ずるものが対象であり、小錦下位と連がほぼ対応関係にあり、その結果、連＝小錦下位＝氏上の関係が次第に明確になっていった、とした。そして、一一年以後、氏ごとの賜姓が行われたが、それは氏上の資格の決定に連動する氏の範囲の確定であったと結論した。これら諸政策の意義について、冠位が氏の資格の基準とされ、冠位制を前提として氏が区分された点において臣・連・伴造の区分とは原理を異にし、氏は冠位制を前提に新たに序列化された、と指摘した。きわめて概略的であるが、当該期の氏族政策とは、冠位制と連動する氏上の任命および賜姓とそれにともなう氏の範囲の確定を主要な内容とするものであったととらえておきたい。

布勢御主人は持統八年（六九四）正月二日に氏上に任命された。その後、大納言、右大臣と昇進し、大宝三年閏四月一日に死去した。氏名の表記は氏上の任命以前は布勢朝臣御主人であるが、以後は阿倍朝臣御主人で明確に区別される。これは『日本書紀』『続日本紀』の改訂の可能性もあるが、実際の呼称を反映すると考えておきたい。ただし賜姓の記事はない。『続日本紀』大宝元年七月二一日条は唯一の例外である。この記事は「先朝」（天武期）の功封の伝領に関するものであるが、ここには「阿倍普勢臣御主人」と見える。この記事では記載される人物一五人がすべて八色姓制以前の姓を持つ。御主人の場合も朝臣ではなく臣である。天武期の功封支給時の何らかの記録を反映すると考えられている[12]。これに従えば、「阿倍普勢臣御主人」の表記は氏上の任命以前のものになる。

御主人についで氏上となったのが宿奈麻呂であった。御主人の死去の翌年、慶雲元年（七〇四）一一月一四日に引田朝臣宿奈麻呂が阿倍朝臣を賜姓された。この時、従四位下であった。その後、中納言・大納言と昇進し、養老四年（七二〇）正月二七日に死去した。氏上の任命の記事は見えないが、御主人の死去の段階で阿倍氏の最上位にいたのは宿奈麻呂であり、御主人の席をうめるように慶雲二年四月二二日に中納言に任命され、議政官となったこともそれを示唆するであろう。この二例の場合、氏上に任命されることと阿倍朝臣を賜姓されることはリンクしたことがわかる。先の竹本の指摘が注目され、その指摘のとおり阿倍（単姓）が氏上の地位を示したことは承認できる。しかし、御主人・宿奈麻呂ともに氏上就任後に複姓で表記されたことはなく、御主人には氏上就任前に複姓で表記された事例がある。阿倍（単姓）のみが氏上の地位とリンクしたのであり、複姓は一般的な表記であった。

氏上就任後の宿奈麻呂について、『続日本紀』和銅五年（七一二）一一月二〇日条に注目すべき事項がみえる。この日、宿奈麻呂は引田朝臣迩閇・引田朝臣東人・引田朝臣船人・久努朝臣御田次・長田朝臣太麻呂・長田朝臣多祁留の六人を本姓にもどすことを言上し、詔によって許可された。その根拠は「実是阿倍氏正宗　与二宿奈麻呂一無レ異」ということであった。引田朝臣迩閇はこれ以後、阿倍朝臣迩閇と見えるので[13]、本姓にもどるとは阿倍（単姓）になることである。ほかの人物について以後の氏名を確認することができない。また、宿奈麻呂とこれら六人の血縁関係などは不明である。

引田氏ではこれ以後も引田朝臣を名のる人物が見える。すなわち、引田朝臣真人・引田朝臣秋庭・引田朝臣虫麻呂である[14]。さらに他田氏の場合、次に述べる他田万呂が確認される。したがって、少なくとも引田朝臣および他田朝臣のすべてがこの時に阿倍朝臣を賜姓されたのではない。おそらく久努朝臣でも同様であろう。系譜関係などが不明であるので憶測の域を出ないが、この時、引田朝臣を中心として宿奈麻呂の近親のみが阿倍朝臣を賜姓されたのではないかと思われる。とすれば、これはまさに宿奈麻呂の氏上就任にもとづく氏の範囲の確定である。宿奈麻呂が氏上に任命されて阿倍朝臣を賜姓され、それにもとづいて氏の範囲を確定するために宿奈麻呂が自身の一族の賜姓を申請し承認されたのである[15]。

和銅四年一二月一二日に狛朝臣秋麻呂が本姓に復した。これは秋麻呂本人が申請し、根拠として「本姓是阿倍也。但当二石村池辺宮御宇聖朝一　秋麻呂二世祖比等古臣使二高麗国一　因即号レ狛　実非二真姓一」とある。これ以後、秋麻呂は阿倍朝臣秋麻呂と見えるので[16]、本姓にもどるとはやはり阿倍（単姓）になることであった。ここには宿奈麻呂の姿は見えないが、これも上の事例と同様に理解することができるのではなかろうか。また、養老元年（七一七）八月三日にも宿奈麻呂の言上による賜姓記事がある。ここでは他田臣万呂が「本系同族　実非二異姓」との理由で、阿倍他田朝臣を賜姓された[17]。これは阿倍朝臣の賜姓ではないので、宿奈麻呂の近親ではなかろう。万呂の本来の姓も臣で、この点からも傍証される。なぜ宿奈麻呂が賜姓の申請をしたのかは不明である。

ひるがえって、御主人の場合には氏の範囲の確定に関する記事は存在しない。しかし、その子広庭は『続日本紀』和銅二年一一月二日条に初見する段階から表記は阿倍朝臣広庭で例外はなく、御主人の一族に阿倍朝臣が賜姓されたことがわかる。当然、範囲の確定が行われたと思われる。宿奈麻呂のケースに布勢氏がみえないのもそのためであろう。布勢氏の中核部分は御主人の一族であり、御主人の段階ですでに阿倍朝臣となっていた可能性が強い。

御主人・宿奈麻呂のケースをみると、氏上の任命（就任）・賜姓・氏の範囲の確定からなる一連の作業が行われたことがわかる。つまり、氏のなかで有力者を氏上に任命し新しい氏を創出し、氏上を中心に一族の範囲を確定することが行われた。そして、それは前述した七世紀後半における氏の再編成の内容とほぼ合致する。したがって、これらのケースは時代はやや下る感はいなめないが、氏の再編の具体例として評価することができる。この二人の有力な貴族を中心にして旧来の阿倍氏から新しい氏が析出され、それに単姓の阿倍朝臣が与えられた。これが律令体制下の阿倍朝臣氏の誕生である。これ以後、史料にみえる阿倍朝臣氏とはすべてこの集団であったと考えられる。

具体的な手続きについて少し述べておく。天武一一年詔では氏人が氏上を定めて申送することになっていたが、この事例では明確ではない。その後、氏の範囲の確定が行われた。阿倍宿奈麻呂の事例をみれば、それは氏上の申請により天皇の認可を得て終了した。賜姓の権限が天皇に属することを考慮すれば、それは当然の手続きである。和銅五年の宿奈麻呂の申請では六名の人物があげられていたが、もちろん、彼らのみが賜姓を受けたわけではなく、彼らの戸全体が対象となったはずである。編戸を前提におそらく戸主を軸にして賜姓が実施されたと推測される。

御主人・宿奈麻呂はもとは布勢・引田朝臣氏に属した。同時期、さしあたり大化元年（六四五）から和銅五年までの期間には、この二人を除き、表Ⅱのような下半部（単姓）を氏名とする人物が見える。これらのうち、複姓で表記されるものが、二例（阿倍久努朝臣麻呂・阿倍狛朝臣秋麻呂）で、さらに前述の阿倍普勢臣御主人を加える

表Ⅱ　複姓の下半部を氏名とする人物（天平4年2月22日まで）

人名	日付	表記
布勢（欠名）	大化2．3．19	富制臣〈闕名〉
布勢耳麻呂	天智7．9．29	布勢臣耳麻呂
	大宝2．1．17	布勢臣耳麻呂(1)
	和銅1．3．13	布勢朝臣耳麻呂
久努麻呂	天武4．4．8	久努臣麻呂
	天武4．4．14	久努臣麻呂
	朱鳥1．9．29	阿倍久努朝臣麻呂
布勢色布智	持統6．7．2	布勢朝臣色布智
引田広目	持統7．6．4	引田朝臣広目
許曽倍陽麻呂	大宝1．6．11	許曽倍朝臣陽麻呂
狛秋麻呂	慶雲2．12．27	狛朝臣秋麻呂
	和銅1．3．13	阿倍狛朝臣秋麻呂
	和銅4．12．12	狛朝臣秋麻呂(2)
引田尓閇	和銅1．3．13	引田朝臣尓閇
	和銅5．11．20	引田朝臣迩閇(2)
引田東人	和銅5．11．20	引田朝臣東人(2)
引田船人	和銅5．11．20	引田朝臣船人(2)
久努御田次	和銅5．11．20	久努朝臣御田次(2)
他田太麻呂	和銅5．11．20	長田朝臣太麻呂(2)
他田多祁留	和銅5．11．20	長田朝臣多祁留(2)
布勢人	和銅7．12．26	布勢朝臣人
布勢広道	養老5．6．26	布勢朝臣広道
引田真人	養老7．1．10	引田朝臣真人
引田秋庭	養老7．1．10	引田朝臣秋庭
布勢国足	養老7．1．10	布勢朝臣国足
	天平1．3．4	布勢朝臣国足
	天平3．5．14	布勢朝臣国足
許曽倍足人	天平3．1．27	巨曽倍朝臣足人
	天平3．6．13	許曽倍朝臣足人

出典は『日本書紀』『続日本紀』。御主人・宿奈麻呂は除く。
(1)姓は朝臣の誤りと思われる。(2)阿倍朝臣賜姓。

と三例になるが、下半部（単姓）が通例であったことは承認されるであろう。時期的には大化二年から確認される。このような表記は阿倍（単姓）と複姓併用の段階から移行した状況であると考える。そして、それは氏上の任命・賜姓・氏の範囲の確定の作業を経た結果ではなかったと思われる。史料上、偏在し、明らかに甲子宣をさかのぼる大化二年の富制氏の例もあるが、おおむね天智期頃から複姓の下半部を氏とすることが広がったことは読み取れるのではなかろうか。

したがって、甲子宣以後のある時期に、阿倍氏の各複姓氏族を下半部（単姓）を名とする氏として編成することが行われたと考えておきたい。形式的に評すると、これらの諸氏は氏として独立し旧来の阿倍氏としての紐帯を失ったことになるが、そもそも当該期には実態としてそのような状況が進展し、それを氏の名のレベルでも明確化したのであろう。

ここでいちおうの結論を示す。阿倍氏は七世紀初頭頃からいくつかの小集団（親族集団）に分裂し、氏としての一体性を失いつつあった。甲子宣以後の氏族政策のなかで、それぞれに氏上の任命・賜姓および氏の範囲の確定を行い、各小集団がひとつの氏として成立した。この時、従来の複姓から原則として下半部（単姓）を氏の名とすることになり、阿倍（単姓）で表記されることはなくなった。御主人・宿奈麻呂が属した布勢・引田氏はこのような存在であった。そして、御主人・宿奈麻呂を軸にして再度、二人の一族という集団が析出されることになった(18)。それが阿倍（単姓）氏であり、阿倍氏の本宗家に位置づけられる集団であった。なお、これ以前においては、本宗家にしろ氏上にしろ特別な表記を持たず、阿倍（単姓）でも複姓でも表記されえたと考える。麻呂や比羅夫はそのような段階での事例である。

阿倍氏の場合、甲子宣以後の氏族政策のなかで二度の再編が行われたことになる。まず、八個程度の氏への分割であり、次にそこからの御主人・宿奈麻呂一族の析出である。前者は実際の存在形態に即した再編である。後者は御主人・宿奈麻呂（および比羅夫）の政治的な功績にもとづく特別な処置であり、この二つの集団が本宗家として阿倍氏（あるいは旧阿倍氏）の最上層に位置づけられたのである。この二度目の再編はおそらく、すべての氏にみられたものではないだろう。さしあたり太政官議政官クラスの人物に限定されたと考えている。最初に述べたように、当該期に貴族層の上層に位置し、政治的に顕著な功績のある人物の子孫が八世紀前半の門閥貴族である。これは門閥貴族の創出という意義をもち、限られた氏に対してのみ行われたと思われる。

このように二度の再編は別の意義を有するが、具体的な作業はまったく同じである。氏上の任命・賜姓・氏の範囲の確定である。この特定の個人を軸にして氏を再編することは、おそらくこれ以後もしばしば用いられた。その意味では当該期に固有のものではない。しかし、熊谷公男の指摘するように(19)、当該期の氏上とはこの時期に特定の目的から認定・登録された氏の首長であり、その意義は軽視されるべきではない。また、当該期の氏族政策が氏の組織・構造を明確化し、政治的な序列に編成するものであった以上、阿倍氏のように、複数回にわたって再編が行われることもありうることであった。

二　八世紀前半の政治と阿倍氏

本節では、八世紀前半を中心とする時期における阿倍氏の姿を検討してみたい。この時期は阿倍氏が門閥貴族の一翼を担い、権力を保持した時期である。

最初にこの時期における阿倍氏の構造を考察しておきたい。まず、前節で述べたように、最上層に位置するのが阿倍朝臣氏である。これは御主人・宿奈麻呂の一族で、彼らの子孫を中心とした。もとの氏でいえば、布勢・引田氏が中心であったが、それ以外の氏の構成員をも含んだことは宿奈麻呂の賜姓申請の事例からわかる。大同元年（八〇六）正月一七日、弘仁三年（八一二）二月二二日、弘仁三年四月一五日に阿倍小殿朝臣、阿倍長田朝臣が阿倍朝臣を賜姓され、阿倍朝臣の範囲が拡大した。これ以前において、阿倍朝臣を名のる人物はすべて御主人・宿奈麻呂の一族であった。別稿において、五位を越えて四位以上に昇進するのが族姓からみた門閥貴族であったことを論じた[20]。阿倍朝臣氏でも四位以上の人物が見え、天平四年（七三二）二月二二日の阿倍広庭の死去までまとめると、御主人（極位は従二位）・宿奈麻呂（正三位）をはじめ、広庭（従三位）・首名（正四位下）・尓閇（従四位下）・駿河（従四位下）・安麻呂（従四位下）である。阿倍朝臣氏が門閥貴族としての地位を保持したことはまちがいない。

それに続くのが内・許曽倍・引田・久努・布勢・狛・他田朝臣である。彼らはもともと阿倍氏の上層を構成していた集団である。同じく『日本書紀』『続日本紀』を対象に広庭の死去までまとめると、前掲の表Ⅱのようになる（御主人・宿奈麻呂は除外）。氏ごとの多少があり、布勢・引田朝臣が有力であったことがわかる。内朝臣は事例が存在しない。また、位階では布勢耳麻呂が和銅元年（七〇八）三月一三日に従四位下とみえる以外には五位を越える人物はいない。耳麻呂は天智七年（六六八）九月二九日に使として派遣され、輸御調船を新羅使に授けており、和銅元年はその四〇年後である。この時には相当の高齢であったことが推定され、特別なケースではなかったかと思われる。五位を越える阿倍朝臣と五位にとどまるこれらの諸氏という序列は明確である。

これら諸氏の姓は朝臣である。天武一三年一一月一日に阿倍臣は朝臣を賜姓された。すでに指摘のあるように[21]、この時の阿倍臣とは同族を含む、広く阿倍氏を構成する諸氏の総称であった。内・許曽倍・引田・久努・布勢・

狛・他田・小殿臣も同時に朝臣を賜姓されたと考えられる。私見によると、阿倍（単姓）氏が復活するのは御主人が氏上に任命された持統八年（六九四）であったから、この時には単姓の阿倍臣は存在しなかったことになる。これら諸氏はそのすべてが朝臣を賜姓されたわけではない。この記事では他田臣万呂が阿倍他田朝臣を賜姓された。ここで、先の養老元年（七一七）の阿倍宿奈麻呂の言上に注目したい。この記事では他田臣万呂が阿倍他田朝臣を賜姓された。万呂は朝臣姓ではなく臣姓である。ここに臣姓の他田氏の存在を確認することができる。彼らはもとは他田朝臣と同族であるが、八色姓では朝臣を賜与されることなく、臣のままにとどまったとみるのが自然であろう。ほかの諸氏では確認できないが、おそらく同じことであろう。したがって、彼らが阿倍氏のなかではもっとも地位の低い層であったと思われる。

なお、この時、他田万呂は阿倍他田朝臣の姓を与えられた。これは他田朝臣と同じ氏になったことを意味するわけではないと思われる。他田朝臣氏は阿倍を氏の名につけず、単なる他田朝臣であったと思われるからである。他田朝臣と阿倍他田朝臣はもとは同族であるにしても、この段階ではいちおう別の氏である。地位が異なるかどうかは不明である。天平神護二年（七六六）三月三日には伊予国の秦毘登氏が阿倍小殿朝臣を、神護景雲三年（七六九）三月一三日には陸奥国の丈部氏が阿倍陸奥臣・阿倍安積臣・阿倍信夫臣・阿倍柴田臣・阿倍会津臣を、宝亀四年（七七三）二月八日には下総国の日下部氏が阿倍猨嶋臣を賜姓された。これらはすべて複姓である。これらのうち、阿陪小殿朝臣は阿倍他田朝臣氏と同様の地位に位置づけられるのであろう。臣姓のケースはそれよりも下位になる。より下位の集団が阿倍の名を冠するのは不自然なようにも思われるが、別の氏（丈部・秦・日下部氏）の場合には、阿倍を冠することが阿倍氏との同族（擬制的）関係を明示する意義が大きかったという理由ではなかろうか。

以上のように、この段階での阿倍氏は本宗家である阿倍朝臣氏（御主人・宿奈麻呂の一族）を中核に、内・許曽倍・引田・久努・布勢・狛・他田・小殿朝臣や複姓の朝臣姓の諸氏がそれに次ぎ、さらに、これらの諸氏の同族であるが、臣姓の諸氏がもっとも外縁に位置するという構造であったと思われる。本宗家である阿倍宿奈麻呂が他田臣氏の賜姓を申請するなど、なんらかの紐帯は存在したと思われるが、さほど強固な同族関係を想定することはできないと思われる。

論を阿倍氏の上層にもどす。大宝律令施行の段階で氏上は御主人であった。その後、宿奈麻呂がその地位を継承し、その死後、御主人の子広庭[22]が氏上となった。御主人から宿奈麻呂への移行についてすでに述べたが、宿奈麻呂から広庭への移行について概観しておく。宿奈麻呂は養老四年に死去した。この時、広庭と首名が従四位上で並んでいた。翌五年六月二六日に広庭は正四位下であったが首名は従四位上のままで、七年正月一〇日に正四位下に昇進した。『公卿補任』養老六年条の広庭の尻付には五年正月壬子に正四位下に叙位されたとみえ、宿奈麻呂の死去をうけて正四位下叙位があったのであろう。これによって、広庭が首名の上位に立つことになり、宿奈麻呂の後継者となったと考えられる。

この御主人・宿奈麻呂・広庭は阿倍氏の議政官の系譜である。御主人は右大臣を極官として死去し（大宝三年）、二年後に宿奈麻呂が中納言となった。その後、宿奈麻呂は大納言に昇進し、在任のまま養老四年に死去した。その二年後の六年二月一日、広庭は「参議朝政」を命じられ、その後、中納言に昇進した。広庭は天平四年（七三二）に中納言在任のまま死去した。

このような連続する議政官就任について、すでに先学の言及がある。阿部武彦[23]は奈良時代初期には旧豪族が同一氏から一人を議政官に送り、その者が死んだ場合、他氏に優先して後継者を議政官に送りえたという傾向が存在することを指摘し阿倍氏の事例に言及した。しかし、この見解はその後、批判を受け、現在ではそのまま成立するとはいいがたい。長山泰孝[24]は八・九世紀の議政官を概観し、藤原氏以外の伝統的な有力貴族層は全体として衰退傾向にあり、当該期の議政官クラスの貴族は王権による選択を受け再編成されたものであると指摘した。さらに倉本一宏[25]も長山の論点を継承し、議政官に任命される要因として、高位者であること、重要な官職についていたこと、王権と個人的なつながりをもつことがあったとした。

長山や倉本の指摘するとおり、阿部の見解をそのまま継承することはできない。しかし、八世紀前半において、阿倍氏など少数の氏族が連続的に議政官を輩出したことは事実である。長山もこのような八世紀前半における特別な集団の存在を認めているように思われ、それに該当するものとして多治比・阿倍・大伴・石上・藤原氏をあげ、この五氏の特権的地位は大宝令制下の最初の太政官の構成者となった人物（多治比嶋・阿倍御主人・大伴御行・石上麻呂・藤原不比等）の存在に由来し、彼らが天武・持統期に王権と個人的に密接なつながりを持ったことによって獲得されたとした。これら議政官貴族は王権による選択を受け、再編成されたものであると結論した。

当該期の門閥貴族を直接的に前代の大夫層に求めることは適切ではない。たとえば、阿倍氏の場合、当該期のあり方がかつて大夫層に属していたことに起因とするとは考えがたい。長山の指摘のとおり、阿倍御主人の存在（あるいは阿倍比羅夫も考慮すべきかもしれない）が重要な意味を持つことはまちがいなく、それは彼らが新しい国家体制の構築に貢献したという歴史的要素が重要であったと考える。倉本の見解はより徹底しており、上記のような特別な氏について否定的なように思われる。しかし、八世紀前半においてはその存在は承認できると考える。

当該期の阿倍氏は主に阿倍御主人の功績によって、連続的に議政官を出す門閥貴族として位置づけられたのである。御主人・宿奈麻呂・広庭らの昇進や政治的な活躍はそのような門閥貴族としての阿倍氏の姿である。

天平四年に阿倍広庭が死去した後、継続して阿倍氏から議政官が出ることはなかった。さらに四位の人物も消滅してしまったようである。広庭の死去の時点で、阿倍駿河と阿倍安麻呂が従四位下であった可能性がある[26]。ただ、二人とも叙位以後の動向は不明で、天平四年に生存した確証はない。生存したとしても致仕していたのではなかろうか。したがって、天平期前半あるいは初期に阿倍氏の四位は消滅したことになる。

次に四位に昇進したのが阿倍佐美（沙弥）麻呂であるが、従四位下に叙されたのが天平一八年四月二二日である。門閥貴族の位階である四位のいない状態が一〇年以上にわたったのである。この現象は議政官を出さないこととあいまって興味深いが、すぐに阿倍氏の没落と評価することは安易であろう。佐美麻呂はその後、天平勝宝元年（七四九）に従四位上（『続日本紀』同年四月一日条）、天平宝字元年（七五七）に正四位下と昇進した（『続日本紀』同年五月二〇日条）。そして、天平宝字元年八月四日には参議に任命された。

この任官は六月二八日に発覚した橘奈良麻呂の変にともなうものである。この事件によって三人の議政官が失脚した。右大臣藤原豊成・中納言多治比広足・参議橘奈良麻呂である。その補充として石川年足が中納言、巨勢堺麻呂・阿倍沙弥麻呂・紀飯麻呂が参議に任命された。石川年足は参議からの昇進で兵部卿・神祇伯も兼任し、紫微大弼を歴任した人物であった。巨勢堺麻呂・紀飯麻呂は天平宝字二年八月二五日の段階で、それぞれ参議紫微大弼兼兵部卿侍従下総守・参議紫微大弼兼左大弁と見える。三人とも要職にあり、特に光明皇后や藤原仲麻呂と関わりの深い人物であったが、沙弥麻呂は異なる。その官歴は少納言（天平一〇年任命）、左中弁（一四年在任）程度で、基本的に多くの重要な官を歴任していったような人物ではない。官歴に乏しいにもかかわらず、奈良麻呂の変を画期として突然に参議となったのである。さらに任命後、一年もたたずに翌二年四月二一日には死去した（この時、中務卿）。

その後、注目すべき人物は広庭の子嶋麻呂である。天平宝字三年六月一六日に従四位下となり、四年八月七日に参議となった。その後、これも一年もたたずに五年三月一〇日には死去した。この二人はいずれも議政官となっており時期的にも近接する。御主人から広庭のように連続して議政官に選任されたとも考えられるが、実際の在任期間はきわめて短い。八世紀前半の状況と同列に論じるのはむずかしいと考える。形式的、あるいは顕彰を目的とする参議任命であった可能性が捨てきれないと思う。

いっぽう、議政官にはならなかったが、阿倍虫麻呂のような人物もいた。虫麻呂は天平九年九月二八日に外従五位下となり、直後の一二月二三日に皇后宮亮に任命された。そして、二七日に藤原宮子の病気快復により入内して従五位下となった。この時、中宮少進と見える。[27] 一二年九月五日には勅使として藤原広嗣の乱に発遣されて功績を挙げ、天平勝宝元年（七四九）八月一〇日には紫微大忠に任命された。そして、三年正月二五日には従四位下に昇進したが、四年三月一七日に死去した。この人物は光明皇后や藤原仲麻呂とのつながりを想定できるばかりでなく、実質的に官人として活動をしたことが顕著である。やはり生年は不明であるが、議政官に昇進できなかったのはその出自にも基づくと思われる。虫麻呂は内外階制では外階コースであり、当時の阿倍氏の最上層に位置する人物ではなかったことは確実である。

三　藤原仲麻呂の乱と阿倍氏

天平宝字八年（七六四）の藤原仲麻呂の乱は、阿倍氏にとっても大きな意味を持った。阿倍弥夫人が天平神護元年（七六五）正月七日に勲五等を賜与された。この時、従四位下であったが、『続日本紀』宝亀三年（七七二）一一月三〇日条によると、従四位下に叙されたのも乱時の功績によった。そこには「宝字八年　告二元凶伏レ誅以慰二衆情一」と見え、弥夫人が仲麻呂の滅亡をいち早く伝えたのであった。叙位の記事はみえないが、おそらく『続日本紀』の脱落で、乱後の叙位で従四位下に昇進したのであろう。阿倍毛人・息道および豆余理（都与利）も同じ叙位・叙勲に見える。毛人は正五位下から正五位上に昇進し、天平神護元年一〇月一三日の紀伊国行幸で御前騎兵副将軍を務め、閏一〇月一五日にその功績により従四位下に昇進した。息道は勲六等を賜与された。これ以前の天平宝字八年九月一三日に正五位上に昇進し、天平神護二年一一月五日に従四位下に昇進した。都与利は正五位上・勲四等を与えられた。この人物は女孺（『続日本紀』天平宝字八年正月七日条）である。天平神護元年正月七日の叙位・叙勲は藤原仲麻呂の乱の最終的な行賞とされるものである。ここに四人の阿倍氏の人物が見える。

弥夫人は仲麻呂の滅亡の報をもたらしたのであるから、追討軍に属して実際に追討に向かったとみられるが、官職や身分は不明である。ここで毛人・息道の功績について考えてみたい。毛人は天平宝字七年正月九日に河内守となったが、天平神護元年閏一〇月三日には石上息嗣がその任にあったことが確認できるので、この時には毛人はほかへ転出していたと思われる。乱時にいずれが河内守であったかを断定することはできない。ただ、八年一一月一二日に石上息嗣が正五位下へ昇進しており、それにともなう異動を想定すれば、乱時には毛人が河内守であったと推測することが可能である。息道も同じ天平宝字七年正月九日に大和介に任命された。当時の大和守は坂上犬養であった。尾畑光郎の指摘するように(28)、犬養は高齢であり実際の職務を担いえたのかどうか疑問であり、実質的な大和国の長官は息道であった可能性が強い。

さらに阿倍許智にも注目したい。許智は天平宝字六年正月九日に摂津亮に任命された。この時期の摂津大夫は造東大寺長官と連動して異動が激しいが、七年四月一四日に中臣清麻呂が任命された。清麻呂は参議・左大弁との兼任で、摂津大夫としての実務を十全に執行しえたかどうかは不明である。あるいは亮の許智が実質的な意味をもつかもしれない。ただし、阿倍許智は失脚したとは思えないが功績による叙位・叙勲もなく、詳細は不明である。

仲麻呂の乱の前の諸国司の動向について、野村忠夫[29]の分析がある。それによると、仲麻呂は自身の子や近い官人を按察使や国守に任命することによって、越前・若狭・美濃・飛騨・信濃・伊賀・近江といった畿内東接地域に勢力を拡大したという。ただし、天平宝字八年六月の藤原御楯の死去によって、その勢力圏は大きく揺らいだ。野村の指摘は首肯できるが、逆に畿内諸国は大きくみて孝謙の側に組み込まれており、反仲麻呂的な傾向を持っていたと理解して動かないのではなかろうか。その中核を担ったのは上記の阿倍氏の三人であり、彼らのうち毛人・息道が行賞を受けたことから、その点は推測可能である[30]。

周知のごとく、仲麻呂は都督四畿内三関近江・丹波・播磨等国兵事使に任命され、当該地域の軍事権を掌握したが、実際の反乱の局面では国司の動向が大きな意味を持ったと思われる。したがって、畿内諸国の国司（守あるいは介）が孝謙の影響下にあることは決して軽視できない。仲麻呂が近江国など畿内東接地域を拠点に軍事行動を起こしたのは、そこが彼の勢力圏であったから当然であるが、畿内でなんらかの行動を起こす可能性はほとんど封じられていたのではなかろうか。さらに、憶測をめぐらすと、山背守日下部子麻呂らが近江国へ先回りすることができたのも、近江国周辺への逃走以外に手段のないことが明白であったからではなかろうか。このように、上記の阿倍氏三人の功績は具体的な行動としては現れにくいが、無視できないものがあったといえよう。

それでは上記の三人が孝謙側に属したことの背景には何があったのであろうか。それを示唆するのが豆余理の存在である。天平神護元年正月七日の叙位・叙勲は女性に対して叙勲が行われた特別なものである。渡辺直彦[31]によると、対象となった女性は女王・乳母・命婦・内侍・尚膳・女孺・采女など、乱の当時、孝謙に近侍供奉していた女性たちであり、豆余理もそのうちの一人であった。この時の叙位では、女王以外では正五位下の藤原乙刀自・竹乙女が従四位下に昇進したのが最上位で、豆余理は当麻比礼・大野仲智・多可浄日・熊野広浜と並んで、正五位下から正五位上に昇進した。叙勲ではやはり女王を除いて紀益女の勲三等が最上位で、竹乙女・吉備由利・稲蜂間仲村女・大野仲智・藤原玄信と豆余理が勲四等でそれに次ぐ。豆余理は叙位・叙勲いずれにおいても上位に位置し、これらの対象者のなかでも有力な人物であったことがわかる。まちがいなく孝謙に近侍する有力な宮人の一人であっただろう。

豆余理の孝謙の後宮におけるこのような地位は、おそらく孝謙の乳母阿倍石井の存在と密接に関連したであろう。『続日本紀』天平勝宝元年（七四九）七月三日条には、阿倍石井・山田女嶋・竹乙女の三人が孝謙の乳母のゆえに叙位されたとある。阿倍石井はこの記事のほかに天平宝字五年正月二日に叙位の記事が見えるだけである。豆余理との関係も不明である。竹乙女は上の叙位・叙勲にみえ、この時まで存命であったことがわかる。叙位・叙勲における乙女の位置はやはり上位である。山田女嶋は天平勝宝七歳正月四日に一族とともに山田御井宿祢を賜姓されたが、天平宝字元年八月二日に橘奈良麻呂の変の影響で山田史にもどされた。この時には山田女嶋はすでに死去していた。先の叙位・叙勲に山田御井宿祢公足という人物が見える。従七位下から外従五位下に昇進したが勲位は受けていない。公足はおそらく女嶋の一族であろう。これ以前に山田史にもどされたが、おそらくこの時にふたたび山田御井宿祢になったのではないか。乳母および乳母を出した一族はその後も孝謙と密接なつながりを持ち、それが天平神護元年の叙位・叙勲にも反映したと思われる。阿倍豆余理や山田御井公足はおそらく乳母阿倍石井や山田女嶋の近親であり、石井や女嶋との縁によって後宮に出仕し、引き続いて孝謙に近侍したのであろう(32)。

豆余理と弥夫人・毛人・息道との関係を具体的に史料に即して確認することはできない。しかし、特に毛人・息道らが畿内の国司として枢要の地位にあって孝謙側の一翼を担ったことは、このような乳母の出身氏族であったことを考慮すると説明が容易である。

ところで、さらに考慮すべき点がある。それは藤原良継（宿奈麻呂）との婚姻関係である。良継の妻は阿倍朝臣古美奈であり、両者の間の子が藤原乙牟漏である。古美奈は中務大輔従五位上粳虫の女であり（『続日本紀』延暦三年〈七八四〉一〇月二八日条）、粳虫は天平七年（七三五）に終見し、この時は従五位上であった。『続日本紀』延暦九年閏三月一〇日条の藤原乙牟漏薨伝によると、乙牟漏は桓武天皇の春宮時代に妃となり、死去の段階で三一才であった。これに従うと天平宝字四年生まれになる。高島正人[33]は『一代要記』の三九才が合理的とする。それに従えば天平勝宝四年生まれになる。したがって、遅くとも天平勝宝四～天平宝字四年に古美奈は藤原良継の妻となっていた。仲麻呂の乱の段階ではすでにこの婚姻は成立していたのである。良継は仲麻呂の乱において孝謙側の中心的人物の一人であった。

天平宝字七年四月頃、良継は佐伯今毛人・石上宅嗣・大伴家持とともに仲麻呂殺害を計画したが事前に発覚した[34]。この四人は四月一四日には官職を解かれ、翌八年正月二一日には良継を除く三名の左降人事が行われた。良継は計画が自身のみの謀略であると主張し、大不敬として「除レ姓奪レ位」された（『続日本紀』宝亀八年九月一八日条）。仲麻呂の乱の勃発にともない復位され、詔を奉じて将兵を率いて追討にあたった。仲麻呂の乱において良継だけでなく藤原宇合の子らの活躍は顕著であり、これをきっかけに彼らが政治的勢力を拡大したことは著名な事実である。良継と古美奈の婚姻の背景に何が存在するかは明確ではない。阿倍氏が孝謙の乳母の出身氏族であることが大きな意味をもつのではないかと思われる。いずれにせよ、阿倍氏には孝謙を強く支持する人物が少なからず存在したことはまちがいない。

いっぽう、仲麻呂の乱において仲麻呂に従った人物も存在した。まず、阿倍小路である。天平宝字六年正月九日に近江介に任命された。当時、近江守は空席で実質的には按察使の藤原御楯がその地位にあったと考えられる。御楯はいわゆる仲麻呂派の有力貴族である。小路は八年正月二一日には左少弁に任命された。この時、近江介に上毛野広浜が任命されたので、小路は近江介を離任したことになる。乱では仲麻呂に従い斬殺された。

小路は『万葉集』一六・三八三八、三八三九にみえる阿倍子祖父と同一人物ではないかと思われる。この歌は「無㆓心所㆑著歌二首」と題される。左注によると、舎人親王が「侍座」(近侍する者)に意味のない歌を作らせた時に大舎人阿倍朝臣子祖父が献上した歌である。宴席などの遊戯なのであろうが、大舎人の阿倍朝臣子祖父なる人物が舎人親王に近侍していたことがわかる。この歌の時期を確定することはできないが、舎人親王は天平七年一一月一四日に死去したので、それ以前である。その時、子祖父は大舎人であるから、まだ青年期であろう。小路は天平宝字六年正月四日に従五位下となっており、上の歌から三〇年程度後である。年代として不自然ではないと思われる。そして、舎人親王に近侍していたとすると、舎人の子大炊王とのつながりを想定することが可能であろう。小路は舎人親王の近臣から出発し、大炊王に仕えた可能性があると思われる。

次に、阿倍継人である。継人は天平宝字七年正月九日の主税頭任命以後、動向がわからなくなる。宝亀一一年八月二二日には无位から本位従五位下に復された。なんらかの処分を受けていたことがわかる。岸俊男(35)は継人を仲麻呂の与党としてあげた。中川収(36)も仲麻呂の乱で没落したものと推測した。この推測に従っておきたいが、乱時にどのような活動をしたのかはまったく不明である。また、主税頭は天平宝字八年正月二一日には甘南備伊香が在任しており、継人が直接的に乱によって主税頭の官職を解任されたわけではない。

以上のように、藤原仲麻呂の乱の段階において阿倍氏はいくつかの形で仲麻呂や淳仁、あるいは孝謙の側に組み込まれていたことがわかる。そのなかで、この反乱が失敗に終わり、孝謙の重祚に向かったので、孝謙に結びついた人物が昇進することになった。阿倍弥夫人・毛人・息道らである。基本的に彼らの昇進の起点となったのは孝謙（阿倍内親王）の乳母となった阿倍石井の存在と思われる。それにより、同時に三人の四位が存在する状況が出現したのである。前節で述べた阿倍佐美麻呂・嶋麻呂や虫麻呂も同様に考えていいのではないかと思われる。すなわち、佐美麻呂や嶋麻呂が参議に就任したのも孝謙天皇（太上天皇）の乳母の出身氏族であるからではなかろうか。特に注目すべき官歴のない佐美麻呂の場合、その可能性が濃いと思われる。また、虫麻呂が皇后宮・中宮関係の官職や紫微大忠に任命され、特に光明皇后との結びつきが認められるのもやはり同じことではなかろうか。孝謙即位前後から阿倍氏と天皇家の関係は密接になってゆき、それがさまざまな人物の活動の背景をなしたといえるのではなかろうか。

神護景雲三年（七六九）にいわゆる県犬養姉女事件がおきた。これは姉女を中心とする、後宮における孝謙の厭魅事件が発覚し、不破内親王やその子氷上志計志麻呂、姉女などが処罰された事件である。阿倍弥夫人はこの事件に関与していた。『続日本紀』宝亀三年一一月三〇日条には「景雲三年坐県犬養姉女配流」とあり、この事件によって配流されたことがわかる。息道は宝亀二年閏三月二八日に无位から従四位下に復された[37]。息道もこれ以前に何らかの理由によって処罰されていたことがわかる。中川収[38]は県犬養姉女事件に弥夫人が関わっていたから息道もそれによる処分であったと推測した。息道は神護景雲二年一一月一三日に左兵衛督に任命され、その後、復位までの動向は不明である。左兵衛督は宝亀五年九月四日に藤原継縄の在任が確認できるが、『公卿補任』宝亀三年条によると、継縄はこの年兼左兵衛督とみえる。息道の左兵衛督の離任時期を確定することはできない。

ただし、県犬養姉女事件によって処罰されたとしても矛盾はなく、その可能性はあると思われる[39]。彼らと事件の首謀者たちとどのような関係にあるのかは不明である。称徳天皇に対する忠誠心を持っていたと思われる彼らがなぜこの事件に関与したのかはよくわからない。ただし、県犬養姉女自身も藤原仲麻呂の乱の功績によって大宿祢を賜姓され、天平神護元年正月七日には叙位を受けた人物であった。

四　九世紀前半の阿倍氏

光仁期には藤原良継と百川の勢力が拡大した。おそらく彼らも深く関与して、井上皇后廃后・他戸親王廃太子と山部親王立太子が行われた。藤原良継の妻は阿倍古美奈であり、その子乙牟漏が山部親王の妃となった。阿倍氏にとっては有利な状況が出現したといえよう。

阿倍毛人が天平神護元年（七六五）閏一〇月一五日に従四位下となり、いくつかの官職を歴任した。宝亀元年（七七〇）には従四位上となり、翌年の一一月二三日には参議に任命された。宝亀二年は太政官議政官の構成が大きく変化した時である。まず、右大臣吉備真備が致仕し、左大臣永手が死去した。永手の病気にともない大納言大中臣清麻呂が大臣の職務を摂行していたが、永手の死去にともない右大臣に就任した。同時に参議藤原良継が内臣、参議文室大市・藤原魚名が大納言、参議石川豊成・藤原縄麻呂が中納言に就任した[40]。これにより参議は八人から四人へ減少し、さらに参議多治比土作が死去した。このような異動を経て、参議石上宅嗣が中納言に就任し、藤原百川・阿倍毛人が参議に任命された。しかし、毛人は三年一一月一七日に死去した。参議在任は一年に満たず政治的な影響力は小さい。毛人は天平一八年（七四六）四月二二日に従五位下に叙され、翌年三月一〇日にも従五位下とみえる。参議昇進までに二四年を要した。これも高齢であった可能性がある。
続く桓武天皇にとって阿倍氏は皇后の母系氏族にあたる。しかし、政治上の阿倍氏は光仁期と同様に、さほど大きな勢力を有したとは考えにくい。阿倍古美奈は宝亀末年の段階で正四位下であった。その後、天応元年（七八一）一一月一六日の桓武の大嘗祭後の叙位において正四位上に昇進し、さらに同月のうちに従三位に昇進した。延暦三年（七八四）に死去したが、この時、尚蔵兼尚侍とみえるので、後宮の有力人物であったことはまちがいない。

桓武期に四位以上に到達したのは男性では阿倍東人・弟当の二人である。東人は天応元年四月一五日の桓武即位にともなう叙位で従四位下に、延暦四年八月七日には従四位上に昇進した。しかし、その後の経歴は不明で、延暦一八年正月二八日に死去した。八省の大輔や卿を歴任し、政治的にも有能な人物であったと思われるが、延暦四年以後の動向は不明である。阿倍弟当は卒伝（『日本後紀』大同三年六月一三日条）によると、延暦二〇年に従四位下に昇進した。延暦二三年正月二四日に従四位下とみえるので、二〇年の従四位下叙位は信頼できる。また、卒伝によると、船守の孫、意比麻呂の男である。従四位下に昇進した後、丹波守に任命されたことが確認できるが、その後の動向は不明である。このように四位に到達する人物も少なく、また、議政官となった人物はいない。

しかし、桓武に近侍するタイプの人物は存在した。阿倍広津麻呂は延暦四年正月一五日には皇后宮少進で、八月一四日には大進に昇進し、一一月二五日には安殿親王の立太子にともない春宮亮となった（皇后宮大進を兼任）[41]。皇后藤原乙牟漏あるいは皇太子安殿親王と密接に関わる人物であったことがわかるが、もちろん、阿倍古美奈が乙牟漏の母で安殿の祖母であることとの影響であろう。その後、延暦七年七月二五日には中衛少将に任命された（春宮亮と兼任）。また、延暦九年の乙牟漏の死去の際には御葬司となった。この記事が広津麻呂の終見で、この時、従五位上である。官歴からみて、桓武あるいは皇太子安殿親王の近臣の一人であったとみられる。したがって、将来の有力な貴族となる可能性はあったと思われる。延暦九年七月二四日に葛井道依が春宮亮、大伴蓑麻呂が中衛少将に任命された。この時に広津麻呂が春宮亮・中衛少将から離れたと考えられるが、死去したのではないかと思われる。従五位下となり、本格的に官歴をスタートさせた時期に致仕するとは考えにくい。

　阿倍男笠も桓武天皇に近侍した人物である。天長三年（八二六）五月一日の卒伝（『類聚国史』六六薨卒・『日本紀略』）によると「調レ鷹之道　冠二絶衆倫一」であり、桓武天皇が寵し、しばしば侍したという。阿倍雄能麻呂も同様であったと思われ、天長三年八月二日の卒伝（『類聚国史』六六薨卒）には「調レ鷹得レ達」とみえる。男笠と同様に、桓武に近侍したとみてよかろう。ただし、それぞれの卒伝に「性質素　無二才学一。歴二職内外一　不レ聞二善悪一」（男笠）、「調レ鷹得レ達　無二他才学一。品秩顕要　一身之幸也」（雄能麻呂）と評されるように、官人としては凡庸な人物で、政治の上ではほとんど業績のない人物であった。

　以上のように、光仁・桓武期には天皇家と阿倍氏の関係は深いといえる。桓武天皇に近侍する人物の存在がそれを示唆する。しかし、必ずしも政治上、阿倍氏が大きな役割を果たしたとはいえない。それは、ひとつは阿倍氏自身の問題であろう。端的に人材が不足していたと評することができるのではないか。阿倍広津麻呂のような有望な人物が死去するようなこともあったらしいが、男笠・雄能麻呂には政治的能力がなかった。さらに、当該期ではいわゆる藤原式家との結びつきが重要であるが、藤原式家が急速に後退したのも大きく影響したであろう。光仁期には藤原良継・百川などが重要な位置を占めていたが、宝亀六年に蔵下麻呂、八年に良継、一〇年に百川が死去すると、彼らの一族は政治的に後退していった。そして、延暦四年の藤原種継暗殺事件の後、延暦七年に桓武の夫人藤原旅子（百川の女）、九年には皇后藤原乙牟漏が死去した。一三年には皇太子安殿親王の妃藤原帯子

（百川の女）が死去した。このような動向、および三年の阿倍古美奈の死去もあいまって、阿倍氏の勢力が後退していったことはまちがいないと思われる。

平城天皇が即位すると、阿倍氏をめぐる状況は変化したように思われる。平城にとって阿倍古美奈は外祖母にあたる。[42] 即位直後の大同元年（八〇六）六月九日に平城は詔を出して外戚の顕彰をはかった。藤原良継に正一位太政大臣、阿倍古美奈に正一位を追贈し、藤原帯子に皇后を追贈した。平城は良継・百川兄弟とのつながりを強調した。当該期では阿倍兄雄と鷹野の昇進が顕著である。

兄雄は『公卿補任』大同元年条の尻付によると、従五位上粳虫の孫、无位道守の子であった。古美奈は粳虫の子で兄雄は古美奈の甥にあたる。大同元年二月一六日に中衛少将に任命されたがこの時従五位下であった。二年九月二八日には従四位下で東海道観察使とみえる。[43] また、『公卿補任』によると、二年には近衛中将（左右不明）を兼任した。短期間で従五位下から従四位下に昇進したが、この間、長くみても一年半程度である。『公卿補任』大同元年条の尻付によると、延暦一九年正月に従五位下、大同元年五月一八日に正五位下、翌一九日に従四位下となった。五月二四日には観察使が設置されたので、それに合わせて従四位下に昇進したことがうかがえる。これは異例の昇進である。

大同二年、伊予親王事件が起こった。左近衛中将阿倍兄雄・左兵衛督巨勢野足が親王第を囲んだ。兄雄の卒伝（『日本後紀』大同三年一〇月一九日条）には、「当上盛怒。群臣莫二敢諫一者。兄雄抗レ辞固争。雖レ不レ能レ得　論者義レ之。」とある。この時、平城天皇が激怒し群臣で諫める者はいなかったが、兄雄は辞に抗して固く争い聞き入れられなかったが、論者は義としたという。その後、畿内観察使に任命されたが大同三年に死去した。この時、正四位下で東山道観察使・左近衛中将・春宮大夫であった。卒伝には「乏レ文堪レ武　性好レ犬　高直有二耿介之

節一所レ歴之職　以二公廉一称」ともあり、武人的な性格をもちつつ政治的手腕も有したようである。兄雄もやはり観察使（参議）の時期は短く死去したのであるが、これはここまで述べてきた高齢の参議の事例とはまったく異なるといってよい。兄雄が実質的に政治に参加したことは上記の卒伝の評が明確にものがたると思う。

鷹野は従五位下猪名麻呂の子である（『日本後紀』大同四年閏二月二八日条　卒伝）。猪名麻呂は『続日本紀』では阿倍謂奈麻呂と表記される人物と同じであろうが、延暦二年二月五日に従五位上に昇進しており、従五位下は誤りであろう。猪名麻呂がいくつかの官を歴任したことはわかるが特筆すべきものではない。系譜も不明で、したがって、阿倍古美奈や兄雄との血縁関係も不明である。鷹野は大同元年二月一〇日に従五位下で治部少輔に任命され、その後、衛門権佐、少納言（衛門権佐兼任）などになり、三年正月二五日には正五位下に昇進し、七月九日では内蔵頭・右近衛少将・武蔵守であった。一一月一七日に従四位下に昇進した。これは大嘗祭後の叙位であり大嘗祭に奉仕したものと思われる。大嘗祭では阿倍氏が宿侍者の名簿を奏上することになっていた。大同四年に死去した。卒伝には侍従の中臣王が伊予親王事件に連座して拷問された時、平城が大杖を加えさせたので中臣王の背が崩爛し死去したとある。解読のできない部分があるため、鷹野がこのできごとにどのように関与したのかは不明であるが、平城の近辺に侍し、このような平城の間近で起こったできごとに関与する立場にあったことは承認できると思う。

さらに、阿倍枚麻呂も大同三年正月二五日に従四位下に昇進したが、この人物はみるべき官歴もなく、政治的な勢力は大きくはない。前述した弟当も含めて平城期には四人の四位を出したことになり、平城と阿倍氏の密接な関係をものがたる。

しかし、大同三年には兄雄の死去、枚麻呂の致仕（死去は弘仁三年〈八一二〉）、四年には鷹野・弟当の死去と、この二年で四位の人物があいついで姿を消した。枚麻呂の致仕は高齢のためであった。

嵯峨天皇にとっても、阿倍古美奈は外祖母であることにはかわりない。即位の直後に薬子の変がおきた。弘仁元年九月一〇日の叙位・任官は変の初期の段階にあたる。ここでは平城の近臣の処分とそれにともなう官職の任命などが行われた[44]。阿倍氏でこれに関わるのが男笠・雄能麻呂と清継である。男笠（従五位下）は左馬頭に、雄能麻呂は正六位上から従五位下への叙位を受けたうえで右衛士佐に任命された。これ以前、左馬頭の官にあったのは藤原真雄であり（『日本後紀』大同四年一一月五日条）平城の近臣で、この日の任官で伊予守に任命された。左馬頭からの転出であり、事実上の左遷であったと考えられる。右衛士佐の前任は大中臣常麻呂である（『日本後紀』大同四年二月一三日条）。この人物も平城の近臣と考えられ、この日の任官で備前権守に任命された。男笠・雄能麻呂は平城の近臣の官職を引き継いだのであり、当然、嵯峨の側に属する人物であったことになる。また、二人とも軍事関係の官職である。軍事関係ではこれ以前、藤原真夏（右近衛中将）、藤原真雄（左馬頭）、藤原貞本（左近衛少将）、大中臣常麻呂（右衛士佐）と、平城の近臣が重要官職についていたが、彼らはすべて解任され、すぐに後任が任命されたのである。

いっぽう、阿倍清継は安芸権守に任命された。これは平城の側に属することからくる左遷であった。『日本後紀』弘仁元年九月一七日条によると、清継はこれ以前には越前介であったようで、権少掾百済王愛筌とともに平城に呼応して挙兵し、新任の介登美藤津（一〇日任命）を捕らえた。しかし、紀南麻呂が派遣されて、清継らは罪に服し遠流に処された。

ここでも平城・嵯峨の両陣営に阿倍氏がいたことがわかるが、勝者となった男笠や雄能麻呂はその後、昇進した。男笠は弘仁四年正月七日に従五位上から従四位下に昇進し、さらに一三年一一月一日には従四位上となった。

雄能麻呂は八年四月一日に従四位下となり、男笠と同時に従四位上となった。男笠は弘仁三年正月一二日で左馬頭在任が確認できる。また、雄能麻呂も弘仁四年正月一〇日で右衛門佐在任（弘仁二年、衛士府は衛門府と改称）が確認でき、(45)六年に左馬頭に任命された。両者とも変後もそのままの官職を務めたことがわかる。

そもそも、阿倍氏の中心的な人物はすでに大同期に死去などしており、この時に大きな役割を担ったとは思えない。それを象徴するのが男笠と雄能麻呂である。前述のように、彼らは養鷹をとおして桓武天皇に近侍していたが、官人としての能力を欠いていた。さらに、卒伝の記載から計算して、男笠は弘仁元年には五九才であり高齢でもあった。雄能麻呂も同じではなかったかと思われる。彼らは政治の中枢を担いうるような人物ではなかった。「品秩顕要　一身之幸也」（雄能麻呂卒伝）との評価はまさに言いえて妙である。なぜ、彼らが薬子の変において嵯峨とむすびつくことになったのかはよくわからないが、嵯峨天皇がこのような人物をも取り込まねばならなかったことは事実である。

嵯峨期を通じて、阿倍氏の活躍はそれほど顕著ではない。男笠・雄能麻呂のほかに四位に到達する人物が二人いる。ひとりは阿倍寛麻呂（『公卿補任』によると東人の子）である。彼は弘仁一一年一一月一一日に死去した。この時、参議・大宰大弐であった。『公卿補任』には弘仁一〇年に参議に任命されたと見えるが、位階は従四位下で、九年正月に従四位下に昇進したとする。八年正月七日に正五位下と見えるので矛盾はない。『公卿補任』の記事に従っておく。従五位下に昇進したのは大同三年一一月一七日で、従四位下・参議までの昇進は遅くはないと思われる。しかし、『公卿補任』によると、弘仁一〇年には六三才であり、高齢での参議起用であった印象はいなめない。

いまひとりは阿倍真勝であり、弘仁一一年正月七日に従四位下になった。その官歴をみると、その人物像は明らかである。治部少輔、陰陽頭、大学頭、刑部大輔、造西寺長官、造東寺長官などを歴任しており、弘仁三年六月二日には紀広浜らとともに日本紀を講読した。卒伝にも「学老荘、能口自読如流」とみえる（『類聚国史』〈六六薨卒〉天長三年九月六日条）。老荘思想を学んだ学者であったことがわかる。この人物の場合、学者としての能力が昇進の要因であったと思われる。

嵯峨期では阿倍氏はさほどめだたない。それは主として大同期における兄雄や鷹野の死去によると思われる。ただし、彼らがその後も存命であったとしても、薬子の変を生き残れたか疑問はやはり残る。嵯峨天皇はこのようななかでも阿倍氏の逸材をみいだしていた。それが阿倍安仁であり、東人の孫、寛麻呂の子である。

安仁の薨伝（『日本三代実録』貞観元年〈八五九〉四月二三日条）によると、年少期に校書殿に直し、いくつかの官を経て、承和二年（八三五）に勅により嵯峨院に侍し嵯峨院別当に任じられたという。校書殿に直するとは蔵人になったことを意味するであろうから、一貫して嵯峨の近臣であったことがわかる。嵯峨は安仁の政治的能力を高く評価していたらしく、国司の優劣を論じた際に安仁の信濃介としての業績に及ぶものはないとして、御衣などを与えたこともあった。『公卿補任』承和五年条の尻付によると、この間に弘仁一一年に昇殿を許され、天長三年に蔵人、八年に蔵人頭となった。承和三年に従四位下に昇進し、五年に参議となった。『公卿補任』承和五年条には「元蔵人頭」と見えるので、仁明天皇のもとでも引き続き蔵人頭になっていたのかもしれない。また、薨伝には、七年に嵯峨院別当を停めたが院中庶事の混乱によりふたたび別当とされ、退衙の後、嵯峨院に詣でたことがみえる。嵯峨死後の承和の変では春宮大夫に任命され、道康親王（文徳天皇）を支持する立場にもなった（『続日本後紀』承和九年八月四日条）。最終的には天安元年（八五七）四月一九日に正三位で大納言・右近衛大将となり、貞観元年に死去した。この時、正三位で大納言・民部卿・陸奥出羽按察使であった。右近衛大将は天安二年一一月一七日に安仁の疏により解任された。

安仁は嵯峨・淳和・仁明・文徳・清和天皇に仕えた。嵯峨はもとより淳和・仁明・文徳天皇についても蔵人頭・春宮大夫といった近臣的な官職についた。当該期は嵯峨の権威のもとに長期的な政治的安定がもたらされた時期であるが、その政治状況のもとで安仁の昇進が実現したのである。したがって、やはり安仁の場合、嵯峨との密接な関係が重要であった。その密接なことは嘉祥三年（八五〇）に三度も使として嵯峨山陵に派遣されたことからもわかる。三月二七日（嵯峨山陵の樹木が倒れたため）、一〇月五日（賀瑞を報告するため）、一一月三〇日（惟仁親王の立太子を報告）の三度である。嵯峨の死後においても両者のつながりが想起されたのである。

おわりに

以上、七世紀後半から九世紀前半にかけての阿倍氏の動向について考察を進めてきた。叙述の多くはそれぞれの人物の履歴に関わり、それについて特に要約することは不要であろう。概略的な私見について、簡単に結論を示しておく。

(1)七世紀後半～八世紀初頭に阿倍氏（複姓氏族の集合体）から、その政治的功績により布勢御主人・引田宿奈麻呂の一族が析出され、単姓の阿倍朝臣を名のるようになった。これが門閥貴族としての阿倍氏であり、阿倍氏の本宗家といってよいものであった。

(2)その後、天平四年（七三二）の広庭の死去まで、阿倍氏からほぼ継続的に議政官が出ており、門閥貴族としての充分な地位を確保していたことがわかるが、それ以後は参議はいく人かみえるものの継続的とはいえない。

(3)藤原仲麻呂の乱や平城期には王権との紐帯が強固で、政治的にも無視できない影響力をもったと思われるが、それは主として孝謙の乳母（阿倍石井）や平城の外祖母（阿倍古美奈）の存在に起因すると思われる。ただし、桓武期には皇后の母（古美奈）の存在にもかかわらず、人材を欠き大きな政治的勢力を持つことはなかった。

(4)嵯峨天皇は安仁を非常に重用し、安仁は続く淳和・仁明・文徳期にも昇進を重ねて大納言にまでいたった。これは嵯峨の安仁に対する特別な恩寵によるところが大きい。

最初に述べた王権と門閥貴族の関係の変化は阿倍氏の場合に明瞭であると思われる。御主人・宿奈麻呂（特に前者）の功績により門閥貴族としての阿倍氏が誕生し、八世紀前半には継続して議政官を出した。しかし、その後、没落に向かったことはいなめない。急速な没落ではないことは、この時期にも参議の人物が散見され、安仁の到達した大納言は御主人に次ぐ高い地位であることから明らかである。注目したいのは、天皇家との特別な結合が阿倍氏の地位の根源にあったのではないかと思われる点である。つまり、阿倍氏が天皇の乳母あるいは外祖母の氏族として現れ、天皇から特別な恩寵を受けた人物が存在する点である。これは、その時々の王権と親族関係のような特別な紐帯を有する者が門閥貴族になるという、この時期のあり方と合致すると思われる。先に提示した王権と門閥貴族の関係に関する命題は、このように阿倍氏に即して実証することができたと考える。

政治の中枢とその周辺を考察の対象としてきたが、阿倍氏についていえば、これ以外にも多くの問題がある。たとえば、複姓氏族の状況や八世紀後半に阿倍氏の複姓を賜姓された東北地方の豪族に関する問題、長屋王の妻の阿倍大刀自など、貴族間の結合の問題などである。また、いちおう時期的には安仁の昇進と死去までを対象としたが、その後の状況についてもさらに考察を進める必要性を感じている。これらは今後の課題としたい。

註

（1）本章では史料として六国史によるところがきわめて大きい。各人物の叙位・任官など、特に注記しないものは六国史（逸文を含む）による。
（2）高島正人「奈良時代の阿倍朝臣氏」（同『奈良時代諸氏族の研究』吉川弘文館　一九八三年）は奈良時代の阿倍氏の人物について詳述するが、政治過程における役割や貴族としての地位に関する叙述は薄い。
（3）本書第一部第一章「王家と貴族」
（4）加藤謙吉「複姓成立に関する一考察」（同『大和政権と古代氏族』〈吉川弘文館　一九九一年〉初出一九七三年）
（5）『続日本紀』神護景雲三年（七六九）三月一三日・宝亀四年（七七三）正月七日条。また、『続日本後紀』承和一一年（八四四）正月八日条にもその事例がある。
（6）関晃「大化の左大臣阿倍内麻呂について」（同著作集2『大化改新の研究　下』〈吉川弘文館　一九九六年〉初出一九六一年）
（7）加藤謙吉「複姓成立に関する一考察」（注4）
（8）竹本晃「律令成立期における氏族制」（『ヒストリア』一九三　二〇〇五年）
（9）坂本太郎「日本書紀と蝦夷」（同著作集2『古事記と日本書紀』〈吉川弘文館　一九八八年〉初出一九五六年）
（10）熊谷公男「阿倍比羅夫北征記事に関する基礎的考察」（高橋富雄編『東北古代史の研究』吉川弘文館　一九八六年）
（11）平野邦雄「大化改新と〝甲子宣〟」（同『大化前代政治過程の研究』〈吉川弘文館　一九八五年〉初出一九七八年）
（12）佐藤信「『壬申功封』と大宝令功封制の成立」（同『日本古代の宮都と木簡』〈吉川弘文館　一九九七年〉初出一九七六年）は天武一〇年（六八一）までのものとする。

(13)『続日本紀』和銅七年（七一四）正月五日条・霊亀二年（七一六）七月二七日条
(14)真人・秋庭は『続日本紀』養老七年（七二三）正月一〇日条、虫麻呂は天平一八年（七四六）四月二二日条
(15)中村英重「氏の形態と構造」（同『古代氏族と宗教祭祀』〈吉川弘文館　二〇〇四年〉初出一九九二年）は、宿奈麻呂の地位を阿倍系氏族の正宗と理解し、この賜姓を氏人・同族の認定と解釈した。しかし、吉川敏子『氏と家の古代史』（塙書房　二〇一三年）が指摘するように、宿奈麻呂を阿倍氏系の諸氏族の長とみることは適当ではない。この賜姓は宿奈麻呂の氏の範囲の確定なのであり、当該の諸氏族の全体とは関係がない。
(16)『続日本紀』霊亀元年（七一五）四月二五日条・養老四年（七二〇）正月一一日条
(17)『日本後紀』弘仁三年（八一二）二月二三日条には阿倍長田朝臣節麻呂・高継の賜姓記事が見える。これは麻呂の賜姓と関連する可能性がある。なお、『新日本古典文学大系　続日本紀』参照。
(18)吉川敏子『氏と家の古代史』（注15）も当該期における阿倍氏の動向について、いくつかの氏への分割（阿倍氏の一時的消滅）、布勢御主人・引田宿奈麻呂の阿倍氏への復帰の解釈を示す。
(19)熊谷公男「天武政権の律令官人化政策」（関晃先生還暦記念会編『日本古代史研究』吉川弘文館　一九八〇年）
(20)本書第一部第一章「王家と貴族」。この論点をさらに詳細に論じたのが本書第一部第二章「内外階制と貴族」である。
(21)阿部武彦「上代改賜姓の範囲について」（同『日本古代の氏族と祭祀』〈吉川弘文館　一九八四年〉初出一九四四年）、平野邦雄「八世紀〝帰化氏族〟の族的構成」（竹内理三博士古稀記念会編『続律令国家と貴族社会』吉川弘文館　一九七八年）
(22)『続日本紀』慶雲元年（七〇四）七月二二日条・天平四年（七三二）二月二二日条
(23)阿部武彦「古代族長継承の問題について」（注21書　初出一九五四年）
(24)長山泰孝「古代貴族の終焉」、「律令国家と王権」（同『古代国家と王権』〈吉川弘文館　一九九二年〉初出一九八一・八五年）
(25)倉本一宏「議政官組織の構成原理」（同『日本古代国家成立期の政権構造』〈吉川弘文館　一九九七年〉初出一九八七

年）
(26) 駿河は神亀三年（七二六）正月二一日、安麻呂は神亀五年五月二一日に叙位。
(27) 皇后宮亮と中宮少進が兼任かどうかは未詳である。
(28) 尾畑光郎「称徳・道鏡政権形成過程についての覚書」（鈴木靖民編『論集日本歴史2律令国家』〈有精堂出版　一九七三年〉初出一九六〇年）
(29) 野村忠夫「仲麻呂政権の一考察」（同『律令政治と官人制』〈吉川弘文館　一九九三年〉初出一九五八年）
(30) 主戦場のひとつとなった山背について、結果として日下部子麻呂は孝謙に従ったが、それ以前の政治的立場は不明である。摂津大夫の中臣清麻呂は以前から仲麻呂に近かったが、結果として孝謙に従った。なお、清麻呂に関して本書第二部第三章「中臣氏」参照。
(31) 渡辺直彦「律令官人勲位制の研究」（同『日本古代官位制度の基礎的研究』〈吉川弘文館　一九七二年〉初出一九五八年）
(32) なお、初出以後、豆余理を藤原八束の妻とする仮説を提起した（本書第三部第二章「藤原八束（真楯）の妻」）。
(33) 高島正人「奈良時代における藤原氏一門の女性」（同『奈良時代諸氏族の研究』吉川弘文館　一九八三年）
(34) 中川収「藤原良継の変」（同『奈良朝政治史の研究』〈高科書店　一九九一年〉初出一九六〇年）
(35) 岸俊男『藤原仲麻呂』（吉川弘文館　一九六九年）
(36) 中川収「光仁朝における復位・復籍」（注34書　初出一九八三年）
(37)『続日本紀』同日条。また、三年八月一六日条には復姓の記事が見える。『新日本古典文学大系　続日本紀』は復姓の決定は二年で、この記事は伝達する太政官符・民部省符に基づくとする。
(38) 中川収「光仁朝における復位・復籍」（注36）
(39) 県犬養姉女事件は後宮を舞台とするものと理解されることが多いが、左兵衛督・侍従の息道が関与していたとすると、より広い範囲に関わる可能性があり注目される。

(40) ただし、石川豊成は宝亀元年六月三日にすでに中納言とみえる。

(41)『続日本紀』延暦四年正月一五日条では皇后宮大進とされるが、おそらく単純な誤りで少進であろう。六月一八日条には少進と見える。一一月二五日条では皇后宮少進を兼任したとされるが、これは大進の誤りであろう。

(42) 加えて阿倍小殿堺が平城天皇の乳母となった（『続日本紀』延暦七年二月三日条）。おそらくそのために阿倍小殿氏は阿倍朝臣を賜姓された。

(43)『公卿補任』によると、東山道観察使である。また、『公卿補任』大同元年条の尻付によると、山陰道観察使である。

(44) 福井俊彦「薬子の乱と官人」（『早稲田大学大学院文学研究科紀要』二四　一九七九年）

(45)『日本後紀』天長五年閏三月九日条の坂上広野伝によると、広野は弘仁二年に父喪のため右兵衛佐を解職され、その後、右衛門佐に任命され、右近衛少将へ移った。右近衛少将任命は三年正月一二日で、右衛門佐任命は（解職以後で）それ以前になる。雄能麻呂の在任期間と重なる。広野の右近衛少将任命と同じ日に布勢全継の左衛門佐の任命があり、広野は左衛門佐から右近衛少将へと異動したのではないかと思われる。伝の誤りであろう。

第三章　中臣氏

はじめに

中臣氏は、大和王権の段階から神祇祭祀を担当した有力豪族である。八世紀においても神祇官との関わりが深く、その性格は律令体制下にも引き継がれたと考えることができる。

七世紀後半以後の中臣氏は、可多能祐の子御食子・国子・糠手子の子孫であり、欽明～用明期にみえる鎌子・勝海とは別系のものである。中臣鎌足の藤原賜姓についてさまざまに議論があるが、平野邦雄の指摘するように、(1)いわゆる八色姓において朝臣を与えられたのは四つの集団、すなわち藤原不比等、中臣嶋麻呂（御食子の孫）、意美麻呂（国子の孫）、大嶋（糠手子の孫）の一族であった。これが当時の中臣氏の中核部分であった。その後、文武二年（六九八）八月に藤原の氏姓は不比等の直系のみとなり、藤原氏と中臣氏は分離された。これ以後の中臣氏の中核部分は、不比等を除く三つの集団からなったと考えられる。これが門閥貴族としての中臣氏である。

この門閥貴族としての中臣氏の八、九世紀における政治的地位や内部構造について、基礎的考察を加える。上記の中臣氏の特質からみて、神祇官との関連が中心的な課題とならざるをえないが、それ以外の政治的側面においても論じるべき点はある。なお、本章では六国史の記事が主要な史料となる。以下の行論において、特に史料の典拠を示していないものはすべて六国史である。

一　八世紀前半の中臣氏

八世紀前半において中臣氏が連続的に神祇伯に任命されたことはすでに指摘がある(2)。それらの研究により詳細な任官のあり方も明確であるといえる。森脇文子は奈良時代の神祇官と中臣氏の関係に関して、次のように指摘した。神祇伯は他氏が集中する時期を除いて中臣氏が相承し、中臣氏という特定の氏の職と不可分のものとして存在した、延暦二年まで常に大副以上に中臣氏が一名任じられ、並んで任じられることはなかった、中臣氏を代表する一名が氏の職である天照大神神主を継ぐ者として大副以上につき神祇官を主宰したと考えられ、律令体制前のあり方をうけついだものである。概括的にこの見解に異を唱えることはないが、さらに付加すべき点などもあるので、以下、考察を進める。考察にあたり、まず、依拠すべきは六国史などに見える任官記事や『中臣氏系図』（『群書類従』六二）の記載であるが、さらにもうひとつ注目すべきものがある。

それは大嘗祭における叙位である。『延喜式』践祚大嘗祭34午日条に次のような記載がある。

午日卯一點　却二両国帳一　所司装二束尋常御帳一　辰二點御二此帳一　召二五位以上一及六位以下　参入同二前日一

四點　叙二位両国司及氏人等一（叙位人数依二勅処分一）

午の日に両国司（悠紀・主基国司）および大嘗祭に奉仕した諸氏の人に叙位が行われた。この叙位に注目して具体例をまとめたのが表Ⅰである。大同三年（八〇八）の平城天皇の大嘗祭から元慶八年（八八四）の光孝天皇のそれまでの間、実際にこの叙位が行われたことが確認できる。しかも、その対象として神祇伯・大副であった中臣氏が見える。これはもちろん、中臣氏が神祇伯・大副として大嘗祭に奉仕したことを示すものであるが、そのような高位の人物の奉仕が通例となっていたことをも示す。いっぽう、桓武天皇の大嘗祭以前では午の日の叙位は明確ではないが、即位から大嘗祭までの間あるいは大嘗祭以後の比較的近い時期に、中臣氏に対して四、五位程度の叙位が行われた事例が多い。これらもやはり大嘗祭にともなう叙位であった可能性が強い。したがって、そこに見られる人物が、平城天皇以後と同じく神祇伯あるいは大副の職にあり、大嘗祭に奉仕したと推定することが可能であろう。また、位階からみて神祇伯・大副に在任していても不自然ではない。以上のように、これらの事例も神祇伯（大副）と中臣氏の関わりを考えるうえで考慮すべき事項となろう。

持統四年（六九〇）正月一日、五年一一月一日に中臣大嶋が神祇伯とみえる。『中臣氏系図』によると、大嶋は糠手子の孫、許米の子である。持統七年頃に没したと推定できる（『日本書紀』同年三月一一日条）。

次に確認できる伯は意美麻呂で、国子の孫である。和銅元年（七〇八）三月一三日に従四位上で中納言・神祇伯に任命された。和銅四年閏六月二二日に死去したが、この時、正四位上、中納言・神祇伯であった[3]。意美麻呂死去の段階で、残された中臣氏のなかで最上位であったのは御食子の子孫で垂目の孫、嶋麻呂の子である人足であっただろう。

人足は慶雲四年（七〇七）二月二五日に従五位下となり、翌和銅元年九月三〇日に造平城京司次官となった。和銅四年四月七日に従五位上に昇進した。彼より早く、慶雲二年一二月二七日に石木（磐城）が従五位下になったが、これ以後の消息は不明である。『中臣氏系図』によると、石木は御食子の孫、久多の子である。従五位下・神祇少副と見え、位階は従五位下にとどまったと思われる。和銅四年四月七日に意美麻呂の子東人が従五位下となった。彼らが意美麻呂死去後の主要な人物であり、位階の上では人足が石木・東人より上位にあった。

人足は霊亀二年（七一六）二月一〇日に神祇大副と見える。そして、同年一一月に行われた元正天皇の大嘗祭に奉仕したと推定される（表I）。翌養老元年（七一七）正月四日に正五位上に叙され、その後さらに一階昇進したらしく、一〇月一二日に従四位下と見える。この急速な昇進には大嘗祭への奉仕が関連したのではないかと思われる。[4]『懐風藻』では、人足は「従四位下左中弁兼神祇伯」とされる。おそらく、神祇大副から神祇伯へと昇進したのであろう。従四位下は『続日本紀』で確認できる範囲では養老元年一〇月一二日以降のことになる。左中弁の任官は史料上、確認できないが、ほかの人物の在任も確認できない。[5]神祇伯への任命がその相当位である従四位下への昇進にともなうものと仮定すると、それは養老元年一〇月前後になる。神祇大副への就任時期も明確ではないが、意美麻呂の死去に近づく可能性もあろう。

人足は養老元年一〇月一二日が史料上の終見であり、その後の状況は不明である。続いて神祇官の官職についたのは東人と考えられる。『中臣氏系図』に、従四位下で神祇伯・刑部卿と見える。従四位下に昇進したのは天

大嘗祭	大嘗祭後の叙位・任官	
文武2.11.23		
和銅1.11.21		
霊亀2.11.19	養老1.1.4	正五位上叙
	養老1.10.12	益封
神亀1.11.23	神亀3.1.21(1)	正五位上叙
勝宝1.11.25	勝宝1.11.26	正五位下叙
宝字2.11.23		
神護1.11.22	神護1.11.23	従三位叙
宝亀2.11.21	宝亀3.2.17(2)	正二位叙
天応1.11.13		
大同3.11.14	大同3.11.17	従五位上叙
弘仁1.11.19	弘仁1.11.22	従五位上叙
弘仁14.11.17	弘仁14.11.20	正五位下叙
天長10.11.15	天長10.11.18	従四位上叙
仁寿1.11.23	仁寿1.11.26	従五位上叙
貞観1.11.16	貞観1.11.19	正五位下叙
	貞観2.11.27	神祇伯任
元慶1.11.18	元慶1.11.21	従五位上叙
元慶8.11.22	元慶8.11.25	正五位下叙

表Ⅰ　即位・大嘗祭と中臣氏

天皇	中臣氏	官職	即位前の叙位・任官		即位	即位・大嘗祭間の叙位・任官	
文武					文武１．８．１		
元明	意美麻呂	神祇伯			慶雲４．７．15	和銅１．３．13	神祇伯任
						和銅１．７．15	正四位下叙
元正	人足	神祇大副	霊亀１．１．10	正五位下叙	霊亀１．９．２		
聖武	東人	神祇大副？			神亀１．２．４	神亀１．２．22	正五位下叙
孝謙	益人	神祇大副	勝宝１．４．５	従五位上叙	勝宝１．７．２		
淳仁	毛人	神祇大副			宝字２．８．１	宝字２．８．１	従五位下叙
称徳	清麻呂	神祇伯	宝字８．９．12	正四位下叙	宝字８．９．16		
光仁	清麻呂	（神祇伯）			宝亀１．10．１	宝亀１．10．１	正三位叙
						宝亀２．３．13	従二位叙
桓武	子老	神祇伯			天応１．４．３	天応１．４．15	従四位上叙
平城	智治麻呂	神祇大副			大同１．５．18	大同３．４．３	神祇大副任
嵯峨	諸人	神祇大副			大同４．４．13	弘仁１．９．16	神祇大副任
淳和	淵魚	神祇大副			弘仁14．４．18		
仁明	淵魚	神祇伯			天長10．２．28		
文徳	逸志	神祇大副			嘉祥３．４．17	嘉祥３．５．17	神祇大副任
清和	逸志	神祇大副			天安２．11．７		
陽成	有本	神祇大副			元慶１．１．３		
光孝	有本	神祇大副			元慶８．２．23		

⑴時期が離れるが、いちおう採録する。⑵邸宅への行幸あり。

平五年（七三三）三月一四日であった。ただし、神祇伯・刑部卿への任命はほかの史料では確認できない。ところで、天平四年九月五日に中臣広見が神祇伯に任命された（正五位上）。『中臣氏系図』でも神祇伯兼侍従と見える。広見はやはり意美麻呂の子であり東人の兄弟になる。注目されるのは、広見の神祇伯任命に近接する天平四年一〇月一七日に東人が兵部大輔に任命されたことである。これは神祇伯が東人から広見へと交代したことを示すのではなかろうか。したがって、東人の神祇伯任命が先行したと推定される。

東人と広見の位階の昇進状況をみてみると、東人が先行したことがわかる。前述のように、東人は和銅四年四月七日に従五位下となり、養老四年正月一一日に従五位上、神亀元年（七二四）二月二二日に正五位下、三年正月二一日に正五位上と昇進した。広見は養老七年正月一〇日に従五位下となり、神亀二年閏正月二二日に従五位上（征夷の功績）、天平元年八月五日に正五位下と昇進し、三年正月二七日に正五位上となって東人に追いついた。位階の点からみても、東人の神祇伯任命が先行するとみて不自然ではない。広見が正五位上で神祇伯となったことは確実である。そして、東人も天平四年一〇月に神祇伯を離れたとすると、やはり正五位上である。東人の神祇伯任命の時期は不明であるが、さしあたり、正五位上になった神亀三年正月以前にはさかのぼらないとみるのが穏当であろう。

さらに、東人が神祇伯以前に大副であった可能性もある。それは東人が聖武天皇の大嘗祭に奉仕したのではないかと思われるからである（表I）。東人は即位と大嘗祭の間に叙位されており、これは大嘗祭を考慮した叙位の可能性がある。大嘗祭の後に位階の昇進はない。大嘗祭との関連を想定すれば、東人が神亀元年一一月の段階で神祇官の官職にあって、大嘗祭に奉仕した可能性が想定できる。官職はやはり大副ではなかろうか。伯では位階が低いように思われる。大副の場合、前述のように、中臣人足が正五位下で神祇大副であった事例がある。憶測であるが、聖武の大嘗祭の時に神祇大副で、神亀三年正月に正五位上となり伯へ進んだとみておきたい(6)。

聖武即位の段階で、東人は広見より位階で上位にあり、氏内の最上位にあったことはほぼ承認できる。また、東人の次の神祇伯は広見ではなかったかと推定したが、天平四年の段階で両者ともに正五位上であった。それに次ぐ中臣名代（嶋麻呂の子　人足の兄弟）が神亀五年五月二一日に外従五位下、翌天平元年三月四日に従五位下であった。彼は天平四年八月に遣唐副使に任命され、翌年四月に進発した。東人が伯を離任する段階で広見が東人とならんで中臣氏の最上位にあったこともまちがいない。

広見の神祇伯就任以後の動向は不明であり、いつまで伯であったのかもわからない。次に神祇伯になったのが名代である。天平八年八月に唐から帰国して一一月三日に従四位下に昇進し、天平一〇年五月二四日に神祇伯と見える。伯に就任した時期は不明である。この時期、名代は位階の上では広見をこえ東人と並んでいた。なおかつ、東人が生存していたかどうかも断定することができない。この三人のほかに五位以上の人物は管見の限りでは見あたらない。名代が少なくとも東人と並んで、最上位にあった人物であることはまちがいない。

八世紀前半において中臣氏は大嶋・意美麻呂・人足・東人・広見・名代と神祇伯を輩出した。さらに推測にわたる部分もあるが、神祇大副まで広げると、人足・東人（さらに意美麻呂）は伯に就任する前に大副であったと思われる。中臣氏が大副にある時、伯が任命されていたかどうかは史料が充分ではないので不明であるが、少なくとも任命例は存在しない。欠員になっていた可能性も残ると思われる。そして、彼ら伯あるいは大副に任命された人物は、すべてその時々において氏内でほぼ最上位にあったと思われる人物であった。つまり、氏上であった。当該期では伯・大副の任命例は史料的な限界から多くはなく空白の時期も残るが、おおむね、中臣氏の氏上が神祇官の最上位の官職（伯または大副）を継承していったことは確実である。伯か大副かは位階とのバランスによって決定されたように思われる。具体的には相当位より一階低い正五位上あたりで伯への任命が可能になったようである。

なお、神祇少副以下の任官状況はさらに史料が乏しい(7)。当該期に中臣氏が神祇官の中層以下の官職とどのような関連にあったのかは不明である。もう一度、上記の氏上たちにもどると、彼らの官歴は神祇官のみに限定されたわけではない。伯・大副に任命される以前でもそうであった。彼らは神祇官の中層以下の官職に任命されることもあったであろうが、神祇官の内部のみで昇進していったのではないことは留意しておきたい。

二　八世紀中葉の中臣氏

名代の次の神祇伯は天平一三年（七四一）七月三日に就任した巨勢奈弖麻呂で問題はないであろう。天平勝宝五年（七五三）三月三〇日に奈弖麻呂は神祇伯在任のまま死去した。次いで、天平宝字元年（七五七）六月一六日に石川年足が任じられ、六年九月三〇日に在任のまま死去し、一二月一日に文室浄三が任命された。このように、名代の後、中臣氏以外の神祇伯が続いたのである。従来からこのような現象に注目が集まってきた。現在、その背景に名代が藤原広嗣の乱に関わって処罰されたことを考慮する説が主流である(8)。『続日本紀』天平一三年正月二二日条に次のように見える。

逆人広嗣支党　且所㆓捉獲㆒　死罪廿六人　没官五人　流罪卌七人　徒罪卅二人　杖罪一百七十七人。下㆓之所司㆒　拠㆑法処焉。徴㆓従四位下中臣朝臣名代・外従五位下塩屋連古麻呂・大養徳宿祢小東人等卅四人於配処㆒。

この記事をもとに中臣名代が広嗣の支党として配流されたと理解し、それが神祇伯の任命の変化の原因として理解されてきたのである。つまり、ここに中臣氏の没落を想定する見解である。しかし、水本浩典・直木孝次郎(9)の解釈に従い、名代ら三四人は配流されたのではないと理解すべきである。

水本は、この記事は広嗣の乱の最終的な処理を記したものであること、人物につけて「徴」とある場合は京外にいる人物や使者などを呼び入れる場合であって、したがって、このケースも配処から京に召し入れたと解すべきであること、上記の三人らは広嗣の乱に際して罪を得て京を追われ配処に赴いていたが、支党の裁判が終了した時点で赦されて入京することが許可されたと考えられることを指摘した。さらに、直木は水本の見解を継承し、広嗣の挙兵時に名代らを一括逮捕して配所に拘置したが、乱に荷担した証拠がないため処罰が終わった時点で配処より召し出して放免したとする。また、名代と広嗣についても考察し、遣唐副使となったことが藤原宇合と共通し、それをとおして宇合と親しいグループを形成していたと推定する。いっぽう、春名宏昭は水本の見解に対して、京外（大宰府）に徴すとも解釈できる事例を指摘した（『続日本紀』天平宝字三年一〇月二三日条）。

水本・直木の見解がこの記事の解釈としては妥当なものと思われる。したがって、名代の処罰という解釈は基本的に誤りであるとしなければならない。この記事から名代の処罰を読み取り、それが中臣氏の神祇官上層からの転落の原因としてきた従来の見解は成立しないのである。

巨勢奈弖麻呂ら中臣氏以外の神祇伯が続くことの意味は別に考察する必要がある。この点を考慮しながら、当該期の中臣氏について考察を進める。

中臣名代と入れかわるようにして昇進したのが中臣清麻呂と益人である。清麻呂は意美麻呂の子、益人は人足の子である。天平一五年五月五日に清麻呂が、一八年四月二二日に益人が従五位下に叙された。そして、一五年六月三〇日に清麻呂が神祇大副に任命された。清麻呂の離任は益人が大副に任命された一九年五月一日であり、この日に清麻呂は尾張守に任命された。その後、天平勝宝六年四月五日に清麻呂が神祇大副に任命され、益人は造宮少輔に任命された。この時まで益人が大副であったとみてよかろう。しかし、六月一日にふたたび益人が大副に任命され、七月一三日に清麻呂が左中弁に任命された。短期間のうちに、大副が益人・清麻呂・益人と交代したことになる。益人のこれ以後の経歴は不明である。

この二人では従五位下への昇進は清麻呂が早いが、益人が神祇大副となった天平一九年五月の段階ではともに従五位下であった。そして、益人は聖武太上天皇らの東大寺行幸にあたり従五位上を叙され（天平勝宝元年四月五日）、孝謙天皇の大嘗祭に奉仕して正五位下に叙された（表Ⅰ）。この間、清麻呂は従五位下のままであり、位階の上では益人が清麻呂の上位に立つことになった。氏内の最上位の人物が大副になったという状況が看取できる。

おそらく次に神祇大副になったのは毛人であろう。正倉院文書の「神祇大輔中臣毛人等百七人歴名」（『大日古』一五129）は天平宝字二年八月のものである。ここに「神祇大輔中臣毛人」とみえ、毛人が神祇大副であったことが確認される。また、三年一〇月一五日でも毛人は大副（従五位下）であり、伊勢大神宮に奉幣使として派遣された。時期は明確ではないが、益人といれかわりに大副に就任したとみられる。毛人は意美麻呂の孫、長人の子である。天平宝字二年八月の段階で益人・清麻呂ともに正五位下であり、[10]位階の上では明らかに毛人の上位にあった。毛人に先行して、天平宝字元年五月二一日に中臣麻呂が正六位上から従五位下に昇進した。毛人は大副の経験者を除けば、最上位の人物であるが、氏内の最上位ではなかった。

毛人の大副在任は六年一一月三日まで確認できるが、その後、中臣宅守が大副になったらしい。宅守は東人の子である。『中臣氏系図』に「大副従五位下」「依二宝字八年九月乱一除名」とある。大副就任を事実とみれば、従五位下に叙された天平宝字七年正月九日以後になろう。毛人の在任時期と矛盾することはなく、宅守の大副就任は認められるのではないかと思われる[11]。そして、藤原仲麻呂の乱後、宅守の動向は何も見えない。除名も歴史的事実なのではないかと思われる。宅守は藤原仲麻呂の乱の当時、神祇大副であったことになる。位階の上では乱の段階で清麻呂は従四位下で、毛人は従五位上であった。さらに六年に伊加麻呂・鷹主（いずれも名代の子）が従五位下に昇進していた。伊加麻呂は正月四日に叙位され、鷹主も四月一七日に叙位され、遣唐使に任命された。宅守も氏内の最上位の位階をもったとはいえない。

以上が他氏の伯の在任期間における中臣氏の状況である。ここでは二つの現象に注目したい。第一に、中臣氏は伯に任命されることはなかったが、大副には継続的に就任したことである。当該期はこれ以前に比較して相対的に任命例が多くみられるため、ほぼとぎれることなく中臣氏が大副に就任したことが確認できる。中臣氏がまったく神祇官とのつながりを失ってしまったわけではなく、伯に到達することがなくなったのである。従前の中臣氏のあり方が基本的に継承された側面がある、そして、その上に他氏の伯が乗る構造とも理解できる。第二に、大副に任命された人物が必ずしも氏上であったとはいえないことである。ただし、この現象の大きな原因は清麻呂の存在である。清麻呂は天平一五年六月から一九年五月にかけて大副であったが、その後ごく短期間を除いて伯・大副になることなく昇進していった。天平宝字六年一二月一日に従四位下で参議にいたった。意美麻呂以来の議政官であった。ここで注目されるのは意美麻呂との相違である。意美麻呂は中納言と神祇伯を兼任した。これは氏上として神祇官を統轄しつつ議政官でもあったことを意味する。しかし、清麻呂は議政官で氏上ではあったが神祇官を統轄する地位になかった。

さて、他氏の伯と清麻呂の出現は実は表裏の関係にあると思われる。それは中臣氏の氏上以外でも神祇官を統轄するようになったことと、中臣氏のなかにも必ずしも神祇官によらない、有力な人物が出現するようになったことである。神祇官と中臣氏の相即的な関係が変質してきたといえる。そして、当該期に対する評価はこのような二つの現象を説明しうるものである必要があり、前述の名代の処罰から解釈する議論が不充分であることはこの点からも明瞭であろう。

筆者は、先に当該期の政治状況あるいは王権と貴族の関係について、次のようなことを指摘した[12]。

八世紀初頭から前半に成立した政治体制および王家と貴族の関係は、天智天皇の後継たる天皇のもとで七世紀後半に顕著な功績のあった氏族を門閥貴族に位置づけるものであった。それは律令体制の導入にともない確立した体制と評価することができる。

天平期後半、伝染病の大流行をきっかけとして政治体制がゆらぐなかで、王権は仏教との結合を強め親族関係を主要な紐帯として貴族と結合するようになり、特に王権と深くつながる藤原氏の地位が決定的に突出した。

天平期後半あたりを重要な画期とみて、それ以後は王権との親族関係といった要素が門閥貴族に決定的意味をもつようになったとする見解を提示した。端的に、中臣氏をめぐる情勢もこのような当時の王権や貴族をめぐる変化の一端なのではないかと考える。つまり、天平期前半まで、中臣氏は律令体制の導入期における機能を引き継ぎ（中臣氏の場合はさらにそれ以前にさかのぼるが）、氏上が継続的に神祇伯あるいは大副に就任して神祇祭祀をになっていたが、後半にその機能は原理的には消滅したといえるのではなかろうか。その結果、中臣氏と神祇官の相即的関係はくずれ、いっぽうで他氏の伯が出現し、いっぽうでは神祇官と離れた有力者が出現することも可能になったのではなかろうか。

もちろん、これは原理的な問題なのであって、それがすぐに中臣氏の神祇官からの除外をもたらしたわけではない。当該期でも中臣氏はやはり神祇官において存在感を示していたし、その後も神祇官から切り離されることはなかったといえる。また、意美麻呂の事例のように、神祇官を統轄しながら政治的中枢へ進むことも可能であり、神祇官の統轄がそれ以上の昇進の桎梏となっていたわけではない。意美麻呂以後の数人の人物が神祇伯・大副から大きく昇進しなかったのは、基本的に能力などの問題と考える。

さて、このような理解を提示しても、他氏の伯が任命されたことは別に説明される必要があろう。中臣氏の伯でなくてもよい状態になったが、特に中臣氏ではなかった理由が示されていないからである。これは当時の神祇祭祀をめぐる状況に深く根ざすであろう。

まず、注目されるのが当該期の伯が高位の人物であった点である。春名宏昭も議政官の伯就任によって神祇行政を太政官の直接統治下に置くことをねらったとする。巨勢奈弖麻呂は伯就任の段階で従四位上で左大弁で、その後も昇進し、天平一五年五月五日に中納言、天平勝宝元年四月一日に大納言となり、死去時に従二位で大納言であった。石川年足は任官時に従三位で参議、その直後の八月四日に中納言、天平宝字四年正月四日に御史大夫（大納言）となり、死去時に正三位で御史大夫であった。文室浄三は任官時に正三位・御史大夫で、天平宝字八年九月四日に従二位・御史大夫で致仕した。彼らはいずれも太政官議政官であり議政官と神祇伯の兼任であった。

このような例は意美麻呂にもみられたが、その後は途絶していた。高位の人物の伯への任命は、とりあえず伯の職務あるいは神祇官の機能が重視されたことを示唆する。そのことは当然、中臣氏においても高位の人物を要求することになったのであるが、それが清麻呂を除くと存在しなかったことはまちがいない。では、なぜ神祇官の重要性が増したのであろうか。石川年足・文室浄三の任命が興味深い。彼らは政治の中心にいるばかりではなく、仏教と関わりの深い人物であったからである。年足は近親の追善のためなどにいくつかの写経を発願し、また、出雲守として国分寺のための写経を実施するなど、仏教への深い造詣や信仰を持っていたことが現存する古写経から確認される。文室浄三はもとは智努王で、夭折した聖武の男子のための山房の造営にあたり、後に東大寺大鎮、法華寺大鎮・浄土院別当を務めたことが『延暦僧録』（『日本高僧伝要文抄』所引）にみえる。

当該期には王権の仏教への依存が急速に強まり、聖武太上天皇のような出家する人物さえ出現したことは周知のところであろう。ここで当然、神祇信仰と仏教の関係が国家レベルで問題になったと思われ、何らかの形で両者の整理が行われたはずである。その詳細は明らかではないが、その職務を担ったのが年足や浄三なのではないか。もちろん、中臣氏でないことに意義があるのではなく、このような存在、つまり、議政官で仏教に対する理解を有する存在が当該期の中臣氏にみあたらなかったことが、彼らが伯に任命された理由であったと思う。三人の中臣氏以外の伯の存在について、このように考えておきたい。

三　中臣清麻呂と橘奈良麻呂の変・藤原仲麻呂の乱

中臣清麻呂は当該期の中臣氏のなかで特筆すべき存在であった。そして、このような人物が出現したことに、貴族としての中臣氏のあり方の変化、それは大きく当時の門閥貴族全体のあり方（あるいは王権との関係）の変化の一端であるが、が示されると考えた。ここでもう一度、清麻呂の経歴や政治世界における位置について考えてみる。

清麻呂は『続日本紀』延暦七年（七八八）七月二八日条の薨伝によると、大宝二年（七〇二）生まれで意美麻呂の子である。『公卿補任』天平宝字六年条には意美麻呂の第七子とみえる。『中臣氏系図』によると、母は「左大臣正二位多治比志麿（麻）真人女阿岐良」である。志麿は志麻の誤りでよく多治比嶋の女子である。同じく、意美麻呂の子では東人（母は藤原鎌足の女斗売媛）、広見（母は紀麻路の妹奈賀岐娘）が清麻呂より早くにみえる。前述したように、清麻呂は天平一五年（七四三）六月に神祇大副になった後、一九年五月に離任し、それ以後の昇進がめざましい。最終的に正二位・右大臣まで昇進した。天平勝宝六年（七五四）にごく短期間、神祇大副となったが、おそらく称徳天皇即位とともに神祇伯となるまで神祇官の官職を得ることはなかった。めざましい昇進の大きな要因はその政治的能力である。薨伝に「歴二居顕要一見レ称二勤恪一」「歴二事数朝一為二国旧老一。朝儀国典多レ所二諳練一在レ位視レ事雖二年老一而精勤匪怠」といった表現がみえ、政務に精通した有能な官人であったことがわかる。しかし、官人としての能力ばかりではなく、橘奈良麻呂の変・藤原仲麻呂の乱における行動もその昇進を考えるうえでは看過することはできない。

橘奈良麻呂の変において、清麻呂がどのような行動をとったかを直接ものがたる史料は存在しない。しかし、「神祇大輔中臣毛人等百七人歴名」で「台大忠中臣浄万呂兼」とされることは注目される。この時、清麻呂は紫微大忠であった。兼とされるが、おそらく本官は式部大輔であろう（『万葉集』二〇・四四九六）。変後に光明皇太后・藤原仲麻呂と関係を深めたことがわかる。以後、清麻呂が重く用いられたことはすでに指摘がある[13]。

しかし、変以前では、むしろ清麻呂は基本的に奈良麻呂らに近い人物であった可能性があると思われる。その根拠は二点ある。第一に、外戚の問題である。清麻呂の母は多治比嶋の女子であったと考えられるが、妻も多治比の出身であった。『続日本紀』宝亀三年（七七二）二月一七日条に清麻呂の妻として多治比真人古奈祢がみえ、『日本紀略』延暦一一年閏一一月四日条でも清麻呂の妻は多治比真人子姉である。また、『中臣氏系図』でも清麻呂の子諸魚の母は「尚侍従三位多治比真人乙奈子」とみえる(14)。

多治比氏は奈良麻呂の変に関わるところが深かった。多治比犢養・礼麻呂・多治比鷹主が計画に加わったとされ（『続日本紀』天平宝字元年七月四日条）、中納言多治比広足が「不レ教二諸姪一　悉為二賊徒一」との理由で中納言を免官された（『続日本紀』同年八月四日条）。具体的な状況は明らかではないが、清麻呂が母・妻の出身氏族である多治比氏と無関係であったはずはなく、犢養らとも何らかのつながりを有した可能性はある。

第二に、大伴家持や池主との交流が注目される。『万葉集』二〇・四二九五～四二九七の歌は「天平勝宝五年八月十二日二三大夫等各提二壺酒一　登二高円野一聊述レ所レ心作歌三首」と題されており、四二九五は左京少進大伴池主、四二九六は左中弁中臣清麻呂、四二九七は少納言大伴家持の作歌である。この時、この三人らが壺酒をさげて高円野に登り、酒を飲み歌を作ったというのである。清麻呂と大伴家持や池主と間に何らかの交流があったことが推定される。周知のとおり、家持は結局、奈良麻呂らの計画に参加しなかったが、池主は参加したことが確認できる（『続日本紀』天平宝字元年七月四日条）。

以上からこの謀議に対する清麻呂の位置もほぼ明らかになろう。それは多治比・大伴氏ときわめて関係が深い人物で、謀議に加わった明証は欠くものの、それにきわめて近い位置にある有力な官人であったといえよう。しかし、清麻呂は変そのもので処罰されることはなく、逆に、その後は紫微中台の官人として現れた。これはほぼまちがいなく、奈良麻呂らの集団の近辺から光明・仲麻呂の陣営に転じたことを意味するであろう。

それと密接な連関を有すると思われるのが、奈良麻呂の変の直前に出された天平宝字元年六月一九日の「制」である。『続日本紀』同日条に次のような記事が見える。

始制　伊勢太神宮幣帛使　自レ今以後　差二中臣朝臣一　不レ得レ用二他姓人一。

伊勢大神宮の幣帛使にすべて中臣朝臣氏を充て、他姓の人を充てないという内容である。この制は『古語拾遺』では「所遺」（誤った事柄）の一一条のひとつとして、次のように見える。

　又天平勝宝九歳左弁官口宣　自㆑今以後　伊勢太神宮幣帛使　専差㆓中臣㆒　勿㆑差㆓他姓㆒者。其事雖㆑不㆑行猶所㆑載㆓官例㆒　未㆑見㆓刊除㆒　所㆑遺十一也。

天平勝宝九歳八月一八日に天平宝字改元が行われた。日付が六月一九日であるならば天平勝宝九歳である。また、ここでは左弁官口宣である。内容は『続日本紀』の記事と合致し、同じ政策であることは動かない。さらに、この政策は実際に行われていないが、「官例」（神祇官例）に記載されていたことが記される。

　この制は伊勢大神宮や中臣氏を議論する際にさまざまに評価されてきた。中臣氏のみを幣帛使とする内容はその後の実例と合致しないこと、『古語拾遺』において「不㆑行」とされることから、実施されなかったとするのが現在の通説であるといってよい[15]。制（あるいは左弁官口宣）として出され、神祇官例に記載されたにもかかわらず、なぜ実施されなかったのかが、さしあたりの問題となろう。この点に関して、示唆を与えてくれるのは早川万年[16]の見解であり、次のようなものである。天平一二年に中臣名代は藤原広嗣の与党として処罰され、中臣氏は神祇伯からはずれた、この制は奈良麻呂の変時における、藤原仲麻呂による中臣氏に対する懐柔策であり、神祇伯にかわり神宮奉幣使への任用を規定することによって不満をやわらげる目的があった、他氏を任用しないとする点では実例に合致しないが、中臣氏の任用ではこの制の影響も認められる、石川年足の作成した別式に掲載されたが、藤原仲麻呂の没落とともに空文化した[17]。

　早川の見解は当時の政治状況、特に奈良麻呂の変との関わりに言及したもので、この制の背景の一つを明らかにしたといえる。しかし、名代の処罰を前提として議論を展開する点には従えない。それが事実ではないことは先に論じたとおりである。しかし、その時期が奈良麻呂の変の直前であることは注目すべきであり、それとの関わりを想定することは充分に可能である。『古語拾遺』ではこの制は左弁官口宣とされ、左弁官の誰かが発した宣であるが、具体的に誰であろうか。当時の左弁官の構成をみてみると、まず大弁は大伴古麻呂である。天平勝宝六年四月五日に任命され、天平宝字元年六月一六日に左大弁で陸奥鎮守将軍を兼任した。周知のとおり、古麻呂は奈良麻呂の変の中心的人物の一人で変で獄死した。その後、七月九日に巨勢堺麻呂が左大弁に任命された。古麻呂が六月一九日の段階で左大弁であったことは承認されるであろう。中弁は粟田奈勢麻呂で天平宝字元年六月一六日の任命である。なお、その前任は中臣清麻呂であった。三年五月一七日に大伴犬養が左中弁に任命されており、奈勢麻呂がこの時まで在任であったと思われる。少弁は不明である。

憶測になるが、この口宣は大伴古麻呂の独断によるものであって、主として中臣清麻呂の動向と結びつくのではなかろうか。つまり、これは古麻呂が清麻呂をみずからの陣営にひきとめるための、苦し紛れといってもよい方策だったのではなかろうか。しかし、これは実を結ぶことなく、中臣清麻呂はこの陣営を離れ光明・藤原仲麻呂に接近していったのである。古麻呂が独断で口宣を発したのであれば、その後、実行されないのは当然である。逆に、これが光明や藤原仲麻呂の意を受けた宣であったならば、まったく逆の意味をもつことになるが、その場合、その後に実施されないのは、やはり説明しにくいのではないであろうか。この制の政治的意義について以上のように考えておきたい。

しかし、この制は神祇官例に記載された。『古語拾遺』は大同二年（八〇七）の成立であるので、これ以前にこの制が神祇官例に記載されたことになる。早川は石川年足の別式への記載を推測するが、ここまでの私見が正しいとすれば、石川年足がこの制に目をくれたはずはない。これはおそらく、称徳期以降、神祇伯などを連続的に出し、大きな影響力を有した清麻呂やその子子老・諸魚らの意志によるのではなかろうか。みずからに有利である点を重視し、実施されるはずのない制をあえて神祇官例に記載したのではなかろうか。もし、そうであるならば、神祇官例に収録されたことを攻撃する斎部広成の主張はきわめて正当なものであったことになる。

論をその後の清麻呂の動向に移す。奈良麻呂の変後、清麻呂は正五位下から正五位上、従四位下と昇進し、天平宝字六年八月一一日に従四位下・文部（式部）大輔で、藤原恵美訓儒麻呂・上道正道・佐味伊与麻呂とともに中宮院に侍し、淳仁天皇の勅旨を宣伝する役割を担った。さらに、同年一二月一日に参議となった。この時の任官は仲麻呂の強引な一族の登用の傾向が強く、藤原弟貞や仲麻呂の二人の子訓儒麻呂・朝獦らが参議となった。

なお、『公卿補任』天平宝字六年条の清麻呂の尻付では参議任命とともに「兼左大弁　神祇伯」とみえる。これは誤りで、当時の左大弁は阿倍嶋麻呂と思われ（天平宝字三年七月三日任命）、清麻呂が左大弁に任命されたのは七年正月九日である。六年一二月一日に文室浄三が神祇伯に任命された。当該期の清麻呂はやはり神祇官との関係は薄く、当然のことであるが淳仁天皇の大嘗祭にも奉仕していない。淳仁は天平宝字二年八月一日に即位し、即位にともなう叙位で毛人が従五位下に叙された。前述のように、この頃、毛人は神祇大副に任命されており、この年一一月の大嘗祭に奉仕したと思われる。ただし、大嘗祭後の叙位[18]では対象となっていないらしく、八年正月七日でも従五位下のままである。

清麻呂は淳仁天皇に近侍するなど、藤原仲麻呂の権勢を支える人物の一人であったが、藤原仲麻呂の乱で滅亡することはなかった。⑴天平宝字七年正月九日、⑵四月一四日、⑶八年正月二一日の三度の任官が乱直前の政治状況を考察する手がかりとして、さまざまに議論されてきた[19]。清麻呂は⑴で左大弁に任命された。前職は文部大輔で、文部大輔の後任は石上宅嗣であった。宅嗣は藤原宿奈麻呂（良継）を中心とする藤原仲麻呂殺害計画に加わった人物であった。同じく計画に加わった佐伯今毛人もこの時に造東大寺司長官となった。(2)において清麻呂はさらに摂津大夫を兼任した。これは造東大寺司長官の異動と連動した今毛人らの処分の結果である。この時に今毛人は解任され、摂津大夫の市原王が造東大寺司長官となった。市原王はいわゆる仲麻呂派の人物とされる。清麻呂がその後任にあたる。(3)では清麻呂の異動はなく、吉備真備が市原王にかわって造東大寺司長官となった。吉備真備は孝謙の近臣であった。

清麻呂の立場を以上の任官から判断することはむずかしい。いちおう、仲麻呂派の市原王の異動の穴を埋めた点で、やはり仲麻呂派であったと考えることが可能であろうか。木本好信[20]の指摘のように、少なくとも反仲麻呂の立場ではなかったことは確実に認められると思われる。(2)において清麻呂は参議・左大弁・摂津大夫となったのであるが、京から離れた摂津大夫の職務を実際にどの程度執行しえたかは不明であり、実質的な意味はなかったのではないかと思われる。

天平宝字八年九月一一日に乱が勃発すると、この日と翌一二日に叙位が行われた。これはまだ乱の帰趨の定まらない段階での叙位で、行賞というより、孝謙がみずからの陣営を固めるためのものであった。一二日の叙位では清麻呂が正四位下に叙された。天平神護元年（七六五）正月七日の叙勲では勲四等を与えられた。

これらの叙位・叙勲について、多少問題がある。渡辺直彦[21]は、清麻呂は武功を立てたかどうか不明であり、『公卿補任』天平宝字八年条に九月一〇日（一二日の誤り）の叙位について「依二恪勤功一也」と記されることから、この叙位を恪勤によるものとし、一連の叙位・叙勲が戦士などはもとより恪勤の人にも及ぶと解釈した。これに対して、野村忠夫[22]は、清麻呂についても一般的な恪勤ではなく、おそらく逆賊討滅の祷請といった役割があり、それを勲功と認定したと推測する。史料的に祷請の有無を確認することは不可能である。清麻呂は当時、藤原仲麻呂に近く、参議・左大弁の要職にある有力貴族の一人であった。それが乱において仲麻呂に従わず、孝謙の側についたとすれば、それは武功などはなくとも行賞の対象になりうるのではなかろうか。また、乱では早期に叙位されており、孝謙の陣営に結びつく可能性があったことを示す。少なくとも、孝謙たちはそう認識していたことを示す。まったくその可能性のない場合に、このような叙位は行われるはずはない。野村の指摘するように、清麻呂は通常の恪勤によって位階・勲位を与えられたのではない。その功績とは政治的立場によるものであったと把握すべきであろう。

以上のように、清麻呂は橘奈良麻呂の変・藤原仲麻呂の乱の二つの反乱において、みずからの政治的位置を変える。いずれのケースでも当初は敗者の側に属していたが、巧みに切り抜けて結局は勝者の側に立った。それが官人としの能力に加えて、清麻呂の昇進の大きな要因となったことはまちがいないであろう。そして、くりかえしになるが、清麻呂の場合は氏内で最上位にあるにもかかわらず、神祇祭祀や神祇官との結びつきは強くはなかった。

四　大中臣氏の誕生

『続日本紀』天平神護元年（七六五）一一月二三日条に次のように見える。

詔曰　正四位下中臣朝臣清麻呂　其心如レ名　清慎勤労　累奉二神祇官一。朕　見レ之誠有レ嘉焉。是以　特授二従三位一。

この段階で、清麻呂が神祇伯となっていたことが確認できる。任命の時期は正確には不明であるが、『中臣氏系図』（延喜本系）によると、天平宝字八年（七六四）九月と見える。そして、称徳天皇の大嘗祭に奉仕したのも清麻呂である（表Ⅰ）。この詔が出された日は大嘗祭の辰日に相当する。また、延喜本系にも、清麻呂が称徳の大嘗祭に神祇伯として奉仕したことが記載される。「累奉神祇官」とは天平一五（七四三）～一九年の大副在任に加えて、この時期に伯となっていたことを意味する。短期間であるが、天平勝宝六年（七五四）四月から六月にも大副であった。そのことが従三位昇進の理由とされるが、前述したように、清麻呂の功績はむしろ別のところにあったと思われ、明示はされないが、それら全体を評価したものであろう。なお、詳細は省略するが、この段階で清麻呂が中臣氏のなかで最上位に位置していたことはいうまでもない。さらに神護景雲二年（七六八）二月一八日に、清麻呂は中納言（兼神祇伯）に任命された。

景雲三年六月一九日に清麻呂は大中臣朝臣を賜姓された。詔は次のようなものである。

詔曰　神語有レ言二大中臣一。而中臣朝臣清麻呂　両度任二神祇官一　供奉无レ失。是以賜二姓大中臣朝臣一。

これ以後、清麻呂とその子が大中臣の氏名を名のっており、この賜姓が清麻呂の一族を対象とするものであったことがわかる。ここまで論じてきたように、清麻呂は神祇祭祀の領域でのみ功績を挙げてきたわけではなく、その昇進はさまざまな政治的要因によるところが大きい。その意味では、清麻呂はそれ以前の中臣氏の範疇に納まりきらないところを持つ。したがって、清麻呂が中臣氏のなかから特別な存在として賜姓を受け、いわば別の氏を形成するのは必然であったのではなかろうか。このようにして、清麻呂とその子たちはより上位の政治的地位を持つ氏として中臣氏から析出され、新たな氏を形成したのであった(23)。

さて、ここでも神祇官への供奉が清麻呂に対する賜姓の理由とされた。この時期、清麻呂と神祇官への貢献が強調される傾向が看取できる。それは称徳天皇が出家した状態であったことと深くつながるであろう。たとえば、称徳天皇の大嘗祭は異例なものであった可能性があり、清麻呂はそのような大嘗祭の執行をになった中心的人物の一人であった。その後の称徳の治世も神祇祭祀と仏教の関係性がしばしば問題となったであろう。神祇祭祀についてきわめてナイーブな問題が出現した時期にあたる。称徳は、おそらくその点について清麻呂に期待するところが大きかったのではないかと思われる。その結果が、このような清麻呂に対する褒賞となったのであろう。清麻呂自身にもどると、それ以前に比べて、神祇祭祀に深く関わるようになったのがこの時期であるといえよう。

光仁天皇は宝亀元年（七七〇）一〇月一日に即位した。清麻呂は即位による叙位で正三位に昇進した。薨伝に「天宗高紹天皇践祚　授二正三位一　転二大納言兼東宮傅一」と見える。東宮傅任命は『公卿補任』宝亀元年条にも見える。しかし、実際に任命されたのは宝亀二年正月二三日であるので、この記載は誤りである。大納言は同じく宝亀二年一月二三日に在任が確認できるが、『公卿補任』宝亀元年条に「七月一日任」とある。七月一日は称徳天皇存命中であり、一〇月の誤りとしてよかろう。光仁天皇の即位時に大納言に昇格したのであろう。『公卿補任』では「元中納言神祇伯」の記載があり、この時に神祇伯を離任した可能性があり、後任の伯は史料上確認できない。宝亀八年正月二五日に清麻呂の子子老が伯に任命されたが、それ以前は確認できない。

光仁天皇の大嘗祭は宝亀二年一一月二一日に行われ（表I）、それに奉仕したのはやはり清麻呂であった。『続日本紀』同日条に大嘗祭執行の記載があり、そこに「右大臣大中臣朝臣清麻呂奏二神寿詞一」とあることから確認される。大嘗祭における中臣氏の大きな職務はいわゆる天神寿詞を奏上することである。光仁は宝亀三年二月一七日に清麻呂の第に行幸し、正二位に叙すとともに妻多治比古奈祢に正五位上を与えた。これは大嘗祭にともなう叙位に相当するかもしれない。清麻呂はすでに伯を離れていたが、後任は任命されず清麻呂が実質的にその職務をになっていたのではないかと思われる。それ以前、宝亀二年二月一六日に清麻呂は左大臣藤原永手の病気により大納言で大臣事を摂行し、三月一三日に右大臣に任命され従二位に昇進した。大宝令施行後、中臣氏のなかで大臣までいたった人物はほかにいない。清麻呂をはじめとする大中臣氏はこのように大臣まで昇進しうる氏（族姓）と位置づけられたと考えられ、大中臣氏の賜姓とはそれを意図したものであったと理解しておきたい。

宝亀三年四月二一日に実質上の伯清麻呂のもとで、その子子老が従五位下で神祇大副に任命され、その後、八年正月二五日に神祇伯に任命された。その直前に従四位下に叙されており、おそらく、従四位下に到達したのにともなって神祇大副から神祇伯へと連続的に昇進したのであろう。子老は延暦八年（七八九）正月二六日に死去したが、この時、正四位下で参議・宮内卿・神祇伯であった。この間、別の伯は確認できないので、この時まで子老が神祇伯であったことはほぼまちがいない。

宝亀三年四月の段階で清麻呂は従二位であったが、子老のほかにもいく人かの人物が見える。常（『中臣氏系図』では都祢　広見の子）は天平宝字八年一〇月七日に従五位下に昇進しており、この段階でも従五位下であった。従五位下昇進の時期は子老に先行した。鷹主（名代の子）は天平宝字六年四月に従五位下に昇進したが、その後、処分されたらしく、宝亀四年二月二一日に従五位下へ復位された。藤原仲麻呂の乱によって処分されたと推測される。[24]伊加麻呂（『中臣氏系図』では伊賀麻呂　名代の子）も天平宝字六年正月四日に従五位下となったが、七年一二月二九日に飲酒して言語が忌諱に渉ったとして大隅守に左遷され、その後の消息は不明である。前述の宅守も含めて藤原仲麻呂の乱における処罰者も多い。[25]継麻呂（清麻呂の子）―宝亀元年七月二〇日・従五位下、石根（大嶋の孫・馬養の子）―元年一〇月二六日・従五位下、宿奈麻呂（清麻呂の子）―二年一一月二五日・従五位下、の三名も宝亀三年で従五位下であるが、昇進の時期は子老に遅れた。常のような人物もいるが、中臣氏のなかで子老が明確に下位にあるわけではなく、清麻呂に次ぐ地位にあったとしてよかろう。

桓武天皇は天応元年（七八一）四月三日に即位し、大嘗祭が行われたのは一一月一三日である。子老が四月一五日に従四位上に昇進したのは大嘗祭への奉仕によるのではないかと思われる（表Ⅰ）。この時、子老は神祇伯であった。さらに、六月二三日に清麻呂が致仕しその後を嗣ぐようにして二七日に子老が参議となった。子老の死去後、同じく清麻呂の子である諸魚が従四位下で神祇伯に任命された。これが延暦八年三月一六日のことであり、子老の死去の二か月後である。そして、九年二月二七日に諸魚が参議に任命された。諸魚は延暦一六年二月二一日に死去したが、正四位上で神祇伯を兼任していた。この時まで連続して神祇伯の職にあったと考えられる。延暦八年三月の段階で、諸魚のほかに常（正五位下）・鷹主（従五位上）・継麻呂（従五位上）などがいたと考えられるが、位階の上では従四位下の諸魚が最上位であった。

このように、当該期には清麻呂・子老・諸魚と大中臣氏で議政官の神祇伯が続いた。同時に清麻呂ばかりではなく、子老・諸魚の神祇官以外の官職への就任もめだつ。特に諸魚は桓武の近臣としての性格が顕著である。延暦三年六月一〇日に従五位上・兵部大輔で造長岡宮使に任命され、一二月二日にその労により正五位下に昇進した。四年七月六日に左中弁で左兵衛督を兼任し、参議となった後、一一年四月二一日に近衛大将となった。死去の時、参議・左大弁・近衛大将・神祇伯であった。[26] 大中臣氏とはこのような地位にある氏族であった。つまり、最高で大臣にもなりうる氏であった。これは明らかに以前の中臣氏と同等ではなく、また、彼ら以外の中臣氏とも異なる地位にあったといえる。大中臣氏の成立とはこのような意義を持つものであった。そして、大中臣氏の地位の根源はもちろん清麻呂の功績であり、それをうけて子らが天皇の近臣となったことにあったといえる。

議政官と神祇伯の兼任は、天平期後半からの状況の延長上に位置づけることが可能である。したがって、神祇伯の地位に変化はなく、むしろ清麻呂をはじめとして大中臣氏のなかで、議政官となる人物が連続して出現したことが重要である。伯にまで昇進することのみに着目すれば八世紀前半の状況に回帰したようにみえるが、当該期では大中臣氏の地位上昇の結果であり単純な回帰ではない。もちろん、大中臣氏が体制として神祇官を統轄する状態にもどったわけでもないと思われる。他氏に対して優越することはあったであろうが、基本的に大中臣氏でなくとも伯に任命されうることにかわりはなかったと思われる。

五　九世紀前半の大中臣氏

当該期の状況についても森脇文子の見解が詳細である。森脇は伯に中臣氏に代わり、天皇と関係の深いものが任じられるようになり、大副以上に対する中臣氏の特殊な関係がくずれた、中臣氏の活動の場は大副以下に広がっていき、九世紀中頃には神祇官に複数の中臣氏がみえるようになった、中臣氏は氏の職を継ぐ一名の首長が氏を体現する状態から神祇官職につく集団としての氏へと変化した、などの点を指摘した。伯・大副について考えてみる。

諸魚が死去した後、その地位を継承する人物は現れなかった。議政官になった人物はみえず、神祇伯も多治比継兄（延暦一八年〈七九九〉二月二〇日任）、和入鹿麻呂（大同元年〈八〇六〉二月三日在任）、藤原継業（弘仁二年〈八一一〉五月一四日任）、阿倍真勝（弘仁一一年任か）[27]、藤原浜主（天長初年頃任か）[28]と続いた。そして、大中臣氏のなかで四位以上に昇進する人物も淵魚（清麻呂の孫・継麻呂の子　天長七年〈八三〇〉正月七日に従四位下）まで現れなかった。前節で述べた大中臣氏の地位は諸魚以降に引き継がれなかったことは明白である。

ここで留意すべき点が一点ある。それは大中臣百子（諸魚の子）および大中臣常麻呂（清麻呂の孫・今麻呂の子）

の存在である。百子は『中臣氏系図』では平城天皇の御息所とみえ、大同三年一一月一九日に无位から従五位下に昇進した。この時の叙位では一三人の女性が対象となっており、このうち藤原薬子・伊勢継子は平城天皇の后妃であり、紀田村子は桓武天皇の后妃であった。したがって、百子が平城の后妃であった可能性は強いと思われる。また、『中臣氏系図』では「祖父右大臣旧宅買得　立レ寺号二大臣院一」とされており、買得が事実かどうかは不明であるが清麻呂の邸宅を所有していたのは事実であろう。平城が譲位後、大同四年一二月に平城へ行幸し、大中臣清麻呂家に滞在したのもそれと関係があろう。延暦四年一一月二五日に、諸魚が安殿親王立太子にともなって叙位されたのも示唆的である。

おそらく、百子とも近しい位置にあったと思われるのが常麻呂である。弘仁元年四月一九日に平城宮督作の功により従五位上に昇進した。しかし、薬子の変において、備前権守（弘仁元年九月一〇日）、伊予守（同一五日）に任命され、その後の動向はわからない。福井俊彦[29]の指摘するように、一〇日の任官は左遷ないし左遷的扱いの異動と要衝国の国司の任命であり、常麻呂は左遷されたものと思われる。一二日の任官は左遷の修正を含み常麻呂はそれに該当する。常麻呂は平城の近臣として薬子の変において左遷され没落していったと思われる。なお、大中臣魚取（系譜不明）も平城宮造営と関連して二度の叙位を受け、従五位下から正五位下へと昇進しており、これも平城の近臣であった可能性があるが変の時の動向は不明である。常麻呂は弘仁四年二月一三日に正五位下で民部少輔となった。いったん失脚し免罪された可能性もある。また、福井は大中臣智治麻呂（諸魚の子）が武蔵介に任命されたのを左遷的扱いと評価した。その可能性は強いと考える。

このように、平城天皇と大中臣氏の結合は無視できないものがあったといえる。この段階で大中臣氏が地位を低下させたとはいえないが、薬子の変によってこのような天皇家との結合も消滅した。有力な人物の没落をまねいた点、および天皇の近臣としての結合が消滅してしまった点において、大中臣氏にとって薬子の変は大きなできごとであり、地位の低下もここに由来すると考えても大きな錯誤はないと思われる。

『中臣氏系図』所引の斉衡三年（八五六）一一月二〇日太政官符中の中臣逸志らの解のなかに次のようにみえる。

故従五位下中臣朝臣宅成・従五位下鷹主等五百十五人　依二太政官去延暦十六年十月十五日・同十七年六月廿六日両度騰勅符一　皆被レ賜二大字一也。

延暦一六年一〇月、一七年六月に中臣宅成・鷹主が大の字を賜り、大中臣氏となった。また、元慶元年（八七七）一二月二五日太政官符に次のようにみえる。

故致仕右大臣正二位中臣朝臣清万呂　景雲三年六月丁酉　特有二優詔一　加二給大字一。此後経二十九箇年一　故雅楽助従五位下中臣朝臣宅成・故散位正五位下中臣朝臣鷹主等申レ官解称　准二故致仕右大臣一　被レ加二給大字一者。太政官延暦十六年十月十五日・同十七年六月廿六日両度下二民部省一符　依レ請給レ之者。

賜姓以前に、彼らが申官して賜姓を申請していたことがわかる。それは「此後経十九箇年」とあるので、申請の時期は神護景雲三年の一九年後、つまり、延暦七年のことであったと判断できる。

宅成について、『中臣氏系図』では意美麻呂の子「泰麻呂」およびその子「宅成」がみえるが、東人の子「安麻呂」およびその子「家成」もみえる。「泰麻呂」「安麻呂」と「宅成」「家成」は同一人物で、重複の可能性があろう。どちらが正しい系譜であるかはにわかに判断できないが、東人の孫で安麻呂の子が正しいのではないかと思われる（この点後述）。鷹主は前述したように名代の子である。宅成・鷹主ともに史料上の終見がこの賜姓以前で中臣朝臣とのみみえる。したがって、ほかの史料で賜姓を確認することはできない。

『新撰姓氏録』逸文（『東大寺要録』六所引）にも関係する記事が存在する。ここでは一六年に定成ら四八人が、一七年に船長ら三七人が大の字を与えられたとされる。定成は宅成の単純な誤りとしてよかろう。内田順子・中村英重[30]は『新撰姓氏録』逸文の四八・三七人について戸主の人数とし、斉衡三年太政官符の五一五人を戸口の人数と解釈し、国子・御食子系のほとんどすべてが大中臣に改姓されたとする。しかし、この解釈に従うことはできない。まず、印象論になるが、合計八五戸の戸口が五一五人というのは平均して一戸あたり六人程度でやはり不自然である。

さらに、この賜姓以後の大中臣氏の人物をみてみると、表Ⅱのようになる。清麻呂の子孫のほかに、東人の子孫、鷹主の子孫などが大中臣氏とみえる（ただし系譜の不明な人物もいる）。東人の子孫で大中臣を名のった人物は、全成（東人の子伊度麻呂の子）・真広（東人の子宅守の子）・磯守（全成の子）・永嗣（真広の子）・罕雄（全成のひ孫）である。彼らに対する賜姓は確認できず、やはり宅成の賜姓と関連するのではないかと思われる。宅成を東人の孫と考え、この時、宅成を代表として、すべてではないにしろ東人の子孫が賜姓されたと考えるのが穏当なのではなかろうか。

鷹主の周辺では、子の弟枚と孫の鹿主・貞世に加えて、天足（鷹主の兄弟伊加麻呂の孫）・坂田麻呂（鷹主の兄弟竹成の孫）・名高（石木のひ孫）が大中臣氏であった。船長も同じく御食子の子孫であるが、鷹主の子孫は確実に大中臣氏とみえるので、『新撰姓氏録』逸文の船長はおそらく誤りであろう。坂田麻呂は貞観四年（八六二）二月二三日に賜姓されており、これ以前は中臣氏であった。名高は天安二年（八五八）にいったん除棄されたが、貞観七年一一月二〇日に復帰した。天安二年以前から大中臣氏であった可能性がある。当初の段階では鷹主の子孫程度が賜姓の対象になったと思われる。

したがって、この時の賜姓では宅成の一族（東人の子孫）と鷹主の一族が対象になったとみることができる。

表Ⅱ　六国史にみえる大中臣氏

番号	人名	系譜区分	位階	初見日時
1	清麻呂	国子（清麻呂）系	従三位	景雲3.6.19
2	継麻呂	国子（清麻呂）系	従五位下	宝亀1.7.21
3	宿奈麻呂	国子（清麻呂）系	正六位上	宝亀1.8.1
4	子老	国子（清麻呂）系	従五位下	宝亀2.5.14
5	諸魚	国子（清麻呂）系	従五位下	宝亀7.1.7
6	今麻呂	国子（清麻呂）系	従五位下	宝亀10.9.4
7	安遊麻呂	国子（清麻呂）系	従五位下	天応1.4.15
8	弟成	国子（清麻呂）系	従五位下	延暦7.11.25
9	諸人	国子（清麻呂）系	従五位下	延暦16.1.7
10	弟枚	御食子（鷹主）系	正六位上	延暦18.5.28
11	常麻呂	国子（清麻呂）系	従五位下	延暦23.1.24
12	魚取	不明	従五位下	延暦23.2.18
13	全成	国子（東人）系	従五位下	延暦24.2.10
14	真広	国子（東人）系	従五位下	大同1.4.12
15	智治麻呂	国子（清麻呂）系	従五位下	大同3.4.3
16	鯛取	国子（清麻呂）系	従五位下	大同3.5.21
17	弟守	国子（清麻呂）系	従五位下	大同3.11.17
18	淵魚	国子（清麻呂）系	従五位下	弘仁6.7.23
19	清持	不明	従七位下	弘仁7.6.22
20	井作	不明	正六位上	弘仁7.8.23
21	笠作	国子（清麻呂）系	従五位下	弘仁8.1.7
22	雄良	国子（清麻呂）系	従七位下	天長4.1.19
23	天品	不明	正六位上	天長5.2.25
24	春継	不明	不明	天長5.閏3.27
25	永嗣	国子（東人）系	従五位下	天長6.1.7
26	磯守	国子（東人）系	正六位上	天長10.9.25
27	天足	御食子系	従五位下	承和3.1.7
28	稗守	糠手子系	正七位上	承和6.8.21
29	椙雄	不明	正六位上	承和8.6.22
30	粟麻呂	国子（清麻呂）系	従五位下	承和8.11.21
31	清世	不明	従六位上	承和9.4.12
32	真主	国子（清麻呂）系	従五位下	承和14.1.7
33	久世主	国子（清麻呂）系	正六位上	嘉祥3.7.11
34	良人	国子（清麻呂）系	正六位上	天安2.9.20

35	豊雄	国子（清麻呂）系	正六位上	貞観1.7.14
36	坂田麻呂	御食子系	正六位上	貞観4.2.23
37	是直	国子（清麻呂）系	従五位下	貞観6.1.7
38	豊御気	不明	不明	貞観6.8.10
39	名高	御食子系	不明	貞観7.11.20
40	氏吉	不明	不明	貞観7.11.20
41	岡良	国子（清麻呂）系	従五位下	貞観8.1.7
42	国雄	国子（清麻呂）系	従五位下	貞観8.1.7
43	常道	不明	正六位上	貞観9.4.2
44	有本	国子（清麻呂）系	正六位上	貞観9.5.3
45	正棟	国子（清麻呂）系	不明	貞観9.7.12（卒伝）
46	冬名	不明	従六位上	貞観11.12.14
47	鹿主	御食子（鷹主）系	正六位上	貞観12.11.17
48	岑雄	国子（清麻呂）系	正六位上	元慶1.6.23
49	伊度人	糠手子系	従五位下	元慶1.12.25
50	貞世	御食子（鷹主）系	不明	元慶7.10.25
51	夏名	不明	正六位上	仁和1.5.14
52	罕雄	国子（東人）系	従六位上	仁和1.11.21

女子は省略した。位階は推定を加えたものがある。
出典は1-8は『続日本紀』、9-25は『日本後紀』、26-32は『続日本後紀』、33は『日本文徳天皇実録』、34-52は『日本三代実録』。

これによって、大中臣氏は系譜の上では清麻呂の子孫に加えて、宅成・鷹主の一族のおおまかに三つ集団から構成されることとなった。なお、伊度人は元慶元年（八七七）一二月二五日に賜姓されたことが確認される（後述）。

なぜこのような賜姓が行われたのであろうか。その時期に注目したい。延暦七年当時、中臣氏の氏上に相当するのは子老であった。宅成は斉衡三年太政官符では従五位下であったが、この後に名前が見えるのみである。鷹主は延暦二年正月一六日に従五位上に昇進したので、斉衡三年太政官符の従五位下は誤りである。元慶元年太政官符では正五位下と見えるが、これは極位であろう。

子老は翌八年正月二五日に死去し、さらに、一六年二月二一日にその後継者である諸魚も死去した。これにより大中臣氏の地位が低下したことは前述したとおりである。地位の低下とこの氏の範囲の拡大はおそらく密接な連関を有したであろう。大中臣氏が人的資源の点で生き残っていけるかどうかという問題が存在したのではないかと思われる。大中臣氏は新たな人物を取り込むことによって生きながらえたのである(31)。

神祇官の問題にもどる。諸魚の死去後、大中臣氏以外の伯が続いたが大副は継続して大中臣氏が任命された。全成が延暦二四年二月一〇日に従五位下で大副に在任していた。大同元年正月二八日に出雲守に任命されており、この時に大副を離任したと思われる。四月一二日に真広が任命される（従五位下）。この二人は前述したとおり、延暦期後半に新たに大中臣氏を与えられた人物である。三年四月三日に智治麻呂（諸魚の子）が従五位下右少弁で大副を兼任した。その後一一月二七日に丹波守に任命され、同日に常麻呂が大副に任命された（従五位下）。しかし、四年二月一三日に常麻呂は右衛士佐に任命され、代わって同日に智治麻呂が大副に任命された。この時、従五位上であった。

常麻呂・智治麻呂は薬子の変で失脚したが、弘仁元年九月一六日に諸人が従五位下で大副に任命された。諸人は清麻呂の孫、宿奈麻呂の子である。諸人の離任時期は明らかではないが、六年七月二三日に淵魚が従五位下で大副に任命されており、この時まで諸人が大副だったのであろう。淵魚は天長一〇年六月八日に従四位下神祇伯と見える。伯の任命時期は明確ではないが、七年正月七日に従四位下となっており、これ以後のことであったと思われる。卒伝（『続日本後紀』嘉祥三年〈八五〇〉三月三日条）にも「厥後稍経二階級一登二于四位一。即転レ伯。尋兼二摂津権守一」とみえ、四位への到達と伯任命が連続したようにも読み取れる。『中臣氏系図』では天長七年一〇月とし、この日付には信頼性がある。大副在任は天長元年四月六日にも確認できるので、弘仁六年以降、連続して大副の官職にあり伯に昇進したのではないかと思われる。この間、平城・嵯峨・淳和天皇の大嘗祭が執行されたが、大中臣氏で奉仕したのはいずれも大副の智治麻呂・諸人・淵魚である。これはそれぞれ大嘗祭後に叙位を受けたことから確実である（表Ⅰ）。

延暦二四年二月、全成が大副に在任していた時、中臣道成（大嶋のひ孫　石根の子）がそれより上位で、延暦二三年六月九日に従五位上・典薬頭であった。真広の大副在任時でも道成が上位であった。ただし、道成は大中臣氏ではなかった。また、常麻呂の大副任命以前、大同三年一一月一七日に智治麻呂が従五位上に昇進した。短期間で智治麻呂はふたたび大副となった。このようなわずかな逆転はあるが、おおむね淵魚までの大副は大中臣氏の最上位の人物であったとみてよかろう。淵魚の場合も同様であろうと思われるが、やや説明が必要である。淵魚の大副任命の段階で位階が上位の人物が四人存在した。魚取（正五位下）・道成（従五位上）・智治麻呂（従五位上）・諸人（従五位上）である。このうち、魚取・智治麻呂は薬子の変に関わった可能性があり、重要な官職への就任は忌避された可能性がある。道成は前述したように中臣氏であり、これも避けられた可能性がある。諸人は前任の大副であり、従五位下への昇進が延暦一六年と早く、この時に致仕などした可能性も残る。淵魚の場合もだいたい最上位の人物であったとして問題はないであろう。

淵魚は卒伝によると、承和一〇年（八四三）に致仕した。[32] 同年二月一〇日に橘氏人が神祇伯に任命されたので、この点は確実である。弘仁六年の大副就任以来、きわめて長期間にわたり神祇官の職にあったことがわかる。また、卒伝に弘仁六年から承和九年までの間、伊勢大神宮の祭主であったことが記される。「立性謹密　諳練神事」の評価も淵魚と神祇官との関わりや彼の能力をものがたる。なお、淳和・仁明の大嘗祭に奉仕したのも淵魚であった。淳和の時は神祇大副で仁明の時には伯であった（表Ⅰ）。

淵魚を含めて、多治比継兄以後の伯は議政官ではなかったように思われる。ただし、『公卿補任』延暦一五年条（藤継縄）に藤原継縄の葬儀にあたり「詔遣㆓㆘参木継兄等四人㆒監㆗護葬事㆖」として、頭書に「三木継兄不㆑見。公卿補任如何」とある。この継兄が多治比継兄のことであれば、当時、参議であったことになる。『日本後紀』における継兄の初見は、延暦一六年三月二七日条でこの時、従四位下である。位階からみてありえないことではないが明証を欠く。『公卿補任』に参議としては見えない。当該期から議政官との兼任の方針はなくなったと考えられる。

淵魚以後の伯は、また橘氏人（承和一〇年二月一〇日任）・源寛（承和一二年八月一七日任）・田口佐波主（一四年二月一一日任）・橘永名（同年四月二三日任）と、中臣氏以外の人物が続いた。永名は貞観二年（八六〇）一一月一六日にも神祇伯とみえるが、この間、連続して伯であったかどうかは不明である。中臣逸志が嘉祥三年五月一七日に従五位下で権少副から大副に昇進した。これ以前の大副は確認できない。貞観二年までの一〇年間はおそらく逸志が神祇大副であり、同年一一月二七日に正五位下で永名の次の伯に昇進した。逸志は貞観九年正月二四日に死去したが、この時、従四位上で神祇伯とみえ連続して伯であった。嘉祥三年の段階で逸志と同じく従五位下の人物はいたが、それを越える人物はいなかったようである。また、貞観二年の段階で正五位下の逸志を越える人物はいなかった。また、仁寿元年（八五一）一一月の文徳天皇の大嘗祭・貞観元年一一月の清和天皇の大嘗祭に奉仕したのは逸志であった。これは、それにともなう叙位に名前が見えることから確実である（表Ⅰ）。

逸志の後、伯は在原善淵（貞観九年二月一一日任）・高階峰緒（貞観一〇年二月一七日任）・藤原広基（貞観一一年二月一六日任）・藤原良近（貞観一七年八月一五日任）・棟貞王（貞観一八年正月一四日任）・雅望王（仁和三年〈八八七〉五月一三日任）と中臣氏以外の人物が続いた。しかし、大副は（大）中臣氏であった。逸志の後任の大副は従五位上の稗守（石根の孫、清山の子）で、逸志の伯昇進と同じ日に任命された。『中臣氏系図』によると、稗守は貞観三年二月一八日に死去した。続いて清麻呂の子孫である豊雄（諸人の孫）・国雄（智治麻呂の孫）・有本（常麻呂の孫）が大副となった。豊雄は六年三月八日に従五位下で神祇少副から昇進した。国雄は一二年八月一日に従五位下で任命された。有本は一六年閏四月七日に在任が確認できる。この時従五位下であり、その就任時期は明らかではない。稗守の大副就任の段階で従五位上の人物が三人存在した。稗守自身といずれも貞観元年一一月一九日に従五位上に昇進した楫雄（系譜不明）と真主（諸人の孫）である。史料上の終見は、楫雄が貞観元年一一月一九日、真主は貞観七年正月二七日である。豊雄・国雄の上位に逸志（貞観九年まで）のほか楫雄・真主がいた可能性がある。有本の大副任命の段階でも楫雄・真主がいれば、上位の人物であることになるが詳細は不明である。

さて、逸志は大嶋の子孫である。卒伝では「祖正五位下道成　父従五位下益継　官為｢伊賀守｣」と見える。『中臣氏系図』に、大嶋―馬養―石根―道成―益継―逸志の系譜が記される。馬養・石根は系図などに見えるのみであるが、道成・益継はその存在が確認できる。道成は弘仁一三年一〇月一日に正五位下を叙位されており、益継は天長八年正月四日に従五位下となった。この系統の人物は延暦期後半の大中臣氏賜姓からもれており、逸志も一貫して氏名は中臣と見える。したがって、出自からみると、逸志は神祇伯・大副に就任しうる地位にあったか疑問であり、能力によって昇進していった人物といえよう。大中臣氏とそれ以外の中臣氏の区分もそれほど厳格な差異のあるものではなかったことがわかる。清麻呂や子老・諸魚の当時は、やはり大中臣氏の特別な地位は明確であり、中臣氏とは区別されていたと思われるが、当該期にはそれほどの差異を持たなくなっていたのであろう。

大中臣諸魚に続く神祇伯は議政官ではなく、議政官と伯の兼任は消滅した。神祇官自体の地位が低下したことがわかる。それにもかかわらず、大中臣氏あるいは中臣氏で伯に昇進したのは淵魚（大中臣）・逸志（中臣）の二名のみで、この段階では（大）中臣氏が伯に到達することも相当に困難となっていたことがわかる。他氏の伯が一般化し、（大）中臣氏は神祇大副を昇進の頂点とする氏として存続した。

森脇文子は、これに八世紀には伯または大副一人、九・一〇世紀には大副以下に複数の官人、の任命という対比を重ね合わせ、八世紀を氏族制的な性格の強い段階、九・一〇世紀を律令体制あるいは官僚制的な性格の段階と把握する。しかし、八世紀の神祇官は官僚制的な原理から大きく逸脱していたのであろうか。確かに中臣氏が伯・大副として神祇官を統轄したのは事実であるが、氏族制的な原理を強調するのは問題が残ると考える。むしろ、九世紀以後の（大）中臣氏のあり方は、神祇官の実務官人化と評価することができるのではなかろうか。また、前述したように、八世紀の下級官人の任命について不明な点が多く、九・一〇世紀になって初めて中臣氏が神祇官の中下層にも勤務するようになったとする点も、いまだ検討すべき具体的な課題として存在すると考える。

（大）中臣氏の地位の低下は明白であり、おそらく実務経験の蓄積および習熟によって大副以下の官職を確保するような存在になったと予想することができる。さらに、やはり八世紀後半の画期性をここで改めて確認しておきたい。他氏の伯が出現したのは名代の処罰による一時的現象ではなく、大きく門閥貴族層の変質という構造的変化に由来する。清麻呂ら有力貴族が出現したために連続的に伯に任命されることになったが、それは単なる八世紀前半への回帰ではない。薬子の変を重要な転換点として中臣氏から有力貴族が消えると、伯の就任がなくなったのもそれを示唆する。清麻呂らについて神祇官との連関が強く語られたのは、相即的なそれが消滅したことに対応するのではなかろうか。この段階は神祇官との結合の再構築が意図された時期ではなかったであろうか。しかし、結局、中臣氏は伯の地位を維持することはできず、他氏の伯のもと実務官人化せざるをえなかったのである。

六　本系帳の作成と三門

逸志が神祇大副であった仁寿元年（八五一）以後、大中臣氏では本系帳の作成が三度行われ、それにともなって氏人の除籍や貫附、賜姓などが頻繁に行われた。大中臣氏の構成員は明確になった。本節ではこの点を考察しておきたい。

森脇文子・中村英重の指摘するように、これ以前にも本系帳の作成は行われたと考えられるが、当該期にそれが集中する傾向にあるのも事実である。まず、その様相を確認しておく。

斉衡三年（八五六）一一月二〇日太政官符中の中臣逸志・中臣稗守等解に「始二仁寿元年一于レ今六箇年　勘二造本系一」とあり、仁寿元年から斉衡三年にかけて彼らを中心に本系帳が作成されたことがわかる。その際、彼らは、逸志らの戸に編成されていた中臣万麿ら二五烟を「冒レ名不レ実」として除帳することを申請し、承認された。その後、貞観二年（八六〇）九月二日太政官符によると、この時に除帳された中臣福成が惟岳宿祢の賜姓を申請し承認された[33]。

延喜六年（九〇六）六月八日延喜本系解状（大中臣氏人等解）によると、貞観五年一一月三日にも本系帳を作成し進官した。これに近接する時期の氏人の移動の記事は以下のとおりである。

(1)『日本三代実録』貞観三年六月一日条

逸志・豊雄らの奏により、左右京の絶戸・無身戸一三七烟を除棄する。

(2)『日本三代実録』貞観四年二月二三日条

右京人の主水令史中臣坂田麻呂に大中臣朝臣を賜姓する。

(3)『日本三代実録』貞観六年八月一〇日条

逸志らの証により、右京絶貫百姓大中臣豊御気ら一〇人を本貫右京五条一坊に復する。

(4)『日本三代実録』貞観七年一一月二〇日条

逸志らの証により、貞観三年・天安二年（八五八）に申官し除棄した左京人大中臣名高・右京人大中臣氏吉の戸各一烟を本貫に貫附する。

(4)に天安二年の除棄がみえるので、本系帳の作成は遅くともこの頃に開始されていたと考えられる。(1)(2)は本系帳の作成に直接関わるものであろう。この時の本系帳の作成が逸志を中心に行われたことはまちがいない。ここでは大中臣・中臣両氏の除籍あるいは賜姓が行われた。坂田麻呂は鷹主の孫、弟枚の子で、鷹主の賜姓時にもれた人物と思われる。名高は磐城のひ孫で系譜的に鷹主に近い。(3)(4)は本系帳の作成以後に本貫への復帰を申請するものであり、本系帳の修正である。

さらに延喜本系解状によると、寛平五年（八九三）から本系帳（新撰氏族本系帳と命名された）の作成が開始され、延喜六年六月に申上された。これは中村英重の指摘するように、元慶元年の大中臣賜姓などをうけたものである。元慶元年一二月二五日太政官符（『中臣氏系図』）・『日本三代実録』同日条によると、逸志の子伊度人が石根の玄孫一九人への大中臣朝臣賜姓を申請し承認された。彼らは大嶋の子孫で、延暦期後半の賜姓からは除外されたと主張していた。太政官符によると、それはこの年一一月二一日に伊度人が栄爵を賜った時、[34]位記に大の字を加えられたことがきっかけであった。このようにして、伊度人らは大中臣を賜姓されたのである。

このような本系帳の作成や氏人の確定が厳格に行われた理由は明白である。中村も指摘するように、大中臣氏が神祇祭祀に従事する氏族であったからである。それは延喜本系解状にも明示される。ここに「此氏供㆓奉神事㆒良有㆑以矣　苟非㆓其人㆒　恐致㆓咎祟㆒」とある。大中臣氏が神事に供奉するのは理由があり、大中臣氏でなければ咎祟を生むとする論理が示される。そのために、本系帳の作成や除籍や貫附などをくりかえし行わなければならなかったのである。ただし、これが当時の貴族社会全体の共通認識であったか、あるいは単なる大中臣氏の自己主張にすぎなかったのかはよくわからない。少なくとも彼らが神祇祭祀に従事するという強い自己主張を有したことは事実である[35]。

このような意識と当該期の逸志を中心とする氏のあり方は密接に関連したであろう。神祇大副から久しぶりに伯に昇進した逸志は神祇祭祀との伝統的なつながりを強く主張し、それを強化しようとしたと考えられる。その根拠が大中臣氏でなければ、咎祟がおきるとの論理であった。それゆえ大中臣氏の範囲は明確でなくてはならなかったし、その保証として本系帳がなくてはならなかったと考えられる。ただし、逸志以後の伯は大中臣氏以外であり、逸志のような伯まで昇進する人物の出現はやはり困難をともなうことであったと思われる。実質的には大副を頂点として神祇官に結びつくしかなかったであろう。

そして、そのなかで、大中臣氏が御食子（一門）・国子（二門）・糠手子（三門）の子孫の三つの門流からなるとの論理（以下、三門論理と仮称する）が強調されるようになったと考えられる。たとえば、中村英重の指摘するとおり、延喜本系解状は二門を中心に一・三門の代表が署名しており、三門による合議で作成されたと考えられ、本系帳そのものが四通作成され、一通は省庫に送納され三通は各門に授けられたとされる。斉衡三年（八五六）太政官符に「三門」の語は見えないが、「高祖中臣方子大連公有㆓三男㆒」として上記の三人の名をあげ、延暦期後半に国子・御食子の子孫が大中臣氏となったが、糠手子の子孫の道成は大の字を請けなかったと、三門論理を前提に賜姓のあり方をふりかえる。

本系帳の作成は、必然的に大中臣氏の範囲をどこまでとするかの問題を惹起した。氏の内外を弁別する明確な原理が必要となった。そこで三門論理が採用されたことはまちがいない。本系帳の作成とは三門論理に従って大中臣氏の範囲を確定し、各人について冒名などを調査し、氏人と認定していく作業であったはずである。

さらに、三門論理は逸志たち三門の氏人にとっては、みずからを大中臣氏と同じ存在であることを主張する論理でもあった。逸志や稗守は中臣氏であり大中臣氏ではなかった[36]。これは延暦期後半の賜姓からもれたためである。この段階では糠手子系である三門は大中臣氏より下位の存在であったし、実際にも三門の人物はさほど活躍をみせない。三門論理は特に三門間の差異を設けてはおらず、三門間の同質性を表現する論理である。したがって、逸志らにとっては地位の上昇につながるものであったと思われる。逸志を中心とする本系帳の作成のなかで三門論理が強調されたことの、逸志らにとっての意義はここにもあった。

三門について、内田順子は、氏に相当するものにみえるが氏の枠からは出ない特異な集団で、延暦期後半の大中臣賜姓はこの門別にまとめて行われ、中臣氏の長の下に門の集団を統轄するものが存在し、九世紀後半に他者を排除し閉鎖的な集団を維持しようとしたと理解した。また、中村英重は延暦期の改姓申請が三門のみを除外した点から、この時期には三門の実体が形成されていたと推定し、九世紀に氏内のなかに生起してきた小集団である家門の一例とした。

しかし、延暦期後半に関する内田・中村の評価には疑問が残る。確かにこの賜姓で三門の人物は除外された。しかし、この時、一・二門がすべて大中臣氏になったのかというと、そうではない。前述したように、この時に大中臣氏となったのは全成・真広ら東人の子孫と鷹主の一族であったと考えられ、これにより大中臣氏は清麻呂・東人の子孫と鷹主の一族によって構成されるようになった。清麻呂・東人は二門であるが、たとえば、同じ二門でも広見の子などは中臣氏のままであった可能性がある。広見の子として比登・常が確認できる。比登は延暦六年（七八七）二月五日が終見で（従五位下）、常は九年三月一〇日が終見である（正五位下）。いずれも賜姓以後にみえないので、確実ではないが少なくとも常は賜姓申請にみえる宅成の従五位下より上位である。もし、この時に申請・賜姓されていたのであれば、宅成とともにあるいは宅成にかわって常の名前が見えるのが自然なのではなかろうか。宅成は東人の子孫を代表しており、その賜姓申請は広見の子孫などに及ぶものではなかったと理解するのが自然なのではなかろうか。同様に考えれば、鷹主の場合も必ずしも御食子の子孫を代表したとは断定できないのではなかろうか。

つまり、この段階での大中臣氏のあり方は三門の構造とずれていたと考えられるのである。同じく国子の子孫のなかでも、清麻呂の子孫と東人の子孫は大中臣氏であるが広見の子などは中臣のままであり、いっぽう、御食子の子孫の鷹主らが大中臣氏であった。これは必ずしも三門が中臣氏内部で規定的な紐帯とはなっていないことをものがたる。したがって、三門論理はこの段階では氏内の規定的な構成論理とはなっていなかったと推測される。氏内部の単位としては、本来の大中臣氏が清麻呂の一族であることや東人の子孫や鷹主の近親が賜姓されたことなどから、比較的近い祖あるいは生存する有力な人物を中心とする親族集団が主要なものなのではないか。三門の祖御食子・国子・糠手子は七世紀前半の人物とされるが、そこまでさかのぼって実体が存在したのではないのではないか。

さらにさかのぼって、これ以前に三門（糠手子の子孫）の実在は確認できるであろうか。『中臣氏系図』によると、糠手子の子に金・許米があり許米の子が大嶋である。大嶋の子が馬養、その子が石根、その子が道成・清山である。逸志は道成の孫である。糠手子の実在はほかの史料で確認することはできないが、金・許米・大嶋の実在は確実である。馬養はほかの史料に見えない。石根は『続日本紀』宝亀元年（七七〇）一〇月二六日条に正六位上で伊予掾とみえる。また、前述の元慶元年の伊度人（逸志の子）らの賜姓申請に石根の玄孫一九人とあり、石根―道成―益継―逸志―伊度人の系譜も記される。

石根以下の系譜について特に疑問はないが、石根を馬養の子とするのは事実であろうか。史料上、大嶋と石根の間に七〇年程度の間隔があり、両者をつなぐ馬養が実在したかどうかは確認することができない。さらに大嶋以後、その子孫で神祇官上層にいたったのは逸志まで存在しない。逸志や伊度人が作為的にみずからの系譜を大嶋に結びつけた可能性があるのではなかろうか。もちろん、石根も中臣氏であることは疑う余地はなく、他氏による仮冒ではない。本来の系譜は不明であるが、神祇官の上層を占めるような、いわば門閥貴族としての中臣氏ではなかったのであろう。したがって、当該期より前の中臣氏の上層とは意美麻呂の一族と嶋麻呂の一族の大きく二系統であり、大嶋の一族は基本的に早い時期に消滅したとするのが妥当ではなかろうか。

三門論理が強く主張されるようになるのは、やはり九世紀後半の本系帳の作成を通じてであり、それは当該期の大中臣氏が神祇官と結びつく根拠を示すなかでより強く意識され、以後の大中臣氏の構成原理となっていったものと考えておきたい。内田の指摘する特殊権益の保全をはかるための閉鎖的な集団との評価に賛成である。したがって、中村のごとく、当時の氏内の一般的な集団と位置づけることができるかどうかは疑問であると思う。七世紀前半の人物を起点とする点も含めて、特殊な存在とみるべきなのではなかろうか。

また、事実として、八世紀初頭から中臣氏が三門の範囲であったとすることも問題が残ると思われる。八世紀初頭より後の糠手子の子孫（三門）の実在は疑問であり、それは逸志らの作為によるものと考えるのが穏当なように思われる。

おわりに

以上、八、九世紀の中臣氏について神祇官との関係を中心に論じてきた。具体的状況について先行研究によりつつ、それを跡づけることが中心となったが、結論を要約しておくと次のとおりである。

(1)八世紀前半において、中臣氏は神祇伯あるいは大副を連続的に輩出し、中臣氏が実質上、神祇官を統轄した。神祇官との相即的な結合を維持したといえる。

(2)天平期後半に入り他氏の伯が出現したが、その時期でも大副は中臣氏であった。いっぽうで、清麻呂のような伯・大副ではない高位の人物も現れ、中臣氏と神祇官との結合の大きな転換点であり、それは大きく貴族層全体の変化の一環であった。当該期の画期性を重視したい。

(3)その後の大中臣朝臣賜姓は大臣まで昇進しうる氏としての大中臣氏の創出であったが、延暦期後半に人的資源の弱体化をまねき、清麻呂の子孫以外の人物を受け入れることによって存続した。

(4)九世紀になると薬子の変が大きな画期となり、地位の低下が進行し、伯そのものの地位低下にもかかわらず大中臣氏は伯に任命されることはほとんどなくなり、大副を頂点とする実務官人となっていった。

このような(大)中臣氏の姿は、いわゆる伝統的な大豪族(貴族)の没落のひとつのあり方を示すといえる。八世紀前半において中臣氏が神祇官を統轄することは体制的に保証されたのであるが、天平期後半ではそのような神祇官との相即的関係は基本的に消滅した。中臣氏にとって、たとえば伯にみあう地位を確保することがその地位を維持するために必要であった。そのなかで清麻呂らについて神祇官との強い連関が強調されたのは神祇官を変わらず統轄するための、自己主張の側面が強いと考える。また、その後おおむね半世紀を経て、逸志らがしばしば本系帳を作成し三門論理を強調したのも、やはり同じ動向である。彼らにとっては神祇官の掌握は、決して体制的に与えられたものではなかったのである。この結果、九世紀以後、大中臣氏は伯の地位を獲得することは困難になったが、実務的な官人集団として存続することには成功した。

中臣氏がなぜ没落していったのかは、充分に論じることができなかった。これは中臣氏に固有の現象ではない以上、さらに大きな門閥貴族層の動向のなかでとらえられる必要がある。この後の課題と認識しておきたい。また、中臣氏と不可分のものとされる伊勢大神宮の祭主や奉幣使について、先行研究も豊かであるが、ここではまったくふれていない。これらも当該期における動向を検討するうえで不可欠であるが、今後の課題としたい。

註

（1）平野邦雄「八世紀〝帰化氏族〟の族的構成」（竹内理三博士古稀記念会編『続律令国家と貴族社会』吉川弘文館　一九七八年）

（2）西山徳「神祇官人の研究」（同『増補上代神道史の研究』〈国書刊行会　一九八三年〉初出一九五四〜六五年）、森脇文子「古代氏族の変貌」（『寧楽史苑』三二　一九八七年）、春名宏昭「神祇少副について」（同『律令国家官制の研究』吉川弘文館　一九九七年）など。以下、森脇・春名の見解はすべてこの論文による。

（3）春名宏昭は祭主と神祇官の兼任であること、地位が下の磐城が少副であることから、意美麻呂が伯以前に大副であったことを推測した。この指摘に妥当性を認めたい。

（4）養老元年正月四日の叙位に造平城京司長官阿倍宿奈麻呂・次官小野馬養もみえ、一〇月一二日に宿奈麻呂・人足らに対して益封が行われた。これらは造平城京司の功績によるものであったと思われる。人足の場合、二つの功績を賞されたのではないかと思われる。
(5)『中臣氏系図』では神祇伯・右中弁とみえる。右中弁は左中弁の誤りであろう。
(6)なお、東人は史料上、養老四年一〇月九日の右中弁任命から上記の天平四年一〇月一七日の兵部大輔任命までの官歴は確認できない。
(7)前述のように、石木が少副に任命されたことが確認できる。また、『中臣氏系図』(延喜本系　清麻呂伝)に、清麻呂は天平一二年(七四〇)一〇月に大祐、一四年六月に少副に就任したことがみえる。また、東人の子国守も大祐とみえる。在任時期は不明であるが、この時期であろう。
(8)高島正人「奈良時代の中臣朝臣氏」(同『奈良時代諸氏族の研究』〈吉川弘文館　一九八三年〉)、藤森馨「古代の大中臣祭主家」(藤波家文書研究会編『大中臣祭主藤波家の歴史』続群書類従完成会　一九九三年)、早川万年「神宮幣帛使と中臣氏」(国学院大学日本文化研究所編『大中臣祭主　藤波家の研究』続群書類従完成会　二〇〇〇年)および森脇文子・春名宏昭の見解など。
(9)水本浩典「大和宿祢長岡と広嗣の乱」(続日本紀研究会編『続日本紀の時代』塙書房　一九九四年)、直木孝次郎「広嗣の乱後の大養徳小東人ら三人の処遇について」(『続日本紀研究』三一八　一九九九年)
(10)ただし、この段階で益人の生死は不明である。清麻呂について問題はない。
(11)佐藤忠彦「中臣宅守に関する覚書」(『北海道駒沢大学研究紀要』五　一九七〇年)が、神祇伯・大輔の補任状況から、天平宝字七年の宅守の大輔就任や藤原仲麻呂の乱による処分を推測した。
(12)本書第一部第一章「王家と貴族」
(13)高島正人「奈良時代の中臣朝臣氏」(注8)、早川万年「神宮幣帛使と中臣氏」(注8)
(14)「乙」は「己」字の誤りで、これも「こなね」なのであろう。
(15)藤森馨が通説に対する批判を展開する。藤森の論点は多岐にわたるが、それでも、なお通説を覆すにいたっていないと考える（同「神宮奉幣使考」「神宮祭主成立の法的背景」同『改訂増補　平安時代の宮廷祭祀と神祇官人』〈原書房　二〇〇八年〉初出一九八六・九六年）。

(16) 早川万年「神宮幣帛使と中臣氏」（注8）

(17) 別式の作成は年足の薨伝（『続日本紀』天平宝字六年九月三〇日条）にみえる。

(18) 『続日本紀』同年月二七日条に「神祇官人及由機須岐両国国郡司等　並加二位階一　并賜レ禄有レ差」とあり、播磨介上毛野広浜・丹波守大蔵麻呂に対する叙位が記される。

(19) 岸俊男「越前国東大寺領庄園をめぐる政治的動向」（同『日本古代政治史研究』〈塙書房　一九六六年〉初出一九五二年）、野村忠夫「仲麻呂政権の一考察」（同『律令政治と官人制』〈吉川弘文館　一九九三年〉初出一九五八年）、中川収「藤原仲麻呂政権の崩壊過程」（同『奈良朝政治史の研究』〈高科書店　一九九一年〉初出一九六〇年）、木本好信「仲麻呂と孝謙上皇・淳仁天皇」（同『藤原仲麻呂政権の基礎的考察』〈高科書店　一九九三年〉初出一九八七年）、同「孝謙太上天皇・淳仁天皇の帝権分離について」（同『奈良時代の政争と皇位継承』〈吉川弘文館　二〇一二年〉初出二〇〇五年）。

(20) 木本好信「仲麻呂と孝謙上皇・淳仁天皇」（注19）

(21) 渡辺直彦「律令官人勲位制の研究」（同『日本古代官位制度の基礎的研究』〈吉川弘文館　一九七二年〉初出一九五八年）

(22) 野村忠夫「官位の昇進をめぐる問題」（同『官人制論』雄山閣　一九七五年）

(23) 中村友一「賜氏姓・改賜氏姓から見る氏姓制」（同『日本古代の氏姓制』八木書店　二〇〇九年）参照。

(24) 岸俊男『藤原仲麻呂』（吉川弘文館　一九六九年）も仲麻呂派として処罰された人物として中臣鷹主をあげる。

(25) なお、毛人も天平宝字八年正月七日が史料上の終見で、その後の状況は不明である。

(26) 松本信道「『延暦僧録』班爵居士（大中臣諸魚）伝の一考察」（『駒沢史学』八五　二〇一六年）は諸魚について、『延暦僧録』にみえる仏教信仰の記述が抽象的であることや伝にみえる評価から、その仏教信仰を否定する。

(27) 『類聚国史』六六薨卒・『日本紀略』天長三年（八二六）九月六日条の卒伝による。また、弘仁一一年に従四位下に昇進した。
(28)『続日本後紀』承和一二年（八四五）正月四日条の卒伝によると、従四位下となり神祇伯に任じられた。これは天長四年に従四位上に昇進し、阿波守となる以前のことである。
(29)福井俊彦「薬子の乱と官人」（『早稲田大学大学院文学研究科紀要』二四　一九七九年）
(30)内田順子「古代氏族に関する一私論」（直木孝次郎先生古稀記念会編『古代史論集　下』塙書房　一九八九年）、中村英重「中臣氏と家門」（吉村武彦編『律令制国家と古代社会』塙書房　二〇〇五年）。以下、内田・中村の見解はすべてこの論文による。
(31)新たな人物とは藤原仲麻呂の乱で処罰された鷹主、および宅成の一族であった。宅成はやはり乱で処罰されたと思われる宅守の近親であった。すなわち、宅成の父安麻呂は宅守の兄弟である。彼らがこの段階で清麻呂の一族に次ぐ地位にあったことは乱の影響力の大きさをものがたるであろう。
(32)『中臣氏系図』では承和九年正月とする。
(33)『日本三代実録』貞観二年（八六〇）九月二日条にも同様の記事がみえる。
(34)『日本三代実録』元慶元年（八七七）一一月二一日条でも確認できる。これは大嘗祭にともなう叙位である（表Ⅰ）。
(35)本系帳の作成は特に大嘗祭の実施と連動したように思われる。斉衡三年太政官符によると、仁寿元年から本系帳の作成が開始されたが、これは文徳天皇の大嘗祭の年である。貞観五年の本系帳の提出も、元年の清和天皇の大嘗祭と連動する可能性がある。本文で示したように、この本系帳の作成は清和の即位の天安二年にさかのぼる可能性がある。ただし、寛平五年（八九三）からの本系帳作成は直接的に大嘗祭と関連はなさそうである。中臣氏の場合、大嘗祭における奉仕にあたり、氏人の範囲を正確に確定しつつ本系帳の更新が行われたのである。
(36)例外として『続日本後紀』承和六年八月二一日条には「大中臣稗守」とみえる（表Ⅱ）。これは誤りであろう。

第三部　人物と事件

第一章　聖武天皇と藤原八束・市原王

はじめに

天平一二年（七四〇）の東国行幸に始まる新都造営、および大仏造立による大きな政治的混乱は、一七年のいわゆる平城京還都によっていちおうの収束にいたった。次いで聖武天皇の深刻な病気もあり、天平勝宝元年（七四九）の譲位まで、不安定な政治や社会の混乱は継続した。当該期の政治において、貴族層のなかで注目されてきたのは橘諸兄と藤原仲麻呂である。大勢として、右大臣から左大臣に進んだ諸兄が政治的影響力を低下させ、参議となった仲麻呂がそれにとってかわったことはまちがいない。

ここでは彼らの影に隠れたように、さほど注目されることのない聖武と藤原八束（後に真楯）の関係を考察し、政治史の一側面をすくいあげることを試みたい。八束は藤原房前の子であり、母は美努王と県犬養橘三千代の間の女子牟漏女王であり、藤原永手とは一才ちがいの同母弟とみられる。牟漏女王は諸兄の同母の妹である。八束について、諸兄・仲麻呂のいずれに近い人物であったか意見の対立がある。この点についてもいまいちど再検討し、その政治的地位や果たした役割を論じてみたい。

一　藤原八束の「参奏宣吐納」

『続日本紀』天平神護二年（七六六）三月一二日条に藤原真楯の薨伝がある。次のようなものである。

大納言正三位藤原朝臣真楯薨。平城朝贈正一位太政大臣房前之第三子也。真楯度量弘深　有二公輔之才一。起二家春宮大進一　⑴稍遷至二正五位下式部大輔兼左衛士督一。在レ官公廉　慮不レ及レ私。⑵感神聖武皇帝寵遇特渥。詔　特令レ参二奏宣吐納一。明敏有レ誉二於時一。⑶従兄仲満心害二其能一。真楯知レ之　称レ病家居　頗翫二書籍一。⑷天平末　出為二大和守一。勝宝初　授二従四位下一　拝二参議一。⑸累遷二信部卿兼大宰帥一。于レ時　渤海使楊承慶　朝礼云畢　欲レ帰二本蕃一。真楯設二宴餞一焉。承慶甚称二歎之一。宝字四年　授二従三位一　更賜二名真楯一。本名八束。八年　至二正三位勲二等兼授刀大将一。神護二年　拝二大納言兼式部卿一。薨時年五十二。賜以二大臣之葬一。使二民部卿正四位下兼勅旨大輔侍従勲三等藤原朝臣縄麻呂・右少弁従五位上大伴宿祢伯麻呂弔一レ之。

（番号は筆者による）

この伝には事実と合致しない点が多く、さまざまに論じられてきた。それは八束の政治的な立場に関する評価とも密接に関わる。川崎庸之[1]は八束を聖武天皇の寵臣のひとりとし、『万葉集』を主な素材として八束および安積親王・橘諸兄・橘奈良麻呂・大伴家持からなる集団を析出した。それ以後、この見解が継承され、八束は安積や諸兄に近い人物とする評価が定着していった[2]。薨伝⑶の藤原仲麻呂の敵対心を知り病気と称して家居したとの記述も、それからみると自然に理解できるのである。近年、この評価に否定的で、薨伝の記述に価値を認めず、淳仁天皇即位にともなう真楯への改名に着目する見解が提起された。吉川敏子[3]は八束の薨伝に兄の永手の記録が混入していること、仲麻呂と対立的な要素はみられないこと、八束と同時に改名したのがいずれも仲麻呂の息のかかった人物であること、藤原仲麻呂の乱の勃発時に八束は永手ほど明確に反仲麻呂の立場を示していなかったこと、などを指摘した。さらに、木本好信[4]は薨伝の記述を詳細に検討し、仲麻呂が政権を主導するようになったのは孝謙即位以後であり、薨伝(3)に疑問があるとした。ただし、吉川の永手伝の混入という論点には批判を加えた。前田晴人[5]も八束の改名に着目したが、いっぽうで薨伝の記述はおおむね事実と認定し、仲麻呂とは対立する立場にあったことを承認した。改名時の政治的立場との整合性について、八束は聖武・孝謙への強い臣従意識・忠誠心を懐き、必然的に仲麻呂へすりよっていったと論じた。

吉川・木本の示した川崎の見解を否定し、八束を仲麻呂に近い人物とする見解が有力であると思われる。改名に関わる問題について、以上の諸研究に明らかであり異論をさしはさむ余地はない。この段階で八束が仲麻呂と深く関わる人物であったこともまちがいないであろう。しかし、天平末期における八束の評価には同意できない部分が残る。焦点はやはり八束の「称ㇾ病家居」(薨伝(3))である。

吉川はこの部分について、天平年間に「称ㇾ病家居」と記されるほどのブランクが確認できないこと、ほかに仲麻呂と対立していたことを示唆する史料がないことを根拠として、永手伝の混入と推測した。木本は混入には否定的であるが、八束の信部(中務)卿任命(天平宝字二年〈七五八〉)が仲麻呂の意志によると考えられることから、事実ではなく、この記述は八束の仲麻呂派の官人とのイメージを払拭するための捏造であるとした[6]。捏造は藤原内麻呂(八束の子)などが提出した伝記(功臣家伝)でなされたと推測した[7]。

薨伝をみると、この部分は文脈的に少なくとも前の(2)から続くことがわかる。すなわち、八束に対する聖武の寵遇が渥く、特に奏宣吐納に従事し明敏で誉れがあったから、仲麻呂がその能力を害したのである。原因と結果の関係にある。したがって、この二つの部分は決して切り離すことができない。

吉川は⑵について言及しない。⑶を永手伝の混入とするならば、⑵も永手の事績でなければならないのではなかろうか。木本は聖武の寵遇は厚かったかもしれないが、「奏宣吐納」はほかの史料から裏づけが得られないとの言及にとどまる。前田はこの部分について、房前が内臣となった故事が想起され、八束は父親のすぐれた政治的資質を多分に受け継いでいたと述べた。

「奏宣吐納」の語について概観しておく。奏宣は法制的に主に大・中・少納言の職掌と位置づけられる。吐納は中宮職・春宮坊の職掌である。しかし、考課令10最条には「承レ旨無レ違　吐納明敏　為二少納言之最一」ともあり、「吐納」を奏宣と同じく天皇に関わる事項とする。薨伝における「奏宣吐納」も厳密に天皇に関わる奏宣と皇后・皇太子に関わる吐納の意味ではなく、奏宣と同義とみてよいだろう。

しかし、八束はこの段階でこれらの官職にあったわけではないし、これがそれらへの任命を意味するわけでもない。任官を意味するのであれば、単純にある官職に任じたという書き方が自然であろう。八束は天平二〇年（七四八）に参議となった（後述）。それ以前に大納言・中納言であるはずはなく、また少納言の相当位は従五位下であるが、八束は一六年に正五位上から従四位下へ昇叙した（『続日本紀』同年一一月二一日条）。位階がふさわしくない。おそらくここでの奏宣吐納に参るとは天皇に近侍して、奏聞・宣旨を行ったことを意味するであろう。太政官の一員として奏宣を行ったのではなく、天皇のもとにあって太政官以下の官司機構との連絡・調整にあたったのであろう。端的にいって、八束のこのような役割は内臣のそれと同じなのではなかろうか。周知のごとく、藤原房前が任命された際、内臣には「計二会内外一　准レ勅施行　輔二翼帝業一　永寧二国家一」（『続日本紀』養老五年〈七二一〉一〇月二四日条）という職掌が示された。「内外」とは内裏と官司機構のことである。[8]「准レ勅施行」

について、その命を勅に准ずると理解されることが多いが、吉川敏子[9]が指摘するように、その理解は誤りであり、勅に従って行動することである。奏宣吐納に参ることとも共通点がある。薨伝に内臣の語はみえないが無理な想定ではないと思う。

筆者は先に内臣藤原房前が天皇家の家産管理にあたったことを指摘した[10]。要点を略記すると、家産管理は後宮の中心的人物とそれと深い人格的結合を持つ議政官クラスの官人が担当した、八世紀前半では県犬養橘三千代と藤原不比等、三千代（次いで牟漏女王）と藤原房前、牟漏女王と橘諸兄がそれに該当した、この時期には、房前が内臣に任じられたのを除けば、その地位が制度的に確立していたわけではなく、また、官司としての組織性を持つものでもなかった、などである。天平末期において、天皇家の家産管理を行ったのは橘諸兄と考えられるが、牟漏女王は天平一八年（七四六）正月二七日に死去し（『続日本紀』同日条）、また諸兄は一五年に左大臣になっており老齢でもあった。このような局面で、諸兄が家産管理から離れ別の人物が担当するようになった可能性もあるのではないか。そして、それは諸兄や牟漏女王とも関係の深い八束ではなかったであろうか。天皇家の家産管理からみたとき、諸兄から別の人物への担当者の交代の可能性は充分にあったと思われ、それゆえ、八束の内臣就任も充分に考えられるのではなかろうか。この点は八束の内臣就任に関するひとつの傍証となると考える。

ここで、時期の問題を少し考えてみる。薨伝によると、聖武の寵遇を得た段階では「正五位下式部大輔兼左衛士督」(1)であったと推測できる。すでに指摘のあるように、正五位下は正五位上、左衛士督は右衛士督の誤りであろう。天平二〇年（七四八）九月七日造東大寺司解案（『大日古』一〇377）に（式部）「大輔藤原朝臣」の一五年九月二〇日宣による写経事業の記述があり、この時に八束が式部大輔であったことが確認できる。右衛士督任命は一三年一二月二三日のことであった（『続日本紀』同日条）。従五位上から正五位上へ昇叙したのが一五年五月五日、従四位下へ昇ったのが一六年一一月二一日であった（『続日本紀』同日条）。一七年二月二四日式部省移（二─396　大粮継文）に「従四位下行右衛士督兼大輔」と見える。一八年三月一〇日に平群広成が式部大輔に任命され、同じく九月二五日に紀麻路が右衛士督に任命（兼任）されたので（いずれも『続日本紀』同日条）、八束は離任したことが確認できる。これを八束の内臣就任と連動する異動とみると、内臣就任はおおむね天平一七年から一八年初頭あたりに求めることができるであろう。先の牟漏女王の死去と近接する時期であったことはまちがいない。

薨伝(2)は八束の内臣就任を示すものであり、歴史的事実を伝えると考える。ただ、藤原永手は八束の同母兄であり、橘諸兄・牟漏女王との系譜関係は同じことである。それでは、吉川の推定を考慮して、内臣就任も永手の事績と考えることは可能であろうか。藤原房前は内臣であるとともに参議でもあった。内臣の職務「計㆓会内外㆒」からすると、太政官の議政に参加することのできる地位はやはり必要であろう。八束は天平二〇年に参議となった。『公卿補任』には天平二〇年三月二二日に任命されたとみえる。『公卿補任』では同日の石上乙麻呂・石川年足・多治比広足の参議任命が見える。『続日本紀』では彼らの参議任命の記事はない。しかし、『公卿補任』の記載は事実であるとみるべきである。内臣就任との間に多少の間隔があるが、八束は内臣と参議という父房前と同等の地位に達した。ただし、位階の上では房前の従三位（さらに正三位）と比較して従四位下と低い。いっぽう、永手は天平勝宝元年四月一日に従五位下から従四位下へと異例の昇進をした（『続日本紀』同日条）。これ以前は従五位下にすぎなかった。位階からみて、この時期における永手の参議任命は考えにくく、もちろん、管見の限りではそれを示す史料も存在しない。制度上、内臣が議政官であることや四位以上程度の位階を必須の条件とするわけではないと思われるが、[11]その機能からみたとき、天平末期における永手の内臣就任は考えにくい。[12]

二　藤原八束と藤原仲麻呂

薨伝(3)の内臣となった八束に対して、藤原仲麻呂がその能力を害したというのは事実であろうか。先述のように、吉川・木本は否定的である。仲麻呂は天平一五年に従四位上で参議となり、一八年四月二二日に従三位に昇進、二〇年三月二二日に正三位となった（いずれも『続日本紀』同日条）。八束は内臣就任の後、二〇年三月二二日に参議（従四位下）となった。位階の点では仲麻呂が明瞭に先行するが、仲麻呂にとって藤原房前と同じ地位にある八束は決して無視できる人物ではなかったであろう。仲麻呂と八束が同じ参議で、状況として以後の昇進において敵対的な関係にもなりうることはまちがいない。さらに、二人は藤原武智麻呂・房前兄弟の子でもあった。

これに関してきわめて興味深いと思われる史料が存在する。それは天平一八年七月一一日近江国司解（『大日古』二―522『寧楽遺文』下　七四五ページ）である。これは官奴婢の買進に関する文書で、守藤原仲麻呂の宣により奴四人・婢一人が買進された。筆者は先にこの文書に関して次のような指摘をした(13)。当時、仲麻呂は参議で奉勅上宣の権限がなく、太政官をとおして諸国に命令を下すことができなかったが、自らの任国に対して守の権限において買進を命じた、したがって、この段階で権限上の限界があるが、仲麻呂が天皇家産に関与したことがわかる、橘諸兄はこの頃から徐々に天皇家の家産管理から疎外されていったと考えられ、牟漏女王が同年一月二七日に死去したことが関わるのかもしれない。以上である。

諸兄の家産管理について、ここで訂正しておきたい。それは八束の内臣就任に関する認識を欠いていたことである。前稿では天平一〇年以降、諸兄が天皇家の家産管理を担当し、天平勝宝元年（七四九）の聖武天皇の譲位により、家産の管理権は光明皇太后に移り、そのもとで藤原仲麻呂が紫微令として担当するようになったとの見解を提示した。しかし、ここまで述べてきたように、牟漏女王の死去などと関わりながら八束が内臣となり、家産管理は諸兄から八束へ引き継がれたとしなければならない。聖武の譲位以後の状況は先のままであり、左大臣橘諸兄—内臣藤原八束（天平一七、一八年頃）—紫微令藤原仲麻呂（天平勝宝元年）の推移を想定すべきであった。前稿をこのように訂正しておきたい。

天平一八年七月といえば、八束が内臣として天皇家の家産管理を担当していた時期である。そこで仲麻呂が上記のような行動をしたことは、この二人の関係を如実にものがたるのではないだろうか。この前後に天皇家の家産管理をめぐって、二人が競い合うような状況にあったのであろう。八束は聖武の大きな信頼を得ており、仲麻呂の背後には光明皇后が存在した。どちらも天皇家の内部に入り込むことのできる立場にあった。そして、聖武の意志によって八束が内臣に任命されて決着したのであったが、以後、仲麻呂も家産管理に関わることもあった。このような点からも、仲麻呂が八束に対して敵対的な態度を表したとされることはそのまま承認すべきであると考える。

それに対して、八束が病気と称して出仕しなかったとするのはどうであろうか。吉川は天平末期にそのようなブランクの存在は確認できないとする。これに対して、前田は仲麻呂の政治的圧迫が薨伝(4)の大和守転出に帰結し、この間も含めて天平一六年から天平勝宝六年まで八束の位階が進まないのは仲麻呂の意図的妨害であったとした。さらに、たとえ短期間でも野に下った場合にはこのように表現してもおかしくないとした。木本は前田を批判し、枢要な官職についたことなどからみて仲麻呂の妨害は認められず、位階が昇進しなかったのはほかの官人との不均衡が生まれ抑制されたからであるとした。

薨伝によると、この一時的な隠遁は(4)より前にあったことになるが、その余地はない。しかし、大和守任命はほかの史料で確認することはできない。[14] さらに、天平勝宝初年の従四位下昇進および参議就任はまったく事実とは異なる。くりかえしになるが、従四位下に叙されたのは天平一六年一一月二一日、参議に任命されたのは二〇年三月二二日のことである。この部分を事実に反するものとして除外してみると、隠遁の時期が天平勝宝初年以降に下る可能性も考慮する必要が生じる。薨伝によるとその次に(5)がくる。信部卿（中務卿）は天平宝字二年（七五八）八月二五日に在任が確認でき（『続日本紀』同日条）、大宰帥に任命されたのは四年正月四日である（『続日本紀』同日条）。文脈からみて下限はこのあたりである。

この時期の八束の官歴を検討してみる。天平二〇年四月二二日に元正太上天皇の葬儀の御装束司に任命されたが、ここに官職の記載はない（『続日本紀』同日条）。次いで聖武天皇の譲位は八束に大きな地位の変動をもたらした。まず、内臣の地位はそのまま譲位を越えて存続することはなく、新天皇孝謙が改めて任命しない限り、消滅したはずである。治部卿（天平一九年三月一〇日任命『続日本紀』同日条）も離任したと思われる。『続日本紀』天平勝宝元年八月一〇日条に石川年足の式部卿在任が記されるが、これは治部卿の誤りであると考えられる。[15] 年足はこれ以前に治部卿に任命されたことになり、八束の後任である。参議はそのまま継続したと思われ、『公卿補任』でも継続して参議とされる。

その後、天平勝宝四年四月一五日に摂津大夫に任命される（『続日本紀』同日条）までの五年程度、八束の動向は不明である。この間が隠遁の時期にあたるのではなかろうか。官職の上では参議であったと思われるが、このクラスの人物の動向が比較的長期にわたってみえないのはやはり尋常なことではなかろう。この期間には太政官の政務などに参加せず、「称レ病家居　頗翫二書籍一」という状態にあったと考えておきたい。ただ、八束は一般的な政務に従事することはなかったが、聖武太上天皇に近侍して重要な政策を推進したと考える（この点後述）。

このように八束の一時的な隠遁に関して事実と認定したいが、それが仲麻呂との敵対関係によるのかはやや不審である。この部分は後の仲麻呂の姿を知る者の筆になるような気がする。まちがいなく主な原因は聖武の譲位そのことにあった。聖武に内臣として近侍し政治の中枢にあった八束が、聖武の譲位後、その政治力を後退させたのは当然の帰結である。聖武は出家・譲位の後、基本的に政務に関与しなくなったと思われる。これ以後の政治は孝謙天皇および光明皇太后の手にゆだねられた。貴族層のなかでは、光明に近く紫微令・大納言に昇進した藤原仲麻呂や孝謙に近い藤原永手や吉備真備の政治力が伸長した。八束が光明・孝謙の周辺に席を得る可能性はほとんどなかったであろう。仲麻呂の意図的妨害などではなく、聖武から光明・孝謙への権力委譲の結果、八束の政治的地位が低下したのである。要するに、八束は聖武の譲位とともに行き場を失ったのである。それを八束自身がどう考えたのかを知ることはもはやできないが、参議のまま一方的に隠遁してしまったのである。これを仲麻呂の意志と結びつける薨伝の記述は、やはり後の仲麻呂の経歴に引きずられたものと思われる。

三　市原王と金光明寺・東大寺

聖武譲位の後の藤原八束について考えてみたい。この点について、正倉院文書に多数その名のみえる市原王の存在が手がかりとなる。まず、八束と市原王の接点を確認しておきたい。『万葉集』の「安積親王宴㆓左少弁藤原八束朝臣家㆒之日　内舎人大伴宿祢家持作歌一首」（六・一〇四〇）および「同月（天平一六年正月）十一日登㆓活道岡㆒集㆓一株松下㆒飲歌二首」（一首は市原王作、一首は大伴家持作　六・一〇四二・一〇四三）は、天平末期の政治史のなかでしばしば取り上げられるものである。前者は天平一五年の藤原八束家の宴における大伴家持の歌であり、この宴には安積親王が加わっていた。三人以外の参加者は不明である。後者は天平一六年正月に活道岡の松の下での宴の際の歌であり、この宴にも安積親王が加わっていたとする見解もある⒃。これらの宴に注目して、安積親王を中心とする橘諸兄・橘奈良麻呂・八束・大伴家持らからなる集団の存在を読み取るのが、川崎庸之以来の通説である。市原王に焦点があたることはあまりないが、この集団の一員であったことはまちがいない。八束と市原王の直接的な連関を示す史料は存在しないが、二人がおおむね政治的立場を同じくし、親交があったことは確実である。

さて、市原王は天平一一年前半に皇后宮舎人として写経司の管理・運営にあたったが、しばらくの空白をはさんで天平一五年八月に正倉院文書に再び現れ、長官宮などと称された。これは左大舎人頭および玄蕃頭のことである。造東大寺司の成立後も玄蕃頭の地位にあって写経事業に関与した。文書の署名などでは玄蕃頭とみえることが多い⒄。

表Ⅰが写経所などにおける市原王の主要な活動を列挙したものである。単に文書に署名が見える例などは適宜省略した。ほぼ天平一五年八月から天平勝宝三年後半頃まで、空白の時期もあるが継続的に写経所におけるその活動を確認することができる。

まず、注目したいのは天平一五年（七四三）八月から一八年一〇月にかけて、令旨による写経を宣した例が見られることである（表Ⅰ　1・3・5・10・11・17・22・26・27・38）。これらは天平二〇年（七四八）九月七日造東大寺司解案（一〇375）にみえるものが多い。当初の段階では「王（日付）宣」と表記されるが、「王」の部分はいったん「令旨」と訂正され、さらに「尼公」と傍書される。この訂正などを入れ書き直された文案が裏面にあ

表Ⅰ　写経所における市原王の活動（天平15年以降）

番号	日付	職務内容（関係する経など）	付記	大日古
1	天平15. 8.12	宣書写（華厳経疏）	令旨・尼公宣と2度訂正	9-389, 10-375
2	天平15. 8.20	判奉請（成唯識論・法華経）	興福寺西仏殿から	8-187
3	天平15. 9. 1	宣書写（弁中辺論・起信論疏・梵網経疏）	令旨	8-369
4	天平15. 9.10	宣奉請（千眼千臂経）		24-179
5	天平15.11.17	宣書写（唯識論枢要）	令旨・尼公宣と2度訂正	8-371, 10-375
6	天平16. 2. 2	宣奉請（不思議功徳諸仏護念経）		24-180
7	天平16. 6.23	宣奉請・判奉請（金剛三昧経）		8-190
8	天平16. 6.29	署名（法華摂釈・金剛三昧経論奉請）		8-168
9	天平16. 7.11	宣奉請（摩訶衍起信論別記）	善摂へ	8-189
10	天平16. 7.23	宣書写（大乗起信論）	令旨	24-278
11	天平16. 8.10	宣書写（十一面経疏）	令旨	8-371, 11-170, 24-279
12	天平16. 8.11	宣奉請（金剛三昧経論）	慈訓へ	8-190
13	天平16. 8.23	宣書写（弁中辺論・肇論）		24-279
14	天平16. 9. 9	宣奉請（金剛三昧経論）	慈訓へ	8-190
15	天平17. 5.25	奉請（金剛三昧経論疏）	慈訓書　市原王から	9-365
16	天平17. 6.17	宣書写・判奉請（菩薩善戒経）		2-455
17	天平17. 6.21	宣書写（金剛三昧経疏・起信論別記）	令旨	2-456
18	天平17. 8. 5	宣奉請（六巻抄）	内裏へ	9-366
19	天平17. 9.29	奉請（六巻抄）	内裏へ	8-576
20	天平17.10.30	納紙を知る（大般若経）		8-578
21	天平17.11. 2	宣書写（百論疏・百論）		10-376
22	天平17.11.11	宣書写（大般若経）	令旨	8-582
23	天平17.12.24	宣奉請（梵網経）	道宣へ	9-366
24	天平18. 2. 8	宣書写（多心経）	皇后のため	11-170
25	天平18. 2.12	宣書写（唯識論・弁中辺論・百論・肇論）		10-376
26	天平18. 2.28	宣書写（十一面経疏）	令旨・尼公宣と2度訂正	9-64, 9-389, 10-375
27	天平18. 3. 3	宣書写（尊勝珠林）	令旨・尼公宣と2度訂正	9-64, 9-389, 10-375

28	天平18. 3. 7	宣書写（仁王経義疏）		9-65
29	天平18. 3. 9	宣書写（起信論疏）		9-65
30	天平18. 3.16	宣書写（法華経2部）	良弁のため	9-65
31	天平18. 3.26	宣進納（経紙）	宮内へ	8-559, 9-65
32	天平18. 5.18	宣書写（八敬六念并四分戒本）		9-66
33	天平18. 5.20	宣奉請（百論・百論疏）	内裏へ	10-286, 10-376, 11-451, 12-259
34	天平18. 6.15	宣奉請（弁中辺論）	内裏へ	10-376
35	天平18. 8.19	宣書写（法華遊意）		9-65
36	天平18. 9. 2	宣奉請（中論疏・法華玄論・十二門論疏・法華遊意）	安定尼へ　本経は内裏から	10-376
37	天平18. 9.10	宣書写（華厳経）		9-321
38	天平18.10.11	宣書写（法華経）	令旨・尼公宣と2度訂正	2-561, 8-582, 9-66, 9-322, 10-375
39	天平20. 3. 1	判奉請（陀羅尼集経）	佐味命婦宣　内裏へ	24-175
40	天平20. 5. 2	宣奉請（涅槃経疏2部）	平摂へ	10-286
41	天平20. 5. 2	宣奉請（仏性論）	平摂へ	11-226, 11-358
42	天平20. 8.28	宣奉請（観虚空蔵経）		24-164
43	天平20. 8.29	宣奉請（維摩詰経）		24-168
44	天平20. 9. 9	署名（華厳経疏書写）		10-83
45	天平20. 9.21	判奉請（宝星陀羅尼経）	定海宣　内裏へ使大疏山口佐美麻呂	11-451, 24-165
46	勝宝1. 2.25	奉請の使（成唯識論疏）	尼公宣　内裏へ	8-371, 24-562
47	勝宝1. 2. 8	宣奉請（最勝王経疏）	内裏へ	10-284, 11-453, 12-260, 13-193
48	勝宝1. 2.26	署名（瑜伽論経紙収納）	経紙は内裏から	10-271
49	勝宝1. 3.17	宣奉請（摂大乗論疏）	慈訓へ	11-9
50	勝宝1. 4.17	宣奉請（法華統略・疏）	平摂へ	10-285
51	勝宝1. 5.21	宣奉請（対法論疏）	新薬師寺へ	3-221
52	勝宝1. 6.25	判奉請（相続解脱地波羅蜜了義経・解節経）	良弁宣　仙寂へ	3-261
53	勝宝1. 6.25	判奉請（瑜伽抄・瑜伽抄記）	良弁宣　仙寂へ	11-11
54	勝宝1. 9. 8	署名（瑜伽論貢進）	尼公・主典葛井根道宣　内裏へ	11-73
55	勝宝2. 1.28	署名（法華玄賛奉請）		11-139
56	勝宝2. 2.27	宣書写（海竜王経）		8-370, 11-157, 11-158, 11-171

57	勝宝２．６．26	宣奉請（梵網経疏）	西宮へ	11-12
58	勝宝２．８．９	宣奉請（理趣分述讃）	市原王曹司へ	3-414, 11-12
59	勝宝３．１．25	宣奉請（十一面経）	市原王曹司へ	3-542
60	勝宝３．１．27	奉請（一切経要集）	市原王曹司へ	3-542
61	勝宝３．２．６	宣奉請（維摩経疏）	平栄へ	3-543
62	勝宝３．２．25	宣奉請（楞伽経料簡・八会章）	市原王曹司へ	3-544
63	勝宝３．２．26	奉請（目録）	市原王曹司へ	3-548
64	勝宝３．２．26	判奉請（大毘婆沙論・順正理論）	良弁宣　東大寺倶舎宗大学頭所へ	3-547
65	勝宝３．３．26	宣奉請（一切経音義）	市原王御所へ（全文抹消）	11-5
66	勝宝３．４．21	署名（六字呪王経書写）	良弁宣	11-548
67	勝宝３．５．11	宣奉請（漆塗木筥）	智憬へ	9-604
68	勝宝３．５．24	宣奉請（法華玄賛）	智憬へ	3-549
69	勝宝３．７．11	署名（瑜伽論奉請）	僧綱へ（この部分抹消）	11-80
70	勝宝３．７．18	奉請（高僧伝）	市原王へ	3-552
71	勝宝３．７．21	宣奉請（高僧伝）		3-553, 25-37
72	勝宝４．５．23	奉請（四天王経・後縁経・木槵子経・伽宅経）	市原王から	3-576
73	勝宝７．９．20	奉請（注維摩経・維摩経疏）	市原王へ	10-329, 13-156, 13-176
74	宝字１．10．14	署名（金剛寿命陀羅尼経・諸仏集会陀羅尼経書写）		4-242
75	宝字７．５．16	判奉請（无垢浄光陀羅尼経）	道鏡宣　内裏へ	5-441

り（一〇377）、そこでは尼公の宣とされる。この表記の意味するところについて、光明皇后の令旨が尼公―市原王へと伝えられたとする栄原永遠男[18]の見解に従いたい。この事例は、写経を含む金光明寺造営事業が皇后宮職・春宮坊と密接に連携しつつ進められていたことの反映である。市原王の活動もその枠内にあるとみることができる。しかし、これは天平一八年一〇月までである。

　時期的にそれと多少重複しながら、内裏とのつながりを示す事例が出現する。しかも、市原王本人が内裏に出入りしたことを示唆するものが多い。詳細に確認しておきたい。天平一七年八月の六巻抄の奉請（18）は律論疏集伝等本収納并返送帳（九366）に注記があり、それによると本経と書写経の合計一二巻が革箱に収納されて内裏に奉請されたが、「使長官王」とみえ市原王自身が進納した。さらに、翌年にもこのような事例が二例ある。百論・百論疏の奉請（33）は市原王の宣によるが、「使即長官宮」（一〇287）、「使即」（一二259）のような記載がみえ、「无使」ともされる（一一451）。无使とは宣者の市原王自身が使となったため、使はいないという意味であろう。弁中辺論の奉請（34）について「専　王偪（副）　弁中辺論本三巻　奉請内裏」（一〇376）とある。「専　王副」とは専王（市原王）に副えの意味なのであろうが、この表現から市原王自身が奉請したとみてよいだろう。さらに、天平勝宝元年の成唯識論疏の奉請（46）は尼公宣によるものであるが、「使玄蕃頭王」（八371）とある。最勝王経疏の奉請（48）も「使即長官宮（ママ）」（一〇284）、「使即」（一一452・一二260・一三193）とあり、これらも同じことである。このように市原王が直接的に内裏に出入りしながら職務を執行したことがわかる。

　聖武天皇らは天平一七年五月の平城京還都以前は平城宮にいなかったので、たとえば内裏への経の奉請などが行われないのは当然である。また、沙弥尼定海宣により、市原王が判を加え、大疏（紫微大疏）山口佐美麻呂が使となって経を内裏に奉請した例（44）などもある。これは最終的な奉請先は光明で、「内裏」とは内裏内の光明の居住スペースなどを意味する可能性がある。しかし、多くは内裏とは聖武自身の御在所をさすのではないかと考えておきたい。

先の令旨による写経の事例と比較して、ここに金光明寺写経所の置かれた位置の変化を読み取ることが可能なのではなかろうか。平城京還都後に大仏造立が平城京近辺で進められることとなり、金光明寺にも大きな変化が起きたと考えられる。山下有美(19)が包括的に示すように、当初、金光明寺は光明発願の福寿寺の系譜を引くことが影響して、皇后宮職・春宮坊と深く連携しながら造営が進められたが、平城京還都後に新たな運営体制へと移行した。具体的には造仏長官国君麻呂・大倭少掾佐伯今毛人が関与することになった。皇后宮職・春宮坊の影響力の後退はまちがいなく、それにともなって、光明との関わりも次第に希薄になっていったことが想定できる。令旨による写経の消滅はこのように説明することが可能であろう。

これにかわって、市原王と内裏への参入が散見されるようになる。時期的に天平一七年八月五日が最初であり、平城京還都および大仏造立の再開（『東大寺要録』所引「大仏殿碑文」によると、一七年八月二三日）に近接することが注目される。これ以後にも令旨による写経の事例は存在するが、ここに転換点があることは重要である。すなわち、平城京還都後、平城京東辺における大仏造立の再開にともなって、光明皇后に代わり聖武天皇自身が金光明寺造営にも深く関わり、主導するようになったことを意味するのではなかろうか。市原王の行動の変化は写経所に独自のことなのではなく、金光明寺の性格の変化、そして、造営の主導者の変化を反映するのではなかろうか。金光明寺造営は大仏造立と一体化され、聖武の管轄下に置かれたのである。

そして、市原王と聖武を媒介した者こそ内臣藤原八束ではなかったであろうか。つまり、聖武の意向は藤原八束をとおして金光明寺の市原王に伝達され、さまざまな事業が実行されたのではなかろうか。聖武がこのような形式で大仏造立および金光明寺造営を直接的に管轄していたと考えておきたい。

ここで二つの論点にふれておきたい。まず、金光明寺造物所の所管の問題である。この点について、皇后宮職とする若井敏明と、いずれかの官司の被管であるということもなく、しいていえば太政官の命令系統に入るとする山下有美の見解がある。[20] いずれをとるかはにわかに決めがたく今後に期し、ここでは保留しておきたい。いずれにせよ、たとえば所属官人の管理などの業務は官司機構のなかで処理されたはずであるが、全体的な方針は、以上のように、聖武周辺の人格的結合をもとに決定されたと思われ、正規のあり方とは異なっていたと考えられる。

いまひとつはこのような変化の生じた時期の問題である。山下有美は天平一七年までは皇后宮職・東宮坊による統轄が継続したが、一八年に造仏司や大和国司が運営に参加したとする。その根拠は一七年一二月に「南様仏所」という機関の存在が確認でき（「経師等調度充帳」八580）、それが大仏の様仏を作った機関で、金光明寺造物所の一部局の可能性があることや、造仏長官の初見が一八年一一月であることである。しかし、南様仏所は大仏の様仏を制作した機関なのであろうか。南とは南寺、すなわち、大安寺の可能性があるのではなかろうか。市原王の動向からみて、一七年後半にこのような体制に移行していた可能性があると考える。そして、ここに藤原八束が関与したとの先の結論が承認されるとすると、八束の内臣就任もこの時期までさかのぼる可能性が出てくる。[21]

造東大寺司は天平一九年七月～九月頃に成立したと考えられるが、若井敏明の指摘するように、[22] 市原王はこの年に写経所の運営から離れていたらしく動向は不明である。翌年にふたたび写経所の運営を主導するようになったが、その前後において市原王の活動に特に大きな変化はみえない。しかし、天平勝宝元年（七四九）の聖武の譲位を境にして、市原王の内裏との直接的な連関が消滅するように思われる。その終見は同年九月八日である

(58)。ここにも転換点が存在するように思われる。内裏とのつながりが消滅したのは、端的に聖武が譲位し内裏を離れたためと理解できる。

聖武の譲位とともに、藤原八束の政治的地位にも大きな変化が起き、東大寺をめぐる聖武―藤原八束―市原王の運営体制も消滅したかのようである。この時期に、八束が隠遁していたとすると、なおさらである。しかし、この段階でもやはりこの体制は機能していたのではないかと考える。それは八束・市原王がともに、天平勝宝四年（七五二）の大仏開眼の前後に任官され、東大寺造営を離れたのではないかと思われるからである。

隠遁していた八束が摂津大夫に任命されたのは天平勝宝四年四月一五日のことである。いっぽう、市原王はこの時期に備中守に任命されたようである。市原王の備中守在任は、まず天平勝宝四年閏三月二八日「造東大寺司注文案」（一二259・260）にみえる。ここに「備中国守市原王」の天平一八年五月二〇日宣および天平勝宝元年二月八日宣がみえる。しかし、これらは官職名を遡及させて記載された可能性がある。この段階で市原王は確実に玄蕃頭であった。確実な備中守の事例では上記文書の作成段階や経疏出納帳（三576）の天平勝宝四年五月二三日が早い。この段階での在任はうごかない。玄蕃頭の終見は天平勝宝三年八月三日借奉請経疏目録（一二40）であり、玄蕃頭から備中守へと転任したのであろう。その時期は天平勝宝三年八月三日～四年閏三月二八日である。聖武の譲位後も藤原八束は引き続き聖武に近侍し、市原王が長官として担当する東大寺造営にも関与し、大仏開眼というひとつの節目を契機に、二人は東大寺造営から離れることとなったのではなかろうか。このように考えると、摂津大夫・備中守の任命も自然に理解できるように思われる(23)。

以上のように、大仏造立の再開以後、金光明寺（東大寺）造営は聖武が直接的に把握・主導するようになり、そのもとで大きな役割を担ったのが内臣藤原八束と長官市原王であったと考えられる。そして、それは聖武の譲位を経ても継続し、開眼にたどりついたと推測される。この時期は八束が隠遁していた時期と重なる。八束が病気と称して一般的な政務に参加しなかったことは事実であろうが、まったくの隠遁状態にあり、もっぱら書籍に親しんでいたとするのは誇張であろうと思う。聖武を補佐して東大寺造営という大事業を推進したのは八束であり、玄蕃頭としてそれ統括したのは親しい仲にある市原王であった。以上のように、推測しておきたい。(24)

なお、市原王は造東大寺司の実質的な長官であったことはまちがいないが、形式上は長官ではなかった。(25)市原王がその権限を行使しうる根拠は玄蕃頭であったこともあるが、このように藤原八束を介して聖武に直接的につながっていたことも重要であっただろう。

おわりに

藤原八束と市原王という二人の人物に着目して、天平末期の政治史の限られたものではあるが、一つの局面を明らかにしようと試みた。簡潔に要約しておく。

(1)藤原八束は天平一七（七四五）、八年頃に聖武によって内臣に任命されたと思われる。その後、天平二〇年に参議に任命され、父藤原房前と同等の地位に昇るにいたった。また、八束は天皇家の家産管理などをめぐり、藤原仲麻呂と敵対的な関係にあったと思われる。

(2)天平勝宝元年（七四九）、聖武譲位とともに八束の政治的地位は降下し、おそらく意図的に隠遁し、参議のままであったが、一般的な政務に関与しなくなったと思われる。

(3)八束と親交のあった市原王は左大舎人頭・玄蕃頭であったが、天平一七年の大仏造立の再開以後、八束を介して聖武天皇と直接的につながるようになった。これは大仏造立と光明皇后が主導した金光明寺造営が一体化され、聖武自身の直轄する事業となったことを意味する。

(4)聖武譲位後もこのような東大寺造営の体制は継続したと思われ、八束はまったくの隠遁生活を送っていたわけではなく東大寺造営に関与していた。天平勝宝四年の大仏開眼を契機にこのような体制は終焉を迎えたと思われる。

天平末期における八束の政治的地位は決して低くはなかったが、聖武自身が重大な病気をかかえていたようで、聖武がどの程度、実際の政治を主導できたのかはよくわからない。むしろ、八束が聖武に近侍しかろうじてその形を整えていたのが実態であったかもしれない。譲位後、聖武が新天皇を後見するような体制になっていれば、八束がその要に位置することになったであろうことは容易に推定できるが、それが現実のものとならなかったことは当時の八束の行動から明白である。聖武は譲位して政治にほとんど関わらず、新天皇の後見の役割は光明皇太后にゆだねられたのである。この背後に聖武の病気を想定するか、あるいは聖武・光明の間の対立といったものを考えるべきなのかは不明である。

隠遁の後、八束は天平勝宝四年に復帰したとみることができるが、この段階で藤原仲麻呂は紫微令・大納言となっており、両者の差は決定的といってよいほど広がっていた。以後、八束が仲麻呂と良好な関係を保ちつつ昇進していったことはまちがいない。すでに指摘のあるように、真楯への改名はその象徴である。しかし、天平宝字八年の藤原仲麻呂の乱では真楯は仲麻呂に与することはなかった。ここにどのような理由があったのかは不明である。この点については今後考えてみたい。

註

（1）川崎庸之「大伴家持」、「聖武天皇とその時代」（同著作選集1『記紀万葉の世界』〈東京大学出版会　一九八二年〉初出一九四二・五五年）

（2）野村忠夫「藤原北家」（同『奈良朝の政治と藤原氏』〈吉川弘文館　一九九五年〉初出一九八〇年）など

（3）吉川敏子「仲麻呂政権と藤原永手・八束（真楯）・千尋（御楯）」（同『律令貴族成立史の研究』〈塙書房　二〇〇六年〉初出一九九五年）。なお、以下、吉川の見解は特に注記しない限り本論文による。

（4）木本好信「藤原真楯」、「藤原真楯の薨伝」（同『藤原北家・京家官人の考察』〈岩田書院　二〇一五年〉初出二〇〇五・〇七年）

（5）前田晴人「藤原八束（真楯）の改名問題」（『東アジアの古代文化』八九・九一　一九九六・九七年）。なお、以下、前田の見解はすべて本論文による。

（6）木本好信「藤原真楯」（注4）

（7）木本好信「藤原真楯の薨伝」（注4）

（8）山本信吉「内臣考」（同『摂関政治史論考』〈吉川弘文館　二〇〇三年〉初出一九六一年）も『藤氏家伝』武智麻呂伝にみえる房前の「知機要事」について、房前が宮中と太政官の間に位置して奏宣の権を有していたらしいとする。

（9）吉川敏子「奈良時代の内臣」（注3書　初出一九九七年）

（10）鷺森浩幸「八世紀の王家の家産」（同『日本古代の王家・寺院と所領』〈塙書房　二〇〇一年〉初出一九九六年）

（11）他の事例として、藤原房前は従三位・参議、藤原永手は従三位（推定）、紫微内相の藤原仲麻呂は従二位・大納言、良継は正三位・中納言、魚名は従二位・大納言からである。なお、永手について、東野治之「東大寺献物帳と紫微中台」（同『大和古寺の研究』〈塙書房　二〇一一年〉初出二〇〇一年）参照。

（12）元論文公表後、木本好信「藤原永手」（注4書　初出二〇一二・一三年）が、東野の推定した天平勝宝期後半における永手の内臣就任について、就任に否定的で八束を考慮するものもあるとして本論をあげる。論旨が不明確であったかもしれないが、筆者は東野の推定を承認しており、ここでは天平末期において永手が内臣であったとは考えられないと主張したのである。本文にも修正を加えた。

(13) 鷺森浩幸「八世紀の王家の家産」(注10)

(14)『公卿補任』天平二〇年条の八束の尻付によると、大和守任命について「天平六年任云々」とするが、吉川の指摘するように、これは末年の誤写とみるのが穏当である。

(15) 松崎英一「続紀官職記事の誤謬・矛盾」(『古代文化』二九―五　一九七七年)

(16) さしあたり、針原孝之「天平歌人・市原王」(『二松学舎大学論集』四九　二〇〇六年)を参照。

(17) 元論文では、市原王が金光明寺造物所の長官であったとしたが、その公表以後、山本幸男によって市原王の「長官」の意味が詳細に検討された(同「市原王と写経所」続日本紀研究会編『続日本紀と古代社会』塙書房　二〇一四年)。それに従い補訂を加えた。

(18) 栄原永遠男「難波之時御願大般若経について」(同『奈良時代写経史研究』〈塙書房　二〇〇三年〉初出一九八五年)。天平一七年の一〇部法華経の書写についてこのように結論し、同年の大般若経書写(表Ⅰ22)も同様とする。

(19) 山下有美「写経機構の変遷」(同『正倉院文書と写経所の研究』〈吉川弘文館　一九九九年〉初出一九九四・九五年)

(20) 若井敏明「造東大寺司の成立について」(『続日本紀研究』二四三　一九八六年)、山下有美「写経機構の変遷」(注19)。

(21) さらに、八束の天平一五年九月二〇日宣による金光明経疏の書写もみえる(一〇377)。この段階で八束が聖武に近侍していた可能性もある。

(22) 若井敏明「三たび造東大寺司の成立について」(『続日本紀研究』二六三　一九八九年)

(23) 天平勝宝四年一一月八日には諸兄宅において、聖武太上天皇・諸兄・八束・大伴家持が集った宴が開かれた(『万葉集』一九・四二六九～七二)。これは八束の摂津大夫任命の七か月後である。

(24) 橘奈良麻呂は逮捕後に尋問され、藤原仲麻呂の政治上の無道の例として東大寺を造営し人民に苦辛させたことを挙げた(『続日本紀』天平宝字元年〈七五七〉七月四日条)。仲麻呂の東大寺造営に対する関与を否定するつもりはないが、全面的にそれを主導したとはいいがたいのではなかろうか。したがって、奈良麻呂の認識は事実を正確に反映していたとはいえないと思われる。

（25）山下有美「写経機構の変遷」（注19）

第二章　藤原八束（真楯）の妻

はじめに

藤原八束（真楯）は藤原房前と牟漏女王の間の男子で、藤原永手と同母の兄弟とみられる。八束自身は政治史上あまり注目されることはないが、子の藤原内麻呂や、内麻呂の子冬嗣が平安時代初期において藤原北家の強大化の基礎を築いたことは著名である。

筆者は、先に八束の政治的地位について考察を加え、以下のような見解を示した[1]。八束は天平一七（七四五）、八年頃に聖武天皇によって内臣に任命されたと思われ、さらに天平二〇年に参議に任命され、藤原仲麻呂と敵対的な関係にあったと思われる。天平勝宝元年（七四九）、聖武の譲位とともにその政治的地位は降下し、おそらく意図的に隠遁したが、聖武のもとで東大寺造営に関与した。天平勝宝四年に復帰し藤原仲麻呂と良好な関係を保ちつつ昇進していった。

天平宝字八年（七六四）の藤原仲麻呂の乱時、真楯は従三位・中納言であったが、孝謙太上天皇の側に属し、正三位に昇進して勲二等を授与され、天平神護元年（七六五）に大納言に進んだ。藤原仲麻呂と良好な関係にあったにもかかわらず、最終的に対立する位置に立ったのである。藤原八束の妻に着目して八束の政治的位置を改めて考えてみたい。また、妻の存在は八束の子内麻呂の政治的地位などにも大きな影響を与えたはずであり、その点についても論じてみたい。

一　八束の妻阿倍豆余理

『公卿補任』延暦一三年（七九四）条によると、藤原内麻呂の母は「従五位下安陪帯麿女」である。『尊卑分脈』では「安部常丸女」とされる(2)。

阿倍帯麻呂は『続日本紀』に次のようにみえる。

　神亀五年（七二八）五月二一日条　正七位上から外従五位下へ昇進した。

　天平元年（七二九）三月四日条　外従五位下から従五位下へ昇進した。

　天平七年九月二八日条　美作守で、故殺を理由に一族の人に訴えられた。この時、従五位下。

位階が同じであるので、「安陪帯麿」はこの人物でまちがいないであろう。常丸（麻呂）は誤りであろう。さらに、『日本後紀』大同三年（八〇八）六月一三日条に阿倍弟当の卒伝が見えるが、弟当は「正五位上勲五等船守」の孫で、「美作守従五位上意比麻呂」の男である。位階に相違があるが美作守は合致する。この意比麻呂も帯麻呂と同一人物であろう。神亀五年に外従五位下に到達した帯麻呂の女子が、霊亀元年（七一五）生まれの八束の妻となっても、年代の上で不自然ではないだろう。八束の妻が阿倍氏の出身であることが確認できる。

注目されるのが阿倍豆余理（都与利）なる女性である。『続日本紀』に次のような経歴がみえる。

(1)天平宝字八年（七六四）正月七日条

　女孺（略）従六位下阿倍朝臣豆余理並従五位下。

(2)天平神護元年（七六五）正月七日条

正五位下（略）安倍朝臣都与利（略）並正五位上。（略）正五位上（略）安倍朝臣都与利（略）並勲四等。

表記に違いがあるが、「豆余理」「都与利」ともに「つより」と読み、同一人物であろう。

(2)は藤原仲麻呂の乱に関する行賞のための叙位、勲位の授与である。豆余理が女孺であったこと、乱の際になんらかの功績を挙げたことがわかる。(1)の従五位下昇進の後、(2)では正五位下とみえるので、この間にも叙位を受けたことになる。このような昇進はもちろん藤原仲麻呂の乱という政治的変動と関わるが、きわめて異例といってよかろう。

ここで藤原仲麻呂の乱後の称徳期の後宮に目を向けてみる。後宮の状況は史料が少なく不明な点が多いが、叙位に着目して宮人などの序列化を試みる。なお、煩雑になるので、基本的に論旨と直接、関係がない女王および従五位を除外する（すべて史料は『続日本紀』である）。

天平宝字四年正月五日に賀茂小鮒・飯高笠目が正五位下に昇進した。翌五年正月二日に阿倍石井が従五位下から正五位下へ昇進した。石井は孝謙天皇の乳母であった。同年六月二六日に光明皇太后の周忌斎に供奉した功績により、粟田深見が従四位下、飯高笠目・蔵於須美が正五位上、熊野広浜・多気弟女・多可浄日が正五位下に昇進した。このうち、広浜・浄日以外はこれ以後の動向が不明であるが、藤原仲麻呂の乱後も地位の変動はなかったと考えておく。同年一二月八日に藤原家子が正五位上から従四位下へ昇進した。氷上陽侯（塩焼王の近親）が天平宝字八年正月の段階で従三位、藤原恵美児従（藤原仲麻呂の女子　藤原御楯の妻）が天平宝字五年八月に正四位下であるが、彼女らはこれ以後の動向が不明であり、乱によって何からの処分を受けた可能性がある。

藤原仲麻呂の乱後、天平宝字八年九月一一日に藤原豊成の妻百能が正五位上から従三位となった。宝亀九年

（七七八）八月一五日に正三位から従二位へ昇進したが、正三位への昇進の時期は不明である。延暦元年四月一七日に死去したが、この時、従二位で尚侍であった。

天平宝字八年九月二三日に吉備由利と稲蜂間仲村女が従五位下、従五位上から正五位上へ昇進した。由利は吉備真備の近親と推定される人物である。神護景雲元年（七六七）一〇月に由利は正四位下から正四位上へ昇進した。正四位下までの昇進状況は不明である。さらに翌年一〇月一三日に従三位へと昇進した。称徳の死去の直前、由利のみが寝所に出入りできたことは著名なことである。この時、典蔵であった。

先に少し言及した天平神護元年正月七日の叙位において、藤原乙刀自・竹乙女が正五位下から従四位下へ、正五位下当麻比礼・大野仲智・阿倍豆余理・多可浄日・熊野広浜および従五位下古仁虫名が正五位上へ、従五位下石川奈保が正五位下へ昇進した。竹乙女は称徳天皇の乳母であり、神護景雲三年二月一五日に従四位下で死去した。大野仲智は藤原永手の妻であり、天平神護二年正月一七日に永手第への行幸があり、従四位下に昇進し、さらに神護景雲二年一〇月一五日に正四位下に進み、翌三年二月三日に再度、永手第への行幸があり、正四位上に昇進した。天応元年（七八一）三月一〇日に死去した。この時、正三位・尚侍兼尚蔵であった。また、多可浄日は光明の周忌斎にも従事したが、この後宝亀一一年一〇月二四日に死去した。この時、従四位下・典侍であった。従四位下への昇進の状況は不明である。熊野広浜は牟婁采女で、光明の周忌斎に従事した。天平神護元年一〇月二二日に紀伊国行幸に関わり正五位上から従四位下へ昇進したが、神護景雲三年四月六日に死去した。

天平神護二年一二月一二日に多治比若日女が従五位下から正五位下へ昇進した。神護景雲元年正月一八日に藤原家子が従四位下から正四位下へ昇進した。家子は神護景雲二年一〇月一五日に正四位上、宝亀二年正月二日に従三位と昇進したが、宝亀五年七月二一日に死去した。この時、従三位・尚膳であった。

神護景雲二年六月五日に尾張若刀自が従五位下から正五位下へ昇進した。同年一〇月三〇日に大尼法戒・大尼法均にそれぞれ従三位・従四位に準じて封戸を支給したことがみえる。法均は和気広虫である。天平神護元年三月一三日に正六位下と見えるので、そこから従四位に昇進したことと同等である。周知のごとく、神護景雲三年の道鏡事件で処分された。

神護景雲三年一〇月三〇日に由義宮行幸にあたり、弓削美努久売・乙美努久売が従五位上から正五位下へ昇進した。

以上が称徳期に正五位まで到達したことの確認できる事例であるが、次の人物にも留意する必要がある。宝亀元年一〇月二五日に飯高諸高が正五位上から従四位下へ昇進した。宝亀六年八月一五日に阿倍古美奈が正五位上から従四位下へ昇進した。古美奈は藤原良継の妻であり、延暦三年一〇月二八日に死去した。この時、従三位・尚蔵兼尚侍であった。宝亀七年正月七日に巨勢諸主が正五位下から正五位上へ昇進した。これらの人物はそれ以前の状況は不明であるが、称徳期に正五位以上であった可能性の強い人物である。さらに、宝亀一〇年一〇月二四日に命婦藤原元信が正五位下から従四位下に昇進した。元信は天平宝字八年九月二一日に従五位下に昇進し、天平神護元年正月七日にも勲四等を授与された人物である。称徳期にすでに正五位下に到達していた可能性も残る。

推定も含めて、称徳の最末期における女性たちの序列はおおむね次のようになるだろう。

従三位：藤原百能（＋）・吉備由利・法戒
正四位上：藤原家子・大野仲智（＋）
従四位下：粟田深見・藤原乙刀自・法均（和気広虫）

正五位上：飯高笠目・蔵於須美・稲蜂間仲村女・当麻比礼・阿倍豆余理・多可浄日（＋）・古仁虫名・飯高諸高・阿倍古美奈（一）

正五位下：賀茂小鮒・多気弟女・阿倍石井・多治比若日女・尾張若刀自・石川奈保・巨勢諸主（一）・藤原元信（一）

なお、（＋）はより上位である可能性のある者、（一）はより下位である可能性のある者。弓削美努久売・乙美努久売は道鏡の一族と考えて除外した。

前述したように、百能・由利・仲智・古美奈は当時の有力貴族の妻あるいは近親であり、後宮に出仕したことが確認できる。藤原豊成は藤原仲麻呂の乱後に右大臣に復帰し天平神護元年に死去した。次の右大臣は藤原永手で、さらに左大臣に昇進した。吉備真備は藤原仲麻呂の乱時に参議に任命され、その後、短期間で中納言・大納言と昇進し、天平神護二年に右大臣に昇進した。藤原良継は称徳期ではいまだ議政官とはなっていない。

藤原家子に関して角田文衛の研究[3]があり、藤原宇合の女子で藤原魚名の妻との見解が提示される。推定の根拠は、家子の経歴からみて天平神護から宝亀初期の有力貴族の妻であったことが想定され、宝亀二年三月一三日に参議から大納言に昇進した魚名がそれにふさわしいことである。しかし、疑問点が残る。魚名は天平二〇年二月一九日に従五位下となり、天平宝字元年五月二〇日に従五位上、三年六月一六日に正五位上、五年正月二日に従四位下、天平神護元年正月七日に正四位下、翌年一一月五日に従三位と昇進し、神護景雲二年二月一八日に参議に任命された。いっぽう、家子は天平勝宝元年四月一日に従五位下となり、翌二年八月五日に正五位上となった（いずれも『続日本紀』同日条）。魚名が正五位上となって並ぶまで、約一〇年の間、位階の上では家子が上位になる。これはやはり不自然なのではなかろうか。ここではこの点の是非について保留しておきたい。ただし、宇合の女子で藤原巨勢麻呂の妻の可能性もあり、宇合の女子である可能性は比較的高いと考える。

玉井力が光仁期において有力貴族の妻が後宮に出仕したことを詳細に論じたが、状況はそれに先だつ称徳期でも同じであったことはまちがいない。有力貴族の妻は基本的に後宮に出仕するものであったことがうかがえる。女孺であり称徳期の女性の序列で上位にある阿倍豆余理が、当該期に大納言である藤原真楯の妻であったと推定することは充分に可能であろう。左右大臣の妻大野仲智・吉備由利より下位で、藤原良継の妻と同位程度という位置もふさわしいと思われる。ただし、上記の史料(2)が豆余理の終見の記事であり、その後の動向を明らかにすることはできない。

以上、後宮の女性たちの序列を主な分析手段として、藤原八束（真楯）の妻「安陪帯麿女」が阿倍豆余理である可能性を考えてみた。

二　八束と豆余理の婚姻

藤原八束と阿倍豆余理の婚姻はどのような状況で実現し、どのような政治的意味を有したのであろうか。両者の婚姻の具体相を示す史料は管見の限りでは存在しない。

時期に関して、所生子の生年が参考になる。両者の男子内麻呂は薨伝（『日本後紀』弘仁三年〈八一二〉一〇月六日条）によると、弘仁三年に五七才で死去したので、天平勝宝八歳（七五六）の生まれである。したがって、これ以前に婚姻が成立したことはまちがいない。判明するのはこれだけである。この婚姻のもつ意味を考察し、さらに時期についても推定するところを述べたい。

ところで、藤原宿奈麻呂（良継）の妻も阿倍氏の出身の古美奈である。両者の子が藤原乙牟漏であり、乙牟漏は『続日本紀』延暦九年（七九〇）閏三月二八日条の薨伝に三一才で死去したとみえるので、誕生は天平宝字四年（七六〇）になる。しかし、『一代要記』に三九才とみえ、高島正人[6]はこちらが合理的であるとする。それに従えば、天平勝宝四年の誕生になる。藤原八束と藤原宿奈麻呂はそれぞれ霊亀元（七一五）、二年生まれで、ほぼ同年齢といってよい。内麻呂・乙牟漏の誕生はそれぞれの父が四〇才をこえた時期のことであった。

孝謙（称徳）天皇の乳母のひとりは阿倍氏であった。『続日本紀』天平勝宝元年七月二日条に、天皇の乳母であるとの理由で阿倍石井・山田女嶋・竹乙女が従五位下に叙されたことがみえる。阿倍内親王の名が乳母の氏阿倍に由来することもいうまでもない。藤原八束および宿奈麻呂は妻を介して孝謙の乳母につながるのである。この点が八束の婚姻の意味を考える大きな鍵になると思われる。

ここで、この阿倍氏の三人の女性の系譜について付言しておく。豆余理は前述のように、帯麻呂の子であり、帯麻呂は阿倍弟当伝によると、船守の子である。船守は和銅四年四月七日に従五位上から正五位下へ、養老七年（七二三）正月一〇日にさらに正五位上へ昇進した（いずれも『続日本紀』同日条）。帯麻呂については先に略述した。古美奈は『続日本紀』延暦三年一〇月二八日条の薨伝によると、「中務大輔従五位上粳虫」の女子である。粳虫は神亀三年（七二六）正月二一日に従五位下に昇進し、天平三年（七三一）六月一三日に図書頭、五年一二月二七日に縫殿頭となり、七年四月二三日に従五位上へ昇進した（いずれも『続日本紀』同日条）。帯麻呂と粳虫の従五位下への到達時期は近い。おそらく年齢的にも近く、女子同士も同じような世代・年齢だったであろう。しかし、船守・帯麻呂と粳虫の系譜的な関係は不明である。石井の系譜などはまったく不明である。阿倍内親王の誕生した養老二年頃に子をもうけていたはずであるから、豆余理・古美奈より年長であったであろうことは確実である。

これら三人がどのような親族関係にあったかは不明とせざるをえない。

阿倍石井が阿倍内親王の乳母となった理由は、まず、誕生当時に阿倍宿奈麻呂が中納言あるいは大納言であり[7]、右大臣藤原不比等に次ぐ地位にあったことであろう。さらに、それと深く関連するが、藤原武智麻呂の妻は阿倍氏の出身であった。『公卿補任』天平九年条によると、豊成の母は「従五位下安倍朝臣貞吉女。貞媛娘也」であった。阿倍貞吉についてはまったく不明である。同じく『公卿補任』天平一五年条では、藤原仲麻呂の母は「同豊成」とされるので、豊成・仲麻呂の母が阿倍氏の出身であったことがわかる。これは藤原光明子の所生である阿倍内親王の乳母の選択に大きな影響を与えたであろう。阿倍内親王が誕生した時点で彼女の将来の即位が想定されていたわけではない。したがって、その乳母が誰であるかはさほど政治的意味をもたなかったと思われる。しかし、天平一〇年に阿倍内親王が立太子すると、状況は大きく変化した。

聖武天皇の場合にもみられるように、天皇と太政官上層の有力貴族とは婚姻を利用した特別な紐帯で結ばれていた。聖武の皇后は藤原光明子であるが、橘諸兄の近親と考えられる橘古那可智、および藤原武智麻呂と房前の女子をも夫人としていた（藤原南夫人・北夫人）。また、逆であるが、長屋王と吉備内親王の婚姻もこのような性格を有したであろうことは推測できる。しかし、女帝はこのような婚姻を利用した関係の強化を行うことができない。かわって重要な意味をもつのが乳母を介した紐帯と、前節で述べた有力貴族の妻の後宮出仕なのではなかろうか。いずれも女帝に限らず出現することであり、常に看過できない意義を有するが、女帝の場合には天皇と有力貴族を結合させるための特に重要な手段となったと思われる。

孝謙天皇の場合、母光明皇太后の存在が決定的な意味をもち、光明は藤原仲麻呂を重用した。仲麻呂、そして豊成も母が阿倍氏の出身で孝謙の乳母にもつながり、さらに妻も後宮に出仕した。藤原永手も孝謙の近臣の一人であったと思われるが、妻大野仲智もやはり後宮に出仕した。(8)藤原八束・宿奈麻呂の婚姻もこのような文脈のなかでとらえるべきではなかろうか。すなわち、それは孝謙と乳母を通じた特別な紐帯を形成し、関係を強化するためのものではなかったであろうか。孝謙やその周辺が主体的に働きかけたのか、逆に八束や宿奈麻呂がこの婚姻を進めて孝謙に接近していったのかは不明である。

八束と宿奈麻呂にもうひとつの共通点がある。それは彼らが孝謙即位の時期に必ずしも政治の中枢にいたわけではないことである。最初に述べたように、八束は孝謙の即位とともに政治的地位が降下し隠遁するような状態になった。議政官として政治に復帰したのは天平勝宝四年頃と考える。宿奈麻呂についてみのがせないのは藤原広嗣の乱の影響である。『続日本紀』宝亀八年（七七七）九月一八日条の藤原良継薨伝によると、彼は藤原広嗣の乱に坐して伊豆に流され天平一四年に免罪された。その後、一八年に従五位下に昇進し、越前守・上総守・相模守を歴任し、従五位上に昇進したのは天平宝字元年である。孝謙期でも外官を歴任する程度でしかない。この点から、八束・宿奈麻呂が早い段階で、たとえば、阿倍内親王が皇太子である時期に、豆余理・古美奈と結婚したとは考えにくいのではなかろうか。所生子の誕生からみても、孝謙即位後のある時期に婚姻関係が生じたと考えるのが自然であろうと思われる。

藤原八束の阿倍豆余理との結婚がこのような意味を持つとすると、孝謙天皇と藤原仲麻呂の関係が良好である限り、八束と仲麻呂の政治的位置は非常に近いといえよう。八束から真楯への改名もこのなかで理解することができる。しかし、周知のごとく、孝謙と仲麻呂は対立するにいたり、天平宝字八年に藤原仲麻呂の乱が起きた。真楯が孝謙の側に立った理由は、まず、兄永手と行動をともにしたことが考えられるが、妻と孝謙の乳母が同族であり、孝謙と特別な紐帯を有した点こそが重要であろう。実際の動乱のなかでどのように行動するかは、さまざまな要因が交錯するなかでの決定になるが、最終的に真楯が孝謙の側に立つ根拠が充分に存在したことは事実である。(9)藤原八束はこのような孝謙との特別な紐帯をもとにして孝謙の側に属し、藤原仲麻呂と戦ったと考えられる。

三　藤原内麻呂の政治的位置

藤原真楯と阿倍豆余理の間に生まれた子が内麻呂である。内麻呂はいわゆる藤原北家の繁栄の基礎を築いた人物として著名であり、先行研究の蓄積もある。もっとも基本的な研究として上原栄子のそれがあり、(10)そこに示された見解がほぼ現在まで継承されているといってよい。その後の正野順一・長島一浩・渡里恒信・町田一也らの研究により、ほぼ共通認識が形成されたといえる。(11)内麻呂の政治的地位についてほぼ次のように要約できる。桓武期において、桓武に近侍する貴族のひとりであり、特に長期にわたり軍事的な官職に就いた、昇進において当初は藤原雄友・乙叡に遅れをとった、徳政相論において殿上に近侍し、桓武の不予にあたり兵仗殿の鎰を皇太子に賜うなど、桓武治世の最末期になって政治的に重要な役割を果たした、平城即位とともに右大臣に昇進し太政官の首班となった、などである。

このような内麻呂の昇進について妻百済永継の存在が強調される。永継は桓武との間に良峰安世をもうけた。この桓武との結びつきが内麻呂の昇進に大きな影響力をもったとされるのである。上原は永継は内麻呂から桓武に奉られたものであり、それは桓武が皇太子であった時期か即位間もない頃とする。正野もそれを継承し、早い時期から内麻呂と桓武は親密な関係にあり、永継が桓武に召されたことが重要な意味を持ったと指摘する。さらに、平城期の状況について、真夏が皇太子時代の安殿親王の近臣であったこと、平城天皇と伊予親王の関係がよくなく、平城天皇が伊予につながる藤原雄友を首班とすることをきらったことを指摘する。渡里はこれらの見解を承認しながら、さらに百済永継が安殿親王（平城天皇）の乳母であった可能性を示す。平城期における内麻呂の政治的地位を乳母の夫の立場から説明するのである。

渡里の永継が安殿親王の乳母であったとする見解は、内麻呂・永継の男子藤原真夏の昇進が藤原三守（嵯峨の乳母の子と推定）と類似することを主要な根拠とし、『万葉集』によると、永継の父飛鳥部奈止麻呂は藤原仲麻呂に反対する一派に属し、藤原良継と親しい間柄と推定でき、その縁で永継が平城の乳母になったと説明した。『続日本紀』延暦七年（七八八）二月三日条に皇太子の乳母錦部姉継・阿倍小殿堺・武生拍に対する叙位が見えるが、ここに永継の名がない点について、延暦四年の良峰安世出生直後に永継が死去し代わりの乳母が与えられたためとした。渡里の論証はやはり明証を欠くように思われ、特に延暦七年の記事にみえないのは大きな問題として残る。これに関する解釈は推測にとどまる。ここでは永継が安殿親王の乳母であったかどうかは判断を留保しておきたい。

内麻呂の昇進の背景に百済永継の存在が大きな意味をもったと考える、これらの諸説が現在の通説的な理解であろう。しかし、このような理解に対する批判もある。

栗原弘[12]は永継は女孺として後宮に入り桓武との性的関係が成立したが、永継はそういった人物としてはもっとも軽い扱いを受けたとした。所生子の安世は臣籍に降下させられ、永継自身も位階は従七位下で、天皇の子を生んだ配偶者としては例外的に低い地位にとどまったからである。そして、両者の性的関係はほんのかりそめの短い期間であったとする。内麻呂への影響について、従来の研究を妻を夫の所有物的存在ととらえ、夫の側に視点を固定した解釈であると批判した。妻が天皇に性的に接近し、自己・自族の地位の向上をはかることは奇妙ではないとして、しいてこの性的関係を成立させた人物を求めれば、政界ではかけだしの内麻呂ではなく永継の父飛鳥部奈止麻呂であったとした。町田一也も通説に対して批判的な立場をとるようにみえる。まず、皇太子の乳母で臣下の妻と天皇が関係をもつことは疑問であるとして、永継が桓武によってみそめられた可能性の判断は困難であるとした。そして、桓武自身と内麻呂の関係を検討し、内麻呂の薨伝にみえる他戸親王が悪馬を利用して内麻呂を害しようとしたとされる説話をもとに、他戸親王は内麻呂を疎んでいたとし、それが桓武と内麻呂が結びつく一因であったとした。

栗原の見解は夫藤原内麻呂に対して父飛鳥部奈止麻呂を重視したものであるが、いずれをとるべきかは相当に困難な問題であり、もはや明確な判断は不可能に近いのではないだろうか。しかし、永継の待遇が例外的に低く、桓武との関係もかりそめの短い期間であったとする点はきわめて重要な論点であると考える。はたしてこのような関係を、右大臣まで到達する内麻呂の昇進の少なくとも主要な要因とみることができるであろうか。町田は永継の問題ではなく内麻呂と桓武自身の関係を重視した。しかし、永継が桓武の男子を産んでいることは事実であり、その部分の見解がややあいまいである。永継が桓武と性的関係を持ち良峰安世を生んだことは否定できない。立太子以前からの、桓武と内麻呂の信頼関係を指摘するが、悪馬の説話でそれが充分に論証されるとは思えない。

藤原内麻呂の妻百済永継が桓武との間に良峰安世をもうけたのは事実である。しかし、この点が政治世界における内麻呂に決定的な影響を与えたとは考えにくい。むしろ、母を介した関係こそが重要なのではないかと思われる。従来の研究では、父の早世とともに母が中流貴族の出身であるため、内麻呂は優位な位置になかったとされることが多いが、この点は再検討の必要がある。

藤原仲麻呂の乱時の藤原真楯についてすでに述べた。この段階で真楯は中納言であった。その後、天平神護二年（七六六）正月八日に大納言に任命されたが、三月一二日に死去した（いずれも『続日本紀』同日条）。この時の阿倍豆余理の動向は生死も含めて不明である。内麻呂は早い段階で父を失ったが、母を介して藤原良継と結びつく点に注目したい。宝亀元年（七七〇）の称徳天皇の死後、白壁王（光仁天皇）の擁立に功績があったのは藤原永手や良継であった。その後、良継や弟の百川が政治上、重要な役割を果たしたことは改めて論じる必要はないだろう。良継と阿倍古美奈の間の女子乙牟漏、および百川の女子旅子は皇太子山部親王（桓武天皇）の后妃となった。山部の即位後に乙牟漏は皇后になり、所生子が安殿親王（平城天皇）と神野親王（嵯峨天皇）であった。旅子は夫人となり、所生子が大伴親王（淳和天皇）であった。しかし、良継および百川自身は山部の即位を見ることなく死去した。それぞれ宝亀八年九月一八日、一〇年七月九日のことである（『続日本紀』同日条）。

それでは、桓武即位の段階で、良継・百川はすでになく、乙牟漏や旅子およびその子らを支持し後見した人物は誰であろうか。藤原良継は男子藤原詫美を有したが、『続日本紀』宝亀七年正月七日条に従五位上に昇進したとみえるのが史料上の終見で、大きく昇進することなく死去したらしい[13]。若年で死去した可能性がある[14]。百川の男子が藤原緒嗣・緒業（または継業）であるが、この段階ではまだ成年に達していない。

いうまでもなく、まず藤原種継の存在が注目される。種継の父は宇合の子清成とされ、良継・百川の甥にあたる。清成は無位無官で終わった人物とされる。種継は桓武即位前の天応元年（七八一）正月一六日に正五位上から従四位下となり、即位にともなう叙位で従四位上に昇進し、その後も連年にわたって昇進し、延暦三年一二月二日に正三位に到達した。延暦元年三月二六日に参議、三年正月一六日に中納言と官職を進めた（いずれも『続日本紀』同日条）。種継が前述の役割を担った第一の人物であることは疑いがない。

さらに、藤原良継の女婿たちにも注目すべきであろう。女婿にあたるのは藤原永手・百川・楓麻呂・家依・鷲取である。このうち、永手・百川・楓麻呂はすでに死去していた。家依は永手の男子で母は藤原鳥養の女子であり、藤原良継の女子ではない。永手の男子のなかで良継の女子を母としたのが雄依である。家依は桓武即位段階で正四位上・参議・兵部卿であった。[15] 雄依は桓武即位にともなう叙位で従四位上に昇進し、当時、宮内卿であった。[16] 家依・雄依兄弟はこのように良継の一族との血縁が深く、彼らにとってもっとも近い后妃や親王は乙牟漏とその子たちであっただろう。鷲取は藤原魚名の子であり、桓武即位段階でおそらく従五位上・中務大輔であっただろう。[17] 以後の動向は不明であり、延暦元年の魚名の失脚とともに没落した可能性が強い。なお、鷲取の女子小屎も桓武の夫人となっており万多親王をもうけた。鷲取にとってもっとも近い后妃は小屎であり、家依・雄依とは事情が異なった。

楓麻呂と良継の女子との間に生まれたのが園人であった。[18] 園人は桓武即位段階で従五位下・美濃介であった。[19] 鷲取と良継の女子との間に生まれたのが藤嗣であったが、藤嗣は桓武即位段階ではまだ五位に到達していない。

小屎との結合の可能性を考慮して鷲取・藤嗣を除き、それ以外の貴族たちに乙牟漏の母系につながる藤原内麻呂や阿倍弟当（乙牟漏の兄弟）・阿倍広津麻呂など阿倍氏の人物を加えた集団が、[20] さしあたり皇后藤原乙牟漏やその子を支えた集団とみることができよう。弟当は従五位下・少納言、広津麻呂は延暦三年正月七日に従五位下に昇進し、この頃、皇后宮少進であった。なお、家依・雄依は永手・魚名の一族から有力な后妃が出ていないことから、彼らが種継とならんで、この集団の主要な部分であった可能性を考えておきたい。この点に関して、内麻呂が永手の女子をも妻としたことが注目される。[21] 改めて整理しておくと、もっとも上位にあるのは藤原種継で参議・中納言と急速に昇進し、藤原家依および雄依が四位でそれに次ぎ、家依も参議であった。内麻呂・園人および阿倍弟当・広津麻呂が従五位下で、彼らは中心的な人物とはいいがたい。
この段階では藤原旅子の周辺で有力な人物が見あたらず、乙牟漏周辺の上記の集団と重なる部分が大きかったのではないかと思われるが、詳細は不明である。

延暦四年六月二〇日に藤原家依が死去した（『続日本紀』同日条）。さらに九月に藤原種継暗殺事件が起きた。この事件は乙牟漏周辺の貴族たちにきわめて深刻な打撃を与えた。ひとつは種継が暗殺されたことであり、いまひとつは藤原雄依が処罰されたことである。『日本紀略』延暦四年九月二四日条に、雄依がこの事件に関わり隠岐国に流されたとの記載がある。これらの結果、上記の集団の中心的な人物が消滅し、内麻呂や園人らが残るばかりとなった。その後の内麻呂の昇進は早かった。種継暗殺事件直前の延暦四年八月七日に従五位下から従五位上、翌五年正月七日に正五位上、翌六年五月一九日に従四位下へと昇進した（いずれも『続日本紀』同日条）。園人が従五位上へ昇進したのは延暦八年正月六日のことであり、その差は明白である。内麻呂が藤原乙牟漏周辺における最有力貴族の地歩を確保したことはまちがいない。

ここで、内麻呂が種継暗殺事件と関わって左遷的な扱いを受けたとする見解について述べておきたい。栄原永遠男[22]は、内麻呂・園人が種継暗殺以後に相当位の低い外官（越前介・安芸守）に任命されたことを左遷的な人事と解釈し、藤原南家の是公・継縄が桓武天皇を動かし、雄依を失脚させ、その係累によって内麻呂・園人を排除したとする見解を提起する。内麻呂が中衛少将から越前介へと転任したことは事実であるが、さらに延暦五年正月二四日に越前守となった（『続日本紀』同日条）。栄原は中衛少将の相当位を従四位上とし、従六位上の越前介への転任を問題とする。しかし、この段階での中衛少将の相当位は正五位下である[23]。さらに当該期前後において、従五位で中衛少将に任命される事例も多く、諸国の介・守に転出することも多い[24]。したがって、それが必ずしも左遷的な人事を意味するわけではないと思われる。前述のように、これ以後、六年五月頃までの内麻呂の位階の昇進は異常に速いようにみえる。結局、従五位下から従四位下へと昇進した。ここに左遷のような処分があったとは考えにくいのではなかろうか。

延暦八年三月一六日に内麻呂は右衛士督（兼越前守）となった（『続日本紀』同日条）。同年六月一五日勅旨所牒案（『平安遺文』四八九七）に「従四位下行右衛士督兼越前守藤原朝臣『内麻呂』」の署名が見える。当時、内麻呂が勅旨所に出仕していたことがわかる。その地位は正四位下の紀古佐美に次ぐ次官相当である[25]。内麻呂の勅旨所への出仕がいつ始まったのかは不明であるが、右衛士督任命以前にさかのぼる可能性もあるのではないか。越前守は遙任で、ここに中衛少将から勅旨所への出仕の経歴を想定することも可能なのではなかろうか。以上の論点から、内麻呂が種継暗殺に関わりなんらかの処分を受けたとは考えにくい。

藤原内麻呂の政治的地位に関して、妻百済永継の影響を否定することはできないが、それを過大評価することも適当ではない。そもそも母をとおして、藤原良継の女子である桓武の皇后藤原乙牟漏やその子安殿・神野親王と強い結びつきを有したのであった。さらに、藤原種継暗殺事件などによって、乙牟漏周辺の有力貴族であった藤原種継や藤原家依・雄依らが消え、その段階で、内麻呂が乙牟漏らを支持・後見するもっとも有力な貴族となったのである。このことが後に、特に桓武期の末から平城期に、内麻呂に政治的な飛躍をもたらした主な要因であったと考えられる。さらに、子真夏と冬嗣をそれぞれ平城・嵯峨天皇に（さらに愛発を淳和に）近侍させたことも、このように考えれば理解することが容易であるように思われる。

おわりに

以上、藤原八束（真楯）の妻について考察し、それに関わるいくつかの問題について述べてきた。ここで結論を簡潔に示すと、以下のようになる。

(1)藤原八束の妻は阿倍豆余理と考えられる。豆余理は天平宝字期にはすでに後宮に出仕していた。

(2)八束と豆余理の結婚は所生子の誕生時期からみて天平勝宝期前半頃と思われ、それは孝謙天皇の乳母（阿倍石井）を介して孝謙との間に特別な紐帯を形成し、八束が孝謙を支持することを目的とするものであった。

(3)藤原真楯は、藤原仲麻呂の乱において孝謙太上天皇に従った。そこに兄藤原永手の動向が影響を与えたことは事実であるが、真楯自身も孝謙との紐帯を有し、それも大きな意味をもったと思われる。

(4)藤原真楯の男子内麻呂は、同じく阿倍氏出身の古美奈を介して桓武の皇后藤原乙牟漏やその子（安殿・神野親王）と深い関係を有しており、特に藤原種継暗殺事件後は乙牟漏周辺のもっとも有力な貴族となった。これが内麻呂の昇進の主な要因である。

前章とあわせて、藤原八束の政治的な諸活動についてほぼ明らかにしえたと考える。また、桓武期以降、藤原内麻呂の一族が政治的に大きな役割を果たすようになる要因に関して、従来とは異なる点を指摘することができたと考える。特に桓武期以降の政治状況に関して、さらに考えるべきことが多いが今後の課題としたい。

註

（1）本書第三部第一章「聖武天皇と藤原八束・市原王」

（2）『尊卑分脈』には、さらに「佐味飛鳥丸女」の所生の男子藤原真永と母不明の男子藤原永継が記載される。

（3）角田文衛「藤原朝臣家子」（同著作集5『平安人物志　上』〈法蔵館　一九八四年〉初出一九六五年）

（4）玉井力「光仁期における女官の動向について」（『名古屋大学文学部研究論集』史学一七　一九七〇年）

（5）伊集院葉子「女官から『家夫人』へ」（同『日本古代女官の研究』〈吉川弘文館　二〇一六年〉初出二〇〇九年）、遠藤慶太「議政官とヒメマチキミ」（『史聚』四五　二〇一二年）も参照。

（6）高島正人「奈良時代の阿倍朝臣氏」（同『奈良時代諸氏族の研究』吉川弘文館　一九八三年）

（7）宿奈麻呂は養老二年三月一〇日に中納言から大納言に昇進した（『続日本紀』同日条）。

（8）正倉院文書にみえる「大野内侍」は仲智のことである。天平宝字四年二月二〇日安都雄足牒（『大日古』二五265）、造金堂所解案（日付欠　『大日古』二五308）にみえる。

（9）藤原仲麻呂の乱における阿倍氏の動向について本書第二部第二章「阿倍氏」参照。

（10）上原栄子「藤原内麻呂の政治史的研究」（『政治経済史学』一　一九六三年）

（11）正野順一「藤原内麻呂について」（『駒沢史学』三三　一九八五年）、長島一浩「九世紀初頭における北家藤原氏」（『政治経済史学』三四四　一九九五年）、渡里恒信「藤原内麻呂・真夏・冬嗣父子についての一試論」（同『日本古代の伝承と歴史』〈思文閣出版　二〇〇八年〉初出一九九六年）、町田一也「律令官人藤原氏の政治的成長」（『年報新人文学』五　二〇〇八年）

（12）栗原弘「百済永継（藤原冬嗣母）について」（『文化史学』四五　一九八九年）

（13）『公卿補任』宝亀八年条に、良継の男子として詫美以外に蓼原氏を母とする人物がいたことが記される。この男子は大同期まで無姓のままだったようである。

（14）『尊卑分脈』に従四位下で、「於㆓長岡宮㆒為㆑賊被㆑害畢」とあるが、これは藤原種継との混乱ともみられる。

(15)『続日本紀』宝亀八年一〇月一三日条に参議任命がみえ、天応元年五月二五日条に正四位上・兵部卿・侍従で下総守を兼任したことが見える。
(16)『続日本紀』天応元年四月一五日条に従四位上への昇進が宝亀一一年二月九日条に宮内卿任命が見える。
(17)『続日本紀』宝亀一〇年二月二三日条に見える　この時、上野守を兼任した。
(18)『公卿補任』にあるいは「母山階寺之人」ともあるが、その詳細は不明である。
(19)『続日本紀』宝亀一〇年二月二三日条。天応元年五月二五日に備中守になった（『続日本紀』同日条）。
(20)阿倍氏の人物について本書第二部第二章「阿倍氏」参照。
(21)内麻呂の婚姻について栗原弘「藤原内麿家族」（同『平安前期の家族と親族』〈校倉書房　二〇〇八年〉初出一九九〇年）参照。
(22)栄原永遠男「藤原種継暗殺事件後の任官人事」（中山修一先生古稀記念事業会編『長岡京古文化論叢』同朋舎出版　一九八六年）
(23)笹山晴生「中衛府設置に関する類聚三代格所載勅について」（同『日本古代衛府制度の研究』〈東京大学出版会　一九八五年〉初出一九五五年）
(24)笹山晴生「中衛府の研究」（注23書　初出一九五七年）の付表を参照。
(25)この文書について角田文衛「勅旨省と勅旨所」（同著作集3『律令国家の展開』〈法蔵館　一九八五年〉初出一九六二年）、古尾谷知浩「延暦八年六月十五日勅旨所牒」（同『文献史料・物質資料と古代史研究』〈塙書房　二〇一〇年〉初出二〇〇八年）。

第三章　道鏡の生涯

はじめに

道鏡は八世紀の僧のなかでは、もっとも著名な人物のひとりといってよい。もちろん、道鏡の名を著名なものとしたのはいわゆる道鏡事件である。そのためか、僧としての能力あるいは行動といった点に注目されることは少なく、肯定的に評価される人物とはいいがたい。高僧などと評されることはほとんどないといってよかろう。ただ、女帝称徳天皇との情愛、肉体的な関係といった点は、現在ではそのまま歴史的事実と認定されるわけではない。歴史学が確実な史料に立脚するものである以上、真相は不明といわざるをえない。

道鏡はいったいどのような僧であり、八世紀の歴史のなかでどのように位置づけられるのであろうか。政治的な側面に限定せず、多面的にその人物をとらえ、より豊かな人物像を提示するようにつとめたい。道鏡に関する確かな史料は決して多くはない。そこで、さまざまな史料を丹念に批判し、歴史的事実を認定していく手続きがことさらに要求されるであろう。

一　出身と置かれた環境

『続日本紀』宝亀三年（七七二）四月六日条の道鏡伝によると、道鏡は俗姓弓削連で河内国の出身である。河内国若江郡には弓削郷があり、現在の八尾市弓削・東弓削周辺である。道鏡はこの地の出身である。生年は確実な史料がなく不明である。弓削連はそれほど有力な氏族とはいえず、この地の中小豪族のひとつとするのが妥当なところである。当時、僧尼の主たる供給源はこのような畿内の中小豪族であり、出身からみる限り道鏡に特殊な点はなく、きわめてありふれた僧のひとりであった。古くは道鏡皇胤説が主張されたこともあったが、現在では否定されている。

河内国若江郡など、河内国南部は仏教が深く浸透した特殊な地域であった。僧道鏡の存在を考えるとき、この点を看過することはできない。井上光貞(1)が河内国南部の仏教について詳細に検討した。それによると、河内国古市・丹比郡には王仁後裔氏族と呼ばれる西文氏とその同族、およびそれと擬制的に結びついた葛井・津・船氏などの渡来系氏族が密集して居住し、七、八世紀には仏教の新たな潮流を次々に継受し、有力な僧を輩出した。僧として著名なのは道昭（丹比郡出身　俗姓船連氏）・慈訓（俗姓船連氏）・慶俊（俗姓葛井連氏）などである。

僧としての道鏡の出発点、つまり、道鏡の生まれ育った環境を問題とするとき、やはり道昭に注目しなければならない。『続日本紀』文武四年（七〇〇）三月一〇日条の道昭伝によると、道昭は白雉四年（六五三）、遣唐使として入唐し、唐に帰国し訳経事業を始めたばかりの玄奘に師事した後に帰国した。その後、飛鳥寺に禅院を創建して禅を教え、また、民間を周遊して井戸掘り・造橋を行うなどし、文武四年に死去した。玄奘は法相宗を唐にもたらしたとされ、道昭も日本への法相宗の第一伝とされる。ただし、唐において正統的な法相教学が確立したのは玄奘の弟子の窺基の活動によってであり、玄奘の教学はそれ以前の多様な要素を含んだものとされる。道昭伝には、玄奘から「経論深妙　不レ能二究竟一。不レ如　学レ禅流二伝東土一」との教えを受けて禅定を学んだとあり、哲学的なものよりも実践的な活動を重視した僧であったと考えられる。

上田睦(2)が河内国南部の寺院の瓦について興味深い考察を展開した。それによると、善正寺は道昭が建立した寺院と考えられ、そこで使用された軒丸瓦（善正寺式軒丸瓦）は若江郡を含む渋川郡から石川郡までの一一寺に分布するという。七世紀後半以後、仏教の面では河内国南部において道昭の影響力が強力であったことがうかがわれる。道鏡がふれた仏教もその影響下にあったことは疑いない。

さらに、もうひとり注目される人物がいる。それは県犬養橘三千代である。三千代は藤原不比等の妻、光明皇后（聖武天皇の皇后）の母であり、光明の仏教信仰に重大な影響を与えたと思われる人物である。光明の仏教信仰は、八世紀なかばの聖武天皇を中心とする天皇家の仏教信仰の中核であった。岸俊男(3)によると、三千代は河内国古市郡の出身と考えられ、仏教の強い影響を受けながら育ったという。仏教を強く意識し、かつ天皇家につながる人物が河内国南部に関わりを持っていたことは重要である。先に示した慈訓・慶俊といったこの地の出身の僧が天皇家と深く結びつき、大きな役割を果たした背景には三千代の存在があったのではなかろうか。そして、道鏡も当然そのような僧のひとりと理解しなければならないであろう。ただし、三千代と道鏡の具体的なつながりの有無は不明である。七世紀後半に活発に活動した道昭、仏教と深く関わり権力の中枢にあった県犬養橘三千代、この二人との関わりのなかで道鏡の僧としての経歴が始まったといえるであろう。

道鏡の若い頃の経歴はよくわからない。得度以前に大学の学生であったという説もあるが確証はない。また、得度した年代やその状況も不明であるが師は義淵とされる（『七大寺年表』）。義淵は大宝三年（七〇三）三月二四日に僧正に任命され（『続日本紀』同日条）、神亀五年（七二八）一〇月二〇日に死去するまで（『続日本紀』同日条）、その任にあった八世紀前半を代表する僧のひとりであった。

これについて、堀池春峰[4]は義淵と道鏡の関係を具体的に示すものとして、岡寺の本尊如意輪観音像をあげた。義淵の出身氏族は市往（岡）連であり岡寺はその氏寺と推定される。この如意輪観音像は四メートルを超える巨大な塑像で、下半身は江戸時代の後補であるが頭部は八世紀のものである。道鏡の発願という伝承があり、堀池は義淵に対する奉恩の志より行われたと指摘した。また、正倉院文書から、道鏡が後に良弁に近侍する形で活動したことが判明する。良弁もやはり義淵の弟子とされており、道鏡と義淵の関係を間接的にものがたるようである。

義淵は飛鳥寺（元興寺）の摂大乗門徒（摂論宗）に関わり有した僧ではなかったかと思われる。摂論宗は六世紀に中国に伝えられた唯識教学であり摂大乗論を所依とした。玄奘以後、法相宗に吸収されていった。元興寺の摂大乗論門徒は天平九年（七三七）三月一〇日太政官奏（『類聚三代格』二）にみえる。ここに引かれた皇后宮職解によると、その起源は白鳳年（孝徳期）にさかのぼり、天智期まで内大臣（藤原鎌足）が家財を割取して講説の資を与え、以後、藤原不比等・光明皇后と継承されてきたものであり、鎌足以来の藤原氏にとって重要な法会を支える僧集団であった。

義淵は新羅僧の智鳳・智鸞から法を授けられたとされる（『三国仏法伝通縁起』）が、末木文美士[5]の指摘するようにこの説には疑問が残る。ただし、義淵が朝鮮から窺基系の正統的な法相宗ではなく、多面的な唯識教学を学んだことは承認されるであろう。義淵の教学をこのように理解するとき、八世紀前半の元興寺の摂大乗門徒との教学的な共通性を指摘することができる。さらに、横田健一[6]の指摘するように、義淵と藤原不比等は同時期に仏教・政治世界の中枢にいた。この点からも、摂論宗の中心的な担い手として義淵の存在を想定することは自然であろう。ただし、『七大寺年表』には義淵は興福寺僧とあり、寺院との関係はさらに検討の必要がある。道鏡の師義淵がこのような僧であったとすると、道鏡の以後の経歴を考えるにあたり非常に興味深い。まず、第一に道鏡のもっていた教学を考えるうえで（この点、後述）、第二に藤原氏との結びつきを示唆する点においてである。

『七大寺年表』には「初籠㆓葛木山㆒ 修㆓如意輪法㆒。苦行無㆑極」とある。道鏡は葛木（葛城）山にこもって如意輪法の修行を行い、非常な苦行であったというのである。葛城山は修験道の祖役小角のこもった山として著名であるが、『日本霊異記』上二八によると、小角はここで「孔雀之呪法」を修行した。堀池春峰の指摘するように、道鏡の葛城山での修行はほぼ事実とみてよいと思われる。堀池は小角の弟子である韓国広足（『続日本紀』文武三年五月二四日条）が道鏡と同じく物部氏系統の氏族の出身であったこと、道鏡の腹心の円興の俗姓が賀茂氏で、葛城山周辺を本拠とする小角の後裔であったことを指摘した。さらに、道鏡が孔雀呪法を習得したことは正倉院文書からうかがわれ、この点も道鏡と葛城山の関係をものがたるであろう。

薗田香融[7]の研究によると、この当時の山林修行は決して私度僧や民間の呪者の独占するものではなく、したがって、体制仏教に対立するものではなかった。むしろ両者は深く結びついていた。そして、大寺院の僧坊と修行のための山房は同じ古代仏教の展開の場であったという。道鏡も当時の僧のきわめてあたりまえの行動として葛城山にこもり、苦行をみずからに課したのである。後の道鏡の活動をみてみると、呪術の持つ意味がきわめて大きいが、それは基本的には道鏡に特別なことではない。寺院における教学の学習と山林における苦行をともなう修行は当時の僧にとって欠くことのできない要素であり、教学の理解と呪術的な能力はともに僧の重要な素養であった。呪術的な能力は当然それぞれの僧によってさまざまであり、道鏡の場合、それがきわめて強力であったことは認められるが、それをもって道鏡の特異性と評することは必ずしも正しくない。

このような環境で育ち、僧としての修行に取り組んだ道鏡が、やがて歴史の表舞台に登場することになった。

二　政治世界への登場・昇進

正倉院文書の納櫃本経検定并出入帳には次のような記載がある（『大日古』二四181・189）。

(1)梵網経二巻奉請良弁大徳御所　使「沙（弥）沙道鏡」「八日納」「十九年六月八日丸部嶋守」「志斐麻呂」

(2)十九年六月八日出　廻浄論一巻（以下、経名略）

右　依良弁大徳宣　奉請弘明師所使弥ㇾ沙「道鏡」　知田辺史生

「以八月十七日返納已畢」　少初位志斐万呂

いずれも良弁の宣により、東大寺写経所から経を借用した記事であり、道鏡が使となっていた。(1)はひとつ前の記載が天平一九年（七四七）正月一五日であるので、この記事はそれ以後、返却の日付と推定される同年六月八日までの間である。(2)は借用の日付が六月八日である。道鏡はこの日、(1)の梵網経を返却すると同時に(2)の廻浄論以下の経を借用したのである。この段階で、道鏡は良弁の周辺にあって、良弁のさまざまな活動を支えていたのである。

良弁は初期の東大寺を代表する僧で、東大寺の初代別当とされる人物である。もともと、東大寺の起源である金鐘山房に配置された智行僧のひとりであったと推定され、天平一二年から華厳経の講説を行い、以降の華厳教学流行の基礎を築いた。その後、金鐘山房は福寿寺とともに大和国金光明寺になったが、天平一五年頃には同寺の上座となり、天平勝宝三年（七五一）には少僧都となって僧綱の一員となった。八歳には大僧都、天平宝字八年（七六四）には僧正となった。天平一九年は上座として、大仏造立に着手したばかりの東大寺の運営を主導していた時期である。良弁は義淵の弟子とされており、道鏡が良弁の側近に侍していた要因はそれであろう。この段階では道鏡は「沙弥」とされており、一般的な僧であるにすぎなかった。

『続日本紀』の道鏡伝には「略渉㆓梵文㆒　以㆓禅行㆒聞。由㆑是入㆓内道場㆒　列為㆓禅師㆒」とあり、道鏡が梵文に詳しく禅行で著名であり、内道場に出仕し禅師となったことがわかる。内道場は内裏内の仏教施設であり、天皇家と密接に関わるものであった。ここへの出仕が僧の昇進の基礎となった。禅師は本来の意味は禅行に優れた僧の意味であるが、ここでは天皇などの病気の治療にあたる看病禅師のことである。天平勝宝八歳、聖武太上天皇が死去したとき、看病禅師は一二六人の多数に及んだ（『続日本紀』同年五月二四日条）。道鏡もそのひとりであった。

『七大寺年表』には道鏡は天平勝宝五年に内道場に出仕したとある。この時期には内道場の拡大・強化が顕著である。天平勝宝四年一一月九日東大寺三綱牒（『大日古』二五53）にみえる「大学頭内参向」は東大寺律宗の大学頭安寛であることはまちがいなく、彼も看病禅師であった。天平勝宝五年九月二三日安寛請経文（『大日古』一三40）はその活動の一端を示す史料である。実忠二十九か条（『東大寺要録』）によると、やはり良弁の側近である実忠も天平勝宝五年から禅師として奉仕したことが確認できる。このように、天平勝宝四、五年頃に安寛・道鏡・実忠など良弁周辺の僧が内道場に出仕して看病禅師となった。道鏡が五年に看病禅師となったとする記述も歴史的事実であるとみてよいと思われる。

この時期に看病禅師が増員された背景には天皇家の深刻な状況が存在した。聖武太上天皇は以前から病気であったらしいが、天平勝宝四年正月一一日には不予のため多人数の得度を行った。翌年四月一五日には光明皇太后の病気がながびき、回復しない状態であった。翌六年三月には聖武の病気のために観自在菩薩像（繍仏）が発願され、東大寺大仏殿の東の壁に掛けられた（大仏殿東曼陀羅左右縁銘文『東大寺要録』）。そして、同年七月には大皇大后藤原宮子が死去した。さらに、一一月には「二尊」（聖武・光明）のために、薬師の恭敬・供養が行われた。このような天皇周辺のあいつぐ病気を考慮すると、看病禅師一二六人という数字も、あながち過多とはいえないように思われる。聖武の死後、その数は減らされたと思われるが、道鏡は引き続き出仕したのであろう。その結果、道鏡にとって、また、天皇家にとってきわめて重大なできごとが起きたのである。

当時の天皇孝謙は聖武と光明の子である。天平一〇年に異例の女性の皇太子となり、その後、即位した。もともと聖武・光明の男子の誕生を待って、皇太子は空席となっていたが、前年の伝染病の大流行のなかで、彼女が立太子したのである。彼女は基本的にいずれ誕生するであろう男子への中継ぎの天皇であり、いわば、あてのない中継ぎであった。さらに、彼女は八世紀の天皇家の本流、すなわち、天武―持統直系の最後に残った人物であり、独身で子がなかった。彼女には後継者がまったくいなかったのである。聖武の死によって男子誕生の可能性が完全に失われ、天皇家の傍流への皇位継承が模索されることになった。当初、聖武が遺詔の形で道祖王（新田部親王の子）を皇太子に指名したが廃され、代わって大炊王（舎人親王の子）が立太子し、天平宝字二年に即位した。これが淳仁天皇である。

淳仁天皇の即位にともない、聖武譲位以来、聖武に代わって天皇の補佐を行ってきた光明皇太后が政治から引退したらしい。そして、それに代わって、新天皇を補佐したのが孝謙太上天皇である。そして、光明のもとで権力を拡大してきた藤原仲麻呂（恵美押勝）は太保（右大臣）に就任した。淳仁―孝謙を軸として、それに仲麻呂が関与する形で権力の中枢が形成された。さらに、天平宝字四年の光明の死去により権力構造が変化し、仲麻呂が太師（太政大臣）に就任した（『続日本紀』同年正月四日条）。これは孝謙の勅によるが、基本的に太上天皇に任官の権限はなく異例である。これは孝謙の役割が仲麻呂に継承されたことを意味するのではないかと考えられる。つまり、孝謙は政治から離れ、天皇の補佐の役割が太師仲麻呂に継承されたのであろう。これにより、権力の中枢は淳仁―仲麻呂の形になったといえる。ただし、淳仁は姻戚関係としては仲麻呂の一族のなかに包括されており、仲麻呂に権力が集中されたとみることができる。

孝謙の引退は特に問題をはらむようにはみえず、比較的スムーズな権力の移行のようである。しかし、天平宝字三年から小康状態をはさんで、ほぼ連続的に飢餓状況が続いており、淳仁の天皇としての正当性が揺らぐことになったと思われる。淳仁・孝謙・仲麻呂などの意図とは別に、権力の中枢が動揺していったことはまちがいない。これを背景として孝謙・淳仁の対立が生じることになり、これが道鏡の政治的昇進の直接的な原因となった。

孝謙と淳仁の対立が決定的になったのは、天平宝字五年一〇月の保良宮行幸以降である。『七大寺年表』には「於㆓近江保良宮㆒有㆓御薬㆒。仍召㆓道鏡㆒修㆓宿曜秘法㆒。殊有㆑験被平復」とある。孝謙が保良宮にいた時に病気になり、道鏡を召して治療させ快復したのである（『宿曜占文抄』にも同内容の記載がある）。孝謙が道鏡の存在を強く認識したのはおそらくこの時であろうし、道鏡の昇進が本格化したのも事実である。これ以降、孝謙と淳仁の関係は急速に悪化した。天平宝字六年六月三日詔（『続日本紀』同日条）には、淳仁は孝謙に対してうやうやしく従うことなく、いやしい態度でいうべきではないこともいったとある。具体的な発言の内容は不明であるが、強く対立していたことはうかがえる。さらに、天平宝字六年五月に平城京に戻ったとき、淳仁は平城宮へ入ったが孝謙は法華寺に入った。道鏡はすでに看病禅師であり、孝謙の病気の治療を行うのはいわば職務であった。天皇などが治療の功績により特定の僧を重視するのも珍しいことではない。そして、周囲の人間がそれを攻撃することもありうるであろう。孝謙と道鏡の場合が特殊なのは、なによりも孝謙の置かれた特殊な立場にあった。

先のような飢餓状態が続く社会状況のなかで、孝謙は淳仁―仲麻呂の政治に対して危うさを強く意識していたのではないかと思われる。そのなかで父聖武の遺詔が大きな意義をもってきた。聖武は遺詔で、「此帝乃位止云物波天乃授不給奴人尓授天方保己止毛不得、亦変天身毛滅奴流物曽。朕我立天在人止云止毛汝我心尓不能止知目尓見天牟人乎波改天立牟事方心乃麻尓麻尓世与」と述べていた（『続日本紀』神護景雲三年〈七六九〉一〇月一日条）。皇位は天が授ける意志を持たない人物に授けては保つことができず身を滅ぼしてしまうものであり、孝謙がよくないと思う人物は廃して、改めて別人を立ててもよいというのである。孝謙は自身が淳仁を廃する権限を持つ、あるいは別人を立てて社会を安定させる責任を持つと認識していたにちがいない。同時にみずからが政治世界にふたたび復帰し、天皇として君臨することも考慮されていたであろう。しかし、孝謙の復帰には大きな問題が横たわっていた。改めていうまでもなく、それは後継者の問題である。孝謙はこの問題を解決することなく、政治世界に復帰することはできなかった。この点でも、聖武遺詔が大きな意味を持った。聖武が遺詔の形で、皇位継承に関する方針転換を試みていたと考えられるからである。

聖武は上のように道祖王を皇太子とすることのみではなく、その変更もありうることを述べていた。天皇の位は天の承認なくしては保てず身を滅してしまうからである。ここでは天皇の決定よりも天の承認が優先することが示された。各天皇が血統によりそれぞれ後継者を決定していくのを世襲的方法であるとすると、それより、天の承認が優先するのである。これは天皇家の本流の滅亡を前にした聖武の対応であった。それでは、天とは何か。

この点について八重樫直比古(8)の研究が詳細である。それによると、ここでの天は仏教的な考え方に基づき、最勝王経など影響を受けたもので、天命思想とは異なるものであった。端的に天の承認は仏教による承認と評することができよう。聖武の示した新しい皇位継承の方針とは、血統よりも仏教による守護を優先することであったと理解したい。

孝謙は仏教による守護という点に、後継者の問題を解決する鍵をみいだしたのではないかと思う。そういう構想のなかで、道鏡はちょうど都合のよい存在であった。保良宮において道鏡という持ち駒を得て、孝謙は復帰の試みを本格化させていったのであろう。まだ、道鏡即位の手法は明確には自覚できていなかったかもしれないが。

天平宝字六年六月三日詔は当時の政治において決定的な意義を持った。内容は以下のとおりである。孝謙は、淳仁と対立したこと、および自身が菩提心（悟りを得たいと願う心）を発する機縁にあると思ったことを理由として出家した。ただし、政治において常の祭祀・小事は淳仁が担当するが、大事・賞罰は自身が担当することとした。表面では、出家して俗世間のことがらから離れると宣言したようであるが、大事・賞罰を掌握することを宣言し、事実上、淳仁から権力を回収することを目的としたものであった。これは孝謙自身が仏教の守護を背景に、主体的に当時の状況に対処しようとしたものであろう。したがって、出家することが実権を掌握することの根拠となっていたといえる。後継者の問題はやはりつきまとうが、当時の政治状況を打開するひとつの方向性が示されたのは事実であり、このような変則的なあり方も承認されたのであろう。仲麻呂を除くと、特にこれに対する反感が広がった形跡はない。全体として、政治の主導権は孝謙に移っていったと考えられ、太師仲麻呂は没落していくことになった。

天平宝字七年九月四日に少僧都慈訓が解任され、後継として道鏡が任命された（『続日本紀』同日条）。慈訓は藤原仲麻呂と関係の深い僧で、その没落過程でのできごとである。道鏡は僧綱の一員となったわけであるが、道鏡の昇進は僧尼社会にとどまるものではなかった。翌年に藤原仲麻呂の乱が勃発し、仲麻呂は一族とともに滅亡した。さらに、淳仁も廃位され淡路国に幽閉された。孝謙は重祚し称徳天皇となった。仲麻呂の乱の鎮圧後、仲麻呂に官を追われた藤原豊成の右大臣への復帰と道鏡の大臣禅師任命が実行された。称徳はその詔のなかで道鏡を「己師」と呼び、「帝乃出家之天伊末須世仁方出家之天在大臣毛在倍之」と述べた。これが道鏡を大臣とすることの論理である。称徳自身が出家した状態なので、政治スタッフのなかに僧がいるべきであるというのである。僧道鏡が大臣になりえた根拠は、ひとえに出家した天皇称徳の存在であったことには注意しておきたい。道鏡の昇進はそれのみで評価されるべきではなく、王権や政治構造をめぐる称徳の構想の現れと理解すべきである。

天平神護元年（七六五）一〇月に称徳は道鏡の出身地である河内国の弓削に行幸した。そこで弓削寺などに封戸を施入するとともに、道鏡を太政大臣禅師に任命した（『続日本紀』同年閏一〇月一・二日条）。

三　奉写御執経所

この時期の政治を古くは仏教政治などと称することがあったが、道鏡が実際の政治にどのように関わったのかはよくわからない。政策的にみても仏教政治なるものの具体的な実体はあいまいであり、イメージによる命名にすぎない。ただ、道鏡が称徳の師として、仏教の領域で大きな役割を果たしたことは正倉院文書の写経所文書からうかがえる。

孝謙の復帰頃から、奉写御執経所という写経機関が活発に行動し始めた。奉写御執経所は内裏系統の写経所とされ、文字どおり孝謙（称徳）が実際に手に執る経を書写した写経所と理解される。そして、道鏡の宣を受けた奉写御執経所の奉請（借用）申請文書が写経所文書のなかに多数存在し、道鏡が奉写御執経所と深く関わっていた状況が浮かび上がってくる。奉写御執経所は道鏡の管理下にあって、孝謙のための写経事業を行っていたと考えられる。

奉写御執経所とそれ以前に存在した写御書所について、詳細な分析があるが見解の相違も存在する。佐藤長門(9)は、写御書所は紫微中台の写経機関か被管組織であり、奉写御執経所は天平宝字六年（七六二）が史料上の初見で七年でも写御書所が存続していたことから、奉写御執経所は写御書所の発展した組織ではないとした。これに対して、栄原永遠男(10)が批判を加えた。主要な論点は、写御書所は紫微中台の管轄下にあったとはいえない、奉写御執経所は天平宝字六年一二月頃に写御書所が名称変更した機関である、史料上、二つの名称は時期的に重なるが、写御書所は外部からの、奉写御執経所は内部の人物による名称であった、などである。

佐藤は光明皇太后の意志による天平宝字二年の三つの写経事業に写御書所が経師を供給したことから、写御書所を紫微中台の管轄下の組織とみたのであるが、栄原永遠男はこの点に関して、この三つの写経事業では文部省・右弁官からも経師が供給されており、写御書所が紫微中台の管轄下にあるとはいえないとした。この栄原の批判は正当である。しかし、写御書所はこの段階で紫微中台とつながりを有した可能性がある。

天平宝字二年六月一八日「中嶋写経所進送文」（『大日古』一三236）は、紫微少疏池原粟守が東大寺写経所に対して経師を派遣したことを示すものである。一四名の経師のなかに丸部人主の名がみえる。造東大寺司移案（日付欠、ただし同年六月二六日頃　一三334）は造東大寺司が写御書所に対して経師の派遣を申請したものである。ここにも四人の人物のなかに和迩部（丸部）人主の名がみえる。さらに、九月一二日三尾隅足啓（四314）にも人主の名がみえるが、坤宮官の三尾隅足が人主を経師として東大寺写経所に貢進したことがわかる。その後、改めて、東大寺写経所は写御書所に対して人主の派遣を申請した（九月二二日東寺写経所牒案〈一四173〉）。写経所が写御書所に申請した人主は紫微中台（坤宮官）の官人によって派遣された。このことは写御書所と紫微中台（坤宮官）とのつながりを示唆すると思われる。

『大日古』は池原粟守の進送文を中嶋写経所のものと命名しているが、実は中嶋写経所に限定することはできない。粟守は当時、法華寺の嶋院・外嶋院に展開していた紫微中台系の写経組織などを統轄する立場にあった(11)。したがって、この組織こそが写御書所の実体ではなかろうか。写御書所は天皇と密接に関わる写経所であるが、内裏には存在しなかったようである。写御書所移（日付欠　一三335）によると、写御書所の難波高屋は内裏より給出された御書を書写した。法華寺は平城宮の東に隣接するので、天皇のための写経所が法華寺に設置されても不自然ではない。

東大寺写経所は写御書所をはじめ、さまざま機関から経師の派遣を受けていたが、嶋院からも派遣を受けていた（同年一〇月三日東寺写経所牒〈二五243〉）。ほぼ同じ時期に写御書所にも派遣の申請をしており、嶋院と写御書所とは別と考えざるをえない。したがって、写御書所は外嶋院の写経機関と同じと考えるのが自然である。ただし、嶋院に申請された経師のなかには前掲の粟守の進送文にみえる人物もおり、嶋院・外嶋院（写御書所）の間で経師は流動的である。以上から、写御書所とは法華寺内の外嶋院に存在する紫微中台系統の写経機関で、天皇の御書を書写していたと結論できる。

奉写御執経所はその名称からして写御書所の系譜を引く写経機関であろう。この点は栄原説に従いたい。史料上、存続時期が重なるのも栄原の理解が成立する可能性はある。奉写御執経所の史料上の初見は天平宝字六年一二月二一日であるが（同日奉写御執経所請経文　五308）、奉写御執経所が法華寺の外嶋院に存在したとすると、その成立時期も推定できるように思われる。やはり、天平宝字六年五月に孝謙が保良宮から帰還し、法華寺に入ったことが大きなきっかけとなるのではなかろうか。この時に写御書所に何らかの改変が加えられ、奉写御執経所の名称になったのではなかろうか[12]。

さらに、翌年には道鏡が慈訓に代わって少僧都に任命された（『続日本紀』同年九月四日条）。慈訓は外嶋院に曹司をもち内裏での活動（宮中講師・少僧都）の拠点とし、そこに存在する写経機関にも関与していた[13]。おそらく、少僧都解任にともない外嶋院から離れることになったであろう。道鏡が奉写御執経所に対して影響力をもったことからして、道鏡が慈訓の曹司を引き継いだのではないかと思われる。史料上、道鏡の奉写御執経所に対する関与は、天平宝字七年四月にはじめて確認される（同一三日奉写御執経所請経文　五433）。そして、少僧都任命以降、道鏡は内裏と外嶋院を拠点として活動していったであろう。法華寺は孝謙と道鏡にとっても仏教活動の中心ともいうべき重要な寺院であった。道鏡の少僧都任命は後のその昇進からみると、それほど重要な意味があるとは思えない。そもそも、孝謙に道鏡の昇進を僧綱のなかにとどめる意志はなかったであろう。少僧都任命はそういった意味よりも、慈訓を追い出し、法華寺を孝謙・道鏡の仏教活動の中心として確保することに目的があったのではなかろうか。

『宿曜占文抄』には、道鏡が大臣禅師に就任した直後の天平宝字八年九月二九日に「法花寺浄土院」において、道鏡を師主として一〇〇〇人を得度したとの記事がある。堀池春峰も、この記事を傍証するものがないが注意すべき史料とする。法華寺阿弥陀浄土院は光明皇太后が法華寺内の西南角に創建したものであるが、それは外嶋院の所在地であったと推定される。道鏡が外嶋院に曹司をもっていたとすると、この阿弥陀浄土院における得度も一〇〇〇人の数字はともかくも歴史的事実とみてよいのではなかろうか。得度の目的は藤原仲麻呂などの追善、新天皇称徳の祝福などが考えられるが、これは称徳・道鏡の行った最初の仏教活動かもしれない。

四　教学の特徴と諸相

道鏡について、政治的な問題がさまざまに論じられることは多いが、その教学などの側面はまだまだ研究の途上にあるといってよい。前述したように、道鏡はその禅行が著名であった。道鏡の僧としての特徴は学問的な教学よりも、実践的な禅行に秀でた点にあったと思われる。実践的な禅行とは当時の仏教のなかにおいてみると、密教的な呪術とほぼ等しいであろう。道鏡の呪術的な仏教について、横田健一や吉田靖雄[14]の研究が基本的なものである。

具体的に検討する前に、道鏡の教学について一瞥しておきたい。道鏡が義淵の弟子である可能性があり、同門の良弁にもおそらく師事したことからみて、道鏡の教学はこの二人をキーとして考えるのが順当である。先述のように、義淵は新羅系の唯識教学を継受し元興寺の摂論宗ともつながりをもつ僧であった。正統的な法相宗ではなく、法相宗の異端派に属する点に特徴があった。いっぽう、良弁は華厳宗の基礎を築いたことで著名であるが、華厳宗はやはり摂論宗に先行する唯識教学である地論宗から派生した宗であった。そして、良弁は新羅僧の審詳から華厳教学を習得したのであった。義淵・良弁は異端的な唯識教学を主とする点、新羅における教学を多く取り入れた点に特徴があり、それは道鏡の教学にも該当するであろう。当時、日本ではこの異端的な唯識教学が主流をなしており[15]、道鏡もその流れのなかにあったといえる。

次に道鏡の呪術的な側面を考察してみる。『七大寺年表』によると、道鏡は葛城山にこもって如意輪法を習得したとあり、道鏡が如意輪観音に対する信仰をもっていたことがわかる。これから想起されるのがまず、前述の岡寺の本尊如意輪観音像であるが、ほかにも注目すべき事例がある。それは石山寺の如意輪観音像である。石山寺は孝謙・道鏡の保良宮滞在時に増築・整備され、この段階では道鏡とゆかりのある寺院であった。増築時の帳簿類が正倉院文書中に残存するため、その状況を詳細に知ることができる。それによると、この時に新たに制作された本尊は観音菩薩像であった（天平宝字六年〈七六二〉八月二七日造石山院所労劇文案　一五235）。厳密には如意輪観音かどうかは不明だが、おそらくそれでまちがいないであろう。現存の石山寺の如意輪観音は平安時代（一一世紀頃）のものと推定されるが、もとの仏像の胎内に納められていた如来像など、四体の銅造の仏像が現存する[16]。なお、石山寺蔵の如意輪陀羅尼経は「大夫人」の観無量寿堂の香函に納められた禅誦経であった。大夫人は県犬養橘三千代のことであり、三千代が自己の邸宅に観無量寿堂を営み多数の経典を蔵置していたのである。三千代が如意輪陀羅尼経を所持していたのは、道鏡との関連で興味深いところである。

速水侑[17]によると、七世紀の追善的で観世音経（法華経の別行）にもとづく観音信仰が、八世紀には密教的変容をとげ護国的性格を示すようになったという。如意輪観音のような変化相の観音は密教的色彩が強く、道鏡の密教的傾向を如実に示す。吉田靖雄は道鏡の如意輪観音信仰に対して否定的であるが、この見解には従えない。吉田は十一面観音に対する信仰を指摘するが、この点はその指摘のとおりであろう。

横田健一が指摘するように、『経国集』所収の淡海三船の詩には称徳天皇の内道場での観虚空蔵会の情景が描写されていた。横田の推定するように、これを主宰したのは道鏡にちがいない。観虚空蔵経は宋の曇摩蜜多の訳により大集経虚空蔵品と関わるようである。当時の虚空蔵菩薩に関する信仰は山林修行における虚空蔵求聞持法を中心に理解されることが多いが、それだけにとどまるものではない。

天平八年（七三六）九月から一一年七月にかけて、五月一日経のなかで観虚空蔵経ほか虚空蔵関係の経が玄昉将来経を本経として書写された（写経請本帳　七54）。この頃から本格的に密教的、現世利益的な虚空蔵信仰が展開していったらしい。五月一日経の観虚空蔵経などが内裏に奉請されるなど（天平勝宝元年〈七四九〉九月二〇日一切経散帳　一一223）、虚空蔵信仰は当時の仏教のなかで注目されるものであったことがわかる。(18)

道鏡の呪術的な要素として、まず、密教的な如意輪観音信仰と虚空蔵信仰をあげることができる。東大寺大仏の脇侍が如意輪観音と、観虚空蔵経にもとづく宝冠に三十五仏を載せる虚空蔵菩薩であったことは興味深い。

道鏡は役小角の系譜につながる孔雀呪法を修習したと考えられる。天平宝字七年六月三〇日道鏡牒（五447）によると、道鏡は東大寺写経所に対して、十一面経三〇巻・孔雀王呪経一部の書写を命じた。七月二日奉写経所解（一六407）には大金色孔雀王呪経・仏説大金色孔雀王呪経・孔雀王呪経・大孔雀王呪経が、同日雑物納帳（一六412）には大金色孔雀王呪経・仏説大金色孔雀王呪経・孔雀王呪経があげられており、孔雀呪法関係の経が書写された。これらはいずれも同本異訳で密教的な呪術である。

また、道鏡は保良宮滞在時に孝謙の病気を宿曜秘法によって治癒させた（『七大寺年表』『宿曜占文抄』）。この点について堀池春峰の詳細な考察がある。宿曜秘法とは占星術の一種で、天文と人の運命などを関連づけて吉凶などを占うものである。宿曜経は密教の不空三蔵によって訳されたもので、道鏡の時代にはまだ将来されていなかったと考えられるが、宿曜の呪術そのものはすでに存在していた。

以上のように、道鏡の実践的な呪術は主として如意輪観音信仰・虚空蔵信仰・孔雀呪法・宿曜秘法などであり、密教的・呪術的な性格はきわめて明瞭である。「略渉二梵文一　以二禅行一聞」との評は、まさにこのような点を示唆するのである。空海以前の密教を古密教と称するのが一般的であるが、道鏡が古密教段階でのひとつの到達点であることはまちがいないであろう[19]。

五　道鏡事件

天平神護二年（七六六）一〇月二〇日、これ以前に隅寺（海竜王寺）の毘沙門像のなかから仏舎利が出現し、この日、法華寺に運び込まれた。荘厳な行列がしつらえられ百官主典以上が礼拝した。そして、詔が出され、太政大臣禅師道鏡は法王に任命された。法王の地位に関してさまざまな議論があるが、勝浦令子[20]の指摘するように、思想的には仏教の最勝王経にもとづくものであろう。その後、法王の衣食などは供御に準ずることになった（『続日本紀』天平神護二年一〇月二三日条）。天皇とほぼ同格の存在といってよい。政治史的には、やはり皇太子の意味を有したであろう。

当然のことながら、仏舎利の出現は道鏡の法王就任を引き出す政治的演出であった。隅寺は法華寺の東北に存在する寺院であり、仏舎利がそこから法華寺に運び込まれたのは当然のようにも思われるが、道鏡が法華寺阿弥陀浄土院を活動の拠点としていたことを考慮すると、法華寺であった意味もよく理解できる。つまり、仏舎利はなによりも道鏡を祝福するものとして利用され、道鏡のもとにもたらされたのである。この日の詔のなかで、称徳が「故諸乃大法師等乎比岐為天上止伊麻須太政大臣禅師乃如理久勧行波之米教導賜尓依天之如此久奇久尊岐験波顕賜弊利」と述べたのは、まさにそのことを示す。百官主典以上の礼拝は直接には仏舎利に対するものであろうが、背後において道鏡の影がくっきりと浮かび上がっていたというと、いいすぎであろうか。

続く神護景雲三年（七六九）、著名な道鏡事件が起きた。簡単に経緯を示しておく。まず、道鏡の即位をうながす宇佐八幡の託宣が伝えられた。称徳は和気清麻呂をその確認のために宇佐に派遣したが、清麻呂は後継には必ず皇緒を立てよと復命し、道鏡の即位は実現しなかった。清麻呂は除名されその姉法均とともに配流された。

道鏡事件に関する研究はもちろん少なくはない。主な史料である『続日本紀』神護景雲三年九月二五日条では道鏡が皇位継承をはかり、失敗・破滅した事件とされるが、これは『続日本紀』の編纂時の評価であり、そのまま実態と理解することはできない。中西康裕[21]が整理するように、研究の焦点はこの事件の中心、つまり道鏡の即位を主導した人物は誰かにあり、それをめぐってさまざまに論じられてきた。中西の見解は、このような以前の研究に対して根本的な批判を含んでいた。中西は宇佐八幡の託宣を皇位継承に関わるものではなく由義宮造営に関わるものとし、清麻呂はその機をとらえて某王の即位を内容とする復命を行い、称徳の怒りにふれて処分されたとした。道鏡は直接的にはこの事件には関わりをもたないとする、いわば道鏡事件否定論ともいえる見解である。

中西は、事件後に和気清麻呂が処分されその後も冷遇された、道鏡や最初に神託を引き出した大宰主神中臣習宜阿曽麻呂の処罰が軽かった、称徳はその後も道鏡を皇位につけなかった、などの疑問点から出発し、論を展開した。しかし、これらは後述するように、基本的に中西のような見解によらずとも理解できることである。さらに、由義宮造営が改めて神意を確認するほどの重要事項であったとも思えないし、某王の即位の点も推定にとどまり、そもそも某王とは誰なのか疑問が残る。中西の見解にはやはり疑問があり、基本的な経緯は上に示したとおりとみてよいと思われる。長谷部将司[22]も中西の見解に対する批判を提起する。

事件の主導者をめぐっては、道鏡・称徳のいずれかを軸に考えるかで見解が分かれる。称徳の意志をも考慮しながら道鏡を主体と考える横田健一・平野邦雄・中川収・長谷部将司・根本誠二などの見解(23)と、称徳を主体とする滝川政次郎・北山茂夫・河内祥輔などの見解(24)である。現状では前者が通説といってよかろう。なお、宇佐八幡の神職や道鏡の弟弓削浄人（当時の大宰帥）を中心ととらえる見解もあるが、この見解の場合、やはり道鏡の存在を抜きに考えることは困難であろう(25)。

この事件を考察する鍵は事件後の処分にあるように思われる。つまり、道鏡は何の処分も受けなかったが清麻呂・法均は配流された。これはやはり道鏡主体説にとっては大きな障害である。この点について、事件後も称徳の道鏡に対する信頼は失われず処分されなかったなどと説明されるようであるが、これでは不充分である。不当に皇位をうかがった人物が処分されないのは不自然である。しかし、逆に称徳主体説によるとき、なぜ道鏡がその後に即位しなかったのかとの疑問も生じる余地があるようにみえる。法王就任にあたり仏舎利の出現という演出をからめ、即位にも宇佐八幡の託宣から始まり、それを改めて確認することまで行った。このような演出は道鏡の即位に大きな障害が存在したことを示す。もちろん、天皇の世襲制が崩壊することに対する抵抗である。このように周到に進められた道鏡の即位は結局は最後の局面で挫折した。このダメージは大きく、道鏡即位の計画はこの時に政治的には完全に破綻し、過去のものとなったとみるべきである。したがって、事件後、そのままの形で道鏡の即位を実現できる余地はないといってよい。僧の即位の可能性までは否定されたとはいえないと思われるが、少なくとも道鏡を立てた形では無理であろう。道鏡を「師」とする称徳は、このような状況のなかで処分する理由もなく、かといって即位させることもできず道鏡を法王のまま、たなざらしにするほかなかったのであろう。

いっぽう、清麻呂・法均の処分は称徳主体説によって自然に理解できる。両者は称徳の側近ともいえる存在で、そもそも神託の確認に派遣されたのもそれが理由であった。清麻呂には称徳の意図を読み取り、道鏡の即位を復命することが求められたであろうし、清麻呂は称徳のもっとも信頼できる人物のひとりであった。しかし、実際には清麻呂は称徳の意図に反した行動をとった。称徳は「甚大仁悪久姦流忌語乎作天朕仁対天法均伊物奏利」と強烈な怒りをもって清麻呂・法均を処分したが当然であろう。もっともありえない人物の裏切りであった。長谷部将司は、事件後、清麻呂がいったん因幡員外介への左降という軽い処分を受けた後、約一か月後に除名・配流されたことから（『続日本紀』神護景雲三年八月一九日条・同九月二五日条）、称徳は清麻呂に対して強い怒りをもっていなかったとした。この詔はもちろん、基本的な史料として信頼するに足るものである。左降の事実は留意すべきことであるが、宣命の記載を否定するに足る根拠になるとは思えない。称徳が、少なくとも政治的な言明においては強烈に怒り、清麻呂・法均に厳しい処分を行ったのは事実である[26]。

以上のように、基本的にこの事件は称徳主体説によって理解すべきものと考える。さらに称徳主体説をとるもっとも根底にある理由は、一般的に天皇が後継者を立て即位させる第一義的な責任を負ったことにある。皇位継承にあたって貴族層の承認を得ることが必要であったが、天皇が主導する責任を負ったのは当然である。称徳の場合、系譜上、明確な後継候補がなく常に後継者の問題がつきまとったが、決してその責任を放棄していたわけではないであろう。二節で先どりする形で言及したが、称徳の意図は仏教の権威を利用した皇位継承であり、その意図はおそらく天平宝字六年の政治への復帰の時には芽生えていたであろう。それは父聖武から引き継いだ方針で、それ以後の道鏡の即位への過程はその現実への応用ともいえる。称徳は天皇としての責任を充分に意識しつつ道鏡の即位をめざしたと思われる。俗説ではあろうが、道鏡への寵愛のあまり、突如としてその即位に向かって突進していったわけではない。また、一般的に主張される称徳の強い天武―持統直系意識が、当時の政治過程に大きな影響力を与えたとする見解にも同意できない。直系意識を捨てることなしに皇位継承は不可能であり、勝浦令子[27]の指摘するように、称徳は仏教を利用した皇位継承に移行していたし、それはさらにさかのぼって、聖武がすでに模索していたものであった。

道鏡事件の後も道鏡は法王のままであったが、皇太子としての意味はもはや消滅した。ただし、称徳の由義宮行幸が行われ由義宮を西京とし、河内国を河内職とするなど、道鏡との関わりが想定できる政策が進められた。これらの持つ意味についてさらに検討する必要を感じる。宝亀元年（七七〇）、称徳が死去すると、道鏡は造下野薬師寺別当に任じられ都を追放された。二年後の宝亀三年に下野において死去した。

おわりに

道鏡が当時の傑出した僧であることはまちがいないと思われるが、教学面では主流に属するといってよく、呪術的な傾向が強いのも当時は珍しいことではない。呪術に卓越していたのは事実であろうが。その意味では、道鏡は不確実な称徳との恋愛関係を除くと、当時の僧として異質なところはあまりないように思われる。道鏡は当時における上級の僧の枠組みを大きく逸脱した人物とは思えない。

道鏡事件は確かに希有の事件であったが、それを根底において規定したのは皇位継承に関わる問題であり、さらに、そもそも仏教の権威を利用しなければ存立しえないほどの王権の弱体化である。王権の再興、あるいは存続を目的とするさまざまな模索のなかで、道鏡事件という特殊な事件が起きたのである。しかし、結局、王権の世襲制を突破することができずに、天皇家の本流（天武―持統直系）は滅亡することになったのである。世襲制の崩壊に対するおそらくは貴族層などの抵抗は強く、和気清麻呂が道鏡即位の復命をしなかったのも、それによるのであろう。称徳の側近のなかでもそのような状態であった。
　称徳以後の王権にとって、仏教が王権を加護することはともかく、皇位継承に関わり王権の世襲制を揺るがしたことは承認しがたい事項であっただろう。後には道鏡は突然に皇位をうかがった悪僧として道鏡事件の責任をすべて負わされ、称徳はそれに巻き込まれたと処理されたのである。それが『続日本紀』の描く道鏡事件であった。

註

（1）井上光貞「王仁の後裔氏族と其の仏教」（同著作集2『日本古代思想史の研究』〈岩波書店　一九八六年〉初出一九四三年）
（2）上田睦「いわゆる善正寺式軒瓦について」（摂河泉古代寺院研究会編『摂河泉古代寺院論纂』第一集　摂河泉文庫　一九九七年）
（3）岸俊男「県犬養宿祢三千代をめぐる臆説」（同『宮都と木簡』〈吉川弘文館　一九七七年〉初出一九六七年）
（4）堀池春峰「道鏡私考」（同『南都仏教史の研究　下　諸寺篇』〈法蔵館　一九八二年〉初出一九五七年）。以下、堀池の見解はすべて本論文による。
（5）末木文美士「日本法相宗の形成」（同『日本仏教思想史論考』〈大蔵出版　一九九三年〉初出一九九二年）
（6）横田健一『道鏡』（吉川弘文館　一九五九年）。以下、横田の見解はすべて本書による。
（7）薗田香融「古代仏教における山林修行とその意義」（同『平安仏教の研究』〈法蔵館　一九八一年〉初出一九五七年）
（8）八重樫直比古「宣命における『天』と『諸聖』」（源了円ほか編『国家と宗教』〈思文閣出版　一九九二年〉）

（9）佐藤長門「称徳・道鏡政権下の写経体制」（『正倉院文書研究』一　一九九三年）
（10）栄原永遠男「写御書所と奉写御執経所」（同『奈良時代の写経と内裏』〈塙書房　二〇〇〇年〉初出一九九六年）
（11）鷺森浩幸「八世紀の法華寺とそれをめぐる人びと」（『正倉院文書研究』四　一九九六年）
（12）現在、写御書所から奉写御執経所への展開に関して、栄原永遠男の見解が通説である（山本幸男「孝謙太上天皇と道鏡」同『奈良朝仏教史攷』〈法蔵館　二〇一五年〉初出二〇〇四年、内田敦士「景雲一切経の写経・勘経事業と称徳・道鏡政権」『続日本紀研究』三九九　二〇一二年など）。内田は、この名称変更には光明皇太后の遺産であった写御書所を孝謙のものとして生まれ変わらせる意味があったと指摘する。栄原は奉写御執経所が主に景雲一切経の勘経を行ったとしたが、この点や景雲一切経の書写時期について山本・内田の批判がある。奉写御執経所の所在地について、近藤毅大「八世紀における『所』と令外官司」（『史学雑誌』一〇六―三　一九九七年）参照。
（13）鷺森浩幸「八世紀の法華寺とそれをめぐる人びと」（注11）
（14）吉田靖雄「道鏡の学問について」（阿部猛編『日本社会における王権と封建』東京堂出版　一九九七年）。以下、吉田の見解はすべて本論文による。
（15）薗田香融「最澄の論争書を通じて見た南都教学」（同『平安仏教の研究』〈法蔵館　一九八一年〉初出一九六〇年）
（16）奈良国立博物館編『観音のみてら石山寺』（同館　二〇〇二年）
（17）速水侑『観音信仰』（塙書房　一九七〇年）
（18）その後、当該期の虚空蔵信仰について別に鷺森浩幸「奈良時代の虚空蔵信仰」（『日本文化史研究』三九　二〇〇八年）で論じた。
（19）さらに、山本幸男「孝謙太上天皇と道鏡」（注12）は、藤原仲麻呂の乱の直前に奉写御執経所が多様な三昧経典を奉請しており、孝謙太上天皇や道鏡が三昧の実践の試みがあったと推定した。三昧とは悟りにいたる心の統一を得た状態であり、同時期に大般若経の書写事業も行われており、孝謙が三昧をとおして仏の加護を得る試みがあったとされる。これも道鏡の仏教の一断面である。

(20) 勝浦令子「称徳天皇の『仏教と王権』」(同『日本古代の僧尼と社会』〈吉川弘文館　二〇〇〇年〉初出一九九七年)、同『孝謙・称徳天皇』(ミネルヴァ書房　二〇一四年)

(21) 中西康裕「道鏡事件」(同『続日本紀と奈良朝の政変』〈吉川弘文館　二〇〇二年〉初出一九九三年)

(22) 長谷部将司「神託事件の虚像と実像」「神託事件『物語』の構築過程」(同『日本古代の地方出身氏族』〈岩田書院　二〇〇四年〉初出二〇〇二年)

(23) 平野邦雄『和気清麻呂』(吉川弘文館　一九六四年)、中川収「称徳・道鏡政権の構造とその展開」(同『奈良朝政治史の研究』〈高科書店　一九九一年〉初出一九六五年)、長谷部将司「神託事件の虚像と実像」「神託事件『物語』の構築過程」(注21)、根本誠二『天平期の僧侶と天皇』(岩田書院　二〇〇三年)

(24) 滝川政次郎「弓削道鏡」(『人物新日本史　上代編』〈明治書院　一九五三年〉)、北山茂夫「道鏡をめぐる諸問題」(同『日本古代政治史の研究』〈岩波書店　一九五九年〉初出一九五三年)、河内祥輔『古代政治史における天皇制の論理(増訂版)』(吉川弘文館　二〇一四年　初版は一九八六年刊)

(25) 近年、滝浪貞子『敗者の日本史2奈良朝の政変と道鏡』(吉川弘文館　二〇一三年)は習宜阿曽麻呂が弓削浄人や神職の宇佐・辛島氏とはかって神託を作り上げ、道鏡との共治をめざした称徳天皇は道鏡の即位を考えたが実行することなく、和気清麻呂が道鏡の排除を捏造して復命したことを見破り、清麻呂らを処分したとの見解を示した。これはすでに、同『最後の女帝　孝謙天皇』(吉川弘文館　一九九八年)などに示された見解である。若井敏明「宇佐八幡宮神託事件と称徳天皇」(速水侑編『奈良・平安仏教の展開』吉川弘文館　二〇〇六年)はこの見解を継承し、称徳に道鏡を皇位につける意志はなく、仏法で国を統治する法王である道鏡に天下を譲ること、すなわち、天皇制の廃止と血統に基づかない法王制の創始が称徳の意志であったとした。筆者は道鏡の即位計画は事実であったと考える。それが実現すると、天皇の世襲制は否定され血統にも基づかない君主制になるのであったが。滝浪の見解について、木本好信「称徳女帝の『遺宣』」(同『奈良時代の政争と皇位継承』〈吉川弘文館　二〇一二年〉初出二〇〇七年)の批判があり、そこに示された論が妥当であると考える。また、道鏡主体説に立って道鏡の処分の状況を検討した中川収「法王道鏡の奸謀」(『史聚』三九・四〇　二〇〇七年）もある。

(26) 若井敏明「宇佐八幡宮神託事件と称徳天皇」（注24）も、因幡員外介への任命はほぼ妥当な人事で左降とはいえないとするが従えない。

(27) 勝浦令子「称徳天皇の『仏教と王権』」、『孝謙・称徳天皇』（いずれも注20）。

付記

元論文に対して次のような補訂を加えた。

本文中のルビはすべて削除し、書き下しの史料を原文にもどした。

註を付した。註は主に近年の研究状況に関わるものともとの引用・参考文献に関わるものである。これにともない引用・参考文献リストを削除した。

第四章　藤原緒嗣の辞職上表

はじめに

藤原緒嗣は平安時代初期における著名な貴族の一人である。藤原百川の子で、薨伝に次のようなエピソードが記載される（『続日本後紀』承和一〇年〈八四三〉七月二三日条）。延暦七年（七八八）に殿上において加冠されたが、その幞頭巾子は桓武天皇の乗輿からとられたものであり、正六位上に叙されるとともに内舎人に任命され、「是汝父所レ献之剣也。汝父寿詞　于レ今未レ忘。毎二一想像一　不レ覚涙下」との桓武の言葉とともに剣を与えられた。また、二一年、神泉苑での宴において、緒嗣は和琴を弾き、桓武は神王になにごとかを語りながら涙を流し、「微二緒嗣之父一。予豈得レ践二帝位一乎。雖レ知下緒嗣年少為中臣下所上レ怪、而其父元功。予尚不レ忘」との感慨をもらし、緒嗣を参議に任命した。この時、二九才という異例の若さであった。藤原百川の桓武に対する貢献がどのようなものであったかは明瞭でないところもあるが、桓武がそれを大とし緒嗣を非常に優遇したことは事実である。藤原緒嗣は桓武天皇の治世の最後に現れた寵臣ということができよう。

同じく薨伝によると、政務に明るい有能な人物であったらしいが、「弘仁以降　辞レ職之表　已過レ十上。三朝優詔不レ許レ之」ともある。三朝とは嵯峨・淳和・仁明天皇のことである。この三天皇の時代に辞職の上表をくりかえしたというのである。『日本後紀』で確認してみると、弘仁期以降ばかりでなく平城天皇の時代も含めて、

表Ⅰ　藤原緒嗣の辞職上表とその処分

番号	日　付	内　容	処　分	典　拠
1	大同3．6．1	東山道観察使・陸奥出羽按察使の辞職を乞う	記載なし	日本後紀
2	大同3．6．21	文武両職（刑部卿・右衛士督）の辞職を乞う	記載なし	日本後紀
3	大同3．12．17	所帯の職の返進を乞う	不許可	日本後紀
4	弘仁2．2．17	所帯の解罷を乞う	不許可	日本後紀
5	天長2．4．9	（右大臣の辞職を乞う）	不許可	日本紀略
6	天長2．4．13	（右大臣の辞職を乞う）	不許可	日本紀略
7	天長2．4．16	（右大臣の辞職を乞う）	不許可	日本紀略
8	天長2．11．13	不明	記載なし	日本紀略
9	天長5．2．20	不明	記載なし	日本紀略
10	天長7．7．19	不明	不許可	日本紀略
11	天長7．閏12．13	不明	記載なし	日本紀略
12	天長9．11．22	（左大臣の辞職を乞う）	不許可	日本紀略
13	天長10．3．8	官職の辞退を乞う	不許可	続日本後紀
14	天長10．3．11	帰を乞う	不許可	続日本後紀
15	天長10．8．15	辞職を乞う	不許可	続日本後紀
16	承和1．8．26	（左大臣の辞職を乞う）	不許可	続日本後紀
17	承和1．9．8	（左大臣の辞職を乞う）	不許可	続日本後紀
18	承和4．12．8	不当の号（官職）を停止を乞う	不許可	続日本後紀
19	承和7．8．15	辞職を乞う	不許可	続日本後紀
20	承和7．8．21	辞退を乞う	不許可	続日本後紀
21	承和10．1．5	骸骨を乞う	不許可	続日本後紀
22	承和10．1．9	致仕を乞う	不許可	続日本後紀
23	承和10．1．12	朝衣を釈き第に就くことを乞う	記載なし	続日本後紀

内容の推定できるものは（　）を付して示す。
内容の不明なものも収録するが、明確に辞職上表でないものは除外する。

しばしば辞職あるいは致仕の上表を出し、そのたびに許可されずに終わった（表I）。最終的に致仕が認められたのは死去する承和一〇年のことのようである。薨伝の論理からいうと、有能な人物であるがために歴代の天皇が辞職を許可しなかったことになるのであろう。

しかし、辞職の上表を何度もくりかえし、それが許可されなかったのはやはり尋常のことではないであろう。有能な人物が必ずふさわしい職にあるとも限らず、政治状況が大きく影響するはずである。有能な人物であるから辞職を許さないとするのもわかりやすい説明ではあるが、政治状況と切り離すことはできないであろう。そこで、緒嗣の辞職上表を主な素材として、それがみえる平城期から承和の変前後の政治状況や緒嗣の政治的立場について考えてみたい。当該期には、特に皇位継承の問題を軸に政治的にきわめて混乱した状況が続いた。それに関する研究の蓄積も決して薄くはないが、辞職上表をもとに考察を試みることによって、さらに付加すべき点もみいだせるように思われる[1]。

一　平城期の藤原緒嗣

大同元年（八〇六）、平城天皇が即位した。この時、藤原緒嗣は従四位上で参議兼右衛士督・但馬守であった。平城は即位の直後に観察使を任命し、改革的な政治に着手した。『公卿補任』大同三年条の記載をもとに観察使は藤原緒嗣の建議によって設けられたと理解するのが通説である[2]。大同元年五月二四日に六道の観察使が任命された際に緒嗣は山陰道観察使に任命され、閏六月一四日に畿内観察使へと異動した[3]。この段階で、東山道観察使は征夷大将軍・陸奥出羽按察使の坂上田村麻呂がその役割を果たしていたと考えられる。大同三年五月二八日に緒嗣は田村麻呂の後任の阿倍兄雄に代わって東山道観察使に任命され、陸奥出羽按察使をも兼任することになった（『日本後紀』同日条）。この任官に対して緒嗣は三度にわたって辞職上表を行った(4)。六月一日、六月二一日、一二月一七日のことである（表Ⅰ　1～3）。

1に理由として「臣性識羸劣　久纏二疾痾一。戎旅之図　未二嘗所レ学」とみえ、病気であることと蝦夷戦争に対する知識の欠如があげられた。また、伝染病のために蝦夷戦争を遂行する余裕がないことも強調された。2は内容が異なり兼任する官職が問題とされた。緒嗣は刑部卿・右衛士督をも兼任していた。病気を主張することは変わりないが、「刑官」（刑部卿）は「罪之軽重　人之死生」に関わる、衛府（右衛士督）は「以レ時巡検　臨レ事陳設」という重職であり、これらを兼任したまま「遠鎮」「辺要」に赴くことはできないとして「文武両職」の辞職を主張した。文武両職とは刑部卿と右衛士督のことであろう。この上表は受け入れられたらしく、3では「東山道観察使正四位下兼行右衛士督陸奥出羽按察使」となっており、刑部卿は離任したらしい。後述する辞見の際には右衛士督在任が確認できるが、赴任後は「東山道観察使正四位下兼陸奥出羽按察使」とみえるので、赴任するにともなって右衛士督も離任したようである。3はやはり観察使・按察使の辞職を内容とした。まず、陸奥国の情勢の悪化を述べ、また、自身の病気についても「眼精稍暗　復患二脚気一。発動無レ期　此病歳積」とより具体的に述べた。そして、所帯の封職を返上し、熟国の長官への任命を希望した。

13の論理は同じであり、観察使・按察使の辞職を問題とした。2は異なり、刑部卿・右衛士督の辞職を申請した。この二官の辞職が陸奥国への赴任のための措置とすると、ほかの二回の上表とくいちがうことになる。しかし、おそらく緒嗣の意志が観察使・按察使の辞職にあったことはまちがいなく、刑部卿・右衛士督の辞職を申請した真意は、これらの官職の重要性を考慮して、観察使・按察使の辞職を考慮してほしいということではなかっただろうか。

しかし、平城天皇の答は逆であった。刑部卿・右衛士督の解任は認めても、観察使・按察使として陸奥国へ赴任させるのがその意志であった。3に「有レ勅不レ許」とみえ、この上表は許可されなかった。そして、四年三月二三日に内裏で辞見し任地に赴いた（『日本後紀』同日条）。平城と緒嗣の間に、このような観察使・按察使への起用および赴任をめぐる応酬があったのである。なお、観察使は現地への赴任は必要ないが、陸奥出羽按察使はこの段階では赴任するものであったので、特に按察使就任が焦点であったと思われる。それでは、両者がこの点に執着したのはなぜであろうか。

まず、蝦夷戦争との関連が考慮されなければならない。緒嗣も上表で陸奥国の状況を詳細に論じた。これに従えば、緒嗣に大規模な軍事行動が課されたように理解できる。また、緒嗣は1に「又臣前屡言　軍事難レ成」、3に「臣前数言　陸奥之国　事難二成熟一」と、これ以前から蝦夷戦争の困難を主張してきたとの表現もある。これは、いわゆる徳政相論における意見の表明をも含むのであろう。とにかく、軍事行動の非を強く主張して、平城の命令に抵抗する姿が浮かび上がってくる。大規模な軍事行動を求めた平城と、以前からの持論をもとに強く抵抗した緒嗣の構図が看取できるかのようである。しかし、平城は真に抵抗する緒嗣に蝦夷戦争を遂行させることを望んだのであろうか。

そもそも坂上田村麻呂の大規模な軍事行動を経た当該期に積極的な行動は行われなかった(5)。もちろん、これは結果論であって、計画あるいは方針のあり方は別に論じる必要がある。ただ、仮に緒嗣の抵抗によって大規模な軍事行動が実現しなかったとすると、なぜ平城は緒嗣の辞職上表を受け入れ、別の人物を起用しなかったのであろうか。緒嗣がここで蝦夷戦争の非を訴えるのは、要するに自身が軍事に向かない人物であり、したがって、観察使・按察使にふさわしくないことを主張するための論理の道具でしかないのではなかろうか。観察使・按察使をめぐる焦点は別のところに存在するように思われる。

ここで注目されるのは林陸朗の見解である。林は緒嗣の陸奥国への赴任の直後に平城天皇が譲位し、薬子の変が起きたこと（大同四年四月および九月）に着目し、緒嗣は平城天皇の皇后藤原帯子の遺族として藤原薬子の後宮における威勢を心よからず思い、また、藤原仲成・薬子も緒嗣を邪魔なものと意識しており、緒嗣を陸奥に追いやったことは薬子による予定の策略であったとした。つまり、緒嗣の観察使・按察使任命および陸奥国への赴任は都からの追放を意味したとした。阿部猛はこの見解に対してかなりうがった推測として批判的であり、町田一也はこれを支持しながらも、上表では現地への赴任を拒んだとはいえず、暗に辞意と適任者の任用を請うたとし(6)、緒嗣が追いやられた理由が説明がつかないと述べた。

弘仁二年（八一一）二月一七日の緒嗣の辞職上表に留意すべきである（表Ⅰ　4）。陸奥国へ赴任した緒嗣は、弘仁元年の薬子の変の時には平安京にもどってきていたらしく、柏原陵に変の状況を報告する使者となった（『日本後紀』同年九月一〇日条）。この時、参議とみえる。この上表に「今陛下　無レ遺二微臣一　復参二朝議一。聖恩不レ測　徒跼二高天一」との文言がみられる。今、陛下（嵯峨天皇）が微臣（緒嗣自身）をふたたび朝議にもどしたというのである。この前に「前日抗表　悉辞二所レ居之官一」とみえ、緒嗣はこれ以前に官職を辞していたことになる。しかし、そのような形跡はなく、観察使・按察使として陸奥国に赴任していた状態から参議として朝議に復帰したのが実態ではなかったであろうか。「聖恩不レ測　徒跼二高天一」と述べる点は注目される。それが嵯峨天皇の恩とする認識が示されており、逆に、平城によって政治の中心から疎外されたとの思いを読み取ることができるように思われる。この大きな感謝の表現も通常の異動ではないことを示唆するように感じられる。つまり、この観察使・按察使をめぐる応酬の背景にあるのは、林の指摘するように緒嗣を政治の中枢から遠ざける意図であったと推測しておきたい。緒嗣はそれに強く反発したのであった。

林は緒嗣の追放を藤原仲成・薬子との関わりで理解した。しかし、この点を明瞭に示す史料はなく、町田による疑問の提起もあり、別の解釈が妥当ではないかと思う。平城の譲位から薬子の変にいたる政治過程についてさまざまに議論されている。ここで詳細に論じることはしないが、これらが子高丘親王の立太子および即位をめざした平城およびその周辺の行動であったとする見解に従いたい(7)。

平城天皇の譲位は当然、神野親王の即位をもたらし(嵯峨天皇)、新しい皇太子の任命が行われるはずである。平城は新皇太子の任命に深く介入し、みずからが主導する形で高丘親王を任命することを考えていたと思われる。この計画は実現したのであるが、そこにさまざまな要因が関わり、別の状況にいたる可能性がなかったかというと、あったように思われる。それは大伴親王の立太子である。

大伴は平城・嵯峨と同じく桓武の子であったが、母は異なり藤原旅子であった。旅子は藤原百川の子で桓武の夫人であった。皇后の子ではないことから序列では平城・嵯峨より下位であった。大同元年五月に、臣籍降下を上表した(『日本後紀』同年月一日条)。これは大伴が皇位継承の資格を放棄することをみずから表明したものである。実際に臣籍に降ったわけではないが、平城譲位の段階では大伴は皇位継承に無関係な人物と認識されていたと思われる。いっぽう、当時、嵯峨に子はいなかったと推測される(8)。平城がみずからの子を立太子させるうえで嵯峨の子を考慮する必要はないが、大伴が障害となる可能性はやはり残っていたと思われる。皇位継承の外にあるとはいえ政治的な混乱が生じ、大伴が皇太弟となることはありえたと考えておきたい。

さて、藤原緒嗣は大伴を後見し、あるいはその手足となる人物であった。大伴の母旅子は緒嗣の異母姉妹であり、大伴にとっては緒嗣は母方につながる有力貴族であった。官職は参議でしかないが、桓武の最後の寵臣という属性は決して軽くはなかったと思われる。いっぽう、平城と緒嗣の間にかつては強い結びつきが存在した。平城は皇太子時代に藤原百川の子帯子を妃としていた。延暦一三年に帯子は急病により木蓮子院において卒去した（『日本紀略』同年五月二七日条）。その後、平城即位とともに皇后が追贈された。その意味では平城天皇にとって緒嗣は外戚といえるが、平城と帯子の間に子はなく疎遠な関係になっていたといえる。

以上のような情勢からみて、実は緒嗣の陸奥国への赴任をめぐる応酬は新皇太子の任命と密接に関連したと推測できる。平城が強硬に赴任を要求したのは、みずからの子を新皇太子とするための、大伴親王の封じ込めを意図したからではなかろうか。林の指摘する藤原薬子・仲成との確執が問題なのではなく、大伴親王と緒嗣の結合こそが焦点であったのである。平城は緒嗣を陸奥国へ出すことによって大伴の行動を封じ込めたうえ、おそらくはみずから主導し高丘親王を立太子させることに成功したのである。

そして、このことは、平城天皇の譲位が単に病気のためではなく、ある程度の準備の上に実行された政治的行動であったことを示す。この準備は藤原緒嗣が観察使・按察使に任命された大同三年五月までさかのぼることになる。平城は即位の段階で子の立太子を計画し、神野親王の立太子の直後にも廃太子を試みた[9]。いずれも貴族層などの支持を得ることができずに失敗に帰した。そして、遅くとも大同三年に、この新たな計画を模索し実行したのである。平城は一貫して子の立太子をめざして行動したことは明白であり、藤原緒嗣の辞職上表はそのような政治過程におけるひとつのできごととしてとらえることができるであろう。

緒嗣がこのような平城の意図を認識していたかどうかは興味を引かれる点であるが、それを明確に論証することはできない。ただ、この任官・赴任をめぐる応酬はやはり普通ではないと思う。両者が応酬をくりかえしたのは隠されたその意味が理解されていたからではないかと思う。緒嗣は少なくとも平城が何らかの行動を起こし、それが大伴親王にもおよび、みずからの不在が大伴に不利な状況をもたらすといった程度の認識はあったのではないかと憶測する。

平城期の太政官は基本的に平城もしくは皇太子の神野親王につながる人物から構成された(10)。緒嗣はそのなかにあって平城・神野親王と深い連関をもっていなかった。もちろん、そのような個人的な結合のみが政治状況を規定するわけではないが、藤原緒嗣がこの時期、政治上で重要な地位にあったとは必ずしもいえない。むしろ、平城・神野を中心とする集団のなかでは外縁部分に位置したのではなかろうか。

二　嵯峨・淳和期の藤原緒嗣

緒嗣は薬子の変の時には陸奥国からもどっており、議政に復帰することができた。翌弘仁二年（八一一）二月一七日にふたたび辞職を求めたが許可されなかった（表Ⅰ 4）。辞職の理由は「比者沈二滞悪瘡一 療治無レ験。似レ損不レ損　終至二大漸一」というもので、やはり健康上の問題である。翌年一二月に度二人が与えられたので、この頃まで病気であったのはまちがいないであろう。この上表にこめられた意図については後述する。次に辞職上表が確認されるのは天長二年（八二五）であり、この間、緒嗣は正常に出仕し、政治の一翼を担ったと思われる(11)。

嵯峨期における緒嗣の昇進の状況を簡略に示すと次のようになる（特に注記のないものは『日本後紀』あるいは『日本紀略』『類聚国史』の逸文による）。

弘仁六年正月七日：従三位昇叙
弘仁八年一〇月一日：中納言任命　中納言藤原縄主の死去にともなう。
弘仁九年六月一六日：正三位昇叙
弘仁一二年正月九日：大納言任命　『公卿補任』同年条による。『日本紀略』弘仁一〇年四月三日条に中納言、『類聚国史』弘仁一三年正月三日条に大納言とみえる。
弘仁一四年四月二七日：従二位昇叙　淳和即位にともなう。

弘仁三年に右大臣藤原内麻呂が死去した後、藤原園人が後任の右大臣に任命された。園人は九年に在任のまま死去した。この間に急速に昇進したのが藤原冬嗣である。弘仁二年正月二九日に従四位上で参議となり、三年一二月五日に正四位下、五年四月二八日に従三位、八年二月二日に中納言（『公卿補任』によると前年に権中納言）、九年六月一六日に正三位に昇り大納言となった。園人の死去にともない、冬嗣が大納言のまま筆頭公卿となった。さらに一二年正月九日に右大臣となり、一三年正月七日に従二位、弘仁一四年四月の淳和即位にともない正二位に昇進した。

冬嗣の昇進と軌を一にするように昇進したのが緒嗣である。参議任命は緒嗣がはるかに先行したが、冬嗣の従三位昇叙は緒嗣より数か月早く、中納言昇進も同様である。正三位昇叙は二人同時であったが、この時、冬嗣は大納言に昇進し、緒嗣は中納言にとどまった。緒嗣の大納言任命は冬嗣の右大臣昇進にともなうものであり、従二位昇叙も冬嗣が先行した。林陸朗の指摘するように、緒嗣は冬嗣の跡を追うように昇進しており、緒嗣が上位にくることはなかった。

林はこのような状況をもとに、嵯峨期における緒嗣の立場は昔日のごときものではなく政策の進言などはするが、辞表を出したりして思うに任せなかったと評する。この見解は桓武最末期・平城期に比較して、嵯峨期における藤原緒嗣の立場が低下したとみる見解である。これには同意できない。緒嗣の昇進が冬嗣に遅れたことは事実である。しかし、両者の比較をもとに緒嗣の地位を論じるのは妥当であろうか。緒嗣が嵯峨期に大納言まで昇進したことは注目され、特に弘仁八・九年に中納言藤原縄主・藤原葛野麻呂、右大臣藤原園人が死去した後は緒嗣は冬嗣に次ぐ地位にあった。これを前節で述べた平城期の状況と比較してみると、嵯峨期に、むしろ、より政治の中枢に位置するようになったと評価すべきであり、位階・官職の昇進も順調である。昇進において冬嗣に逆転され、その後塵を拝するようになったことは印象的であるが、当該期の緒嗣の地位は平城期と比較して低下したとは考えにくい。

このような緒嗣の昇進もやはり、大伴親王との関係で理解することができよう。嵯峨は薬子の変後、異母弟の大伴親王を皇太子に任命した。緒嗣は皇太子の外戚の地位を得たのである。皇太子につながる人物も重用されなければならなかった。それは将来の政治を担う人物である点が重要であるが、特に兄弟間の皇位継承の場合、皇太子に対する監督、さらにその地位の保証の意味をも有したと思われる。一般的に、皇太子の地位は天皇の意向によって不安定になりやすい性格を有したと思われる。父子間の皇位継承の場合、皇太子は父たる天皇の権威によって制御されるため、基本的に天皇の意向に従うこと以外に地位の安定は望めないと思われる。これに対して、兄弟間の継承の場合、皇太子に対する天皇の権威が万全でない以上、不安定化した場合に深刻な対立を招きやすい。そこで、天皇が皇太子に対して常に監視を怠らないこととともに、地位の保証を与えることが必要であったと思われる。

嵯峨は大伴親王の外戚藤原緒嗣を優遇し重く用いることにより、大伴に地位の保証を与えたのである。いまひとつの保証が大伴の妃となった嵯峨の子正子内親王である。このように、緒嗣は嵯峨の政治に主要人物の一人として関わり、嵯峨天皇と皇太子大伴親王をつなぐ役割を果たし、両者の良好な関係の構築に大きく貢献したと思われる。その意味においても、当該期の緒嗣は政治上、他人が代わることのできない重要な位置を占めていたといえるのではなかろうか。

弘仁一四年四月、嵯峨天皇は譲位し大伴親王が即位した（淳和天皇）。皇太子に任命されたのは嵯峨の子正良親王である。直後の叙位で冬嗣は正二位へ、緒嗣は従二位へ昇進した（『類聚国史』同年月二七日条）。それぞれ右大臣、大納言であったことは変わりない。天長二年四月五日にこの二人が左右の大臣となった（『日本紀略』同年月戊寅条）。翌年七月二四日に藤原冬嗣が死去し、右大臣の緒嗣が筆頭公卿となった。嵯峨から淳和への皇位継承は問題なく行われたが、議政官の構成の点でも問題なく淳和の政治体制へと移行したといえる。

さて、緒嗣は右大臣任命の直後から翌年三月にかけて七度の上表を行った。いずれも『日本後紀』が欠落する時期で多くは『日本紀略』による。たとえば「右大臣藤原朝臣緒嗣上表。勅不レ許」（四月九日）のような上表の事実のみを記載するものが多く、詳細な内容の不明なものが多い。内容を推測するすべはほとんどないが、ほかの例から類推して、辞職の上表が含まれる可能性は強いと思われる。特に右大臣任命の直後に三度くりかえされた上表はその可能性がもっとも強いと思われる（表Ⅰ　5～7）[12]。やはり理由は病気であろう[13]。

しかし、これらの辞職上表は平城期のそれと意味が異なると思われる。私見に従えば、平城期のそれは任官に対する強い拒否であり、平城に対する抗議の意味が強かったといえる。いっぽう、当該期では緒嗣は外戚として淳和天皇を支える立場にあり、緒嗣自身にとってそれはきわめて重大な課題であったはずである。淳和のもとで右大臣に任命されることはみずからの使命に照らして、まさに望ましいことであったはずである。客観的な政治状況からみたとき、緒嗣が真に右大臣就任を拒否する可能性は低かったといえよう。したがって、これらは病身の自分に右大臣の職務を任せることでよいのかと再確認の意味をこめた上表ではなかっただろうか。大臣任命の場合、三度辞するのを礼とする慣例も考慮されたと思われるが、純粋に儀礼的なものというより、病気であることに関して淳和の意志を再確認する意味があったと考えておきたい。

そして、緒嗣は本格的に政治を主導する地位をしめることになった。右大臣就任後、早速に政策の提言を行っており、ここに緒嗣の意欲を読みとることは可能であろう。官職はもとより政治的立場の点でも、淳和期は緒嗣がもっとも重責を担った時期である。くりかえしになるが、緒嗣は嵯峨期以降、不遇な地位に追いやられたわけではない。淳和期こそが、病気にもかかわらず彼の政治的な人生のなかでピークなのであった。淳和にとって緒嗣はもっとも信頼できる貴族であったことはまちがいない。

さて、右大臣任命直後の辞職上表をこのようにとらえると、前述の弘仁二年の辞職上表も同じ文脈で理解できるのではないかと思われる。当時、大伴親王が皇太子の地位にあり緒嗣が外戚としてそれを支え、なおかつ議政官の中枢にいたることは当然予想されたと思われる。さらに進んで、そのような方針が嵯峨・大伴や周辺の貴族層の総意となっていたであろう。やはり病気に苦しむ緒嗣は、ここでも嵯峨に再確認を求めたのではなかろうか。いずれのケースでも緒嗣に代わる人物はなく辞職上表は承認されなかった。それはおそらく緒嗣自身も予想した結果であっただろう。ここまでの嵯峨・淳和期における辞職上表は病気の事実を報告し、政治の中枢にあることを天皇に対して改めて確認する意味をもつものであったと結論できる。

なお、天長五年二月二〇日・七年七月一九日・同年閏一二月一三日にも上表を行ったことが確認できる（表I

9～11）。しかし、いずれも『日本紀略』で、それぞれ「右大臣藤原朝臣緒嗣上表。勅答曰　云々。遣レ使就レ第賜レ之」「左（右の誤り　筆者注）大臣藤原朝臣緒嗣上表。詔報不レ許」「右大臣藤原朝臣緒嗣上表　云々」とみえるのみで詳細な内容は不明である。辞職上表の可能性も強いが、これらの上表に関わる状況も現在のところ不明である。

三　仁明の即位から承和の変へ

天長九年（八三二）一一月二日に緒嗣は左大臣に任命されたが（『日本紀略』同日条）、これに対して緒嗣はまた上表を行った（表Ⅰ　12）。その内容は不明であるが辞職上表の可能性がある。そして、翌年二月に淳和は譲位し正良親王が即位した（仁明天皇）。三月六日に緒嗣は正二位に昇進した（『続日本後紀』同日条）。緒嗣の辞職上表が続き、三月八日・一一日の辞職上表が見える（表Ⅰ　13・14）。これらについて詳細は不明であるが、「左大臣正二位藤原朝臣緒嗣上表　請レ辞二官職一。不レ許」「左大臣正二位藤原朝臣緒嗣乞レ帰。不レ許」と辞職上表であることは確認できる。さらに、八月一五日にも「左大臣正二位藤原朝臣緒嗣上二表辞職一。不レ許レ之」と辞職上表が見える（表Ⅰ　15）。翌承和元年（八三四）にも二度見え、それは八月二六日・九月八日である（表Ⅰ　16・17）。「左大臣藤原朝臣緒嗣抗表曰　云々。不レ許レ之」「左大臣藤原朝臣緒嗣重復上表曰　云々。優詔不レ許」とあり、辞職を求めたのであろう。緒嗣はわずか二年弱の間に六度の辞職上表を行った。

緒嗣の左大臣任命は淳和の最後の上層部の任官といってよい。『日本紀略』では右大臣藤原緒嗣と大納言清原夏野の左右大臣への昇進しか記さないが、『公卿補任』によると、源常・藤原愛発の中納言任命、藤原吉野の権中納言任命も同時であった。夏野は淳和の近臣で、弘仁一四年（八二三）に参議、天長二年に中納言、七年に大納言と急速に昇進した。その女春子は淳和との間に明子内親王をもうけた。また、淳和は夏野の山荘などに行幸した。愛発は冬嗣の子で淳和に近侍した人物で、参議任命は天長三年である。吉野は天長五年に参議となり、承和元年に中納言に昇進した。[14]彼らは、常を除いて淳和との結びつきがきわめて強い貴族たちである。この任官は彼らを特に昇進させるもので、彼らに対する褒賞の色彩が濃厚である。さらに、仁明即位後の新しい皇太子は淳和の子恒貞親王であり、当然、これに対する配慮でもあった。このようななかでの辞職上表は嵯峨・淳和期初期のそれとは性格が異なると考えるべきである。まず、なによりもその回数である。印象論におちいってしまうおそれがあるが、形式なもの、あるいは再確認を求めるものとは考えにくい。緒嗣はこの時、強く致仕を求めていたのではなかろうか。

そこで、考慮すべき点がいくつかある。町田一也が指摘するように、自身の病気の悪化と長子家雄の死去である。緒嗣の病気は悪化し、なおかつ長期にわたっていた（承和四年一二月八日の上表　後述）。林陸朗も晩年の緒嗣は病気がちで、積極的な政論家としての風貌も薄れていたと評するが、この頃にそういう状態になっていたであろう。藤原家雄は天長九年三月二〇日に三四才で死去した（『類聚国史』・『日本紀略』同日条）。緒嗣の左大臣昇進の直前である。さらに、皇太子時代から外戚として支持してきた淳和は譲位し政治の中心から退場した。新天皇の仁明は嵯峨の子で緒嗣とは姻戚関係はなかった。新皇太子を後見する必要があったが、淳和期を通じて淳和に近い人物が何人か昇進し健在であった。前述した清原夏野・藤原愛発・藤原吉野らである。仁明天皇のもとで恒貞親王を支えることのできる人材は存在した。

このような状況に鑑みるとき、緒嗣が淳和の譲位とともにみずからの官歴を閉じようと考えたとしても不思議ではない。当該期の辞職上表は、このような背景を有すると考えておきたい。しかし、たびかさなる辞職上表にもかかわらず、この時に緒嗣の致仕は実現しなかった。それはなぜであろうか。行論の関係上、ここでは疑問の提起にとどめて考察を次に進めたい。

緒嗣は承和四年一二月八日にも辞職上表を提出した（表Ⅰ―18）。すでに論及・引用した部分もあるが、概略を示す。まず、「臣年老病重　出入絶レ望。疾床引レ日　既過二一紀一」とあり、老齢であるとともに病が重く、すでに一紀を過ぎたことを述べ、次いで、財政の悪化や不作について論じ、天長の初めに経費削減を上表したが、久しく病気になり、むなしく時が経過したとする。そして、辞職を口奏するだけで久しく職にとどまることの非や気候の不順の責が自分にあることを述べ、最後に「伏望　停二不当之号一　開二賢徳之進一。然則天道無レ災　自作二中興一。非三敢逃二天沢之栄・名飾之利二」と結ぶ。不当の号を停め賢徳の進を開くとは、不当な左大臣の職を離れ、後に続く賢徳の昇進の道を開くことであろう。自身が左大臣であることによって、ほかの貴族たちの昇進を阻害しているという意識が示され、さらにそれが天候の不順の原因ともされた。これに対して内侍宣が出され、国老として朝夕の政でわずらわすことはないが、国家の事は任せること、辞職を申上することは以後ないようにすること、今回の辞職の上表は御意にかなわず、和気真綱を使として返すことを回答した。

この上表は一〇月に右大臣清原夏野が死去したことと深く関わったと考えられる(15)。不当の号を停め賢徳の進を開くとの表現は、まさしく夏野の死去から直接的に引き出された認識、そしてその表現であろう。病気で政治的活動を充分にできない緒嗣が左大臣にあることによって、夏野がさらに昇進することなく死去したことを問題としたと考えられる。この部分が当該期の辞職上表をめぐる状況を考察する鍵になると思われる。おそらくこれは緒嗣だけの認識ではなく、事実として、緒嗣の存在は以下の貴族の昇進を阻害していたと思われる。辞職が許可されないことは、実はそのような結果をもたらしていたのである。ただし、仁明の回答は緒嗣に政治全般にわたって主導することを求めてはいなかった。日常的な政務にかかわらず国家の事のみにあずかることを命じた。日常的な政務が夏野以下によって処理されたことはまちがいなく、夏野が政治を主導したとみられる。しかし、枢要な事項は緒嗣の処分によらなければならなかった。

夏野は前述のように淳和の近臣であり、淳和やその子恒貞親王にとって夏野が病身の緒嗣に代わり筆頭公卿となり、枢要な政治課題にも責任を持つことは望ましいことであった。特に皇太子の地位の安定（国家の事のもっとも重要な問題のひとつであろう）にとってはそうである。淳和および恒貞の意志は、おそらく緒嗣の致仕・夏野の昇進にあっただろう。いっぽう、嵯峨や仁明はどうであろうか。

承和五年正月一〇日に清原夏野の死去をうけた大規模な議政官の任命が行われた。藤原三守が大納言から右大臣へ、源常が中納言から大納言へ、橘氏公が参議から中納言へと昇進し、阿倍安仁が参議に任命された（『続日本後紀』同日条）。この時に昇進した人物はいずれも嵯峨に近い人物である。

ここで注意したいのは藤原三守である。[16]彼は嵯峨天皇の近臣であった。薨伝によると（『続日本後紀』承和七年七月七日条）、弘仁期に参議、権中納言、中納言と昇進したが、嵯峨が譲位した後は職を辞して嵯峨院に出仕した。天長五年に大納言に任命されて復帰し（『公卿補任』）、右大臣に昇進した。嵯峨譲位の時に、嵯峨は三守を使者として正良親王が皇太子を辞する書を淳和に進め、また、正良は三守の邸宅に移り、皇太子任命後にそこから入坊した（『日本紀略』弘仁一四年四月一九・二〇日条）。その後、嵯峨の嵯峨荘行幸にあたり、三守がその旨を淳和に奏した（『類聚国史』・『日本紀略』弘仁一四年九月一二日条）。薨伝にも「先太上天皇践祚之日　以二蕃邸之旧臣一　殊賜二栄寵一焉」ともあり、嵯峨との結びつきはきわめて深いものがあった。また、その妻橘安万子は嵯峨の皇后橘嘉智子の姉であった（『日本紀略』弘仁八年七月一六日条）。

三守は恒貞親王立太子の後に傅に任命された（『続日本後紀』天長一〇年三月一一日条）。この点は重要である。三守が恒貞の傅となったことは、嵯峨の皇位継承に関する意志を如実にものがたると思われる。すなわち、すでに指摘のあるとおり、この段階で嵯峨はみずからと淳和の直系による交互の継承を推進する意図を持っていたと思われる。そもそも、このような方針を構想したのは嵯峨自身である。[17]『恒貞親王伝』によると、恒貞は皇太子を辞する表を作成したが、仁明は許さず嵯峨は強く慰留し教えを与えた。これも上の推定を傍証するものとなろう。皇位継承において嵯峨は淳和と方針を同じくし、両者の協調のもとに仁明即位までの過程が進行したことはまちがいない。

その後、承和七年五月に淳和上皇が死去し、恒貞親王は最大の後盾を失った。そのうえ、七月に右大臣藤原三守も死去した（『続日本後紀』同年月七日条）。そして、ここにも緒嗣の辞職上表が見られる。同年八月一五日と二一日の二度である（表Ⅰ 19・20）。「左大臣正二位藤原朝臣緒嗣上二表辞職一。不レ許。其表文多不レ載」「左大臣正二位藤原朝臣緒嗣重抗二表辞退一。不レ許」と事実のみの記載で、詳細な上表の内容は不明であるが、いずれも許可されなかった。この二度の上表もやはり先の承和四年の事例と同じように解釈して問題はないであろう。清原夏野の死後、緒嗣が致仕していれば次の筆頭公卿は三守であっただろう。それが緒嗣より先に死去してしまったのである。

さて、嵯峨に三守の昇進を阻止すべき理由はないように思われる。皇位継承に関して三守に期待するところは大きかったはずである。嵯峨は淳和と同じく緒嗣の致仕は望ましいと考えていたと思われる。結局、仁明こそがあえて緒嗣を残し、夏野や三守が政治を主導することを阻止したと理解することができる。いうまでもないことであるが、夏野・三守が淳和・嵯峨の近臣で上述の皇位継承構想を推進する役割を期待されていたのを、仁明がきらったのである。仁明は恒貞親王を廃し、みずからの子を皇太子とすることを希望していたと思われる。従来の研究では、当該期において嵯峨─仁明と淳和の対立軸の存在を主張するものが多い[18]。仁明の周辺に多くの嵯峨の近臣が集結していたからである。しかし、仁明期に三守が巧妙に疎外されたことに示されるように、嵯峨と仁明の間に皇位継承をめぐる深刻な対立がひそんでいたのではなかろうか。嵯峨は淳和との協調関係を維持しながら、それぞれの直系による交互の継承を構想していたが、仁明はみずからの直系のみによる継承を指向していたと思われる。もちろん、それはさしあたり藤原良房の妹順子の生んだ道康親王への継承である。そして、仁明はほぼただ一人といってもよい協力者である良房とともに嵯峨らに抵抗を試みていたのではなかろうか。

三守の後任として右大臣に任命されたのは源常であった（『続日本後紀』承和七年八月八日条）。さらに、東宮傅となった（『続日本後紀』同年八月二二日条）。常は嵯峨の子で仁明の異母兄弟である。薨伝によると、嵯峨はことに常を寵愛し丞相の器と評されたようであるが、右大臣任命の時にまだ二九才で相当に若い。常が病気の左大臣藤原緒嗣に代わって政治を主導できたかは疑問である。むしろ、緒嗣・源常ともに実際に政治に関わることは少なかった可能性があろう。二人に次ぐのは大納言の藤原愛発である。愛発は常の右大臣任命と同時に中納言から昇進した。この段階で皇太子恒貞親王を支える中心人物は、嵯峨上皇および愛発程度であったと考えられる。清原夏野や藤原三守の死去の意義は小さくはなかった。

いっぽう、仁明の頼りとする藤原良房は中納言であった。承和元年七月に参議、翌年四月に権中納言と昇進し、同じく承和七年八月八日に中納言に昇進していた。同じく中納言に橘氏公と藤原吉野がいたが、愛発に次ぐ地位にあったともみることができる。承和九年に嵯峨太上天皇が死去しその直後に承和の変がおきた[19]。議政官レベルでいうと、実質的にほぼ無力であった緒嗣と常はそのままに、恒貞親王を支える愛発・吉野および参議文室秋津が失脚した。

嵯峨・淳和の構想がくずれ、恒貞親王が廃されるにいたった要因は、結局、支持する人物があいついで死去したことにある。嵯峨・淳和の二人の太上天皇の死がもっとも重大な意味を持ったが、清原夏野・藤原三守の死去も重要である。しかも、彼らは緒嗣が左大臣であったことによって、政治の上で充分な影響力を持つことなく死去したのであった。もちろん、夏野・三守の死去は緒嗣とはなんの関係もなく偶然のできごとである。しかし、彼らが政治的な力を拡大できなかったことは、皇位継承に対して少なからず影響を与えたのではないかと思われる。そのような状況のなかで、仁明は藤原良房を昇進させ承和の変がおきたのである。仁明は良房が政治的な力を獲得するまでの間を、このような形で持ちこたえたのである。

緒嗣の辞職上表とそれの不許可は、このような皇位継承をめぐる対立のなかに位置づけることができるのではなかろうか。いわば、仁明や藤原良房は病身の緒嗣をあえて留任させることによって、嵯峨・淳和の構想の進行を妨げ承和の変の逆転劇につなげたのである。憶測にわたるが、清原夏野・藤原三守の政治主導のもとで、恒貞親王即位に動き出すこともありえたのではないかと思われる。仁明や良房は緒嗣を楯として嵯峨や淳和の圧力に対抗したのである。

さて、緒嗣の辞職上表が淳和譲位・仁明即位の段階から現れ拒否されたことに注目したい。これは、仁明が遅くともこの時期から嵯峨・淳和の構想に反して、みずからの直系継承の意志を有したことを示すと思われる。その意味では、仁明即位から承和の変までの政治過程に皇位継承をめぐる対立が一貫して潜在していたことになる。この過程は万全にみえた嵯峨・淳和の両統迭立構想が仁明によって突きくずされていく過程であった。

承和の変の六か月後の一〇年正月、緒嗣は最後の辞職上表を行った。五日・九日・一二日の三度にわたる（表Ⅰ21～23）。最初の二度の上表で致仕を申請し、不許可となったことはわかるが詳細な内容は不明である。最後のものは『続日本後紀』に本文が掲載され、病気による辞職上表であることはここまでと同じである。おそらく緒嗣の利用価値が消滅したと判断した仁明は、二度不許可とした後、丁重にこれを許可した。一二日の辞職上表がどのように処理されたかは記されていないが、同年七月二三日の薨去の時に致仕左大臣とみえるので（『続日本後紀』同年月庚戌条）、三度目の辞職上表が許可されたのであろう。

おわりに

薨伝にもあるように、藤原緒嗣の辞職上表はきわめて回数が多く異常である。しかし、それは単に病気のためではなく、また、拒否され続けたのも単に緒嗣が有能であったためではない。政治上、それぞれの局面において背後に意味を持ち、その拒否もまた、政治上の問題によるものであった。とりあえず、緒嗣の上表は以下の四つのグループに分類できるであろう。

(1)平城期の上表

東山道観察使・陸奥出羽按察使への任命および陸奥国赴任をめぐる上表である。平城は譲位（嵯峨即位）後の皇太子任命を主導することを意図し、障害となる大伴親王の行動を封じるために、大伴の外戚の緒嗣を陸奥国へ送ろうとした。これに対して、緒嗣は上表をとおして抵抗したが、かなわず、結局、陸奥国へ赴任した。それを契機として平城は譲位を行った。

(2)嵯峨期および淳和期（天長七年まで）の上表

嵯峨・淳和天皇に対して任官を再確認するための上表である。嵯峨・淳和期において緒嗣は重要な政治的役割を担った。それはいずれも淳和の外戚である点に基づき、嵯峨期においては、嵯峨天皇と皇太子大伴親王をつなぐ役割を持ち、淳和期においては、外戚として政治を補佐する役割を持った。病気をもつ緒嗣はそれによる辞職を上表し、自身がこのような役割を担うことを改めて天皇に確認したのである。実際に辞職を強く主張する意図はなかったと思われる。

(3)淳和末期（天長九年）および仁明期（承和の変まで）

仁明天皇に対して辞職を求める上表である。緒嗣および嵯峨・淳和周辺は緒嗣が致仕し、清原夏野そして藤原三守が筆頭公卿として政治を主導することによって、皇太子恒貞親王の地位の安定をはかろうとした。しかし、仁明はみずからの直系に皇位を継承させる意志をもち致仕を許可しなかった。病身の緒嗣をあえて筆頭公卿として残すことによって、恒貞即位を阻止しようとしたのである。

(4)仁明期（承和一〇年）

さらに、これらの事項から読み取れる皇位継承にまつわる動向について述べておきたい。第一に、平城は大同三年（八〇八）五月（緒嗣の観察使・按察使任命）の段階で、みずからの譲位・神野親王の即位・自身の子の立太子の計画を持っていただろう点である。平城がおそらく当時の天皇家・貴族層の総意に反して直系継承を強く指向していたことは確実であり、それはここからも読み取れる。この計画は、むしろ緒嗣の抵抗を主な原因として翌年四月まで遅延したとみるべきであろう。ただし、これと薬子の変は区別して考える必要があると思われる。

第二に、仁明天皇は即位当初からやはり直系継承を指向し、嵯峨・淳和上皇と対立していたと考えられることである。承和の変はこのような動向の最終的な結末であり決して突発的な事件ではない。緒嗣に関わる限りでは、仁明が試みたのは辞職上表を拒否する単なる官吏任免権の行使であり非常な手段ではない。しかし、夏野や三守の死去といった偶然も重なり、最終的に仁明の意志は実現した。ここに天皇家内部における天皇の強さを看取ることも可能であろう。天皇はただ通常的な権力行使をとおして、太上天皇などに対して意志を貫くことは充分可能なのであり、このように天皇が強く行動すると、それを妨げることはなかなかに困難であったと考えられる。父子関係など家族的関係の問題は残るが、それを乗り越えて天皇が強行に意志を貫こうとすると、もはや天皇以外の影響力は及ばないのではなかろうか。

以上、藤原緒嗣の辞職上表の分析をとおして当時の政治動向ついて考察してみた。いくつかの点について、新たな知見を付加できた部分もあると思う。もちろん、当該期の政治状況のごく一部に関わったにすぎない。さらに全体に関わる考察などについては今後に期したい[20]。

註

(1) 藤原緒嗣について、阿部猛「平安初期の一貴族の生涯」(同『平安前期政治史の研究』〈高科書店　一九九〇年　初版は大原新生社〉初出一九七四年)、高橋崇「藤原緒嗣と菅野真道」(『続日本紀研究』三―六　一九五六年)、林陸朗「藤原緒嗣と藤原冬嗣」(同『上代政治社会の研究』〈吉川弘文館　一九六九年〉初出一九六二年)、町田一也「律令官人藤原氏の政治的成長」(『年報新人文学』五　二〇〇八年)などの人物像に重点を置いた研究がある。また、『続日本後紀』の薨伝と『公卿補任』尻付の関連などを論じた森田悌「『公卿補任』の尻付」(続日本紀研究会編『続日本紀の諸相』塙書房二〇〇四年)もある。以下、これら諸氏の見解は当該論文による。

(2) 大塚徳郎「平安初期の政治」(同『平安初期政治史研究』〈吉川弘文館　一九六九年〉該当部分は初出一九六二年)など

(3)『公卿補任』大同元年条。なお、藤原緒嗣について「五月廿四日為二山陽道観察使一。壬六月十九日為二畿内之使一」と見えるが、阿部猛によると、山陽道観察使は藤原園人であり山陰道の誤りである。

(4)『公卿補任』大同二年条に、左大弁（一一月一六日任命）について「十九日辞レ弁。不レ許」とみえる。ただし、詳細は不明である。

(5)概略的に鈴木拓也『蝦夷と東北戦争』（吉川弘文館　二〇〇八年）参照。

(6)この論点は特に強固な論証に基づくわけではない。筆者はこの評価には賛成できず、陸奥国への赴任が焦点であったと考える。

(7)河内祥輔『古代政治史における天皇制の論理（増訂版）』（吉川弘文館　二〇一四年　初版は一九八六年刊）、中川久仁子「廃太子考」（佐伯有清編『日本古代中世の政治と文化』吉川弘文館　一九九七年）、福井俊彦「平城上皇の譲位について」（久保哲三先生追悼論文集刊行会編『翔古論聚』同会　一九九三年）、西本昌弘「薬子の変とその背景」（『国立歴史民俗博物館研究報告』一三四　二〇〇七年）

(8)福井俊彦「平城上皇の譲位について」（注7）

(9)佐伯有清「桓武・平城・嵯峨天皇とその身辺」（同『新撰姓氏録の研究　研究篇』〈吉川弘文館　一九八三年〉初出一九六〇・六二年）、福井俊彦「平城上皇の譲位について」（注7）、西本昌弘「桓武改葬と神野親王廃太子計画」（『続日本紀研究』三五九　二〇〇五年）

(10)目崎徳衛「平城朝の政治史的考察」（同『平安文化史論』桜楓社　一九六八年）

(11)『公卿補任』弘仁五年条に「八月廿一日依二辞表一停二右衛門督一　遷二宮内卿・美濃守一」とある。『日本後紀』によると、弘仁三年一二月一一日に参議・右衛門督・近江守であり、同五年八月二八日に兼宮内卿となった（近江守留任）。『公卿補任』の記す任官が行われたことは事実である。右衛門督離任が辞表によるものかどうかは明確ではない。また、参議であることは変わりはない。

(12)天長三年三月一日の上表（『類聚国史』一九四渤海）は渤海使に関わるものであるが、「仍可二還却一状　以二去年十二月七日㆓言上㆒」との文言が見られる。これは、上表の日付と処理された日付の相違とみれば、天長二年一二月一九日の上表(『日本紀略』同日条)のことである可能性が強い。これらは表Iから除外した。また、承和四年(八三七)一二月八日の上表(表I 18)に「臣前以㆓此義㆒ 去天長之初 上㆓意見㆒之日奏言 省㆓不要之官㆒ 断㆓文華之費㆒」とあり、天長の初めに経費節減の上表を行ったことがわかる。これも天長二年の上表のいずれかに相当する可能性がある。

(13) 町田一也「律令官人藤原氏の政治的成長」(注1)が『台記』仁平元年(一一五一)二月一〇日条、『日本紀略』天長二年二月一五日条などから当時の状況について論じた。病気は決して軽くはなかったようである。また、弘仁一四年一一月の淳和の大嘗祭において、右大臣冬嗣の奏により緒嗣が検校することが許可されたが、緒嗣は中納言良峰安世・参議伴国道を検校とした(『類聚国史』・『日本紀略』同年月一三日条)。これも緒嗣が病気のために大きな負担に耐えることができなかったことを示唆すると思われる。

(14) 渡里恒信「藤原吉野と淳和天皇」(同『日本古代の伝承と歴史』〈思文閣出版　二〇〇八年〉初出一九九七年)は吉野を淳和の乳母の子と推定する。

(15)『続日本後紀』同年月七日条。『公卿補任』では七月とするが誤りであろう。

(16) 三守について渡里恒信「藤原三守についての一考察」(注14書　初出一九九五年)が詳細である。渡里は三守を嵯峨の乳母の子と推定する。

(17) 遠藤慶太「『続日本後紀』と承和の変」(同『平安勅撰史書研究』〈皇学館大学出版部　二〇〇六年〉初出二〇〇〇年)、春名宏昭『平城天皇』(吉川弘文館　二〇〇九年)

(18) 玉井力「承和の変について」(『歴史学研究』二八六　一九六四年)は仁明期の議政官に仁明と親しい関係にあるのみならず、嵯峨とのつながりをみいだすことのできる貴族が多いことを指摘し、淳和期に勢力をもち恒貞親王の周囲に集まった貴族を旧勢力、嵯峨—仁明父子との関係を通じて進出してきた貴族を新勢力と称した。福井俊彦は「承和の変についての一考察」(『日本歴史』二六〇　一九七〇年)において、淳和期にいわゆる藩邸の旧臣が進出したが、仁明期には嵯峨と関係のあった貴族も進出したとする。そして、後者を嵯峨・仁明系官人と称した。さらに、「淳和朝の官人」(『早稲田大学高等学院研究年誌』一一　一九六六年）、「淳和朝の嵯峨派官人」（『史観』一二六　一九九二年）もある。福井の見解について目崎徳衛「平城朝の政治史的考察」（注10）の批判がある。目崎は君主個人と貴族の私的結びつきは大きいものの対立は強くなく、嵯峨派・淳和派の語も承和の変当時は別として、慎重に用いるべきであるとした。神谷正昌「承和の変と応天門の変」（『史学雑誌』一一一―一一　二〇〇二年）は福井の見解を継承して、嵯峨・仁明系、淳和・恒貞親王系の官人の対立を想定した。遠藤慶太「『続日本後紀』と承和の変」（注17）も仁明期の廟堂は嵯峨の影響下に編成され、国政上の仁明の意志は嵯峨の意向に従属したとする。

(19)　承和の変について遠藤慶太「『続日本後紀』と承和の変」（注17）の詳細な研究史整理を参照。

(20)　元論文公表後、安田政彦（「緒嗣と冬嗣」　続日本紀研究会編『続日本紀と古代社会』〈塙書房　二〇一四年〉）から、平城期における東山道観察使・陸奥出羽按察使任命、仁明期の辞職上表の評価について批判を受けた。ただし、簡単な言及にとどまる。

第五章　仁明天皇の三人の女御と皇位継承

はじめに

仁明天皇は最後まで皇后を持つことがなかった。皇太子道康親王の母藤原順子は嘉祥三年（八五〇）に仁明天皇が没して道康親王が即位すると（文徳天皇）、皇太夫人となり（『日本文徳天皇実録』同年四月一七日条）、その後、東五条院に移った。さらに斉衡元年（八五四）、皇太后となった（『日本文徳天皇実録』同年四月二六日条）。この一連の動きは仁明在位時に藤原順子が皇后ではなかったことを示す。もちろん、ほかの人物が立后した記事もない。そして、これ以降、文徳・清和・陽成・光孝・宇多天皇は皇后を立てることがなかった。

仁明天皇に皇后がいなかったことやその後も長期にわたって皇后が立てられなかったことの意味についてさまざまな議論がある。玉井力[1]は女御は皇后と比較して任用の資格および手続きにおいて融通性に富み、藤原氏にとって立后によって皇嗣の母を固定することは必要なことではなく、融通性のある女御を最高の地位としておいた方が有利であったとした。岡村幸子[2]が指摘するとおり、玉井の見解にはこのようなあり方が藤原氏（良房や基経）にとって有利であったのか不明瞭であるとの疑問が残る。河内祥輔[3]は仁明天皇のケースについて、⑴薬子の変後、大伴親王（淳和天皇）が嵯峨天皇より優位な立場にあった、⑵嵯峨系には淳和系を正統とみなす態度が存在した、⑶仁明が皇后を立てなかったのは自己の子孫を皇嗣に決めることを避けたいという態度の表明であった、との見解を提起し、その後は仁明の事例が先例とされたとする。(1)は当時の天皇家における淳和の立場を重視する河内の認識にもとづく見解で、詳しく論じるのは別の機会に譲りたいが同意できない。さらに、(2)について、『続日本後紀』天長一〇年（八三三）二月三〇日条の恒貞親王の立太子の詔に、「正嗣止有戸支恒貞親王乎皇太子止定賜布」との表現があることが主要な根拠であるが、これは淳和系の正嗣の意味と解釈する余地も残り、河内の解釈を歴史的事実とみるのはむずかしいのではないかと考える。また、山本一也[4]の指摘のように、この論は皇后不在の期間全体に関わる考察としては不充分であろう。

岡村幸子は皇后の不在の理由として、皇后と妃が広義の皇后としてほぼ同等の立場にあったことから、貴族出身の皇后と内親王の妃が並立すると、皇位継承をめぐるトラブルが生まれる可能性があった、それを回避するために皇后も妃も置かない道をとらざるをえなかったとして、母の地位に代わる皇位継承の新しい基準として第一子を皇太子とすることが確立したと主張した。西野悠紀子[5]は皇后の性格の変化から考察し、皇后が天皇の共同統治者としての権限を失った結果、冊立されなくなり、それに代わって母后が政治を支えたとした。山本一也は、当該期には皇后と同様に内親王の后妃も存在しないが、それは基本的に直系による皇位継承の安定化の結果である、そのため、内親王の立后も貴族出身者の内親王を超えるための立后もなされなくなった、皇嗣の決定は女御所生で最年長子が皇嗣となるという方針で行われた、と指摘した。岡村と同じく、内親王の妃の存在や最年長子による皇位継承に着目した見解である。皇位継承の観点でこの皇后の不在をみたとき、両者の見解がもっとも詳細で依拠すべきものであると考える[6]。

しかし、端的に第一子（最年長子）の優位性はどこまで評価できるのであろうか。実際に安定した皇位継承が行われたのであろうか。当該期に皇位は父から子へ直系で継承されたのであるが、時々の政治情勢と深く関わった結果と思われる。仁明天皇の後継者をめぐるいくつかの問題を考察してみたい。

一　仁明天皇の女御

玉井力[7]が仁明天皇の妻と皇后不在について簡潔に論じた。そこでは仁明には藤原順子・藤原貞子・藤原沢子の有力な三人の女御がおり、簡単に皇后を決定しがたい事情があったが、承和の変以後は順子の子道康親王が立太子したため、順子の立后をあえて企てる必要もなくなったとした。また、さらに、西野悠紀子[8]もほぼ同じ内容の指摘をした。なお、仁明の後宮について大和典子の考察が詳細である[9]。

改めて検討を試みる。天長一〇年（八三三）、仁明が即位した段階で有力な三人の女御がいた。藤原順子・藤原貞子・藤原沢子である。順子は藤原冬嗣の子で、母は藤原美都子、藤原良房は同母兄であった[10]。天長四年に道康親王を生んだ。『日本三代実録』貞観一三年（八七一）九月二八日条の伝によると、「仁明天皇践祚之初」に従四位下に進んだ。ただし、この叙位は『続日本後紀』には見えない。良房は仁明即位にともない急速に昇進し、天長一〇年一一月には従四位下で蔵人頭・左近衛権中将であった[11]。

貞子は藤原三守の子で、母は飯高弟光の女子であった。仁明即位段階ではまだ男子はなく、承和三年（八三六）に成康親王を生んだ。天長一〇年一一月に无位から従四位下へ昇進した（『続日本後紀』同年月一九日条）。藤原三守は正三位大納言であったが、仁明即位にともなって従二位に昇進し皇太子傅を兼任した。沢子は藤原総継の子で、天長五年に宗康親王、八年に時康親王を生んだ。人康親王も沢子の子であったが生年は不明である。仁明即位と関わる沢子への叙位は見えないが、承和六年の死去の時に従四位下であり、従三位を贈られた（『続日本後紀』同年六月三〇日条)。藤原総継は弘仁二年(八一一)に従五位下となり(『日本後紀』同年六月一日条)、中務少輔・相模介を歴任した。沢子の伝には「故紀伊守従五位下」とみえ、従五位下から昇進することのなかった人物である。ただ、藤原長良が総継の女婿であり、仁明即位後、正五位下・左衛門佐に昇進した。

三人のうち順子と貞子は同じく従四位下であり、沢子も同様であった可能性が強い。さらに、それぞれ有力な人物が後見した。位階・官職の上では三守が従二位大納言ともっとも高く、良房が従四位下蔵人頭・左近衛権中将でそれに次ぐが、周知のごとく良房は嵯峨の子源潔姫を妻とした。長良は正五位下・左衛門佐で必ずしも有力とはいえないかもしれないが、伝には「寵愛之隆　独冠二後宮一」とあり、仁明の沢子に対する寵愛は大きなものがあったと思われる。この段階で順子が優勢な地位にあったとはいいがたい[12]。

しかし、順子が最上位の地位を獲得するまでそれほど時間を必要とはしなかった。まず、沢子が承和六年六月に急に没した。伝によると、急病となり小車に乗せて禁中を出て里第に至ったところで絶命した。貞子は成康親王を生み、順子に先んじて承和六年正月に従三位に昇進した(『続日本後紀』同年月八日条)。父の三守は承和五年正月に右大臣に昇進したが(『続日本後紀』同年月一〇日条)、七年七月七日に死去した(『続日本後紀』同日条)。貞子は代わることのできない後見を失ったのである。ただ、小野篁が復帰したことは注目される。篁は三守の女を妻としており貞子に近い貴族の一人であった。承和元年に遣唐副使に任命され、その後、渡海に失敗し、五年には大使の藤原常嗣と対立して乗船を拒否した。嵯峨上皇はこれに激怒し篁を隠岐国に配流した。しかし、七年六月に入京を許され(『続日本後紀』同年月一七日条)、翌年閏九月には本爵正五位下に復された(『続日本後紀』同年月一九日条)。

藤原貞子やその子成康親王は有力な後見を失い、宗康親王・時康親王・人康親王は母を失った一方で、藤原良房の昇進は著しい。承和元年七月には従四位下・左近衛権中将で参議となり、翌二年四月には従四位上から従三位に昇進して権中納言となり、七年八月には中納言に進んだ。このように良房・順子の地位は確固たるものとなったが、さらにそれを強化する方策がとられたと思われる。それは良房が兄長良の子基経と高子を養子としたことである。

良房が長良の二子を養子とした時期について、栗原弘の研究が詳細である[13]。従来、坂本太郎[14]の基経が従五位下を叙された仁寿四年（八五四）以前に養子関係が成立したとする見解が認められてきたが、米田雄介[15]が応天門の変以後であるとする見解を提示した。栗原は米田説に対する批判を行い、仁寿元年の基経の東宮での元服は彼以外に行われなかった特別な優遇措置であり、それ以前に養子関係が成立していたとする見解を提示した。この見解に従いたいが、明確な時期は不明である。元服以前であるとすると、基経は承和三年生まれであるから、養子関係の成立時期は承和三年から仁寿元年までになる。憶測を加えて幼少期に養子になったと考えると、ここまで問題としてきた承和前半期にさかのぼる可能性も残る。藤原長良伝（『日本文徳天皇実録』斉衡三年〈八五六〉七月三日条）には「基経幼少之日　敬愛異二於諸子一。古人有言　知レ子不レ如レ父。誠哉」とあり、基経は幼少の頃から注目された子であったようである。

良房が基経および高子を養子にした主な理由はみずからに明子以外の子がなかったことであるが、承和前半期に養子関係が成立したとすると、別の要因を想定することも可能である。基経の母は藤原総継の女子であり、藤原沢子とは姉妹である。沢子亡き後も藤原長良が遺児宗康・時康・人康親王の後見をしたことはまちがいないと考えられるが、基経を介して藤原良房が彼らとも関連を有するようになったことが推測できる。長良と良房を比較して後者が優位にあったことに疑いはなく、基経を養子とすることによって、良房が長良や三親王をみずからの勢力下に置いたと考えてよいだろう。良房は自身の政治的な後継者を得るとともに、仁明天皇の三人の子を取りこむことにも成功したのである。

仁明即位の段階では、順子・貞子・沢子の女御三人が並び立つ状況であったが、ほぼ承和七年の藤原三守の死去までに、藤原良房に後見された順子の優位が確立した。したがって、仁明の男子のなかでも順子を母とする道康親王の優位が確立したと思われる。もちろん、道康が最年長で一六才と成人に近づいていたことも考慮されるべきである。しかし、沢子や三守の死去のようないわば偶然の要因や、良房の昇進、憶測になるが良房が基経・高子を養子として長良や沢子の所生子を勢力下に置いたことによって、道康の優位が確立したのであり、このような政治的な要因こそが重視されるべきであると考える。承和九年の承和の変はこのような政治的環境のもとで起きたのであり、仁明の子のなかで道康親王が恒貞親王に代わる皇太子になったのはきわめて当然のことであった。

承和の変時に順子は従四位下であり、承和六年正月に従三位となった藤原貞子が上位にあった。順子が従三位となり、位階において貞子に追いついたのは承和一一年正月八日のことである（『続日本後紀』同日条）。道康が立太子したものの、順子の地位は貞子に対して隔絶して優位であったとはいえず、皇后の不在は皇太子の母について、必然的にこのような状況をもたらしたのである。

二　法隆寺僧善愷訴訟事件

法隆寺僧善愷訴訟事件は法隆寺僧善愷の檀越登美直名に対する訴訟をきっかけとして、右少弁伴善男以外のすべての弁官が解任、処罰された特異な事件であった。薗田香融[16]はこの事件の背景について、善愷―左大弁正躬王・右大弁和気真綱―明法博士讃岐永直と、登美直名―右少弁伴善男―伴良田宗の対立を想定し、承和の変において尋問にあたった正躬王・和気真綱を藤原良房の腹心の部下として、伴善男が反藤原の闘争を試みるべく、政治的地位を築くために巻き起こした疑獄事件であると結論した。この見解に対して、玉井力[17]や渡辺直彦[18]が批判を試みた。玉井は承和の変の状況は正躬王・和気真綱が藤原良房の腹心であることを証明するものでない、讃岐永直が伴善男の権勢をおそれて不利な法解釈を出したとされるが、正躬王が藤原良房とつながっていれば、永直は正躬王らに味方し、良房も正躬王らの擁護を行ったはずである、善男の同族の左中弁伴成益も解任された、として薗田の見解を批判し、この事件は伴善男が自己栄達をはかろうとしたもので、藤原良房は無干渉であったが、良房が新しい体制を完成させるための契機となったとした。渡辺の見解も玉井とほぼ同じで、伴善男・小野篁の自己栄達を主要な要因とした。薗田はこの事件や応天門の変を伴善男による藤原氏攻撃とみて、八世紀以来の藤原氏対大伴氏の対立の構図のなかで理解した。しかし、そもそも藤原氏と大伴氏の対立という、従来からの枠組みは必ずしも実態に即したものではないと考える[19]。また、当該期において、最上位の貴族としての藤原氏の地位はゆるぎなく、全体として大伴氏との地位の差異は明白である。なお、この事件のきっかけを作ったのは伴善男でまちがいないが、渡辺は官議の方向づけでは小野篁のほうがより有利な位置にあったとして、篁の役割を重視した。この点には留意すべきである。

当該事件の主要な史料は『続日本後紀』承和一三年（八四六）一一月一四日条である。本条は正躬王・和気真綱らの贖銅を徴することを命じる長大な太政官符をそのまま採録したものと思われる。事件の経緯はおおむね次のようなものである[20]。

(1)法隆寺僧善愷が檀越登美直名を寺の賤物を売却したとして出訴した。
(2)弁官がこの訴訟を受理し審議を行った。
(3)右少弁伴善男が牒により、それが不当な受理であり訴状も年月・事実を明らかにしていないことを指弾した。
(4)これを受けて、右弁官宣により善愷の違法訴状および受推した官人の罪について法家の勘申が命じられた。
(5)これに対して、大判事讃岐永直・明法博士御輔長道・勘解由主典川枯勝成、伴良田宗、漢部松長が断文を提出した。
(6)左大臣宣（奉勅）により、法家の断文について覆問が命じられた。
(7)永直らおよび松長に対して覆問が行われた。おそらく、この頃に小野篁が権左中弁となり、永直の見解などを攻撃し上表を行った。その結果、右大臣宣（奉勅）により、篁の見解に沿う形で合議が行われた。
(8)官議が行われ、左大臣宣（奉勅）により処分が決定され、贖銅を徴することが命じられた。

(4)にみえる右弁官は、和気真綱らが自身の罪を勘申するはずはないので、おそらく承和一三年正月一三日に右大弁となった阿倍安仁であろう（『続日本後紀』同日条）。この時、源弘も左大弁に任命された。したがって、(1)〜(3)はこれ以前のことである。和気真綱伝（『続日本後紀』承和一三年九月二七日条）、讃岐永直伝（『日本三代実録』貞観四年〈八六二〉八月是月条）には善愷の出訴を承和一二年のこととする記載があるが誤りであろう。小野篁伝（『日本文徳天皇実録』仁寿二年〈八五二〉一二月二二日条）、正躬王伝（『日本三代実録』貞観五年五月一日条）の一二年が正しいと思われる。注目すべきことは承和一三年正月に正躬王・和気真綱の二人の大弁が交代し、その後、受推した官人の罪が勘申されたことである。弁官たちの有罪はすでに決定され、正躬王・和気真綱はこの段階で解任されたのである。これ以後の問題は彼らの罪がいかなるものかであった。同年九月一四日には小野篁が左中弁、藤原嗣宗が右中弁、藤原松影が左少弁に任命されており（『続日本後紀』同日条）、左中弁伴成益、右中弁藤原豊嗣、左少弁藤原岳雄が解任されたのはこの時である。

小野篁の行動は伝には記されるが、承和一三年一一月一四日条には記載がなく検討が必要である。伝には次のように見える。

于レ時（承和一二年　筆者注）法隆寺僧善愷告下少納言登美真人直名為二寺檀越一枉レ法状上　訴二之太政官一。官加二訊鞫一　漸将二讞断一　而世論嗷々　為三善愷成二私曲一。由レ此朝廷更論二此事一延至二分争一。名例律私曲相須之二義　或以為レ一　或以為レ二。弁官上下　還罹二其網一。遂令二明法博士讃岐朝臣永直考一レ之。考曰　私曲両字混処二一科一。是相須之義也。当今之事只有二一犯一　不レ足レ結レ罪。事未二断畢一。十三年五月為二権左中弁一　新関二其事一。即拠二律文一　以為　私与レ曲明是二也。若私若曲　有二一於此一　未レ免二其罪一。而連二渉日月一　不レ肯二決断一。仍上下請レ議二定私曲律義一之表并所レ執状上　以糾下法家之不上レ熟二律義一　明下弁官之可上レ処二私罪一。篁初恨二此論之不一レ平　作二傷レ時詩卅韻一　寄二参議滋野朝臣貞主一。後重令二諸儒傍議一。其文曰　被二右大臣宣一称奉レ　勅　拠二参議小野篁朝臣上表及所レ執律文一　議定可二考申一。謹依二　宣旨一　覆二案律文一（略）而永直等説云　私曲者謂二私之曲相須一者。合二私曲両字一為二一義一　以連読之意云云者。文義相錯　公私不レ分。此説之迂　難レ可二拠信一。篁朝臣所レ執　誠為二允愜一。

太政官（おそらく弁官）の判断に対して、善愷のために私曲をなしたとの非難がおこり、混乱のなかで明法博士の讃岐永直が「相須」の意味を考証した。これに対して、篁は承和一三年五月に権左中弁となり、事件に関わるようになった。この点を承和一三年一一月一四日条と比較してみると、永直の「私曲相須」に関する議論は詳細ではないが(7)に見えるので、これに対して篁が攻撃を始めたと解釈できよう。これが五月のことであった。

篁はまず私曲の律義を議定してそれを上表し、法家が律義に通じていない点を糾弾し、私罪として処分すべきであることを主張した。さらに、詩三〇韻を作り滋野貞主に送った。これらの行動が功を奏したらしく、合議の命令が出された。この命は右大臣宣（奉勅）であり、内容は篁の見解に沿って議定せよとするものであった。これにより永直の見解は退けられ、篁の見解に基づく法解釈が採用された。諸儒の傍議が(8)の官議と同じものかどうかはよくわからないが、おそらく別であろう。諸儒の結論が正式な法解釈として、官議に提供されたのであろう。

讃岐永直伝はこのあたりの経緯について、「善男弁口便佞　蒙二帝寵遇一。遂誣三正躬王等許二容善愷違レ法之訴一免二其官爵一。先令三明法博士等断二正躬等之罪一。永直畏二憚権勢一　不レ肯二正言一。然執二律私曲相須之義一　大忤二善男之旨一。」と記述する。永直が善男の権勢を畏憚して正言を主張しなかったとの厳しい評であるが、私罪との法解釈で収束させたのは、篁およびその見解に沿う議定を求めた勅であった。この点で上の記述はやや不正確なところが残る。また、正躬王伝では正躬王が伴善男と争い讃岐永直の考証に対して小野篁が善男に同調して、ついに正躬王らが処罰されたことが記載される。

以上のように、この事件で弁官たちを処罰に追い込んだのは伴善男と小野篁であった。ところで、『公卿補任』によると、小野篁は承和一二年七月に蔵人頭に任命され、伴善男も承和九年正月に蔵人となっていた（その後、一四年正月一〇日に善男が篁の参議就任をうけて蔵人頭となった）。彼らが仁明の近臣であったことはまちがいない。上記の讃岐永直伝でも善男が仁明の寵遇を受けたことが記される。この事件は、仁明に近侍する二人の文人が起こした事件であったといってもあながち的外れではないであろう。讃岐永直が善男の権勢を恐れたのもそのためであった。さらに、篁の法解釈に沿って議定させるという、通常は考えにくい勅が出されたことは、仁明天皇の意志がどのあたりにあったかを暗示するように思われる。仁明も篁や善男の行動を少なくとも是認したのではなかろうか。これに対して、藤原良房はすでに指摘のあるように、ほとんど関与しなかったようである。

この事件の後、篁は承和一四年正月に参議となり左中弁を離任し（後任は藤原嗣宗）、翌年正月には左大弁となった（『続日本後紀』承和一四年正月一二日、一五年正月一三日条）。善男は一四年正月に藤原嗣宗の後任として右少弁から右中弁に昇進し（右少弁の後任は藤原冬緒）、嘉祥元年（八四八）二月に参議に昇進して右大弁を兼任した（『続日本後紀』承和一四年正月一二日、嘉祥元年二月二日、同年月一四日条）。結局、正躬王（参議・左大弁）・和気真綱（参議・右大弁）に取って代わったのは篁と善男であった。

前述したように、小野篁は藤原三守の女婿であり、藤原貞子やその子らを後見する地位にあったと思われる。篁や善男の、政変を機とする昇進には皇位継承に関わる要素はなかったであろうか。つまり、藤原貞子を核とする結集の動きが存在したことを暗示しないであろうか。その主要な人物は篁であり、おそらくはその盟友ともいうべき伴善男であった。問題は仁明天皇自身であるが、善愷訴訟事件における篁の見解を支持する勅の存在に着目すると、仁明が無関係であったとは考えにくいのではないかと思う。

そして、藤原貞子の存在は、皇位継承についていうならば、その所生子成康親王の即位（道康親王に代わって、あるいは道康から成康への兄弟継承）と関わり、篁らの動きはそれを指向したものであったことはおそらくまちがいないであろう。藤原良房が道康から始まる直系継承を指向したことは疑う余地がない。成康の即位の意図は明らかにこれと対立するものであった。貞子が順子と同じく女御であることは、制度的にも成康の即位の可能性を残したであろう。皇后の不在は、複数の女御の序列をあいまいな状態での並立を許し、皇位継承にも不安定をもたらしたのではなかろうか。

しかし、この構想は政治的には大きな影響力を持ちようがなかったと思われる。藤原良房と新任の参議の小野篁では官職の上での差は小さくはなく、さらに嘉祥元年正月には良房は右大臣に進んだ（『続日本後紀』同年月一〇日条）。嘉祥三年に仁明天皇が死去して道康親王が即位し、その子惟仁親王が立太子した。道康親王・藤原良房への対抗軸の芽が現れた程度で、政治的に重要な要素となることはなかった。なお、付言しておくが、篁や善男はいっぽうで順子・道康、そして良房とも近しい関係にあった。承和の変後、皇太子となった道康の東宮学士は篁その人であった(21)。また、善男は嘉祥三年の仁明死去、文徳即位にともない皇太夫人となった順子に中宮大夫として仕え、その後、皇太后宮大夫・太皇太后宮大夫と長期にわたった。佐伯有清もこのような点に着目し善男は良房から信任されていたと評する(22)。

おわりに

二つの事項を取り上げ、仁明天皇期の皇位継承に関わる状況を考えてきた。ここでその内容を要約しておくと、次のようになる。

(1)仁明即位の当初、藤原順子・藤原貞子・藤原沢子の有力な三人の女御がおり、それぞれ、藤原良房・藤原三守・藤原長良が後見する立場にあった。この時、順子は女御のなかで隔絶した地位を確立してはいなかった。

(2)このような状況は承和六（八三九）、七年の沢子、三守の死去をもって解消され、順子の優位が確立した。

この頃、良房は兄長良の子基経を養子とし、長良や彼とつながる沢子の子宗康・時康・人康親王をみずからの勢力下に置いた可能性がある。

(3)順子が優位にある状況で承和の変が起こり、順子の子道康親王が皇太子となった。

(4)法隆寺僧善愷訴訟事件は仁明の近臣小野篁・伴善男が弁官たちを失脚させたもので、仁明天皇自身がそれを支持した可能性がある。篁・善男は事件の後まもなく参議に昇進した。篁・善男の動きは貞子を軸とした政治勢力を形成するもので、皇位継承における良房の直系継承の指向に対して成康親王の即位を目指したものであった。そして、順子がこの段階でも女御であったことはその余地をも残すことにつながった。

(5)しかし、嘉祥三年に仁明が死去し、皇太子道康親王が即位した（文徳天皇）。

藤原順子が皇后にならず女御にとどまったことは、やはりその地位がほかの女御に対して突出していなかったことを意味し、皇位継承に関わる不安定要因ともなりえた。この例にとどまらず、複数の女御の所生子のなかから後継者を選択しなければならない状態は、常に不安定要因がつきまとうであろう。仁明期に良房が台頭し、その後の皇位継承がほぼ良房の意向に従って進行したことはまちがいないであろう。しかし、仁明から文徳―清和―陽成と続く直系継承は常に当時の政治世界の総意であるわけではなかったと思われ、皇后の不在はこれと関わって、さまざまな問題を引き起こすひとつの要因であったのではないかと思われる。したがって、皇后の不在のもとで、女御所生の最年長子を後継者とする方針は皇位継承をめぐる諸問題を回避するものとはならなかったのではないか。皇后の不在が制度的に皇位継承の安定化をもたらしたのではなく、直系継承を実現したのは基本的に藤原良房や基経の政治力による裏づけがあったからではなかろうか。

そして、良房の権力が突出することに対する警戒や直系継承を回避する意志が、特に仁明天皇の近辺でくすぶっていたことも事実であろう。ただ、これを過大評価することも誤りである。篁や善男の政治的地位は良房のそれに対して相当に低く、彼らの行動は無謀な試みといったほうが適当かもしれない。大きくみて、当時の政治が良房の大きな影響力のもとに進行したことは事実である。

註

(1) 玉井力「女御・更衣制度の成立」(『名古屋大学文学部研究論集』史学一九　一九七二年)
(2) 岡村幸子「皇后制の変質」(『古代文化』四八―九　一九九六年)
(3) 河内祥輔『古代政治史における天皇制の論理(増訂版)』(吉川弘文館　二〇一四年　初版は一九八六年刊)
(4) 山本一也「日本古代の皇后とキサキの序列」(『日本史研究』四七〇　二〇〇一年)
(5) 西野悠紀子「母后と皇后」(前近代女性史研究会編『家・社会・女性　古代から中世へ』吉川弘文館　一九九七年)、「九世紀の天皇と母后」(『古代史研究』一六　一九九九年)
(6) なお、更衣の所生子が皇嗣となりえたかについて、それを承認する岡村と否定的な山本の間で見解の相違がある。
(7) 玉井力「女御・更衣制度の成立」(注1)
(8) 西野悠紀子「母后と皇后」、「九世紀の天皇と母后」(いずれも注5)
(9) 大和典子「仁明天皇女御藤原貞子について」(『政治経済史学』二六六　一九八八年)
(10) 請田正幸「藤原良房の母」(続日本紀研究会編『続日本紀と古代社会』塙書房　二〇一四年)が、良房の母が大庭王の女継子女王であったとする見解を提起した。この見解に従うと、順子と良房は異母兄弟にあたることになる。この点はさらに検討してみたい。
(11) この時期の良房の昇進に関して栗原弘「藤原良房と源潔姫の結婚の意義」(同『平安前期の家族と親族』〈校倉書房二〇〇八年〉初出二〇〇二・〇六年)が詳細である。

（12）大和典子「仁明天皇女御藤原貞子について」（注9）も、この時期における藤原貞子の地位を高く評価する。
（13）栗原弘「藤原良房と基経の養子関係の成立時期」（注11書　初出一九九一年）
（14）坂本太郎「藤原良房と基経」（同著作集11『歴史と人物』〈吉川弘文館　一九八九年〉初出一九六四年）
（15）米田雄介「藤原良房の猶子基経」（亀田隆之先生還暦記念会編『律令制社会の成立と展開』吉川弘文館　一九八九年）
（16）薗田香融「法隆寺僧善愷訴訟事件に関する覚え書」（同『平安仏教の研究』〈法蔵館　一九八一年〉初出一九六〇年）
（17）玉井力「承和の変について」（『歴史学研究』二八六　一九六四年）
（18）渡辺直彦「法隆寺僧善愷訴訟事件の研究」（同『日本古代官位制度の基礎的研究』〈吉川弘文館　一九七二年〉初出一九六七年）
（19）本書第二部第一章「大伴氏」
（20）事件全体の経過について、早川庄八「承和十三年弁官罷免事件の審理過程についての覚え書き」（『名古屋大学文学部研究論集』史学三五　一九八八年）参照。
（21）『続日本後紀』承和九年八月四日条。承和一四年五月に菅原是善が東宮学士となったが、これが篁の後任であろう。
（22）佐伯有清『伴善男』（吉川弘文館　一九七〇年）

結　要約と今後の課題

第一部第一章が筆者の全体的な見通しを示すので、改めて要約することは避け、強調する意味をこめていくつかの点を、まず論じたい。

本書の扱った時期において、天平九年の伝染病の大流行後の時期がきわめて重大な転換点であった。七世紀後半の律令体制の確立を起点として、それを達成した天智天皇の権威を引き継ぐ天皇家のもとで、それに功績のあった大臣の後裔である藤原・大伴・阿倍・多治比氏をいわば執政官とする体制は崩壊し、新たなあり方が追求された。聖武天皇以後の仏教への傾斜もその文脈でとらえる必要がある。ただ、それはあまりにも極端にいたったため、その後には継承されなかったが、天皇の権威をどのように構築していくかは重要な課題であったと思われる。

いっぽう、大伴・阿倍氏はこの時期前後に議政官がとだえ、最上層の貴族の地位から没落したと思われ、また、中臣氏も神祇官の官職を独占することができなくなった。彼らもやはり天皇との新たな関係を構築し、地位の維持をはからなければならなくなったのである。橘奈良麻呂の変にみえるのは、そのような状況にあった大伴氏や多治比氏の末路の姿であった。

ただし、政治のそれぞれの局面で、たとえば、大伴・阿倍・中臣の三氏でも、対立する両側に何人かの人物がいたのが常態で、氏ごとの政治的立場なるものを設定することは不可能である。奈良時代において、藤原氏と大伴氏の対立の構図は伝統的といってもよいほどに頻出するが、そのような実態はなかったと考えるべきである。政治的結合は氏を超えてさまざまな要因で形成されたのであり、氏は政治的立場を決定する主要な要素ではなかったのである。

律令体制下において、貴族の各氏は旧来の特定の職掌とは無関係になった。中臣氏が神祇官の伯・大副を独占したのは例外的な現象であったが、それも伝染病の大流行前後までであった。律令体制が、氏姓制など大和王権の諸制度を克服する形で成立してくる以上、それは当然である。しかし、八世紀後半において、大伴氏が蝦夷戦争において大きな役割を果たしたのは、そのような大伴氏の伝統的地位を考慮する以外に解釈の道がないように感じられる。平安時代の中臣氏が神祇の領域に固執し、氏としての形を維持していったことも明白である。このように、いっぽうでは当時の天皇や貴族層のなかで、時として大和王権時代の伝統が想起されることがあったのも事実である。やはり後の時代とは異なる現象なのであろう。

天皇家の家産管理は、天皇と貴族の結合を考えるうえで重要な意味を有する。それは天皇―太政官のイメージでとらえられる国家統治における天皇と貴族の関係とは質の異なる紐帯であるが、政治過程を考えるうえで無視することはできない。藤原房前の内臣就任や内匠寮・中衛府の設置の頃から家産管理のシステムが確立し、その頃から明確になってくる結合である。おそらく、このあたりにおいて、家産そのものの拡大が進行するのではないかと考えるが詳細は不明である。従来から、天皇家と藤原氏の婚姻関係を媒介とする結合は着目されてきた。そもそも当該期のみならず、藤原氏の女子の入内は古代の政治史の重要な要素の一つであるが。そのような特殊な関係をもつ貴族が天皇に特に強い忠誠心をもってその周囲をかためたことは事実であるが、家産管理を考慮することによって、より広く多様な結合のあり方が判明すると考える。

最後に、残された課題を提示しておきたい。

全体として本書の後半、平安時代前期の成果がうすいが、この時期についてみのがしえないのは文人たちの存在である。最後にかろうじて取り上げた小野篁や伴善男は政治的に活躍した文人であり、藤原緒嗣にもそのような性格をみることが可能である。しかし、それ以外にはほとんど論じることができていない。特に大伴・阿倍氏のような奈良時代の貴族の没落と文人の重用は密接に関わると考えられ、これも充分に論じる必要がある。なお、別稿「早良親王・桓武天皇と僧・文人」（栄原永遠男・佐藤信・吉川真司編『歴史のなかの東大寺』法蔵館　二〇一七年）は本書に収録することはできなかったが、桓武天皇周辺の文人貴族を考察したものである。

それぞれの政治の局面を自分なりに切り取ったのが第三部の論考であるが、数が少ないばかりでなくかたよりもある。現段階での成果をまとめただけであり、まったく不充分な状態である。終わりがなく、どこかで切らなければならないとの思いもあるが、より広く論じていく必要があることの自覚はある。

そして、政治過程とは、政治に関わる人物の、単なる連携と対立、抗争のプロセスではないのであって、政治史全体への発展が求められなければならない。政治のあり方や特質、実行された政策の評価へ進んでいく必要があるが、本書のその色合いは薄い。当該期の政治総体の追究へとさらに研究を展開させていきたい。

初出一覧

第一部　政治過程と制度

第一章　王家と貴族

「王家と貴族」歴史学研究会・日本史研究会編『日本史講座2律令国家の展開』（東京大学出版会　二〇〇四年）

第二章　内外階制と貴族

新稿

第三章　奈良時代の侍従

「奈良時代の侍従」『日本歴史』七九一　二〇一四年

第四章　正倉院北倉の出納体制

「正倉院北倉の出納体制」『奈良学研究』一六　二〇一四年

第二部　氏族の政治的地位と構造

第一章　大伴氏

「奈良時代・平安時代初期の大伴氏」『帝塚山大学人文学部紀要』三一　二〇一二年

第二章　阿倍氏

「阿倍氏の政治的地位とその構造―（内）麻呂から安仁まで―」『帝塚山大学人文学部紀要』二六　二〇〇九年

初出一覧

第三章　中臣氏

「八・九世紀における中臣氏と神祇官」『帝塚山大学人文学部紀要』二九　二〇一一年

第三部　人物と事件

第一章　聖武天皇と藤原八束・市原王

「天平末期の政治の一断面―聖武天皇と藤原八束・市原王―」『続日本紀研究』三九五　二〇一一年

第二章　藤原八束（真楯）の妻

「藤原八束（真楯）の妻について」『日本文化史研究』四三　二〇一二年

第三章　道鏡の生涯

「道鏡」栄原永遠男編『古代の人物3平城京の落日』（清文堂出版　二〇〇五年）

第四章　藤原緒嗣の辞職上表

「藤原緒嗣の辞職上表」『古代文化』六三―二　二〇一一年

第五章　仁明天皇の三人の女御と皇位継承

「仁明天皇の三人の女御と皇位継承」『帝塚山大学人文学部紀要』三五　二〇一四年

あとがき

私事にわたるが、本書の成立までを振り返っておきたい。

『日本史講座』にむけて、第一部第一章「王家と貴族」の原稿依頼を引き受けたことが本書の原点である。『日本史講座』から依頼をいただいたことは、当時、光栄であると思ったたし、今でも同じ感慨を持っている。ほぼ、同じ時期に第三部第三章「道鏡の生涯」を執筆することになり、この二本の論文がまとまって執筆時期が早い。この課題をこなしていくなかで、奈良時代を中心とする政治史の研究を進めることが、前著『日本古代の王家・寺院と所領』(塙書房　二〇〇一年)に続く、新しい課題であるとの意思が自分なりに明確になっていった。

ただ、その後、すぐにそれに取り組むことはなかった。理由は自分でも明確ではない。幸い二〇〇六年に現在の本務校に拾ってもらってやや落ち着いた頃から、本格的にこの課題に取り組んでいった。本書を構成する論文のほとんどはそれ以後のもので、発表の場も本務校関係であることが多い。特に期限を設けて研究してきたわけではなく、特に第三部の諸論文はその時々の関心に従って考察したにすぎず、全体的な構想を示そうとする意思に乏しいのは事実である。

昨年に、栄原永遠男先生から第二論文集を出梓するように勧めていただき、塙書房にも連絡をいただいた。前著から一五年以上がすぎたものの、設定した研究課題に対してひとつの解答を作り上げることができたのは素直に喜びたい。

あとがき

本書の刊行に際して、栄原永遠男先生、および編集担当の寺島正行氏に心からお礼申し上げたい。また、離れてはいるが健在な母や、いろいろと気を遣ってくれる家族にも感謝したい。

二〇一八年一月

鷺森　浩幸

（Ⅰ）人　　名

ま

や

ら

わ

（Ⅱ）件　　名

さ

た

な

は

（Ⅲ）研究者名

わ

Ⅰでは改名のある場合も、前後の名を別に掲出した。

ⅠⅡでは、名称の一部の場合なども適宜まとめた。語のならびも便宜を考え、入れ替えた場合もある。

鷺　森　浩　幸（さぎもり・ひろゆき）

略　歴
1960年　京都府に生まれる
1983年　大阪市立大学文学部卒業
1991年　大阪市立大学大学院後期博士課程修了
1999年　大阪市立大学より博士（文学）号取得
現在　　帝塚山大学文学部教授

主要著書
『日本古代の王家・寺院と所領』（塙書房、2001年）
「造石山寺所の給付体系と保良宮」（『正倉院文書研究』12、2011年）
「二条大路木簡にみえる内・内裏」（続日本紀研究会編『続日本紀と古代社会』塙書房、2014年）
「御薪儀礼と隼人」（『奈良学研究』17、2015年）
「早良親王・桓武天皇と僧・文人」（栄原永遠男・佐藤信・吉川真司編『東大寺の新研究２歴史のなかの東大寺』法蔵館、2017年）

天皇《てんのう》と貴族《きぞく》の古代政治史《こだいせいじし》

2018年２月15日　第１版第１刷

著　者　鷺　森　浩　幸
発行者　白　石　タ　イ
発行所　株式会社　塙　書　房
〒113-0033　東京都文京区本郷６丁目８-16
電話　03(3812)5821
FAX　03(3811)0617
振替　00100-6-8782

亜細亜印刷・弘伸製本

定価はケースに表示してあります。落丁本・乱丁本はお取替えいたします。
 ISBN978-4-8273-1295-9　C3021